松江丛书

姜维公 主编

魏晋南北朝史论稿

张鹤泉 著

长春出版社
全国百佳图书出版单位

图书在版编目(CIP)数据

魏晋南北朝史论稿 / 张鹤泉著. —— 长春：长春出版社，2022.10
(松江丛书 / 姜维公主编)
ISBN 978-7-5445-6818-0

Ⅰ.①魏… Ⅱ.①张… Ⅲ.①中国历史–魏晋南北朝时代–文集 Ⅳ.①K235.07-53

中国版本图书馆 CIP 数据核字(2022)第 165301 号

魏晋南北朝史论稿

著　　者	张鹤泉
责任编辑	孙振波
封面设计	宁荣刚

出版发行	长春出版社
总 编 室	0431-88563443
市场营销	0431-88561180
网络营销	0431-88587345
地　　址	吉林省长春市长春大街309号
邮　　编	130041
网　　址	www.cccbs.net

制　　版	佳印图文
印　　刷	三河市华东印刷有限公司

开　　本	710毫米×1000毫米　1/16
字　　数	380千字
印　　张	22.25
版　　次	2023年1第1版
印　　次	2023年1月第1次印刷
定　　价	128.00元

版权所有　盗版必究
如有图书质量问题，请联系印厂调换　联系电话:13933936006

目 录

西晋丧葬赏赐考 …………………………………………… 001
两晋郊祀礼试探 …………………………………………… 018
两晋南朝迎气祭祀礼考 …………………………………… 037
前秦国家民族政策的失误及其对国家统一局面的影响 …… 054
北魏洛阳寺院园林营建考
　　——以《洛阳伽蓝记》为中心的考察 ………………… 057
北魏迎气祭祀礼试探 ……………………………………… 076
北魏皇帝赐宴考略 ………………………………………… 095
北魏国家赏赐马匹问题试探 ……………………………… 110
北魏后期的"道"考略 …………………………………… 129
论北魏时期的开府仪同三司 ……………………………… 152
北魏特进考 ………………………………………………… 176
论北魏的别将 ……………………………………………… 199
北魏时期统军考 …………………………………………… 214
北魏赠授都督诸军事考 …………………………………… 232
东魏北齐开府仪同三司考 ………………………………… 252
东魏北齐特进考 …………………………………………… 271
东魏北齐时期的"道"探讨 ……………………………… 288
东魏北齐军队的设置及保障士兵来源的措施 …………… 305
略论北朝佛教僧人与世俗信徒的素食风气 ……………… 323
北朝儒生传授"三礼"考略 ……………………………… 337
后　记 ……………………………………………………… 352

西晋丧葬赏赐考

西晋时期，国家重视为亡故官员举行丧礼。在国家举行的丧礼中，对亡故官员的赏赐，是这一礼仪的重要环节。所以要探讨西晋国家官员的丧礼特点，就不能忽视对丧葬赏赐的考证。虽然西晋国家的丧葬赏赐，已经开始受到一些学人的关注。① 但是，对西晋国家丧葬赏赐问题，还有必要做进一步的探讨。所以本文拟对与西晋国家丧葬赏赐相关的问题，提出一些看法，希望有益于对这一问题研究的深入。

一、固定的与不固定的丧葬赏赐的限定范围

考察西晋国家的丧葬赏赐，涉及当时国家实行的职官制度。自西晋建国后，承袭曹魏制度，继续实行九品职官制。这种九品职官制，成为影响国家事务和制度实行的官本位体系。当然，西晋国家的这种官本位体系，也影响到丧葬赏赐。实际西晋国家的丧葬赏赐，正是以当时的官本位体系为基础来确定赏赐的对象和范围的。也就是说，西晋国家是依据亡故官员的品级，对赏赐的范围有明确的限定。西晋国家不仅依据职官的品级确定赏赐官员的范围，并且，还依据职官的品级确定赏赐的类别。依据文献记载，西晋的丧葬赏赐，实际可以分为固定的赏赐和不固定的赏赐，因而，需要对这两种不同丧葬赏赐分别说明。

西晋的固定的丧葬赏赐，是指国家必须要为亡故的官员赏赐规定数量的

---

① 高二旺：《从法赙和丧仪看两晋南朝的丧制等级》，中国魏晋南北朝史学会、山西历史文化学院编印：《中国魏晋南北朝史学会第十届年会暨国际学术讨论会论文集》（打印本），第 96—100 页。

001

秘器、朝服、敛衣和钱、布，所以这种赏赐不是随意的，而表现出明显的固定性。为说明问题，将《晋书》中记载的这种固定的丧葬赏赐情况列表1如下：

表1　西晋固定丧葬赏赐情况

序号	姓名	官职	品级	爵位	赏赐物	史料出处
1	王祥	太保	一品	郡公	东园秘器，朝服一具，衣一袭，钱三十万，布帛百匹	《晋书》卷三三《王祥传》
2	郑冲	太傅	一品	郡公	秘器，朝服，衣一袭，钱三十万，布百匹	《晋书》卷三三《郑冲传》
3	何曾	太尉	一品	郡公	东园秘器，朝服一具，衣一袭，钱三十万，布百匹	《晋书》卷三三《何曾传》
4	石苞	大司马（加侍中）	一品	乐陵郡公	秘器，朝服一具，衣一袭，钱三十万，布百匹	《晋书》卷三三《石苞传》
5	羊祜	征南大将军、开府仪同三司	一品	郡公	东园秘器，朝服一袭，钱三十万，布百匹	《晋书》卷三四《羊祜传》
6	裴秀	司空	一品	郡公	秘器、朝服一具，衣一袭，钱三十万，布百匹	《晋书》卷三五《裴秀传》
7	司马孚	太宰、持节、都督中外诸军事	一品	安平献王	东园温明秘器、朝服一具、衣一袭、绯练百匹、绢布各五百匹、钱百万、谷千斛以供丧事	《晋书》卷三七《宗室·安平献王孚传》
8	司马望	大司马	一品	义阳成王	赙赠有加	《晋书》卷三七《宗室·义阳成王望传》
9	司马攸	司空，侍中、太傅如故。	一品	齐献王	诏丧礼依安平王孚故事	《晋书》卷三八《宣五王·齐献王攸传》
10	荀𫖮	太尉、都督城外牙门诸军事	一品	郡公	温明秘器、朝服一具、衣一袭	《晋书》卷三九《荀𫖮传》
11	荀勖	左光禄大夫、仪同三司、开府辟召，守中书监、侍中、侯如故。	一品	济北郡公	东园秘器，朝服一具，钱五十万，布百匹	《晋书》卷三九《荀勖传》

续　表

序号	姓名	官职	品级	爵位	赏赐物	史料出处
12	山涛	司徒	一品		东园秘器、朝服一具、衣一袭、钱五十万、布百匹，以供丧事	《晋书》卷四三《山涛传》
13	郑袤	司空	一品	密陵侯	赐秘器、朝服一具、衣一袭、钱三十万、绢布各百匹，以供丧事	
14	司马柬	骠骑将军、开府仪同三司，加侍中、录尚书事，进位大将军。	一品	秦献王	葬礼如齐献文王攸故事	《晋书》卷六四《武十五王·秦献王柬传》
15	李胤	司徒	一品	郡侯	赐胤家钱二百万、谷千斛	《晋书》卷四四《李胤传》
16	王沉	骠骑将军、录尚书事，加散骑常侍，统城外诸军事。	二品	县公	秘器朝服一具、衣一袭、钱三十万、布百匹、葬田一顷	《晋书》卷三九《王沉传》
17	鲁芝	光禄大夫，位特进	二品	县侯	赠赠有加	《晋书》卷九〇《良吏·鲁芝传》
18	羊琇	拜特进，加散骑常侍	二品		赐东园秘器，朝服一袭，钱三十万，布百匹	《晋书》卷九三《外戚·羊琇传》

西晋时期，太宰、太傅、太保、太尉、司徒、司空、大司马、大将军被称为"八公"。"八公"在西晋"品秩第一"。①据表1所示，王祥、郑冲、何曾、石苞、裴秀、司马孚、司马望、司马攸、荀颛、山涛、郑袤、司马柬、李胤都被任命为"八公"，所以在他们亡故后，西晋国家一定要给予他们丧葬赏赐。又由上表可知，羊祜被任命为征南大将军、开府仪同三司；而荀勖则为左光禄大夫、仪同三司。关于羊祜、荀勖的任职，《晋书·职官志》："骠骑、车骑、卫将军、伏波、抚军、都护、镇军、中军、四征、四镇、龙骧、典军、上军、辅国等大将军，左右光禄、光禄三大夫，开府者皆为位从

---

① 房玄龄等：《晋书》卷二四《职官志》，中华书局，1974年，第724-725页。

公。"这就是说，羊祜、荀勖的职位是"位从公"者。在《晋官品令》中，"位从公"者与"八公"品级相同，都为一品。① 西晋国家对"八公"和"位从公"者做了区分，"太宰、太傅、太保、司徒、司空、左右光禄大夫、光禄大夫，开府位从公者为文官公"。"大司马、大将军、太尉、骠骑、车骑、卫将军、诸大将军，开府位从公者为武官公。"② 据此，羊祜为武官公，而荀勖则为文官公。虽然西晋国家将"八公"与"位从公"者区分为武、文关公，但二者的地位并没有差别，所以羊祜、荀勖亡故后，都获得固定的丧葬赏赐。《晋公卿礼秩》："诸公及从公薨者，赐东园秘器。"③ 这说明，西晋国家对"八公"与"位从公"者的丧葬赏赐，成为他们丧礼中不可缺少的内容。

由表 1 还可知，鲁芝任光禄大夫，位特进；羊琇拜特进，加散骑常侍；王沉则为骠骑将军、录尚书事。《晋官品令》规定：特进、骠骑将军，均为二品。④ 文献中，对特进的丧葬赏赐有明确记载。《晋公卿礼秩》："特进薨，遣谒者监护军丧事，赐东园秘器。五时朝服，各一具，衣一袭。"⑤ 实际西晋国家固定丧葬赏赐，并不限于特进。《晋书·职官志》："左右光禄大夫，假金章紫绶。光禄大夫加金章紫绶者，品秩第二，禄赐、班位、冠帻、车服、佩玉，置吏卒羽林及卒，诸所赐给皆与特进同。""骠骑已下及诸大将军不开府非持节都督者，品秩第二，其禄与特进同。"据此，西晋二品官员的俸禄与受到的赏赐与特进没有区别，因此，可以说二品官员亡故后，也应该有固定的赏赐。《晋书·王沉传》："（王沉）转骠骑将军、录尚书事，加散骑常侍，统城外诸军事。……泰始二年薨。帝素服举哀，赐秘器朝服一具、衣一袭、钱三十万、布百匹、葬田一顷。"显然西晋国家对骠骑将军王沉的丧葬赏赐，是固定的规定，只是在赏赐的种类上，他受到皇帝的特殊优待。

---

① 杜佑：《通典》卷三七《职官十九》，中华书局，1984 年，第 210 页。
② 房玄龄等：《晋书》卷二四《职官志》，第 726 页。
③ 李昉：《太平御览》卷五五一《礼仪部三十》引《晋公卿礼秩》，中华书局，1960 年，第 2495 页。
④ 杜佑：《通典》卷三七《职官十九》，第 209 页。
⑤ 徐坚：《初学记》卷一四《礼部下》引傅畅《晋公卿礼秩》中华书局，1962 年，第 361 页。

由上述可见，西晋国家在官员亡故后，有固定的丧葬赏赐。这种丧葬赏赐是亡故官员葬礼的重要组成部分。但是，这种固定的丧葬赏赐并不是随意的，而是有明确的限定范围，只有品级为一品、二品的官员才可以获得。虽然受赏赐的官员，大部分都有爵位，但爵位不是西晋国家确定这种赏赐的依据。例如，特进加散骑常侍羊琇没有被封授爵位，但在他亡故后，仍然被"赐东园秘器，朝服一袭，钱三十万，布百匹"。① 可见，羊琇获得的丧葬赏赐，正是由他任特进这一官职决定的。由此来看，西晋时期的固定丧葬赏赐，实际正是国家的一品、二品官员在葬礼中具有的一种特权。

西晋国家除了实行固定的丧葬赏赐之外，还实行不固定的丧葬赏赐。所谓不固定的丧葬赏赐，是说这种赏赐的种类与数量具有随意性，并且，亡故的官员受到这种赏赐也是不确定的。尽管如此，西晋国家不固定的丧葬赏赐的对象的范围，并不是随意的，也是有明确限定的。以下依据《晋书》、墓志中的记载列表 2 说明：

表 2 西晋不固定丧葬赏赐情况

序号	姓名	职官	职官品级	丧葬赏赐	史料出处
1	滕修	安南将军，广州牧、持节、都督	三品	赐墓田一顷	《晋书》卷五七《滕修传》
2	彭灌	太常	三品	钱一百万、谷五百斛	《晋书》卷四四《李胤传》
3	卢钦	尚书仆射，加侍中、奉车都尉，领吏部。	三品	赐秘器、朝服一具、衣一袭、布五十匹、钱三十万。	《晋书》卷四四《卢钦传》
4	华表	太常	三品	诏赐朝服。	《晋书》卷四四《华表传》
5	侯史光	少府	三品	诏赐朝服一具，衣一袭、钱三十万，布百匹。	《晋书》卷四五《传》
6	刘颂	光禄大夫	三品	赐钱二十万、朝服一具。	《晋书》卷四六《刘颂传》

---

① 房玄龄等：《晋书》卷九三《外戚·羊琇传》，第 2411 页。

005

续 表

序号	姓名	职官	职官品级	丧葬赏赐	史料出处
7、	傅咸	司隶校尉	三品	诏赠司隶校尉，朝服一具、衣一袭、钱二十万。	《晋书》卷四七《傅玄传附傅咸传》
8	庾峻	侍中，加谏议大夫。	三品	诏赐朝服一具、衣一袭、钱三十万。	《晋书》卷五〇《庾峻传》
9	周处	散骑常侍	三品	赐钱百万，葬地一顷，京城地五十亩为第，又赐王家近田五顷。	《晋书》卷五八《周处传》
10、	嵇绍	侍中	三品	赐墓田一顷，客十户。	《晋书》卷八九《忠义·嵇绍传》
11	唐彬	使持节、前将军、领西戎校尉、雍州刺史。	三品	赐绢二百匹，钱二十万。	《晋书》卷四二《唐彬传》
12	荀岳	中书侍郎	五品	特赐墓田一顷，钱十五万，以供葬事。	《晋故中书侍郎颍川颍阴荀君之墓》

由表2所示可以看出，西晋国家对被任命为安南将军、前将军、太常、少府、光禄大夫、侍中的官员，在他们的葬礼中，都要给予丧葬赏赐。文献中，对这些官员的品级记载明确。《晋官品令》："第三品：侍中、散骑常侍、中常侍、尚书令、仆射、尚书、中书监、令、秘书监、诸征、镇、安、平、中军、镇军、抚军、前后左右、征虏、辅国、龙骧等将军、光禄大夫、诸卿尹、太子保傅、大长秋、太子詹事、司隶校尉、中领军、中护军、县侯（爵）。"[1] 这就是说，除了中书侍郎荀岳之外，受到赏赐的官员都为三品。当然，对中书侍郎荀岳受到赏赐也是不能忽视的。《晋故中书侍郎颍川颍阴荀君之墓》："君以元康五年七月乙丑朔八日丙申岁在乙卯疾病卒。君乐平府君之第二子，时年五十。先祖世，安措于颍川颍阴县之北。其年七月十二日，大雨过常，旧墓下湿，崩坏者多。圣诸嘉悼，愍其贫约，特赐墓田一顷，钱十五万，以供葬事。"《晋官品令》：中书侍郎为五品。[2] 这说明，西晋国家实

---

[1] 杜佑：《通典》卷三七《职官十九》，第209页。
[2] 杜佑：《通典》卷三七《职官十九》，第209页。

行的这种赏赐，并不只在三品官员的范围内，实际五品官员也可以受到赏赐。也就是说这种丧葬赏赐，应该在三品至五品的官员范围内进行。西晋国家在三品至五品官员范围内的实行的丧葬赏赐，表现出两个明显的特点：

一是西晋国家对这一品级范围内的官员赏赐，具有对他们生前的活动和行为给予表彰的意义。诸如，太常华表"清贞履素，有老成之美，久干王事，静恭匪懈"[1]。尚书仆射卢钦"履道清正，执德贞素。文武之称，著于方夏。入跻机衡，惟允庶事。肆勤内外，有匪躬之节"[2]。司隶校尉傅咸"劲直忠果，劾按惊人。虽非周才，偏亮可贵也"[3]。这些事例说明，由于这些官员忠诚皇帝，尽心竭力为西晋国家服务，所以在他们死后，才会获得国家的赏赐。其中一些为西晋国家舍生忘死的官员，受到的赏赐就更多。例如，侍中嵇绍舍身护卫晋惠帝，"兵交御辇，飞箭雨集，绍遂被害于帝侧，血溅御服，天子深哀叹之"[4]。晋惠帝"乃遣使册赠侍中、光禄大夫，加金章紫绶，进爵为侯；赐墓田一顷，客十户，祠以少牢"[5]。当然，一些官员治理地方取得卓著政绩的，在他们亡故后，也可以获得赏赐。例如，唐彬"元康初，拜使持节、前将军、领西戎校尉、雍州刺史。……处士皇甫申叔、严舒龙、姜茂时、梁子远等，并志节清妙，履行高洁。……彬敬而待之"，使雍州得到很好的治理。因此，唐彬"元康四年卒官，……赐绢二百匹，钱二十万"[6]。

西晋国家对这一品级范围内官员的丧葬赏赐，不仅注意他们为国家服务的政绩，也看重他们的学识与品德修养。《晋书·庾峻传》："（庾峻）常侍帝讲《诗》，中庶子何劭论《风》《雅》正变之义，峻起难往反，四坐莫能屈之。……（泰始）九年卒。诏赐朝服一具、衣一袭、钱三十万。"显然庾峻亡故后，获得赏赐，主要是由于他学识渊博，可以为皇帝讲解经书的缘故。但西晋国家赏赐更多的，是这一品级范围内的品德高洁的官员。诸如，太常

---

[1] 房玄龄等：《晋书》卷四四《华表传》，第 1260 页。
[2] 房玄龄等：《晋书》卷四四《卢钦传》，第 1255 页。
[3] 房玄龄等：《晋书》卷四七《傅玄传附傅咸传》，第 1328 页。
[4] 房玄龄等：《晋书》卷八九《忠义·嵇绍传》，2300 页。
[5] 房玄龄等：《晋书》卷八九《忠义·嵇绍传》，第 2301 页。
[6] 房玄龄等：《晋书》卷四二《唐彬传》，第 1219-1220 页。

魏晋南北朝史论稿

彭灌"履忠清俭,身没,家无余积"①。少府侯史光"厉志守约,有清忠之节。家极贫俭"②。在他们亡故后,都受到国家的赏赐。特别是对侯史光的赏赐,更体现晋武帝的恩恤。当时国家除了"赐朝服一具,衣一袭、钱三十万,布百匹"之外,还特别"赐钱五十万"。③

此外,西晋国家对能为西晋国家服务的东吴投降官员也给予赏赐。《晋书·滕修传》:滕修为东吴降将,但仍被任命为"安南将军,广州牧、持节、都督如故,封武当侯,加鼓吹,委以南方事。修在南积年,为边夷所附。太康九年卒,请葬京师,帝嘉其意,赐墓田一顷"。很明显,晋武帝对滕修的赏赐,正是因为他能够为西晋国家恪尽职守,因而,这种丧葬赏赐正是出于笼络投降的东吴官员的目的。

二是西晋国家对这一品级范围内官员赏赐的秘器、朝服、敛衣和钱、布没有明确的规定。从赏赐物的种类来看,具有很大的随意性;从赏赐数量来看,也没有固定的规定。例如,太常华表亡故后,"诏赐朝服"④。安南将军,广州牧、持节、都督滕修亡故后,"请葬京师,帝嘉其意,赐墓田一顷"⑤。司隶校尉傅咸"元康四年卒官。……诏赠司隶校尉,朝服一具、衣一袭、钱二十万"⑥。显然表现出很明显的随意性。

西晋国家的这种丧葬赏赐情况表明,虽然国家将三品至五品的官员列到赏赐的范围之内,但并不是这一品级范围内的全部官员都可以获得赏赐。实际上,西晋国家赏赐这一品级范围内的官员是有很明确的目的性,也就是要通过赏赐来彰显他们突出的政绩和高洁的品德,进而使这些官员能够更好地恪尽职守。并且,西晋国家对这一品级范围内官员的赏赐物的种类和数量,没有统一的规定,表现出很明显的随意性。正因为如此,西晋国家对这一品级范围内官员的赏赐,也就没有形成一种固定的规定。

综上可见,西晋国家将官员的丧葬赏赐,实际划分为两个层位。即一品

---

① 房玄龄等:《晋书》卷四四《李胤传》,第1254页。
② 房玄龄等:《晋书》卷四五《侯史光传》,第1290页。
③ 房玄龄等:《晋书》卷四五《侯史光传》,第1290页。
④ 房玄龄等:《晋书》卷四四《华表传》,第1260页。
⑤ 房玄龄等:《晋书》卷五七《滕修传》,第1553页。
⑥ 房玄龄等:《晋书》卷四七《傅玄传附傅咸传》,第1330页。

至二品为一个层位；三品至五品为另一个层位。在第一层位官员亡故后，国家可以使他们获得固定的丧葬赏赐；而在第二层位的官员亡故后，国家只能使他们得到不固定的丧葬赏赐。

西晋丧葬赏赐出现两个不同的品级层位，应该说受到汉代国家对官员赏赐规定的影响。实际上，西晋国家对丧葬赏赐的范围和类别做这种限定，是在继承汉代的丧葬赏赐制度的基础上，并加以改造才实现的。《后汉书·羊续传》："旧典，二千石卒，官赙百万。"可见国家对秩级二千石以上的官员都有固定的丧葬赏赐。这就是说，固定的丧葬赏赐是在秩级为万石、中二千石、二千石的官员的范围内实行。西晋国家对亡故官员的赏赐规定，很大程度是继承了汉代的制度。但西晋与汉代不同的是，国家官员的官阶已经由"石"转化为"品"。宫崎市定认为，魏朝官品九品的性质基本上是按照汉朝的秩级决定的。① 并指出，过去二千石以上的公卿大夫，在新制中分别分在第一品到第五品的品级范围内。② 汉代的万石分化为一品、二品。汉代的中二千石、二千石则分化为三品、四品、五品。③ 西晋国家的官阶，当然是从曹魏国家沿袭来的。因此，西晋国家的丧葬赏赐，以一品、二品官为一层位，正是从汉代秩级万石的"公"转化来的。而西晋的丧葬赏赐以三品、四品、五品为另一层位，则是从汉代的中二千石、二千石秩级的"卿大夫"转化来的。由此可见，西晋国家将官员的丧葬赏赐限制在一品至五品的范围内，是承袭了汉代的制度，只是将汉代的官阶转化成西晋的官阶。

西晋国家的丧葬赏赐，不仅对汉代的制度有继承，也有改变。西晋国家使相当于汉代的秩级万石的一品、二品官员，可以继续获得固定的丧葬赏赐，是对汉代丧葬赏赐制度的继承。而对相当于汉代秩级中二千石、二千石的三品、四品、五品官员的不固定丧葬赏赐，则是部分地改变汉代的丧葬赏赐制度。西晋国家做这种改变，显然是要适应西晋丧礼的需要。也就是通过丧葬赏赐表现"八公"和"位从公"者在丧葬活动的特殊地位。但西晋品级为三至五品的官员，其地位相当于"卿大夫"，也具有很高的社会地位，所

---

① 宫崎市定：《九品官人法研究》，韩昇译，中华书局，2008年，第61页。
② 宫崎市定：《九品官人法研究》，韩昇译，中华书局，2008年，第61页。
③ 宫崎市定：《九品官人法研究》，韩昇译，中华书局，2008年，第62页。

以对他们的丧葬赏赐，也是不能取消的，因而，西晋国家对他们实行不固定的赏赐。这样，既通过丧葬赏赐表现国家对他们丧礼的重视，同时，也通过丧葬赏赐方式的不同体现出他们与一、二品官员丧礼的等次差别。因此，可以说，虽然西晋国家将丧葬赏赐分为两个不同的层次，但从整体上来看，却是将赏赐的对象限在一品至五品官员的范围内。这正是对汉代传统的继承。然而，在西晋官本位体系占主导地位的形势下，也就充分地表现出丧葬赏赐是一品至五品官员的一种特权，进而使他们特殊的社会地位得到更明确的体现。

二、丧葬赏赐物的种类和数量

西晋国家丧葬赏赐分为固定的赏赐与不固定的赏赐。固定的丧葬赏赐，在西晋国家规定中，正是一品、二品官员的特权。在《晋书》中，有这种丧葬赏赐的种类和数量的明确记载。《晋书·王祥传》："（王祥）武帝践阼，拜太保，进爵为公，加置七官之职。……泰始五年薨，诏赐东园秘器，朝服一具，衣一袭，钱三十万，布帛百匹。"又《晋书·郑冲传》："武帝践阼，拜太傅，进爵为公。……九年，冲又抗表致仕。……明年薨。帝朝堂发哀，追赠太傅，赐秘器，朝服，衣一袭，钱三十万，布百匹。"这些记载说明，西晋国家的固定赏赐物，可以分为四类：一为东园秘器；二为朝服；三为衣；四为赙赠的钱、布。所谓"东园秘器"，《汉旧仪》："东园秘器作棺梓，素木长二丈，崇广四尺。"[①]《后汉书·和熹邓皇后纪》李贤注："东园，署名，属少府，主作凶器，故言秘也。"可见东汉少府属官有东园，主管秘器的制作，所以有东园秘器之称。西晋时，东园已不属少府。《晋书·职官志》："光禄勋，统武贲中郎将、羽林郎将、冗从仆射、羽林左监、五官左右中郎将、东园匠、太官、御府、守宫、黄门、掖庭、清商、华林园、暴室等令。"据此，西晋时，光禄勋开始管辖东园匠。因此西晋的东园秘器是由光禄勋的属官东园匠负责制作的。在文献中，还有赐"东园温明秘器"的记载。《晋书·宗室·安平献王孚传》："（安平献王孚）泰始八年薨，……其以东园温明秘器……

---

① 班固：《汉书》卷九三《董贤传》颜师古注引，中华书局，1962年，第3734页。

以供丧事。"所谓"温明",正如《汉书·霍光传》颜师古注引服虔曰："东园处此器,形如方漆桶,开一面,漆画之,以镜置其中,以悬尸上,大敛并盖之。"孙机先生认为,实际温明是与东园秘器配套的。① 因此,东园温明秘器,是国家所赐官梓的详细名称,而东园秘器,则为省称,二者是没有差别的。

在西晋国家固定的丧葬赏赐中,还有朝服和衣。《三国志·蜀书·谯周传》裴松之注引《晋阳秋》载晋武帝诏："'朕甚悼之,赐朝服一具,衣一袭,钱十五万。'周息熙上言,周临终属熙曰：'久抱疾,未曾朝见,若国恩赐朝服衣物者,勿以加身。当还旧墓,道险行难,豫作轻棺。殡敛已毕,上还所赐。'诏曰还衣服,给棺直。"这说明,西晋国家赏赐亡故官员的朝服和衣,都是做敛服之用。当时国家将这种赏赐视为体现当朝皇帝的恩恤。实际赠赐敛服的做法,是沿袭汉代的赏赐制度。在文献中,将汉代国家赏赐亡故者的敛服称之为"禭"。《汉书·鲍宣传》颜师古注："赠丧衣服曰禭。"然而,西晋与汉代不同的是,汉代的敛服,不见有朝服,但在西晋却增加了朝服。

国家开始为亡故官员赏赐朝服,最早见之于曹魏时期。《三国志·魏书·韩暨传》裴松之注引《楚国先贤传》："(魏明)帝得表嗟叹,乃诏曰：'故司徒韩暨,积德履行,忠以立朝,至于黄发,直亮不亏。……今司徒知命,遗言恤民,必欲崇约,可谓善始令终者也。其丧礼所设,皆如故事,勿有所阙。时赐温明秘器,衣一称,五时朝服,玉具剑佩。'"可见魏明帝已经开始为亡故的司徒韩暨赏赐朝服。西晋国家赏赐亡故官员朝服,显然是继承曹魏国家的做法。

西晋国家将朝服作为敛衣,应该说在丧礼中,具有特殊的意义。从西晋国家赏赐朝服的情况来看,是有严格规定的。《晋书·王祥传》"(王祥)以年老疲耄,累乞逊位,帝不许。……泰始五年薨,诏赐东园秘器,朝服一具,衣一袭,钱三十万,布帛百匹。"又《晋书·何曾传》："(晋武帝)践阼,拜太尉,进爵为公,食邑千八百户。……(何)曾以老年,屡乞逊位。

---

① 孙机：《汉代物质文化资料图说（增订本）》,上海古籍出版社,2011年,第472页。

诏曰：'……又司徒所掌务烦，不可久劳耆艾。其进太宰，侍中公如故。朝会剑履乘舆上殿，如汉相国萧何、田千秋、魏太傅钟繇故事。……'咸宁四年薨，时年八十。帝于朝堂素服举哀，赐东园秘器，朝服一具，衣一袭，钱三十万，布百匹。"这些记载说明，西晋官员必须在官任上亡故，才能获得朝服的赏赐。直到隋代，还依然保留着这种规定。《通典·礼四十四》载隋开皇初，太常卿牛弘奏著丧纪令："官人在职丧，听敛以朝服；有封者敛以冕服；未有官者白帢单衣。"由此来看，国家为亡故官员赏赐朝服，既要表现对恪尽职守官员的敬意，同时，也要通过朝服的赏赐，使亡故官员的身份地位得到明确的体现。

西晋国家的丧葬赏赐，赗赠也是重要的一项。《晋书·裴秀传》：司空裴秀泰始七年薨，赐"钱三十万、布百匹"。又《晋书·石苞传》：大司马石苞泰始八年薨，赐"钱三十万，布百匹"。很明显，西晋国家的赗赠，既有钱，还有布。但汉代国家对官员的固定赏赐只有钱，"二千石卒，官赗百万"[①]。可见西晋国家的赗赠，增加了布的赏赐。除了布之外，国家还赗赠帛。《晋书·王祥传》"（王祥）泰始五年薨，诏赐东园秘器，朝服一具，衣一袭，钱三十万，布帛百匹"就是同时赏赐布和帛的事例。

西晋国家不仅确定了一、二品级内官员固定丧葬赏赐的种类，对赏赐的数量也有明确的规定。《晋书·郑冲传》："（郑冲）薨。帝朝堂发哀，追赠太傅，赐秘器，朝服，衣一袭，钱三十万，布百匹。"又《晋书·何曾传》："（何曾）咸宁四年薨，时年八十。帝于朝堂素服举哀，赐东园秘器，朝服一具，衣一袭，钱三十万，布百匹。"显然太傅郑冲与太尉何曾获得西晋国家的丧葬赏赐的数量相同。这说明，西晋国家对一品的"八公"的丧葬赏赐数量是有固定标准的。《晋书·外戚·羊琇传》："（羊琇）拜特进，加散骑常侍，还第，卒。……赐东园秘器，朝服一袭，钱三十万，布百匹。"这就是说，二品的特进也能够获得与"八公"数量相同的丧葬赏赐。因此，可以说西晋国家为一、二品级范围内的官员规定了固定数量的丧葬赏赐。

西晋国家的这种规定是实行丧葬赏赐要遵守的标准。但是，这个标准也不是不能变动的，实际上，这个标准是赏赐数量的最低限度。西晋国家对地

---

① 范晔：《后汉书》卷三一《羊续传》，中华书局，1965年，第1111页。

位特殊的官员的丧葬赏赐，都要超过这个标准。《晋书·宗室·安平献王孚传》："（司马孚）及武帝受禅，……其封为安平王，邑四万户。进拜太宰、持节、都督中外诸军事。……泰始八年薨，时年九十三。帝于太极东堂举哀三日。诏曰：……其以东园温明秘器、朝服一具、衣一袭、绯练百匹、绢布各五百匹、钱百万、谷千斛以供丧事。"可见西晋国家对安平献王司马孚的赏赐的种类和数量都超过"八公"的标准。从司马孚担任的职官来看，为太宰，属于"八公"之列。但司马孚却具有王爵。杨光辉教授认为西晋已将东汉王、侯两大系统的封爵，变为王、五等爵、列侯爵三大系统。①西晋国家将王爵置于这种爵位系统序列的最高位置。《晋官品令》："第一品公、诸位从公；开国郡公、县公。"②由这一规定可以看出，西晋国家只将开国郡公、县公与八公与"位从公"者划为一品，具有相同的品级。而高于开国郡公、县公的王爵，并没有品级规定。实际西晋国家是将宗王置于高于八公的特殊地位。正因如此，西晋国家才使司马孚获得的丧葬赏赐，远远高出固定赏赐的标准。西晋国家对司马孚的这种做法，并不是特例。《晋书·宗室·义阳成王望传》："（义阳成王司马望）拜大司马。……泰始七年薨，时年六十七。赗赠有加。"《晋书·宣五王·齐献王攸传》："（齐献王司马攸）代贾充为司空，侍中、太傅如故。……诏丧礼依安平王孚故事。"《晋书·宗室·义阳成王望传》："（秦献王司马柬）拜骠骑将军、开府仪同三司，加侍中、录尚书事，进位大将军。……元康元年薨，时年三十。……葬礼如齐献文王攸故事。"这些事例说明，宗王担任八公，是他们获得丧葬赏赐的前提条件，而宗王的特殊地位又使他们获得的赏赐数量超过八公的标准。

西晋国家对一些具有特殊声望的一、二品官员，也使他们获得的丧葬赏赐的数量超过规定的标准。例如，司徒山涛"以太康四年薨，时年七十九。诏赐东园秘器、朝服一具、衣一袭、钱五十万、布百匹，以供丧事"③。左光禄大夫、仪同三司荀勖"太康十年卒，诏赠司徒，赐东园秘器、朝服一具、钱五十万、布百匹"④。由此可见，山涛、荀勖获得赗赠钱，都超过西晋国家

---

① 杨光辉：《汉唐封爵制度》，学苑出版社，2001年，第9页。
② 杜佑：《通典》卷三七《职官十九》，第209页。
③ 房玄龄等：《晋书》卷四三《山涛传》，第1227页。
④ 房玄龄等：《晋书》卷三九《荀勖传》，第1157页。

规定的三十万的标准。《晋书·良吏·鲁芝传》："（特进鲁芝）泰始九年卒，年八十四。帝为举哀，赗赠有加，谥曰贞，赐茔田百亩。"显然在鲁芝亡故后，西晋国家不仅使他的钱、布的赗赠超过规定的标准，还特别赏赐他百亩葬地。

综上可见，西晋国家确定以一、二品官员为固定的丧葬赏赐后，也使赏赐的种类与数量有固定的标准。这个标准成为西晋国家实行赏赐的依据。但是，在西晋国家的这些官员中，有一些人是有最高爵位的宗王，还有一些人具有很高的声望，所以对他们的丧葬赏赐也就高于规定的标准。实际西晋国家规定的赏赐标准，也是国家提高赏赐等次的参照。

西晋国家对三品至五品官员实行不固定的丧葬赏赐。这种丧葬赏赐，不仅赏赐的对象是不固定的，并且，赏赐的种类和数量也是不确定的。一些官员可以获得棺梓、敛衣的赏赐和钱、布的赗赠。例如，尚书仆射卢钦咸宁四年卒，晋武帝下诏"赐秘器、朝服一具、衣一袭、布五十匹、钱三十万"[1]。不过，有些官员虽然可以获得棺梓、敛衣和赗赠，但不能得到种类齐全的赗赠。《晋书·傅玄传附傅咸传》："（傅咸）起以议郎，长兼司隶校尉。……元康四年卒官，时年五十六。诏赠司隶校尉，朝服一具、衣一袭、钱二十万。"又《晋书·庾峻传》："（庾峻）拜侍中，加谏议大夫。……九年卒。诏赐朝服一具、衣一袭、钱三十万。"西晋国家使傅咸、庾峻获得的只有钱，都缺少布的赗赠。

西晋国家还对这一品级层位官员的赏赐的种类大为减少。一些官员只能得到敛衣的赏赐和钱、布的赗赠。例如，少府侯史光"卒官。诏赐朝服一具，衣一袭、钱三十万，布百匹"[2]。又如光禄大夫刘颂"寻病卒，使使者吊祭，赐钱二十万、朝服一具"[3]。还有一些官员只能得到敛衣的赏赐。例如，太中大夫华表"咸宁元年八月卒，……诏赐朝服"[4]。

总之，由于西晋国家对三品至五品这一层位的官员，实行不固定的丧葬赏赐，所以不仅赏赐的对象是不固定的，并且赏赐物品的种类也是因人而异

---

[1] 房玄龄等：《晋书》卷四四《卢钦传》，第1255页。
[2] 房玄龄等：《晋书》卷四五《侯史光传》，第1290页。
[3] 房玄龄等：《晋书》卷四五《刘颂传》，第1308页。
[4] 房玄龄等：《晋书》卷四四《华表传》，第1260页。

的。在受赏赐者中，一些人可以获得棺梓、敛衣和赙赠，或者只能获得其中一类的赏赐，并且赏赐的数量也差别明显。因此，可以说西晋国家对官员实行的这种赏赐，在赏赐物的种类和数量上，都表现出很明显的随意性。这种情况的出现，显然正是由这种赏赐的不固定特点决定的。

三、丧葬葬地的赏赐

如前所述，西晋国家对官员的丧葬赏赐可以分为两个品级层位，即一品、二品的固定赏赐和三品至五品的不固定赏赐。虽然固定赏赐和不固定的赏赐的标准不同，但赏赐物主要有棺梓、朝服、敛衣和钱、布的赙赠。在西晋固定与不固定的赏赐物之外，还有另一种赏赐，也就是葬地的赏赐。在文献中，也将葬地称为"墓田"①，或者称为"茔田"②。应该说，西晋国家很重视赏赐亡故官员的丧葬地。

这种葬地的赏赐，实际上，正是从汉代国家的丧葬赏赐制度承袭而来的。《太平御览》卷二〇四引《汉旧仪》："丞相有病，皇帝法驾亲至问疾；薨，即移于第中，赐棺赙葬地；葬日，公卿以下会送。"这就是说，西汉国家对丞相的固定赏赐有三种，即棺梓、赙赠和葬地。东汉时期，国家还继续赏赐葬地。《后汉书·卓茂传》："今以茂为太傅，封褒德侯，食邑二千户，……建武四年，薨，赐棺椁冢地，车驾素服亲临送葬。"说明国家可以向太傅赏赐葬地。《后汉书·牟融传》："（牟融）代赵熹为太尉，与熹参录尚书事。建初四年薨，车驾亲临其丧。……赠赙恩宠笃密焉。又赐冢茔地于显节陵下。"则是国家向三公赏赐葬地。不过，东汉时期，这种葬地的赏赐，已经与西汉不同。国家赏赐太傅、三公葬地，已经由固定的赏赐转变为不固定的赏赐。也就是说，并不是所有的太傅、三公都可以获得葬地的赏赐。只有在生前极受皇帝赏识的太傅、三公才能够有葬地的赏赐。西晋国家承袭的葬地赏赐，不是西汉，而是东汉的做法。实际是一种不固定的赏赐。

从西晋葬地赏赐的对象来看，虽然有官员的品级限制，但是，品级层位

---

① 房玄龄等：《晋书》卷五七《滕修传》，第1553页。
② 房玄龄等：《晋书》卷九〇《良吏·鲁芝传》，第2329页。

的区分是不明显的。《晋书·羊祜传》："咸宁初，除征南大将军、开府仪同三司，得专辟召。……从弟琇等述祜素志，求葬于先人墓次。帝不许，赐去城十里外近陵葬地一顷"。羊祜获得葬地赏赐，因为他生前任征南大将军、开府仪同三司，为一品的"位从公"者。但西晋国家赏赐亡故官员的葬地，已经不限于一、二品官员。《晋书·周处传》："（周处）弦绝矢尽，播、系不救。……遂力战而没。追赠平西将军，赐钱百万，葬地一顷"。周处生前任散骑常侍。《晋官品令》：散骑常侍为三品。①《晋故中书侍郎颍川颍阴荀君之墓》："诏故中书侍郎荀岳，忠正简诚，秉心不苟，早丧才志，既愍惜之。闻其家居贫约，丧葬无资，修素至此，又可嘉悼也。旧墓遇水，欲于此下权葬。其赐葬地一顷，钱十五万，以供葬事。"②西晋中书侍郎为五品。③很显然，在一品至五品官员范围内，西晋国家都可以向他们赏赐葬地。

西晋国家赏赐亡故官员葬地数量是基本固定的。《晋书·贾充传》："（司空贾充）太康三年四月薨，时年六十六。……葬礼依霍光及安平献王故事，给茔田一顷。"《晋书·良吏·鲁芝传》："（光禄大夫、特进鲁芝）泰始九年卒，年八十四。帝为举哀，赗赠有加，谥曰贞，赐茔田百亩。"《晋书·忠义·嵇绍传》："（侍中嵇绍）遂被害于帝侧……赐墓田一顷，客十户，祠以少牢。"显然可以受赏赐的官员，不论官职品级的高低，获得的葬地，一般都是一顷，也就是百亩。

西晋国家向亡故官员赏赐葬地，属于一种特别的赏赐。《晋书·王沉传》："（王沉）转骠骑将军、录尚书事，加散骑常侍，统城外诸军事。……泰始二年薨。帝素服举哀，赐秘器朝服一具、衣一袭、钱三十万、布百匹、葬田一顷。"说明在西晋国家实行固定的丧葬赏赐时，可以附加葬地的赏赐。西晋国家还可以为官员专门赏赐葬地。《晋书·滕修传》："（滕修）太康九年卒，请葬京师，帝嘉其意，赐墓田一顷。"即为一例。不只如此，西晋国家还允许官员向国家请赐葬地。例如，琅邪武王司马伷"太康四年薨，时年五十七。临终表求葬母太妃陵次……帝许之"④。司隶校尉杜预遗令："因自表

---

① 杜佑：《通典》卷三七《职官十九》，第209页。
② 赵超：《汉魏南北朝墓志汇编》，天津古籍出版社，2008年，第6页。
③ 杜佑：《通典》卷三七《职官十九》，第209页。
④ 房玄龄等：《晋书》卷三八《宣五王·琅邪武王伷传》，第1121—1122页。

营洛阳城东首阳之南为将来兆域。而所得地中有小山，上无旧冢，其高显虽未足比邢山，然东奉二陵，西瞻宫阙，南观伊洛，北望夷叔，旷然远览，情之所安也。"① 杜预请赐葬地的要求，也获得西晋国家的同意。这些情况说明，西晋国家赏赐葬地的方式具有多样性，没有固定的规定，并且，对请赐葬地者，只要在规定的职官品级范围内，国家一般不加拒绝。

此外，西晋国家葬地的赏赐，还不限于官员本人。《晋书·魏舒传》："（魏舒）征拜散骑常侍。出为冀州刺史，在州三年，以简惠称。入为侍中。武帝以舒清素，特赐绢百匹，迁尚书。……舒三娶妻皆亡，是岁自表乞假还本郡葬妻，诏赐葬地一顷，钱五十万。"可见在品级规定范围内官员的家属亡故后，也可以使其获得葬地的赏赐。

综上可见，西晋国家实行的葬地赏赐，是在固定和不固定赐授钱、物之外，另一种类的奖赏。这种奖赏限于一品至五品官员范围之内。获得赏赐者，一般可以获得一顷的葬地。但在可以受赏赐的官员的品级范围内，并不是都可以获得的赏赐。《赐王沉葬钱并地诏》："故骠骑将军王沉，忠允笃诚，执德弘毅。外清方夏，内熙衮职。历位着称，厥功茂焉。不幸薨殒，志业未究。今当葬，其赐钱三十万，葬田一顷。"② 由晋武帝的这条诏书可知，西晋国家赏赐葬地是要表明当朝皇帝对亡故官员的特殊优待。因此，在墓志中也称为"特赐墓田"③。实际上，得到葬地赏赐的官员是他们获得的殊荣，因而，西晋国家对亡故官员赏赐葬地，也就具有提高他们丧礼规格的意义。

（原载《吉林大学社会科学报》2013年第3期）

---

① 李昉：《太平御览》卷五五四引王隐《晋书》，第2508页。
② 李昉：《太平御览》卷五五六引晋《赐王沉葬钱并地诏》，第2517页。
③ 赵超：《汉魏南北朝墓志汇编》，天津古籍出版社，2008年，第6页。

两晋郊祀礼试探

两晋郊祀礼在国家祭祀制度中是最高的礼仪。当时国家制定了比较完备的郊祀礼仪,并且在郊祀活动中加以实行。这种郊祀活动,实际是对天、地神祇及其配祭神和从祀神的祭祀,因而,也是当时宗教理念的一种体现。因此,考察两晋的郊祀礼,对透视当时国家礼仪制度和宗教活动的特点,都是必要的。虽然前人对两晋的郊祀礼已经做了一些探讨,[①] 但是,还留有可以继续研究的空间。所以本文拟对与两晋郊祀礼相关的问题做进一步的阐释,希望能够对两晋郊祀礼的探讨有所推动。

一、郊祀神祇的确定与祭坛的设置

(一)郊祀神祇的确定

两晋郊祀是国家重要的祭祀活动,因而,在郊祀礼中,很重要的就是需要确定要祭祀的神祇。实际上,从西周至曹魏,虽然郊祀的神祇有所改变,可是,郊祀神祇却明显分为三个类别,即郊祀的主神、配祭神和从祀神。

从两晋郊祀礼的主神规定来看,是与传统的神祇规定有联系的。当然,最直接的是受到曹魏国家郊祀礼对主神的规定的影响。《三国志·魏书·文帝纪》:"(黄初)二年,春,正月,郊祀天、地、明堂。"显然,曹魏确定的郊祀主神有天、地。可是,曹魏国家并没有将祭祀的主神仅限于在南、北郊

[①] 陈戍国:《中国礼制史(魏晋南北朝卷)》,湖南教育出版社,1995年,第126—135页;梁满仓:《魏晋南北朝五礼制度考论》,社会科学文献出版社,2009年,第178—191页;徐迎花:《汉魏至南北朝时期郊祀制度研究》,黑龙江人民出版社,2009年,第117—136页。

进行。《晋书·礼志上》："（景初二年）祀圆丘以始祖帝舜配，号圆丘曰皇皇帝天。方丘所祭曰皇皇后地，以舜妃伊氏配。天郊所祭曰皇天之神，以太祖武皇帝配。地郊所祭曰皇地之祇，以武宣皇后配。"这就是说，曹魏国家将祭祀主神的地点分为圆丘、方泽、南郊、北郊四处。而祭祀的主神则称为皇皇帝天、皇皇后地、皇天之神、皇地之祇。曹魏国家对主神的这种规定，是在郑玄礼学理念影响下所创的一种规定。而传统祭礼中对主神规定却与此有差别。《礼记·曲礼上》："天子祭天地，祭四方，祭山川。"这说明，从西周将郊祀礼规范化后，人格化的自然神——天、地便是祭祀的主神。由此来看，曹魏国家确定的祭祀主神是不符合传统规定的，也就是不符合汉儒对传统郊祀主神的认识。然而，曹魏国家对祭祀主神的规定，并没有完全摈弃传统的规定，而且，更直接地吸收东汉郊祀礼的神祇规定。实际上，曹魏国家确定郊祀主神，很多方面是受到东汉郊祀礼的影响。在汉代儒家理念中的周代郊祀主神，在秦、西汉受到很大的破坏。秦代是以四帝为主神；西汉主神多有变化，汉武帝时以"太一"为主神，至西汉后期主神也没有固定化。东汉时期，国家以儒家祭祀理念整顿南、北郊祀礼仪制度，随之也将郊祀的主神明确化。《续汉书·祭祀志上》载光武帝即位告祭文："皇天上帝，后土神祇。"就是将天、地作为主神。曹魏国家南、北郊祭祀的主神为天、地正是吸收了东汉郊祀礼中对主神的规定。这就是说，曹魏国家对祭祀主神的规定，既有沿袭东汉制度的内容，也有新的规定。西晋禅代曹魏后，确定郊祀礼，自然要对曹魏国家祭祀主神的规定做出选择。

晋武帝于泰始二年，"并圆丘、方丘于南、北郊，二至之祀合于二郊"[①]。也就是说，西晋国家确定将主神的祭祀只在南郊和北郊进行。应该说，这是对曹魏国家祭祀主神的重要改变。既然晋武帝将对主神的祭祀做了调整，当然，郊祀的主神也要随之变化。《晋书·武帝纪》："（泰始二年）丁丑，郊祀宣皇帝以配天，宗祀文皇帝于明堂以配上帝。"这说明，西晋的南郊祭祀的主神为天，也就是上帝。正因为西晋郊祀礼将主神规定为天、地，所以，在郊祀所用乐歌《天郊飨神歌》和《地郊飨神歌》中，才明确将南郊称为"天郊"，将北郊称为"地郊"。由此可见，西晋国家对郊祀礼主神的规定，并不

---

① 房玄龄等：《晋书》卷三《武帝纪》，第55页。

是完全继承了曹魏的制度，而是在将圆丘和方泽分别归并到南、北郊的基础上，对所祭主神加以调整，才最后确定的。因此，可以说，西晋对郊祀礼主神的规定，实际承袭的是东汉郊祀主神的规定。当然，西晋对郊祀主神的确定，一方面吸收了传统郊祀神祇理念，更多的则是受到王肃礼学思想的影响。因为王肃主张"圆丘之祭，即是南郊，南郊之祭，即是圆丘"①。西晋将祭祀主神与南、北郊联系在一起，不仅克服了曹魏对主神规定的混乱，更使主神的地位更为突出。东晋时期，国家的郊祀礼依然沿袭西晋。《晋书·礼志上》："（太兴二年）三月辛卯，帝亲郊祀，飨配之礼一依武帝始郊故事。是时尚未立北坛，地祇众神共在天郊。"这说明，由于东晋承袭的是西晋的郊祀礼，所以东晋郊祀礼中对主神的规定也就与西晋相同，是没有改变的。

两晋郊祀礼中，对配祭神也有规定。在汉儒看来，举行郊天祭祀是需要用祖先作为配祭神的。正如《礼记·郊特牲》说："万物本乎天，人本乎祖，此所以配上帝也。"在郊祀时，以祖先配祭的意义就在于，可以象征主祭者与天神之间建立起虚构的血缘联系，这正是主祭者维护现实政治统治所需要的。所以，西晋国家确定郊祀礼时，也确定了配祭的神祇。《晋书·礼志上》：

> 泰始二年正月，诏曰："有司前奏郊祀权用魏礼，朕不虑改作之难，令便为永制，众议纷互，遂不时定，不得以时供飨神祇，配以祖考。日夕难企，贬食忘安，其便郊祀。"

可见，泰始二年，晋武帝已经决定以祖先作为郊祀的配祭神。实际郊祀配祭祖先的规定是明确的。《晋书·礼志上》："（泰始）二月丁丑，郊祀宣皇帝以配天，宗祀文皇帝于明堂以配上帝。"显然，晋武帝确定以宣皇帝作为郊祀天神的配祭神。宣皇帝是司马懿，正是晋武帝的祖父。而将其父司马昭则作为明堂祭祀的配祭神。这样，晋武帝就将他的祖父、父亲通过不同的祭祀，与主神联系起来。《太平御览》卷五二七引《晋起居注》："大晋礼：天郊，当以宣皇帝配，地郊宣皇后配；明堂以景皇帝、文皇帝配。"这就是说，晋

---

① 魏征：《隋书》卷六《礼仪志一》，中华书局，1973年，第107页。

武帝对北郊的配祭神也做了规定。至东晋，郊祀"飨配之礼一依武帝始郊故事"① 实际是继续沿袭西晋的配祭神祇规定。

两晋的郊祀礼，还对从祀神祇做了规定。国家举行郊祀礼，需要祭祀从祀神，并不是在周代出现的，而是始见于西汉。但是，在西汉，国家郊祀礼对从祀神的规定是不明确的。东汉时期，郊祀礼中的从祀神规定成为定制。《续汉书·祭祀志上》：

> （建武）二年正月，初制郊兆于雒阳城南七里，依鄗。采元始中故事。为圆坛八陛，中又为重坛，天地位其上，皆南乡，西上。其外坛上为五帝位。青帝位在甲寅之地，赤帝位在丙巳之地，黄帝位在丁未之地，白帝位在庚申之地，黑帝位在壬亥之地。其外为壝，重营皆紫，以像紫宫；有四通道以为门。日月在中营内南道，日在东，月在西，北斗在北道之西，皆别位，不在群神列中。八陛，陛五十八醊，合四百六十四醊。五帝陛郭，帝七十二醊，合三百六十醊。中营四门，门五十四神，合二百一十六神。外营四门，门百八神，合四百三十二神。皆背营内乡。中营四门，门封神四，外营四门，门封神四，合三十二神。凡千五百一十四神。

东汉国家对郊祀祭坛的这种设置，实际就将五帝神与天神和地祇系统的神祇，都作为郊祀的从祀神，实际这些从祀神是处于主神的从属神的地位，因而，也就使举行郊祀包含更浓厚的主神对从属神支配的宗教意义。

然而，在曹魏的郊祀礼中，从祀神的设置却没有沿袭东汉，已经将从祀神五帝排除了。西晋制定的郊祀礼，更将曹魏排除五帝神的做法进一步发展。《晋书·礼志上》："时群臣又议，五帝即天地，王气时异，故殊其号，虽名有五，其实一神。明堂南郊，宜除五帝之坐，五郊改五精之号，皆同称昊天上帝，各设一坐而已。地郊又除先后配祀。帝悉从之。"晋武帝采用的朝臣的建议，实际是本于王肃对郊祀神祇的看法。正如宋人马端临说："以

---

① 房玄龄等：《晋书》卷一九《礼志上》，第584页。

圜丘即郊，五帝同一天，王肃之说。武帝，肃外孙也。故祀礼从其说。"① 这种郊祀礼中的从祀神祇的规定，一方面是要依据王肃的说法；但另一方面，则是试图按照《周礼》的说法，将郊祀神祇只规定为唯一的主神。《周礼·春官·宗伯》："大宗伯之职。……以禋祀祀昊天上帝。"《周礼》的这些记载，实际是儒家理念的一种体现。就是说，作为现实的最高统治者，在郊祀中，只能祭祀主神——昊天上帝，这样，才能与地上最高统治者的地位取得一致。

实际上，五帝神并不是与郊祀主神同时出现的，而是在战国五行观念兴起后出现的神祇。《周礼·春官·小宗伯》："兆五帝于四郊。"这说明，对五帝神的祭祀，是需要与主神天分开祭祀的。而在《礼记·月令》中，五帝只是迎时气所祭的神祇。至西汉时，五帝神开始成为上帝的从祀神祇。在东汉时，开始固定化，构成了郊祀礼中等级有序的神祇系统。这样，要在郊祀礼中，完全破坏这一从祀神的系统就是比较困难的。因此，西晋依据王肃说建立的郊祀从祀神，并不是要取消五帝神，只是将五帝神祇改换了名称，以此要更明确突出主神的唯一的至上的地位。正因为如此，西晋国家对郊祀礼中的从祀神的规定，很快也就改变了。《晋书·礼志上》：

（太康）十年十月，又诏曰："《孝经》'郊祀后稷以配天，宗祀文王于明堂以配上帝'。而《周官》云'祀天旅上帝'，又曰'祀地旅四望'。望非地，则明堂上帝不得为天地。往者，众议除明堂五帝位，考之礼文不正。且《诗序》曰：'文武之功，起于后稷'，故进以配天焉。宣帝以神武创业，既已配天，复以先帝配天，于义亦所不安。其复明堂及南郊五帝位。"

这说明，由于晋武帝认为对明堂配祭神祇规定与礼制不合，所以，只有重新恢复五帝作为明堂配祭神的地位。因此，就要使郊祀的从祀神祇必须改变，也就是需要恢复五帝神作为郊祀从祀神的地位。由此可见，西晋对郊祀从祀神祇的确定，经历了比较复杂的过程。实际郊祀礼中的从祀神五帝的设置，是在调和王肃对郊祀主神及从祀神五帝认识的基础上，使郊祀礼中的神祇规定与明堂礼中神祇的设置又不相互矛盾的产物。

---

① 马端临：《文献通考》卷七〇《郊社考三》，中华书局，1986年，第631页。

东晋定都建康，晋元帝承袭西晋的郊祀礼。《通典·礼二·郊天上》："太常贺循定制度，多依汉及晋初仪注。三月辛卯，帝亲郊，祀飨如泰始故事。"但采取在南郊将主神天、地合祭的方式。晋成帝咸和八年，在设置北郊之后，又对南北郊从祀的神祇做了明确的规定。《晋书·礼志上》：

天郊则五帝之佐、日月、五星、二十八宿、文昌、北斗、三台、司命、轩辕、后土、太一、天一、太微、勾陈、北极、雨师、雷电、司空、风伯、老人，凡六十二神也。地郊则五岳、四望、四海、四渎、五湖、五帝之佐、沂山、岳山、白山、霍山、医无闾山、蒋山、松江、会稽山、钱唐江、先农，凡四十四神也。

这说明，东晋国家对郊祀的从祀神规定：一是继承西晋郊祀的神祇规定，更进一步明确了五帝神作为主神昊天上帝的从祀神的地位。二是将从祀神祇的范围扩大。南郊的从祀神主要为天神系统的神祇。其中太一则是汉代出现的神祇。但从祀神祇中，也有地祇系统的神祇，诸如，后土。还有人鬼系统的神祇，诸如，轩辕。北郊从祀神主要为地祇系统的神祇。但是，"五帝之佐"则是天神系统的神祇；先农则是人鬼系统的神祇。显然，南郊、北郊的从祀神是复杂的。因为南郊主要应该以天神系统的神祇作为从祀神，可是，在郊祀礼中却将地祇、人鬼系统的神祇也纳入从祀神中。而北郊应该以地祇系统的神祇作为从祀神，但是，也有天神、人鬼系统的神祇。并且，为了使郊祀礼适应东晋皇帝对江南地区统治的需要，在北郊的从祀神中，还将当地的蒋山、会稽山、松江、钱唐江都规定为从祀神。东晋国家这种规定表明，郊祀礼中的从祀神祇设置，主要是以儒家的宗教神祇理念为基础，可是，也并没有完全为儒家的祭祀理念所限制，设置了一些适应国家统治需要的神祇。可以说，东晋郊祀的从祀神的设置，并不是很规范的，因而表现出很明显的复杂性，实际东晋国家对郊祀从祀神的设置是为了更适应现实的统治。

综上可见，两晋郊祀神祇规定是在改造曹魏国家郊祀规定的基础上，重新加以规划的。从郊祀神祇的规定来看，主神的设置克服了曹魏所受郑玄说的影响，明确规定天、地为郊祀的主神。这种主神的规定，就使郊祀礼成为两晋国家最高等次的祭祀活动。配祭神则规定为晋武帝的祖父司马懿，并

魏晋南北朝史论稿

且，还将其父司马昭作为明堂礼中的配祭神。这样，郊祀礼与明堂礼相配合，也就使两晋国家最高统治者以配祭神为中介与郊祀的主神天构成了虚构的血缘关系。从祀神的确定过程是复杂的。从西晋太康十年，克服王肃说的影响，重新设置五帝作为从祀神开始，直到东晋咸和八年，在郊祀礼中以天神、地祇和人鬼系统的神祇作为从祀神，实际构建了一个众多的神祇系统。这个从祀神系统的形成，也就将郊祀包含的宗教意义进一步拓宽，希望通过举行郊祀将福佑的范围扩大，进而能够保证强化现实国家的统治力。

（二）郊祀祭坛的设置

两晋国家规定了郊祀礼中的神祇，当然还需要确定祭祀神祇的祭坛。实际上，西晋郊祀祭坛是在改造曹魏的基础上，才设置的。曹魏国家所设祭祀天、地的祭坛是比较复杂的。《续汉书·祭祀志中》刘昭注引魏氏缪袭议曰："汉有《云翘》《育命》之舞，不知所出。旧以祀天，今可兼以《云翘》祀圆丘，兼以《育命》祀方泽。"可见，曹魏国家设置了圆丘祭天、方泽祭地。当然，祭祀天、地还有南、北郊的设置。曹魏国家以南郊和圆丘祭天，以北郊、方泽祭地，实际这种祭坛的设置是有所依据的。《隋书·礼仪志一》："秦人荡六籍以为煨烬，祭天之礼残缺，儒者各守其所见物而为之义焉。一云：祭天之数，终岁有九，祭地之数，一岁有二，圆丘、方泽，三年一行。若圆丘、方泽之年，祭天有九，祭地有二。若天不通圆丘之祭，终岁有八。地不通方泽之祭，终岁有一。此则郑学之所宗也。"可见，在郑玄看来，除了在南、北郊对天、地的祭祀之外，还需要增加在圆丘、方泽对天、地的祭祀。因此，曹魏国家设置圆丘和方泽，显然受到郑玄说的影响。可是，西晋国家在郊祀礼的规定上，摈弃了郑玄说，依据的是王肃说，所以，也就需要对曹魏祭祀天、地的祭坛进行改造。《晋书·礼志上》："（泰始二年）有司又议奏，古者丘郊不异，宜并圆丘、方泽于南北郊，更修立坛兆，其二至之祀合于二郊。帝又从之，一如宣帝所用王肃议也。"很明显，晋武帝取消了圆丘和方泽，只在南、北郊设置祭坛。这正是依据王肃对郊祀的看法所做的改革。因为在王肃看来，"一天岁二祭，坛位唯一。圆丘之祭，即是南郊，南郊之祭，即是圆丘。日南至，于其上以祭天，春又一祭，以祈农事，谓之二祭，无别天也"[①]。晋武帝的改革，显然使

---

① 魏征：《隋书》卷六《礼仪志一》，第107页。

郊祀祭坛的设置趋于简化，并且，成为国家郊祀祭坛设置的定制。

东晋郊祀祭坛的设置，仍然遵循西晋的规定。《晋书·礼志上》："元帝渡江，太兴二年始议立郊祀仪。尚书令刁协、国子祭酒杜夷议，宜须旋都洛邑乃修之。司徒荀组据汉献帝都许即便立郊，自宜于此修奉。骠骑王导、仆射荀崧、太常华恒、中书侍郎庾亮皆同组议，事遂施行，立南郊于己地。其制度皆太常贺循所定，多依汉及晋初之仪。"可见，东晋依然要在首都建康附近设置郊祀祭坛。只是由于晋元帝在建康建都，制度都在草创之中，所以，南郊、北郊祭坛不是同时设置的。北郊祭坛直到晋成帝咸和八年，"于覆舟山南立之"①。两晋国家，在王肃郊祀理念影响下的南、北郊祭坛的设置，当然，对后世郊祀祭坛的设置产生明显的影响。因此，《宋书·礼志一》说："晋武以丘郊不异，二至并南北之祀。互相即袭，以讫于今。"

由此可见，两晋国家郊祀祭坛的设置，是在改革曹魏国家祭祀天、地的祭坛基础上，确定了只设置南郊、北郊祭坛进行祭祀的制度。这种设置南、北郊祭坛制度的确定，不仅实现了王肃郊祀礼学说的理念，并且，也是向东汉郊祀祭坛设置的回归。南郊祭坛祭天、北郊祭天祭地的规定，简化了郊祀祭坛的设置，并且，也使阳、阴对称的祭坛设置更为明晰化，当然，这也就对后世郊祀祭坛设置产生重大的影响。

二、郊祀礼仪的制定与实行

两晋国家对郊祀礼仪，特别是对郊祀常祀礼仪制定，是很重视的。郊祀的常祀具有完备的仪式，在西周就开始出现了，而且，这种传统的仪式对后世的影响也是很大的。两晋的郊祀礼仪，正是在承袭西周以来传统的郊祀仪式基础上，并加以改造才形成的。陈戍国先生考证：两晋郊祀的常祀仪式包括：散斋、致斋、夕牲、准备牲、醴、玄酒、璧、蒯席以及灌、三献、燔燎等仪节。② 这些郊祀仪节都是比较古老的。从散斋、致斋来看，正如《礼

---

① 房玄龄等：《晋书》卷一九《礼志上》，第584页。
② 陈戍国：《中国礼制史（魏晋南北朝卷）》，湖南教育出版社，1995年，第127-134页。

记·祭统》说:"是故君子之齐也,专致其精明之德也。故散齐七日以定之,致齐三日以齐之。定之之谓齐,齐者精明之至也。然后可以交于神明也。"实际就是参加郊祀者祭祀前的精神准备。夕牲仪节也称作展牲。郑玄引郑司农:"展,具也。具牲若今时选牲也。"① 也就是这一仪节是在举行郊祀前对牺牲的选择。因为在传统的祭祀理念中,很重视选择牺牲,只有牺牲"博硕肥腯","以致其禋祀,於是乎民和而神降之福"。② 郊祀大典的正式开始,是举行"灌"这一仪节。《宋书·礼志一》:"太祝令跪执匏陶,酒以灌地。皇帝再拜,兴。群臣皆再拜伏。"陈戍国先生认为,郊祀之有灌,即始于晋,与古礼不合。③ 因此,"酒以灌地"为郊祀仪节,应该是从西晋开始实行的。在郊祀仪节中,很重要的是"三献"。西周祭祀中的"三献"是围绕"尸"展开的,可是,由于自战国以来已经取消用"尸"的制度,④ 所以,晋代郊祀的"三献"仪节,当然也就与古礼不同。尽管如此,在两晋的"三献"仪节中,还是保留了传统郊祀礼中的一些做法。《宋书·礼志一》:

> 博士、太常引皇帝至南阶,脱舄升坛,诣罍盥。黄门侍郎洗爵,跪授皇帝。执樽郎授爵,酌柜鬯授皇帝。跪奠皇天神座前,再拜,兴。次诣大祖配天神座前,执爵跪奠,如皇天之礼。南面北向,一拜伏。太祝令各酌福酒,合置一爵中,跪进皇帝,再拜伏。饮福酒讫,博士、太常引帝从东阶下,还南阶。谒者引太常升坛,亚献。谒者又引光禄升坛,终献。

实际刘宋郊祀"三献"仪节是从两晋承袭来的。由此可以看出,"三献"仪节的实行,是以主祭者和助祭者为序,并围绕主神和配祭神展开的。由于献祭的对象是主神皇天和配祭神太祖,而三献的主祭者为皇帝,所以,这一仪节在郊祀仪式中所处的位置是非常重要的。"三献"仪节的完成也就象征地

---

① 郑玄注:《周礼·地官·充人》,十三经注疏本,中华书局,1980年,第724页。
② 《左传》桓公六年,十三经注疏本,中华书局,1980年,第1746页。
③ 陈戍国:《中国礼制史(魏晋南北朝卷)》,湖南教育出版社,1995年,第132页。
④ 顾炎武著、黄汝成集释:《日知录集释》卷一四《像设》,上海古籍出版社,1985年。

表示出,对主神和配祭神的最高敬意。郊祀礼的最后一个仪节是燔燎。《宋书·礼志一》:

> 博士跪曰:"祠事毕,就燎。"博士、太常引皇帝就燎位,当坛东阶,皇帝南向立。太祝令以案奉玉璧牲体爵酒黍饭诸馔物,登柴坛施设之。治礼举手曰:"可燎。"三人持火炬上。火发,太祝令等各下坛。坛东西各二十人,以炬投坛。火半柴倾,博士仰曰:"事毕。"皇帝出便坐,解严。

这种燔燎仪节也是沿袭传统的郊祀礼仪。《礼记·祭法》:"燔柴於泰坛,祭天也。"《周礼·春官·大宗伯》:"以禋祀祀昊天上帝。"可见,燔燎也可称为"燔柴""禋祀"。这一仪节在郊祀礼中是不可缺少的,只有"燔燎"之后,郊祀仪式才能结束。实际这一仪节是原始宗教理念的一种体现。因为原始宗教观念认为只有燔烧牲体,才可以使天神享受牺牲的馨香。

两晋国家不仅对南郊祭祀的礼节做了明确的规定,而且,对北郊祭祀的仪节也做了规定。《宋书·礼志一》:"北郊斋、夕牲、进孰,及乘舆百官到坛三献,悉如南郊之礼。唯事讫,太祝令牲玉馔物诣坎置牲上讫,又以一牲覆其上。治礼举手曰:'可埋。'二十人俱时下土。填坎欲半,博士仰白:'事毕。'帝出。"也就是说,北郊祭礼,只是将南郊的"燔燎"改为"瘗埋"。[1] 实际是以象征的方式表现对地神的敬意,因而,也是原始宗教理念的体现。

由此可见,两晋国家为郊祀礼规定了一整套完备的仪式。在仪式的各仪节中,大部分沿袭了古礼,还有的是以改变的方式承袭了古礼,并且,郊祀各仪节的展开,也与西周以来的郊祀仪式,没有多少明显的不同,因而,这种礼仪是具有明显的继承性的。由于礼仪的大部分仪节都是沿袭古礼的做法,因而,这种仪式只是由原始宗教献祭方式转化而来的,所以,也就表现出比较明显的落后性。

此外,在两晋国家规定郊祀常祀礼之外,还有告祭的仪式。所谓告祭,

---

[1] 《礼记·祭法》,十三经注疏本,中华书局,1980年。

就是因事对天、地的祭祀，与郊祀常祀的定期祭祀天、地是不同的。实际这是从郊祀的常祀衍伸出来的祭祀活动，自然祭祀的仪式要比常祀简单。从西晋的情况来看，泰始元年，晋武帝禅代曹魏，"冬十二月景寅，设坛于南郊，百僚在位及匈奴南单于四夷会者数万人，柴燎告类于上帝"①。由于是政权的更迭，晋武帝必须要进行告祭天神的仪式，因而，这种仪式还是比较隆重的。当然，西晋国家还对郊祀告祭的一些活动做了规定。中朝有大事，"告天地，先郊后庙"②。皇太子即皇帝位，"践阼之初，拜于南郊，告于天地，谒于祖庙，明皇储也。正体承重，岂复是过"③。为皇帝追加谥号，也要告祭。"告郊之后仍以告庙"④。至东晋时，国家将郊祀告祭的规定减少。例如，西晋为皇帝加谥号要告祭南郊，但"至江左其礼废"⑤。

然而，需要指出的是，尽管两晋国家对郊祀仪式有明确的规定，但依然还有不完善之处，表现最明显的就是郊祀乐舞的制定。从传统的郊祀仪式展开来看，是必须要伴之以乐舞的。《周礼·春官·宗伯》："乃奏黄钟，歌大吕，舞云门，以祀天神。乃奏大蔟，歌应钟，舞咸池，以祭地示。"这就是说，周代以来，祭祀天、地的活动都要有乐舞相伴。这正是早期献祭方式的明显体现。所以，《礼记·祭统》说："夫祭有三重焉。献之属莫重于祼，声莫重于升歌，舞莫重于武宿夜，此周道也。"正说明了乐舞在祭祀活动中占有重要的地位。实际郊祀举行伴之以乐舞，也是原始宗教理念的表现。郊祀活动进行时，表演乐舞不仅使祭祀活动充满肃穆的宗教氛围，并且，正如刘宋人荀万秋所言："祭天地有乐者，为降神也。"⑥ 正因为如此，秦、汉时期的郊祀礼的举行都与相应的乐舞结合。例如，东汉国家郊祀乐舞的规定是很完善的。建武二年光武帝举行郊天祭祀，"凡乐奏《青阳》《朱明》《西皓》

---

① 房玄龄等：《晋书》卷三《武帝纪》，第50页。
② 杜佑：《通典》五五《吉礼十四》，第315页。
③ 杜佑：《通典》八十一《凶礼三》，第437页。
④ 房玄龄等：《晋书》卷一九《礼志上》，第609页。
⑤ 房玄龄等：《晋书》卷一九《礼志上》，第609页。
⑥ 沈约：《宋书》卷一九《乐志一》，中华书局，1974年，第541页。

《玄冥》，及《云翘》《育命》舞"①，而北郊祭祀"奏乐亦如南郊"②。

可是，曹魏郊祀却只有用乐、不见有用舞的记载，实际已经将乐与舞合而为一，所以也就不必单列舞的名称。西晋禅代曹魏，没有废弃曹魏国家郊祀的用乐制度。《晋书·乐志上》："泰始二年，诏郊祀明堂礼乐权用魏仪，遵周室肇称殷礼之义，但改乐章而已，使傅玄为之词云。"显然，西晋郊祀礼所用乐只是曹魏的规定，只将乐章做了改动，重新填写了歌词。这些乐歌有：《祠天地五郊夕牲歌》《祠天地五郊迎送神歌》《飨天地五郊歌》《天地郊明堂夕牲歌》《天郊飨神歌》《地郊飨神歌》。③ 当然，这些乐歌的演奏是要以舞相伴的。晋武帝也任用一些通晓音乐的官员对祭祀用乐做了一些改进。《通典·乐一》："又令荀勖、张华、夏侯湛、成公绥等，各造郊庙诸乐歌词。九年，荀勖以杜夔所制律吕，校太乐、总章、鼓吹八音，与律吕乖错，依古尺作新律吕，以调声韵。律成，遂颁下太常，使太乐、总章、鼓吹、清商施用。荀勖遂典知乐事，启朝士解音者共掌之。"可是，晋武帝重点制作的是宗庙祭祀用乐，而不是郊祀祭祀用乐，因而，实际对郊祀用乐并没有明显的改动。这说明，西晋统治者对郊祀乐舞的编制是不重视的，只是维持郊祀乐舞的现状。这样，也就使郊祀礼的乐舞，在祭祀活动中开始淡化。

东晋建立，依然实行郊祀礼，当然，郊祀所用乐舞也要因袭西晋之制。可是，与西晋比较，对郊祀的乐舞就更不重视。《晋书·乐志上》："太元中，破苻坚，又获其乐工杨蜀等，闲习旧乐，于是四厢金石始备焉。乃使曹毗、王珣等增造宗庙歌诗，然郊祀遂不设乐。"可见，东晋孝武帝已经决定废除郊祀所用乐舞。这样，也就使郊祀礼缺少了重要的环节。东晋国家的这种做法的影响是重大的。刘宋时，就有人就对此质疑，认为"以乐祭天地，其来尚矣。今郊享阙乐，窃以为疑"④。以致直到刘宋元嘉二十二年，"南郊，始设登哥，诏御史中丞颜延之造歌诗"⑤。由此来看，虽然两晋为郊祀礼规定了比较完备的仪节，可是，由于对郊祀礼所用乐舞的不重视，东晋孝武帝甚至

---

① 司马彪：《续汉书·祭祀志上》，中华书局，1965年，第3161页。
② 司马彪：《续汉书·祭祀志中》，第3181页。
③ 房玄龄等：《晋书》卷二二《乐志上》，第680—681页。
④ 沈约：《宋书》卷一九《乐志一》，第542页。
⑤ 沈约：《宋书》卷一九《乐志一》，第541页。

废弃郊祀所用乐舞,因而,不仅从整体上造成郊祀礼的不完备,而且,也影响了对所祭主神敬意的表达,因此,明显削弱了郊祀礼仪的影响。

还需要提及的是,两晋国家在郊祀礼的实行上,也是很不规范的。这可以从郊祀礼的定期常祀举行的情况中看出。所谓郊祀的定期祭,也称为常祀,就是定期在规定的时间祭祀天、地。《晋书·礼志上》:"(泰始二年)有司又议奏,古者丘郊不异,宜并圆丘、方丘于南北郊,更修立坛兆,其二至之祀合于二郊。帝又从之,一如宣帝所用王肃议也。"也就是说,要在夏至、冬至日举行郊祀活动。并且,宋明帝诏书说:"自晋以来,间年一郊,明堂同日。"① 可是,两晋郊祀的实行情况却并不是如此。实际西晋皇帝举行郊祀的常祀是不多见的。《晋书》中记载,泰始二年,晋武帝"亲祠圆丘于南郊"②。太康三年,晋武帝"亲郊祀,皇太子、皇子悉侍祠"③。可见晋武帝时,举行郊祀的常祀只有两次。晋惠帝时,就从来没有举行过郊祀的常祀。晋愍帝时,"都长安,未及立郊庙而败"④。

东晋时,皇帝举行郊祀的常祀就更少。《晋书》记载,大兴二年,晋元帝"亲郊祀,飨配之礼一依武帝始郊故事"⑤。咸和八年,晋成帝"祀北郊,始以宣穆张皇后配地,魏氏故事,非晋旧也"⑥。建元元年,晋康帝"辛未南郊,辛巳北郊,帝皆亲奉"⑦。从建武元年晋元帝定都建康,至元熙二年刘裕禅代东晋,东晋立国一○三年,但见之于文献记载的郊祀常祀只有三次。这些情况说明,两晋皇帝是不热衷于郊祀常祀的举行。这只能说明他们对实行郊祀的常祀仪式的举行是比较不重视的。所以,时人就将一些灾异的出现与这种不经常举行郊祀联系起来。《宋书·五行志四》:"元康五年五月,颍川、淮南大水。六月,城阳、东莞大水,杀人。荆、扬、徐、兖、豫五州又大水。是时,帝即位已五载,犹未郊祀,烝尝亦多不身亲近。简宗庙、废祭祀

---

① 沈约:《宋书》卷一六《礼志三》,第431页。
② 房玄龄等:《晋书》卷一九《礼志上》,第584页。
③ 房玄龄等:《晋书》卷一九《礼志上》,第584页。
④ 房玄龄等:《晋书》卷一九《礼志上》,第584页。
⑤ 房玄龄等:《晋书》卷一九《礼志上》,第584页。
⑥ 房玄龄等:《晋书》卷一九《礼志上》,第584页。
⑦ 房玄龄等:《晋书》卷一九《礼志上》,第585页。

之罚也。"因此，可以说，虽然两晋皇帝制定了郊祀礼，但是，他们对郊祀的常祀却很少能够定期举行。

两晋国家郊祀活动出现这种状况，正是因为郊祀以天、地这种人格化自然神作为主神的宗教观念减弱的结果。除此之外，两晋皇帝更多注意的是对祖先的祭祀。西晋武帝"追尊宣帝庙曰高祖，景帝曰世宗，文帝曰太祖"①。泰始十年，晋武帝将宗庙"更改筑于宣阳门内，穷极壮丽"②。陈戍国先生考证：宗庙常祀礼仪仪节，与郊祀基本相同。③并且，西晋宗庙用乐，"改《昭武舞》曰《宣武舞》，《羽龠舞》曰《宣文舞》。咸宁元年，诏定祖宗之号，而庙乐乃停《宣武》《宣文》二舞，而同用荀勖所使郭夏、宋识等所造《正德》《大豫》二舞云"④。很显然，西晋宗庙制度确立后，祭祀所用乐舞都是重新编制的，足见晋武帝对宗庙祭祀的重视。东晋国家对宗庙祭祀用乐也非常重视，"太元中，破苻坚，又获其乐工杨蜀等，闲习旧乐，于是四厢金石始备焉。乃使曹毗、王珣等增造宗庙歌诗，然郊祀遂不设乐"⑤。显然，在用乐制度上，宗庙祭祀与郊祀差别十分明显。不仅如此，两晋国家还将对天地的告祭与祖先祭祀结合在一起，也就是"告天地，先郊后庙"⑥。而且，两晋国家对宗庙的祭祀的时间规定是明确的。《宋书·礼志四》："祠部下十月三日殷祠，十二日烝祀。谨按禘袷之礼，三年一，五年再。"刘宋祭祀宗庙的规定，当承袭晋制。并且，宗庙祭祀的举行也是很频繁的。尤其在东晋时期更是如此。例如，太元元年十月，孝武帝"殷祠"⑦。"海西公泰和六年十月，殷祠。孝武皇帝宁康二年十月，殷祠。"⑧义熙元年，晋安帝"将殷祠"⑨。由此可见，虽然两晋国家将郊祀礼置于高过宗庙祭祀礼的位置上，但在实际

---

① 房玄龄等：《晋书》卷三《武帝纪》，第52页。
② 房玄龄等：《晋书》卷一九《礼志上》，第603页。
③ 陈戍国：《中国礼制史（魏晋南北朝卷）》，第134页。
④ 房玄龄等：《晋书》卷二二《乐志上》，第694页。
⑤ 房玄龄等：《晋书》卷二三《乐志下》，第698页。
⑥ 杜佑：《通典》五五《吉礼十四》，第315页。
⑦ 沈约：《宋书》卷一六《礼志三》，第455页。
⑧ 沈约：《宋书》卷一六《礼志三》，第455页。
⑨ 房玄龄等：《晋书》卷一九《礼志上》，第607页。

祭祀上，却更重视宗庙祭祀，也就是对祖先的供奉。这正是两晋国家很少举行郊祀礼的重要原因。当然，由于佛教和道教在两晋影响力的增长，对冲淡郊祀活动也是不能不考虑的因素。

三、郊祀的主祭者与助祭者的限定

两晋国家的郊祀礼仪，基本上是按照传统的仪式构建的。虽然两晋时期，国家举行的郊祀的常祀次数很少，但是，实行礼仪活动则要遵从规定。并且，对参与郊祀活动者，也要根据社会地位加以规定。从参与郊祀礼仪者来看，可以分为主祭者与助祭者。

由于两晋郊祀在国家祭礼中，处于最高等次，因而，主祭者就必须是最高统治者皇帝。《晋书·司马彪传》："泰始初，武帝亲祠南郊。"《晋书·顾和传》："康帝即位，将祀南北郊。"说明在西晋、东晋，国家举行郊祀，皇帝是必须亲自参与的。正如《晋书·礼志上》说："郊天极尊，惟一而已，故非天子不祀也。庶人以上，莫不蒸尝，嫡子居外，介子执事，未有不亲受命而可祭天者。"皇帝作为郊祀的主祭者，这是与传统的郊祀理念相关联的。因为自周代以来，作为现实的最高统治者的至上地位，必须要通过在郊祀中担任主祭者体现出来。这样，在郊祀礼中，对主祭者是明确加以限定的。两晋的郊祀礼也是如此。事实上，两晋国家为郊祀规定的仪节，是将主祭者与助祭者明显加以区别的。例如，献祭是郊祀的重要仪节，主祭的皇帝要亲自行一献礼。《宋书·礼志一》："博士、太常引皇帝至南阶，脱舃升坛，诣罍盥。黄门侍郎洗爵，跪授皇帝。执樽郎授爵，酌柜鬯授皇帝。跪奠皇天神座前，再拜，兴。次诣大祖配天神座前，执爵跪奠，如皇天之礼。南面北向，一拜伏。太祝令各酌福酒，合置一爵中，跪进皇帝，再拜伏。饮福酒讫，博士、太常引帝从东阶下，还南阶。"可见，只有在主祭的皇帝行完一献礼之后，助祭的太常、光禄勋才可以分别行亚献礼和三献礼。献祭仪节做这样的规定，正是要突出主祭皇帝的特殊地位。

两晋郊祀不仅在仪式上使主祭的皇帝居于特殊的地位，并且，穿着的祭服与助祭者也是不同的。《通典·嘉礼二》："后帝郊祀天地明堂宗庙，元会临轩，改服黑介帻，通天冠，平冕。冕，皂表，朱绿里，广七寸，长一尺二寸，加於通天冠上，前圆后方，垂白玉珠十二旒，以朱组为缨，无绫。王公卿助祭郊庙，冠平冕。王公八旒，卿七旒，组为缨，色如绶也。"显然，皇帝的祭服是最高等次的。当然，在举行郊祀斋戒和献祭仪节时，皇帝所着祭服有变化。《宋书·礼志一》："（南郊）致斋之朝，御太极殿幄坐，著绛纱袍，黑介帻，通天金博山冠。……上水一刻，御服龙衮，平天冠，升金根车，到坛东门外。"并且，前往参与郊祀与郊祀礼毕返回所着服装也不相同。《宋书·礼志五》："南郊亲奉仪注，皇帝初著平天冠，火龙黼黻之服。还，变通天冠，绛纱袍。"这些情况说明，在郊祀礼仪展开的过程中，皇帝的祭服都是与助祭者不同的。

皇帝参与郊祀乘坐车辆的配置也是如此。《太平御览》卷五三七引傅玄《正都赋》："建平禋祀，祈福上帝。天子乃反吉服，袭大裘。纮纽五采，平冕垂旒，质文彬彬，帝容孔修。列大驾于郊畛，升八通之灵垓，执镇圭而进苍璧，思致美乎上乾。"据此可见，西晋皇帝郊祀的卤簿为大驾。《宋书·礼志五》："晋氏江左，大驾未立，故郊祀用法驾，宗庙以小驾。至于仪服，二驾不异。"说明东晋皇帝郊祀的卤簿改为法驾。尽管西晋、东晋皇帝郊祀的车辆配置有所不同，但是，都是参加郊祀的最高的等次的卤簿。

皇帝参加郊祀乘坐的车辆则为玉路。正如《宋书·礼志五》说："至尊乘玉路。"这种玉路是最高等次的车辆。因此，《晋书·舆服志》说："玉、金、象三路，各以其物饰车，因以为名。革者漆革，木者漆木。其制，玉路最尊，建太常，十有二旒，九仞委地，画日月升龙，以祀天。"两晋国家对皇帝郊祀卤簿和乘坐车辆的规定，都是要突出皇帝作为主祭者的特殊地位。

两晋国家郊祀需要有助祭者参加。《宋书·礼志五》："公卿京兆尹众官悉坛东就位，太祝史牵牲入。"很显然，参见助祭的都是国家中央职官。但是，两晋国家对这些参加助祭的中央职官的品级是有限定的。《晋书·舆服志》："平冕，王公、卿助祭于郊庙服之。王公八旒，卿七旒。"这里提到的助祭"王"为爵位，而"公、卿"则为职官。由于从西晋开始，已经实现官、爵一体化，所以，官、爵的品级是一致的。在《晋官品》中，王爵处于"超品"的位置，实际等次最高。"公"则为"八公"以及"位从公"者。《晋官品》："第一品：公、诸位从公。"[①] "卿"则为九卿。《晋官品》中称作

---

① 杜佑：《通典》卷三七《职官十九》，第209页。

"诸卿尹",为三品。① 实际参加郊祀助祭官员,不只限于九卿。与"九卿"品级相同的三品职官也都可以作为郊祀的助祭者。例如,刘毅咸宁初,为"散骑常侍、博士祭酒。转司隶校尉",就跟随晋武帝参郊祀。② 散骑常侍郑默"及武帝出祀南郊,诏使默骖乘"③。显然,刘毅、郑默分别以司隶校尉、散骑常侍的身份参与郊祀活动。《晋官品》规定:司隶校尉、散骑常侍都为三品。④

两晋官阶实行了九品制,也就是将官员分为九品级。然而,两晋国家却不是使九品范围内的中央官员都可以参加郊祀助祭。《宋书·百官志下》:"给事黄门侍郎,四人。与侍中俱掌众事。郊庙临轩,则一人执麾。"刘宋职官承袭晋制,则给事黄门侍郎可以参与两晋国家的郊祀。《晋官品》:给事黄门侍郎为五品。⑤《宋书·自序》:"(沈邵)入为通直郎。……时车驾祀南郊,特诏邵兼侍中负玺,代真官陪乘。"通直郎即通直散骑侍郎。实际使通直散骑侍郎可以参与郊祀,也是承袭两晋的规定。《晋官品》:散骑侍郎为五品。⑥而通直散骑侍郎品级与散骑侍郎品级相同,也为五品。宫崎市定认为,魏晋职官在五品以上为特权阶层,相当于古代的公卿大夫。⑦ 由此可见,两晋国家对参加郊祀助祭的官员在品级上的限定,正是要表明当时五品以上官员,在参与礼仪活动中,也是具有特权的。

不过,需要指出的是,在郊祀礼举行时,从事具体礼仪活动的一些官员则没有严格的品级限制。《宋书·礼志一》:"上水一刻,御服龙衮,平天冠,升金根车,到坛东门外。博士、太常引入到黑攒。太祝令跪执匏陶,酒以灌地。皇帝再拜,兴。群臣皆再拜伏。"这里提到的博士为太常属官,《晋官品》规定为六品。⑧ 太祝令也为太常属官,文献中对其品级不见记载。但太

---

① 杜佑:《通典》卷三七《职官十九》,第209页。
② 房玄龄等:《晋书》卷四五《刘毅传》,第1272页。
③ 房玄龄等:《晋书》卷四四《郑袤传附郑默传》,第1251页。
④ 杜佑:《通典》卷三七《职官十九》,第209页。
⑤ 杜佑:《通典》卷三七《职官十九》,第209页。
⑥ 杜佑:《通典》卷三七《职官十九》,第209页。
⑦ 宫崎市定:《九品官人法研究》,韩昇译,中华书局,2008年,第330页。
⑧ 杜佑:《通典》卷三七《职官十九》,第209页。

祝令在东汉的秩级为六百石,[①] 如果与东汉太祝令秩级比照,两晋太祝令品级则当为七品。可是,这些低于五品的官员,他们不属于助祭官员,只是郊祀活动中的担当具体礼仪事务者。他们与参与助祭官员的身份是不同的。

当然,两晋国家除了以爵位、职官的品级确定助祭者之外,与皇帝的血亲联系也是重要的依据。《晋书·武帝纪》:"太康三年正月,帝亲郊祀,皇太子、皇子悉侍祠。"很显然,晋武帝这样确定郊祀的助祭者,只是根据与皇帝有血亲联系的状况来决定,并不考虑他们的爵位、职官品级。这应该是晋代国家的一种特殊规定,因此,被视为"非前典"的做法。[②] 可以说,这应该是皇帝要通过这样的规定来实现对皇亲的笼络。

综上所述,由于两晋的郊祀是国家最重要的祭祀活动,所以,对实行郊祀礼的主祭者与主祭者的确定是很重视的。郊祀的主祭者为国家最高统治者皇帝,不仅是对郊祀传统的承袭,并且,也是要使郊祀礼的实行服务于国家现实统治的需要。皇帝作为主祭者在郊祀礼仪中是处于最显著的地位,这与皇帝在现实国家统治中所处的地位是一致的。因此,郊祀礼的实行,自然是维护皇帝统治在礼仪上的保证。两晋国家对助祭者的确定,是与魏晋以来国家实行以官本位为主导的统治体制相适应的。两晋国家将参加助祭者的爵位与职官的品级下限限定在五品级,正是因为五品以上的职官是具有特权的阶层。两晋国家做这样的限定,就使这一特权阶层的地位,在郊祀活动得到明确的体现,进而也就使他们在现实中所具有的特权,在国家的礼仪活动中得到进一步的确认。

四、余 论

两晋国家承袭传统的祭祀制度,仍然制定与实行郊祀礼仪。但是,郊祀礼仪祭祀的对象,主要是人格化的自然神——天、地。郊祀祭祀的这些主神,实际是原始宗教中的神祇。虽然祭祀这些神祇是以国家礼仪形式出现,但是,仍然不能够避免原始宗教理念的简单和粗糙。在两晋国家实行这种宗教活动时,传入中国的佛教与后起的道教都在社会中产生了重大的影响,当

[①] 司马彪:《续汉书·百官志二》,第3572页。
[②] 沈约:《宋书》卷一六《礼志三》,第424页。

然，对国家最高统治者皇帝也是如此。不仅如此，由于世家大族在社会中的影响力日益增强，因而，对于先祖的追祭意识也就更为浓烈。因为世家大族势力的发展是以乡里的宗族组织为基础的。这种宗族组织的维持和发展，依靠的正是"尊祖故敬宗，敬宗故收族，收族故宗庙严"① 的传统观念。而两晋帝室，实际也是大的宗族。它与社会上的世家大族具有很多的一致性。正因为如此，在皇帝的祭祀活动中，自然更要重视对祖先的尊奉。这些社会风气的形成，无疑要对国家郊祀礼的实行产生冲击。

然而，由于在传统的祭祀礼仪中，郊祀礼是居于首位的。两晋国家统治者对此是不能改变的。这样，郊祀礼的实行与皇帝的现实统治的结合所表现的象征意义也就更明显了。这就是说，对于两晋统治者来说，他们需要利用实行郊祀礼，证明他们统治的合法性。因此，皇帝即位的告天仪式是必须实行的。但是，对神祇信仰的多样化，又使他们不能不对郊祀礼的实行做一些变通，所以，在两晋也就出现了郊祀礼仪制定的规范化与郊祀礼的实行却是不规范的矛盾。当然，这种矛盾是难以克服的。因此，两晋国家制定与实行郊祀礼，更多地表现出的是，要以此象征他们最高统治具有合法的意义。而希望郊祀的主神可以福佑天下的宗教意识则明显减弱了，因而，郊祀礼的实行也就很难使祭祀的主神至尊地位的宗教理念完全被认同。正因为如此，两晋宗教信仰的多元化情况的出现，当然，也就与两晋郊祀礼表现出的这种重要的特点是具有很大的关系。

(原载《古代文明》2014 年第 1 期)

---

① 《礼记·大传》，第 1506 页。

两晋南朝迎气祭祀礼考

两晋南朝时期，当时实行的重要礼仪有迎气祭祀礼。迎气祭祀礼是由东汉开始制定和实行的，该项措施使祭祀五帝的礼仪与"顺时令"治国措施结合在一起。在两晋南朝时期，"顺时令"治国理念对国家施政仍有很大影响，但这一时期迎气祭祀礼的实行情况却不尽相同，情况相对比较复杂。然而学界对这一时期迎气祭祀礼实行的复杂性及特点，尚没有引起足够的注意，缺乏深入的探讨。本文拟对两晋南朝时期迎气祭祀礼的实行情况做一些考察，希望对认识这一礼仪的特点和影响有所裨益。

一、迎气祭祀礼的实行、中止与恢复

考察两晋南朝迎气祭祀礼的实行，需要提及这一祭祀礼的制定。迎气祭祀礼的制定与较早出现的迎气活动有很大的关系。《通典·礼六》："周制，四坎坛祭四方，以血祭祭五岳，以埋沈祭山林山泽。一岁凡四祭：一者谓迎气时，二者郊天时，三者大雩时，四者大蜡时，皆因以祭之。"据此记载，显然周代已经开始出现迎气祭祀。然而，《通典》的记载，只是后人的追记，不可信据。实际上，只有《礼记》中收录的《月令》，才能透露出周代迎气活动的一些信息。因为《月令》篇是整理残存的周代颁朔规定而成篇的，其中记录了不同时节应该从事的施政和生产活动。这些不同时节要求从事的事务是与迎气活动结合在一起的。所以，在《月令》中，就有"迎春于东郊""迎夏于南郊""迎秋于西郊""迎冬于北郊"的记载。也就是说，至战国时期，国家实行的迎气仪式已经比较完备。可是，这种活动并没有与神祇的祭祀相结合，迎气只是国家按时节布政的象征性活动。然而，《月令》中所记录的这种迎气活动却对后世有较大的影响。至东汉时期，汉明帝开始将迎气与祭祀活动相结合。《后汉书·明帝纪》曰："（永平二年）始迎气于五郊。"东汉时已为迎气祭祀礼规定了完整的礼仪。《续汉书·祭祀志中》："迎时气，五郊之兆。自永平中，以《礼谶》及《月令》有五郊迎气服色，因采元始中故事，兆五郊于雒阳四方。……立春之日，迎春于东郊，祭青帝句芒。车旗服饰皆青。歌《青阳》，八佾舞《云翘》之舞。……立夏之日，迎夏于南郊，祭赤帝祝融。车旗服饰皆赤。歌《朱明》，八佾舞《云翘》之舞。……先立秋十八日，迎黄灵于中兆，祭黄帝后土。车旗服饰皆黄。歌《朱明》，八佾舞《云翘》《育命》之舞。……立秋之日，迎秋于西郊，祭白帝蓐收。车旗服饰皆白。歌《西皓》，八佾舞《育命》之舞。……立冬之日，迎冬于北郊，祭黑帝玄冥。车旗服饰皆黑。歌《玄冥》，八佾舞《育命》之舞。"据此可见，东汉实行的迎气祭祀礼对迎气祭祀举行的时间、祭祀的神祇、穿着的祭服和采用的乐舞都做了明确的规定。可是，东汉迎气祭祀礼的制定，却是以《月令》对迎气的阐释为依据的，因此，可以说，东汉的迎气祭祀礼的制定，明显受到周代迎气活动的影响。尤其是，东汉时期"顺时令"成为国家施政的总纲，[①] 因此，迎气祭祀礼也就成为这一施政理念的象征，使这种礼仪因此能够长期地保留下来。而西晋南朝时期所实行的迎气祭祀礼，正是对东汉的这一祭祀礼的沿袭。

当然，在两晋南朝时期，所实行的迎气祭祀礼，并不是原封不动地承袭东汉的礼仪规定。因为这一历史时期的社会条件和宗教神祇观念都与东汉有不同之处，这一祭礼的实行情况发生了很大变化。《宋书·礼志三》："汉明帝据《月令》有五郊迎气服色之礼，因采元始中故事，兆五郊于洛阳，祭其帝与神，车服各顺方色。魏、晋依之。江左以来，未遑修建。"这一记载说明两点：一是东汉制定和实行的迎气祭祀礼在曹魏、西晋时仍然在实行；二是东晋中断了迎气祭祀礼。《晋书·礼志上》："（泰始二年）时群臣又议，五帝即天地，王气时异，故殊其号，虽名有五，其实一神。明堂南郊，宜除五帝之坐，五郊改五精之号，皆同称昊天上帝，各设一坐而已。地郊又除先后配祀。帝悉从之。"这说明，泰始二年，晋武帝确定的国家重要祭祀有南郊、北郊、明堂和五郊。所谓"五郊"也就是指在五郊举行的迎气祭祀礼。晋武

[①] 顾颉刚：《秦汉的方士与儒生》，上海人民出版社，1956年，第118页。

帝所以要继续实行迎气祭祀礼，可以说，是对曹魏礼仪制度的承袭。因为在曹魏的重要礼仪制度中，迎气祭祀礼占有重要的地位。《宋书·礼志一》载青龙五年诏："……春秋冬孟仲季月，虽与正岁不同，至于郊祀迎气，祔、祀、烝、尝，巡狩、搜田，分至启闭，班宣时令，中气晚早，敬授民事，诸若此者，皆以正岁斗建为节。"由这一诏令可知，曹魏是将五郊迎气祭礼与郊祀礼并列的，足见对实行这一祭礼的重视。正因如此，在晋武帝禅代曹魏后，也就不能贸然废止迎气祭祀礼。

然而，应该看到的是，西晋时期，在对祭祀礼仪的阐释上，王肃说开始占据主导地位。清人皮锡瑞认为，王肃因晋武帝为其外孙，故其学行于晋初。晋初郊庙之礼，皆用王肃说，不用郑议。① 由于受王肃说的影响，西晋对迎气祭祀的五帝神的认识已经与东汉明显不同。《晋书·礼志上》："（泰始二年）时群臣又议，五帝即天也，王气时异，故殊其号，虽名有五，其实一神。"很显然，西晋已经将迎气祭祀的五帝神，改称"五精"帝，并且其地位与至上神上帝等同。可是东汉的五帝实际上是上帝的从属神，② 所以，东汉实行迎气祭祀礼与实行郊祀礼的目的是明显不同的，这两种礼仪也有很大的区别。然而，由于西晋将"五精"帝提高到上帝的地位，所以，也就不能不使实行迎气祭祀礼的目的很容易与郊祀礼混同。也就是说，迎气祭祀礼与时节已经没有很密切的联系。因为这种情况的出现，就使实行迎气祭祀礼表达"顺时令"的目的被明显淡化。《晋书·明帝纪》：（太宁三年）诏曰："郊祀天地，帝王之重事。自中兴以来，惟南郊，未曾北郊，四时五郊之礼都不复设，五岳、四渎、名山、大川，载在祀典应望秩者，悉废而未举。"据此诏令可知，东晋迁都建康后，所实行的重要祭祀，只有南郊祭天，而北郊祭地礼与五郊迎气祭祀礼，就没有立即恢复。咸和八年，晋成帝恢复北郊，"追述前旨，于覆舟山南立之"③，却没有恢复迎气祭祀礼。

东晋的做法被刘宋、南齐承袭。尽管刘宋、南齐不实行迎气祭祀礼，但并没有停止对五帝神的祭祀。刘宋时，开始将两晋的"五精"帝改称为五

---

① 皮锡瑞：《经学历史》，中华书局，1959年版，第160页。
② 张鹤泉：《东汉五郊迎气祭祀考》，《人文杂志》2011年第3期。
③ 房玄龄等：《晋书》卷一九《礼志上》，第584页。

帝,又将五帝称为"五时之帝",在明堂中加以祭祀。① 南齐与刘宋相同,"齐高帝建元元年七月,祭五帝之神于明堂,有功德之君配"②。刘宋、南齐在明堂祭祀五帝,由此也就使五帝与四季一时的时节有了联系。不过,对五帝的这种祭祀,仍然属于明堂祭祀,所以,迎气祭祀礼仍没有被刘宋、南齐纳入国家祭典。东晋、刘宋、南齐之所以要中止迎气祭祀礼的实行,与西晋实行迎气祭祀礼的做法有很大关系。应该说,晋武帝实行迎气祭祀礼,只是承袭了曹魏的礼仪,但是,由于受到王肃将五帝神与上帝等同的神祇观念的影响,所以,西晋迎气祭祀礼的实行只是一种形式,其象征"顺时令"的意义已经很淡薄。这种情况是与东汉完全不同的。《后汉书·明帝纪》:"宗祀光武皇帝于明堂,以配五帝……班时令,敕群后。"李贤注:"班,布也。时令谓月令也。四时各有令,若有乖舛,必致妖灾,故告之。"这就是说,东汉颁时令是与明堂祭祀五帝结合在一起的。而东汉明堂祭祀的五帝具有上帝的从属神、季节受职神和五方方位神的神性。实际上,与迎气祭祀的五帝神的神性是完全一致的。因此,尽管东汉国家已经在明堂祭祀五帝时颁布了时令,可是依然需要进一步在五郊分别祭祀五帝来表明国家对"顺时令"治国措施的重视。

至西晋时,由于采用了王肃的五帝神祇观,也就使五帝已经不具有东汉所规定的神性,因此,自然削弱了迎气祭祀礼与时节的结合。关于这一时期五帝的神性对迎气祭祀礼的影响,在下一节有详述,兹不赘述。西晋不仅改变了五帝的神性,而且,还使颁时令的施政措施与对五帝祭祀分离开来。《晋书·怀帝纪》:"(晋怀帝)及即位,始遵旧制,临太极殿,使尚书郎读时令,又于东堂听政。"又《宋书·礼志二》:"太史每岁上某年历。先立春立夏大暑立秋立冬,常读五时令。皇帝所服,各随五时之色。帝升御坐,尚书令以下就席位,尚书三公郎以令著录案上,奉以入,就席伏读讫,赐酒一卮。官有其注。"这说明,西晋已经使"读五时令"的活动与祭祀五帝的神事活动截然分开。需要指出的是,一些文献记载表明,东汉已经出现与祭祀神祇相脱离的颁时令的做法。《晋书·礼志上》:"汉仪,太史每岁上其年历,

---

① 沈约:《宋书》卷一六《礼志三》,第434页。
② 杜佑:《通典》卷四四《礼志四》,第1219页。

先立春、立夏、大暑、立秋、立冬常读五时令，皇帝所服，各随五时之色。帝升御坐，尚书令以下就席位，尚书三公郎以令置案上，奉以入，就席伏读讫，赐酒一卮。魏氏常行其礼。"《晋书》所载，当为东汉后期情况，表明读时令与神事活动出现分离的趋势，但不能由此确定东汉的颁时令活动与祭祀的活动完全没有关联。由此可以明确，西晋只不过是将这种趋势进一步拓展并确定下来。因此，这就决定西晋的迎气祭祀礼，也就不是国家必须举行的祭祀活动。由这种因素所影响，也就导致了东晋国家中止了迎气祭祀礼。刘宋、南齐继续沿袭东晋的做法。《宋书·礼志二》："其后太祖常谓土令，三公郎每读时令，皇帝临轩，百僚备位。"又《南齐书·武帝纪》："(永明六年)冬十月庚申，立冬，初临太极殿读时令。"这说明，刘宋、南齐的"读五时令"的做法与两晋相同。因此，可以说，刘宋、南齐继续仿效东晋，不实行迎气祭祀礼，主要也是由"读五时令"的施政措施与祭祀活动分离的做法影响的结果。

　　固然，西晋以来的五帝神渗透了王肃的观念，并且，当时"读五时令"的措施与祭祀活动已经分离，自然是东晋、刘宋、南齐不实行迎气祭祀礼的重要原因，但是也不排除其他的影响因素。其中，比较重要的是，刘宋、南齐使明堂祭祀五帝增加了新意义。《宋书·礼志三》："(大明)六年正月，南郊还，世祖亲奉明堂，祠祭五时之帝，以文皇帝配。"很显然，刘宋在明堂祭祀的五帝，已经被视为季节受职神，所以，在一定程度上，这种祭祀也就包含迎时气的内容。南齐时，"享五帝于明堂，则泛配文、武"[1]。在明堂祭祀五帝的意义，应该与刘宋没有多少差别，因此，迎气祭祀礼依然没有恢复。然而到了梁朝，情况发生了变化，梁武帝重新实行迎气祭祀礼。《隋书·礼仪志一》："梁制，迎气以始祖配，牲用特牛一，其仪同南郊。天监七年，尚书左丞司马筠等议：'以昆虫未蛰，不以火田，鸠化为鹰，罻罗方设。仲春之月，祀不用牲，止珪璧皮币。斯又事神之道，可以不杀，明矣。况今祀天，岂容尚此？请夏初迎气，祭不用牲。'帝从之。八年，明山宾议曰：'《周官》祀昊天以大裘，祀五帝亦如之。顷代郊祀之服，皆用衮冕，是以前奏迎气、祀五帝，亦服衮冕。愚谓迎气、祀五帝亦宜用大裘，礼俱一献。'帝从之。陈迎气之法，皆因梁制。"很显然，梁武帝不仅恢复实行迎气祭祀

---

[1] 萧子显：《南齐书》卷九《礼志上》，中华书局，1972年，第130页。

礼，而且在礼仪的规定上也是很完善的。

梁朝实行的祭礼，明确地规定了主祭的神祇为五帝，配祭的神祇为始祖，祭祀的仪式与南郊祭礼相同。更重要的是，实行了对五帝神在四季采取分别祭祀的仪式，而且，不同季节的献祭牺牲和其他祭物都有差别。很显然，梁武帝恢复实行的迎气祭祀礼，既有对东汉祭礼的仿效，也有依据梁朝的情况，对祭祀仪式做了新规定。由于梁武帝实行迎气祭祀礼在仪式上做了一些变动，因此，也就不是对东汉祭礼的简单恢复，其完备的祭礼也为陈朝所承袭。梁武帝恢复实行迎气祭祀礼的原因，自然涉及五帝神祇观念和"读五时令"施政措施。可是，从梁朝的五帝观念来看，主要受郑学的影响，其神性与刘宋、南齐大体相同，所以，对五帝神性认识的固定化，应该不是促使梁朝恢复迎气祭祀礼的主要原因。

就读时令而言，不见梁、陈有读时令的记载，但在北齐，却有读时令的活动。《通典·礼志三十》："北齐制，立春日，皇帝服通天冠，青介帻，青纱袍，佩苍玉，青带，青裤，青袜舃，而受朝于太极殿，西厢东向。尚书令等坐定，三公郎中诣席，跪读时令讫，典御酌卮酒，置郎中前，郎中拜，还席伏饮，礼成而出。"则南方的梁、陈朝，不会与北齐有太大的差别。显然，"读五时令"的做法，也不是影响梁朝恢复迎气祭祀礼的重要因素。

然而，在与刘宋、南齐的社会条件基本相同的情况下，梁武帝为什么要恢复实行迎气祭祀礼呢？细缕相关文献的记载，应该说，梁武帝恢复实行迎气祭祀礼，与他要全面实行礼制构建的措施有密切的关系。据梁满仓教授考证，梁武帝实行礼制建设的措施包括，建立一个高水平的制定礼制的班子；制定了一个庞大的五礼体系。[①] 这就是说，梁武帝要构建庞大的五礼体系，成为他施政的重要特色。正如《梁书·武帝纪下》载史臣称："（梁武帝）兴文学，修郊祀，治五礼，定六律，四聪既达，万机斯理，治定功成，远安迩肃。"实际上，梁武帝为了实现这一目的，任用了一大批礼学大家修订五礼，"吉礼则明山宾，凶礼则严植之，军礼则陆琏，宾礼则贺瑒，嘉礼则司马褧。帝又命沈约、周

[①] 梁满仓：《魏晋南北朝五礼制度考论》，社会科学文献出版社，2009年，第144-145页。

舍、徐勉、何佟之等，咸在参详"①。五礼的编定极为费时，历时十一年，才全部完成。当时编定的五礼仪注就有："《嘉礼仪注》以天监六年五月七日上尚书，合十有二秩，一百一十六卷，五百三十六条；《宾礼仪注》以天监六年五月二十日上尚书，合十有七秩，一百三十卷，五百四十五条；《军礼仪注》以天监九年十月二十九日上尚书，合十有八秩，一百八十九卷，二百四十条；《吉礼仪注》以天监十一年十一月十日上尚书，合二十有六秩，二百二十四卷，一千五条；《凶礼仪注》以天监十一年十一月十七日上尚书，合四十有七秩，五百一十四卷，五千六百九十三条。大凡一百二十秩，一千一百七十六卷，八千一十九条。又列副秘阁及五经典书各一通。"② 这些情况表明，梁武帝不仅对构建五礼体系高度重视，而且集中了优秀的礼学家修订涵盖面很广的五礼仪注。由于梁武帝采取这些举措，因而，恢复被东晋、刘宋、南齐中止实行的迎气祭祀礼，自然也就是修定吉礼不可缺少的内容。换言之，梁武帝恢复迎气祭祀礼，正是为实现完善五礼体系的目的所必然带来的结果。

总之，两晋南朝迎气祭祀礼，在不同时期的实行情况是有差异的。西晋实行迎气祭祀礼，是对曹魏祭祀礼仪的承袭，但是，由于受王肃说影响，改变了所祭祀的五帝的季节受职神的特征，因此，削弱了迎气祭祀象征"顺时令"的意义。由于西晋对迎气祭祀包含的意义的变动，并且使"读五时令"与神事活动分离，因而，也就成为东晋、刘宋、南齐中止实行迎气祭祀礼的重要因素。可是，被废止的迎气祭祀礼，却又由梁朝恢复实行。不过，梁朝恢复迎气祭祀礼，并不是要将"读五时令"再与祭祀五帝的神事活动结合起来，只是为了要实现完善吉礼的需要而必须增加的内容。也就是说，这正是梁武帝构建庞大的五礼体系必然带来的结果。由于梁朝编定的迎气祭祀礼是很完善的，所以，不仅影响陈朝，也影响到隋朝迎气祭祀礼的实行。

二、迎气祭祀礼中的"五帝"神

两晋南朝迎气祭祀的神祇为五帝，因此，对五帝神性的认识直接影响迎

---

① 魏征：《隋书》卷六《礼仪志一》，第107页。
② 姚思廉：《梁书》卷二五《徐勉传》，中华书局，1973年，第382页。

气活动。应该说，使五帝与迎气活动相结合，出现很早。在《月令》中，就提到迎气活动要分别对应大皞、炎帝、黄帝、少皞、颛顼五帝。实际上，《月令》中的五帝是被视为四季一时的受职神和五方神的。又因为受战国时期的五行观和术数观的影响，所以《月令》中的五帝，也被称为青帝、赤帝、黄帝、白帝、黑帝，进而形成了对五帝神性的固定认识。东汉制定的迎气祭祀礼所祭祀的神祇，正采用了《月令》对五帝的这种认识，所以《续汉书·祭祀志中》："迎春于东郊，祭青帝句芒""迎夏于南郊，祭赤帝祝融""迎黄灵于中兆，祭黄帝后土""迎秋于西郊，祭白帝蓐收""迎冬于北郊，祭黑帝玄冥"。因此，在东汉迎气祭祀礼中，对五帝神性的规定是很明确的。因为在东汉人的宗教观念中，五帝是至上神天帝的从属神、四季一时的受职神、象征方位的五方神。正因如此，东汉举行迎气祭祀的五帝，就与"顺时令"施政的活动很密切地结合在一起。

如前所述，西晋实行的迎气祭祀礼，是承袭曹魏的做法，因而，依然将五帝作为祭祀的神祇。可是，西晋却将迎气祭祀的五帝神性做了改造。这种情况的出现，自然是由当时占支配地位的王肃的礼学对五帝的解释所决定的。因此，西晋开始将迎气祭祀的五帝改称"五精"帝。五帝名称的这种改变，实际是将迎气祭祀的五帝与至上神等同起来，并且，五帝还被视为"五行人帝"，"五行人帝亦得称上帝，但不得称天"①。由于西晋依据王肃观点来认识五帝，因此，也就直接影响到迎气祭祀礼的实行，从而缩小了郊祀与迎气祭祀的区别。泰始二年，晋武帝诏令傅玄编定的祭祀乐中，就有《祠天地五郊夕牲歌》《祠天地五郊迎送神歌》《飨天地五郊歌》。② 可以说，西晋使郊祀与五郊迎气祭祀共用三首同样的乐歌，正是将郊祀与迎气祭祀混同起来的一种体现。并且，在这些祭祀乐歌中，只是歌咏"崇德作乐，神祇是听""神祇降假，享福无疆""克昌厥后，永言保之"，③ 完全没有与不同的季节联系起来的词句。这说明，虽然西晋实行迎气祭祀礼，但始终也没有将五帝视为四季一时的受职神。显然，西晋已经改变了东汉以来所确定的五帝神性，

---

① 魏征：《隋书》卷六《礼仪志一》，第107页。
② 房玄龄等：《晋书》卷二二《乐志上》，第680页。
③ 房玄龄等：《晋书》卷二二《乐志上》，第680页。

因而，也就减弱了五郊迎气祭祀象征"顺时令"的意义。

应该说，西晋改变迎气祭祀五帝的神性，不仅使实行的迎气祭祀礼的意义产生变化，而且也成为促使东晋、刘宋、南齐不再实行迎气祭祀礼的不能忽视的重要原因。尽管西晋以王肃说来阐释五帝神性，但是，并不能从根本上完全消除自战国以来形成的对五帝的传统认识的神祇观念。这种情况在刘宋、南齐朝表现得很明显。《宋书·礼志三》："（大明六年）六年正月，南郊还，世祖亲奉明堂，祠祭五时之帝，以文皇帝配。是用郑玄议也。"可见，尽管刘宋朝没有恢复迎气祭祀礼，但是，由于受郑玄说的影响，已经将明堂祭祀的五帝，视为"五时之帝"，也就是四季一时的受职神。很显然，刘宋已经在神性的规定上，使五帝与上帝分离。

为适应这种情况，宋孝武帝使谢庄编定了专门祭祀五帝的歌辞。这些祭祀五帝的乐歌，"依五行数，木数用三，火数用七，土数用五，金数用九，水数用六"[①]，也就是又依据五行观来阐释五帝。所以，谢庄为五帝所做的歌辞就有：《青帝歌》《赤帝歌》《黄帝歌》《白帝歌》《黑帝歌》。[②] 歌颂青帝则有"灵乘震，司青春"；歌颂赤帝则有"帝在在离实司衡，雨水方降木堇荣"；歌颂白帝则有"庶类收成，岁功行欲宁"；歌颂黑帝则有"岁既暮，日方驰。……大阴极，微阳宣"[③]。对于黄帝则作为中土神特别歌之曰："履艮宅中宇，司绳总四方。……帝晖缊万有，皇灵澄国步。"由这些乐歌来看，显然是将五帝作为四季一时的季节受职神来歌咏的。这说明，刘宋开始摒弃了西晋统治者对五帝神性的观念，基本恢复了传统的五帝的神性观。刘宋对五帝神性的解释，也为南齐所承袭。尽管刘宋、南齐改变了西晋以来对五帝的认识，但为了保持制度延续性，依然没有恢复迎气祭祀礼，所以，以祭祀五帝达到显示迎时气的目的，也只有通过明堂祭祀来表现了。

不过，需要明确的是，由于刘宋、南齐统治者在对五帝神性的认识上不同于西晋，因此就使五帝的神性完全不同于上帝，从而扭转了西晋使至上神上帝与五帝神混淆在一起的情况，也使五帝神所具有的传统的四季一时的受

---

① 萧子显：《南齐书》卷一一《乐志》，第172页。
② 萧子显：《南齐书》卷一一《乐志》，第173页。
③ 萧子显：《南齐书》卷一一《乐志》，第173页。

职神的特征显现出来。也就是刘宋、南齐逐渐恢复了对五帝神性的传统认识。由于这种情况的出现，也就为梁朝恢复迎气祭祀礼的实行，营造了比较浓厚的神祇信仰的氛围。

一如前述，梁朝开始恢复迎气祭祀礼。固然，梁朝采取恢复这一祭祀礼的做法，是梁武帝进行五礼体系构建的结果，但与梁朝国家对五帝神性的认识，也有比较密切的关系。从梁、陈对祭祀神祇的认识来看，《隋书·礼志一》："梁、陈以降，以迄于隋，议者各宗所师，故郊丘互有变易。"也就是说，在这一时期，梁、陈对祭祀神祇的解释是采取王肃说，还是采用郑玄说，并不是固定的。可是，在对五帝神性的认识上，却与其他神祇不同，是没有多少变动的。换言之，刘宋、南齐以来，基本是采取传统的五帝神性的观念。这种情况在当时表现很明显。因为梁、陈都实行使上帝与五帝神分离的做法。《隋书·礼志一》："（天监）十七年，帝以威仰、魄宝俱是天帝，于坛则尊，于下则卑。且南郊所祭天皇，其五帝别有明堂之祀，不烦重设。……于是南郊始除五帝祀，加十二辰座，与二十八宿各于其方而为坛。"又《隋书·礼志一》："（永定二年）有事南郊，以皇考德皇帝配，除十二辰座，加五帝位，其余准梁之旧。"依据这两条记载来看，虽然梁、陈朝郊祀礼，在处置五帝神的做法上，略有差异，但两朝做法的一致之处，都是将五帝视为上帝神的从属神。梁、陈不仅使五帝作为上帝的从属神，而且，还使五帝增加了其他的神性。梁普通年间，梁武帝使萧子云编定迎气祭祀五帝的乐歌就有：《歌青帝辞》《歌赤帝辞》《歌黄帝辞》《歌白帝辞》《歌黑帝辞》。① 梁朝编定的这些祭祀乐，是在迎气祭祀时分别使用的，而且，也要用这些乐歌分别歌咏青、赤、黄、白、黑五帝对它们所职掌的时节所带来的福佑。这种情况的出现，实际是与梁朝迎气祭祀的五帝被确定为四季一时的受职神的观念联系在一起的。

梁朝、陈朝的五帝神，实际还被看作象征五方的方位神。《隋书·礼志二》："后齐五郊迎气，为坛各于四郊，又为黄坛于未地。所祀天帝及配帝五官之神同梁。其玉帛牲各以其方色。其仪与南郊同。"这里提到北齐迎气祭祀的五帝，是与梁朝相同的，并且，还要按五方的不同来供奉祭物。这种情

---

① 魏征：《隋书》卷十三《音乐志上》，第299-300页。

况透露出，梁、陈朝迎气祭祀的五帝，实际也包含方位神的神性。

综上可见，西晋、梁、陈朝迎气祭祀的神祇，正是五帝神。但是，在这一历史时期，对五帝神性却存在不同的认识。就西晋的情况而言，当时实行的迎气祭祀礼，确实以五帝神为祭祀的对象。然而，西晋却以王肃说阐释五帝的神性，就将五帝置于与上帝等同的地位，因此，使得至上神与五帝神不可能有明确的区分，从而使东汉迎气祭祀的五帝神所具有的四季一时的受职神和象征五方的方位神的特征都被掩盖了。由于西晋对五帝神采取这种违反传统的认识，自然就带来了东晋、刘宋、南齐中止实行迎气祭祀礼的结果。

但是，从刘宋时期开始，由于统治者不再恪守西晋对五帝神性的解释，所以，又将五帝神视为"五时之神"。这一时期，虽然没有恢复实行迎气祭祀礼，但是，却使明堂祭祀五帝包含了迎时气的意义。由于刘宋、南齐改变了五帝与至上神等同的观念，因此，就使梁朝重新实行迎气祭祀礼能够以新的神祇观念作为基础。

尽管梁朝重行迎气祭祀礼，是梁武帝全面推行五礼构建所带来的结果，可是迎气祭祀礼的实行，又使五帝神具有了上帝的从属神、四季一时的受职神和象征五方方位神的多重神性。也就是说，使对五帝的认识，回归到东汉人的神祇观念上，从而进一步提高了迎气祭祀礼在梁、陈国家重要祭典中的地位。因此，可以说，五帝的神性由西晋所造成的与至上神的牵强结合，向梁、陈使其神性回归至东汉的传统认识。这应该是迎气祭祀礼在梁、陈社会还能产生重要影响的不能忽视的重要原因。

三、迎气祭祀礼的主要仪式规定

两晋南朝时期，迎气祭祀礼是因为西晋承袭曹魏礼仪才实行的。但是，由于对祭祀的五帝神性认识的不同，所以，经历了东晋、刘宋、南齐实行的中断与梁、陈朝又恢复实行的过程。由于两晋南朝时期的迎气祭祀礼的实行是不连贯的，并且，祭祀五帝的神性也是变化的，所以，这些情况都要影响到迎气祭祀礼的仪节。也就是说，两晋南朝的迎气祭祀仪式并不是固定不变的。然而，西晋、梁、陈朝实行的迎气祭祀礼，毕竟与早期的迎气活动和迎气祭祀礼具有联系，所以，这种联系也就决定这一时期迎气祭祀仪式的基本构成不会有太多的变动。

不过，需要看到的是，关于这一时期迎气祭祀礼的记载是缺乏的，因而，也就很难对这一礼仪做全面的考证，所以，这里只对西晋、梁、陈朝迎气祭祀礼的主祭者、献祭仪式和乐舞活动问题做一些阐释。

在迎气祭祀礼中，很重要的规定就是确定主祭者。应该说，在东汉举行迎气祭祀的仪式中，一般都需要皇帝亲自参与祭祀活动。因为在东汉人看来，"迎气五郊，而车驾稀出，四时至敬，屡委有司，虽有解除，犹为疏废。故皇天不悦，显此诸异"①。也就是说，皇帝不参与迎气祭祀，就会有灾异的出现。由于皇帝要参与迎气祭祀，所以，祭祀仪式的主祭者，当然必须由皇帝担任。但是，这种情况并不是固定不变的。西晋举行迎气祭祀礼，在主祭者的确定上就与东汉存在差异。因为西晋实行迎气祭祀礼，将"五郊改五精之号，皆同称昊天上帝"②。因此，在举行祭祀仪式时，郊祀礼与迎气祭祀礼多有相同之处。《晋书·舆服志》："爵弁，一名广冕。高八寸，长尺二寸，如爵形，前小后大。增其上似爵头色。有收持笄，所谓夏收殷冔者也。祠天地、五郊、明堂，《云翘舞》乐人服之。"又《晋书·舆服志》："建华冠，以铁为柱卷，贯大铜珠九枚，古用杂木珠，原宪所冠华冠是也。……祀天地、五郊、明堂，舞人服之。"这些记载说明，西晋是将郊祀礼与五郊迎气祭祀礼、明堂祭祀礼置于相同地位的。尽管如此，郊祀仪式的主祭却与明堂和迎气祭祀不完全相同。就西晋的郊祀礼而言，《晋书·礼志一》："太康三年正月，帝亲郊祀，皇太子、皇子悉侍祠。"这说明，一般南郊祭天的仪式，是由皇帝担任主祭的。可是，北郊祭地的主祭者却与南郊不同。《宋书·礼志一》："北郊斋、夕牲、进熟，及乘舆百官到坛三献，悉如南郊之礼。……自魏以来，多使三公行事，乘舆罕出矣。"就是说，西晋将郊祀礼做了区分，只有在南郊祭天帝，才由皇帝担任主祭，而北郊祭地的主祭者则由三公代替皇帝。由此可以看出，尽管西晋的迎气祭祀是国家的重要祭礼，可是，担任祭祀仪式的主祭者的地位，是不会超过北郊祭祀礼的。因此，可以确定，西晋迎气祭祀仪式的主祭者，也应当由重要官员代替皇帝来充当。梁朝恢复实

---

① 范晔：《后汉书》卷六〇下《蔡邕传》，第1992页。
② 房玄龄等：《晋书》卷一九《礼志上》，第583页。

行迎气祭祀礼之后，对祭祀礼中的一些仪式也做了变动。就仪式的主祭情况来看，实际是与西晋不完全相同的。《隋书·礼仪志二》："梁制，迎气以始祖配，牲用特牛一，其仪同南郊。"可见，梁朝举行的迎气祭祀是采用南郊祭祀的仪式。然而，梁朝举行的南郊祭祀仪式，皇帝是必须亲自参与的。《梁书·许懋传》："宋、齐旧仪，郊天祀帝皆用衮冕，至天监七年，（许）懋始请造大裘。……改服大裘，自此始也。"郊祀所用"大裘"，正如《周礼·春官·司服》所言："王之吉服，祀昊天上帝，则服大裘而冕。"很明显，梁朝使皇帝改着"大裘"参加郊祀，当然，就是要更突出皇帝在南郊祭祀中作为主祭者的特殊地位。由于梁朝对迎气祭祀礼的重视，所以，也就要改变这一祭祀的服饰。《隋书·礼仪志二》："（天监）八年，明山宾议曰：'《周官》祀昊天以大裘，祀五帝亦如之。顷代郊祀之服，皆用衮冕，是以前奏迎气、祀五帝，亦服衮冕。愚谓迎气、祀五帝亦宜用大裘，礼俱一献。'帝从之。"据此可见，梁武帝不仅将皇帝参加郊祀改为大裘，而且，也使其参与迎气祭祀仪式，也改服大裘。这说明，在梁朝的迎气祭祀仪式中，参加祭祀的皇帝同样也是主祭者。这进一步增强了这一祭礼在国家祭典中的地位。西晋、梁、陈朝迎气祭祀礼，都有献祭仪式。就西晋的献祭而言，由于文献缺少记载，所以，只能依据郊祀献祭仪节做一些推断。《宋书·礼志一》载，西晋南郊祭祀仪式中，有三献仪节。北郊祭祀"及乘舆百官到坛三献，悉如南郊之礼"[①]。显然西晋的南、北郊祭祀要实行"三献"仪式。不过，由于北郊的"三献"仪节，是由三公代替皇帝参加的，所以，西晋迎气祭祀的"三献"仪式，只能与北郊祭礼相同，要由重要官员参与献祭活动。梁朝恢复实行的迎气祭祀礼也有献祭仪式，但这一仪式，实际是在天监七年确定的。《隋书·礼志一》："（梁武）帝以一献为质，三献则文，事天之道，理不应然，诏下详议。博士陆玮、明山宾，礼官司马褧，以为'宗祧三献，义兼臣下，上天之礼，主在帝王，约理申义，一献为允。'自是天地之祭皆一献，始省太尉亚献，光禄终献。"很明显，在南郊献祭仪式中，开始将"三献"仪节，改为"一献"，省去了"亚献"与"终献"。由于迎气祭祀"其仪同南郊"，[②]

---

① 沈约：《宋书》卷一四《礼志一》，第347页。
② 魏征：《隋书》卷六《礼仪志一》，第112页。

因此，这也就决定梁朝迎气祭祀礼的献祭仪式，也只能为"一献"。梁朝对献祭仪式做这样的变动，当然，是要更突出主祭的皇帝所处的特殊地位。可是，这种改动，却取消了参与助祭的公、卿在献祭中的活动，因此，就不能够展现这些官员在祭祀活动中所处等次的差别，并且，也降低了参与助祭官员的地位。正因如此，陈朝很快在郊祀礼中，改变梁朝的"一献"，"准于宗祧，三献为允"。① 陈朝的这种变动，自然就使与郊祀的献祭仪式相同的迎气祭祀礼也要随之改变。

在西晋、梁、陈的迎气祭祀仪式中，乐舞表演是重要的活动。这种祭祀中的乐舞，正如《礼记·祭统》称："夫祭有三重焉：献之属莫重于祼，声莫重于升歌，舞莫重于《武宿夜》，此周道也。"可以说，迎气祭祀中的乐舞表演，也正是延续原始宗教的重要仪式，实际是要达到降神、送神的目的。不过，由于西晋与梁、陈朝迎气祭祀的五帝神性存在差异，因此，所采用的乐舞也是不相同的。从西晋的情况来看，由于当时将迎气祭祀的五帝称为"五精"帝，并且，使五帝"皆同称昊天上帝"②。这也就决定了西晋对郊祀与迎气祭祀的乐歌的编制是不加区分的。泰始二年，晋武帝命傅玄编定的有关迎气祭祀的乐歌就有：《祠天地五郊夕牲歌》《祠天地五郊迎送神歌》《飨天地五郊歌》。③ 可见，西晋五郊迎气的乐歌是与郊祀天、地共用的。其中《祠天地五郊夕牲歌》是在祭祀活动前进行"夕牲"活动表演的。所谓"夕牲"，也称为"展牲"，《周礼·地官·充人》："凡散祭祀之牲，系于国门，使养之。展牲则告牷，硕牲则赞。"也就是在祭祀前，对牺牲的检视。而《祠天地五郊迎送神歌》《飨天地五郊歌》则是在进行献祭仪式时表演的乐歌。由此可见，乐歌的表演，基本贯穿于迎气祭祀仪式展开的全过程。

西晋郊祀与五郊迎气祭祀使用同样的乐歌，与最早实行迎气祭祀礼的东汉有很大的不同。《续汉书·祭祀志中》："立春之日，迎春于东郊，祭青帝句芒。……歌《青阳》，八佾舞《云翘》之舞。……立夏之日，迎夏于南郊，祭赤帝祝融。……歌《朱明》，八佾舞《云翘》之舞。……先立秋十八日，

---

① 魏征：《隋书》卷六《礼仪志一》，第112页。
② 房玄龄等：《晋书》卷一九《礼志上》，第583页。
③ 房玄龄等：《晋书》卷二二《乐志上》，第680页。

迎黄灵于中兆，祭黄帝后土。……车旗服饰皆黄。歌《朱明》，八佾舞《云翘》《育命》之舞。……立秋之日，迎秋于西郊，祭白帝蓐收。……歌白藏。……立冬之日，迎冬于北郊，祭黑帝玄冥。……歌《玄冥》，八佾舞《育命》之舞。"很显然，东汉迎气祭祀青、赤、黄、白、黑帝，所采用的乐歌是明显不同的。实际上，《青阳》《朱明》《白藏》《玄冥》是分别歌咏春、夏、秋、冬四季的。由于在迎气祭祀时，采用这些乐歌，就可以充分表现出顺应时节的目的。然而，西晋的做法，却采取了郊祀与迎气祭祀乐歌合二为一的做法，也就是使迎气祭祀与南、北郊祀使用同样乐曲，所以，这些乐歌只是笼统地表现出对至上神的尊崇和赞美，而且，对所祭神祇，只是企盼能够"光天之命，上帝是皇""佑享有晋，肇庶戴之。畏天之威，敬授人时"。[①]很明显，西晋采用这些乐歌，实际已经与对季节的歌咏完全分离，因而，也就很难表达出"顺时令"的意义。因此，西晋迎气祭祀礼所用的乐歌，也只能起到营造迎、降神氛围的作用。

梁朝重新恢复实行迎气祭祀礼后，在祭祀的乐歌上采取了与西晋完全不同的做法。普通年间，梁武帝"敕萧子云制词"[②]，也就是编制祭祀乐歌。其中与迎气祭祀有关的乐歌有：《歌青帝辞》《歌赤帝辞》《歌黄帝辞》《歌白帝辞》《歌黑帝辞》。显然，这些乐歌是在祭祀青、赤、黄、白、黑五帝时使用的。这种做法，主要是因为恢复实行迎气祭祀的五帝神性已经与西晋不同。正因如此，梁朝迎气祭祀的乐歌，不仅与四季一时的祭祀结合在一起，而且，每祭祀一帝，则采用一首乐歌。这五首迎气乐歌的歌辞，分别歌咏了不同时节的活动。《歌青帝辞》有："帝居在震，龙德司春"，表现在春季对青帝的祈祷。《歌赤帝辞》："炎光在离，火为威德。"歌辞中的"火"为赤帝在五行中的位置。《续汉书·祭祀志中》："立夏之日，迎夏于南郊，祭赤帝祝融。"刘昭注引《月令章句》曰："南郊七里，因火数也。"东汉人的这一观念为南朝人接受。刘宋谢庄编明堂祭五帝歌辞，有赤帝辞，便是"七言，依火数"[③]。这说明，《歌赤帝辞》是在夏季，为赞美赤帝所用的歌。《歌白帝辞》

---

① 沈约：《宋书》卷二〇《乐志二》，第565-566页。
② 《隋书》卷一三《音乐上》，第297页。
③ 沈约：《宋书》卷二〇《乐志二》，第570页。

有："神在秋方，帝居西皓。"歌辞中提到的西皓，也就是东汉祭白帝所用的《西皓》歌。因此，《歌白帝辞》正是以西皓象征秋季的白帝，进而颂扬它的功德。《歌黑帝辞》："德盛乎水，玄冥纪节。"黑帝在五行中为"水"。"玄冥"为东汉祭黑帝的乐歌。《续汉书·祭祀志中》："迎冬于北郊，祭黑帝玄冥。……歌《玄冥》"。因此，这首歌辞正是在冬季祈求黑帝的福佑。

还需要注意的是，梁朝迎气祭祀歌辞中，赋予黄帝特别的地位。《歌黄帝辞》："郁彼中坛，含灵阐化。……宅屏居中，旁临外宇。升为帝尊，降为神主。"这首歌是要歌咏黄帝在五帝中所处的最尊地位。梁朝所以这样歌咏黄帝，实际正是对东汉祭祀黄帝做法的承袭。《续汉书·礼仪志中》："先立秋十八日，郊黄帝。……至立秋，迎气于黄郊，乐奏黄钟之宫，歌《帝临》……舞《云翘》《育命》，所以养时训也。"东汉祭祀黄帝所用《帝临》为郊祀所用乐。《汉书·礼乐志》载《郊祀歌》十九章，便有《帝临》。东汉祭黄帝用《帝临》乐，显然要突出黄帝的特殊地位。虽然梁朝迎气祭祀乐，不能在祭黄帝时再采用郊祀乐歌，可是，却用特殊赞美的歌辞表现出对中土神黄帝的尊崇。

综上可见，在西晋、梁、陈朝实行的迎气祭祀礼中，乐歌的演奏贯穿祭祀全过程，因而，也就不能忽视乐歌的作用。可是，这一时期祭祀乐歌的使用却是变化的。应该说，西晋、梁、陈迎气祭祀乐歌的编制和演奏，经历了西晋郊祀上帝与迎气祭五帝并用乐歌，向梁朝为迎气祭祀五帝分别编制和使用乐歌的演变。西晋使郊祀至上神与祭五帝并用乐歌，是对东汉迎气祭祀礼乐歌使用的否定，因而，乐歌也就不能表达迎气祭祀礼与"顺时令"相联系的意义。而梁朝为五帝分别编制和使用乐歌，自然是继承了东汉迎气祭祀礼采用乐歌的做法。

当然，这种继承只是仿照东汉使用乐歌的模式，并不是全部采用东汉所用乐歌。实际上，梁朝的迎气祭祀乐全部是重新编定的。尽管如此，梁朝迎气祭祀所用乐歌，都是要充分表达对五帝神的崇拜，因此，就使象征四季一时的五帝的受职神性特征得到充分的体现，从而也就在祭祀乐歌所营造的敬神氛围中，更明确地表达了迎气祭祀所包含的顺应时令的意义。

四、结　语

两晋南朝时期，当时依然重视"顺时令"的施政方略，所以在国家祭典中，迎气祭祀礼仍然占有重要地位。但是，在这一历史时期，迎气祭祀礼的实行却是不连贯的。也就是说，西晋将迎气祭祀礼依然作为国家的重要礼仪来实行，可是东晋、刘宋、南齐却中断了这一祭礼，而至梁、陈时期又恢复了。这种情况的出现，是由于这一时期的社会条件和神祇观念存在差异所造成的。

西晋实行迎气祭祀礼，是为了承袭曹魏礼仪制度，以此表明西晋禅代曹魏的合理性。然而，由于西晋以王肃的礼学来阐释迎气祭祀的五帝神，五帝神的地位与至上神上帝等同，因而，混淆了举行这两种不同祭祀礼的目的，所以西晋迎气祭祀礼与时令联系是不明确的。同时，西晋还使"读五时令"的施政活动与祭祀活动完全脱离。受西晋这些做法的影响，东晋、刘宋、南齐将迎气祭祀礼排除在国家祭典之外。

梁朝采取不同于东晋、刘宋、南齐的措施，又重新恢复实行迎气祭祀礼，并为陈朝所延续。然而，梁朝采取这种做法，并不是要将"读五时令"再与迎气祭祀活动结合起来，而是要适应梁武帝构建完备的五礼体系的需要，因而，重新实行的迎气祭祀礼的仪节规定是很完善的。由于梁武帝将迎气祭祀的对象确定为五帝神，所以，又将祭祀五帝与顺应时令的理念结合在一起。所以，就客观意义而言，通过这一礼仪的实行，也就进一步体现了"顺时令"施政措施的重要性。正因如此，梁、陈所实行的迎气祭祀礼，依然为隋、唐国家所延续。因此，对梁、陈恢复实行迎气祭祀礼产生的这种重要影响，应该要有充分的估计。

（原载《南京晓庄学院学报》2017年第2期）

前秦国家民族政策的失误
及其对国家统一局面的影响

十六国时期，由氐族建立的国家前秦曾一度统一了中国的北方。前秦的统一经历了艰难的历程，从苻坚建国到苻坚最后统一经历了二十五年的时间。苻坚即帝位后，任用有识之士王猛，在军事上逐步扫除敌对的国家。从太和五年（370年）开始，灭掉前燕，降服巴氐，攻灭前凉，攻代王什翼犍，灭代，散其部落。苻坚在中国北方建立起一个统一的大帝国。当时人称前秦疆域"东极沧海，西并龟兹。南苞襄阳，北尽沙漠"[1]。从现在的地域来看，从淮河到秦岭以北的整个中国北方，以及今西南的一部分，都被纳入了前秦的版图。可是，这个统一的国家在"淝水之战"后，也就是公元383年，很快就分崩离析了。

造成前秦统一的短暂是有其特殊的历史原因的。固然，苻坚在统一中国北方的过程中，为保证其统治的稳固，采取了很多积极的措施。诸如与民休息，劝课农桑；抑制豪强，重用汉族大姓和文人；革除民族压迫弊政，采取"和戎"之术；因袭汉制，广兴学校等。但是，前秦的统一是在民族矛盾最尖锐的时候实现的，要使国家的统一能够长久，就必须采取有利于消除民族矛盾和有效控制汉族和其他少数民族的措施。然而，苻坚在民族问题及相关问题上采取的政策是有失误的。这些政策不仅不利于消除民族矛盾，不利于有效地控制被统治的民族，反而加剧了民族矛盾，成为前秦国家走向分崩离析的隐患。

首先，怀柔政策的实施，不仅不能有效地使敌对民族真心臣服，反而使其保存了实力。在前秦国家统一前后，苻坚一直对被打败的敌对国家的贵族

---

[1] 释慧皎：《高僧传》卷五《释道安》。

阶层实行拉拢政策。例如,前秦灭前燕后,慕容鲜卑的慕容暐被封为新兴侯,原来的三公慕容评被任命为给事中,皇甫真被任命为奉车都尉,李洪被任命为驸马都尉。"燕之诸王悉补边郡。"

建元七年(371年),苻坚征伐仇池,仇池主杨统率其部落投降,被封为平远将军、南秦州刺史等。苻坚实行的怀柔政策,应该说是对北方少数民族变乱以来各民族一直奉行仇杀政策的一种否定,也是一种进步。不过,这种政策在前秦统一的时候实施,是不合时宜的。

因为当时民族矛盾激烈。特别是少数民族上层贵族,他们对其他的民族一直抱着仇视和敌对的心理,前秦的怀柔政策是很难改变这种状况和收到实效的。非但如此,这种政策的实施,却使这些被征服国家的贵族可以有效地保存其军事实力。这正是前秦国家的最大隐患。司马光对苻坚的这一政策评论说:"古之人灭人之国而人悦,何哉?为人除害故也。彼慕容评,蔽君专权,忌贤嫉功,愚谄贪虐以丧其国,国亡不死,逃遁见禽。秦王坚不以为诛者,又从而宠秩之,是爱一人而不爱一国之人也,其失人心多矣。是以施恩于人而人莫之恩,尽诚于人而人莫之诚。卒于功名不遂,容身无所,由不得其道故也!"[①] 这个评论是很正确的。

其次,军事分封政策的实行,使前秦的军事力量分散,也使氐族与其他民族的矛盾加深。因为这一政策的实施目的,就是要使氐族贵族能够更有效地统治其他民族。据《晋书·苻坚载记上》和《通鉴》晋孝武帝太元五年条记载,前秦国家的分封,既有与前世分封相同的方面,也有不同的方面。其不同主要表现为:一是要消除关中氐族贵族内部的矛盾以及氐族与其他民族的矛盾;二是要使氐族宗亲镇戍方镇,更有效地统治当地各民族。前秦国家实行这种分封政策,满足了氐族贵族对关东各民族剥削的需要,然而,也使氐族贵族与藩镇地方各民族矛盾加深。当地人民对氐族宗亲的不满情绪是相当强烈的。

在军事上,对前秦国家来说是一种削弱。因为在前秦,国家主要的军事力量是由氐族人组成的。前秦国家使氐族宗亲率氐族军队到关东方镇,使关中的氐族人口数量明显减少,在京畿的氐族军队当然也随之锐减。对苻坚这

---

① 司马光:《资治通鉴》卷一〇三《晋纪二十五》。

一政策的危害当时的人看得很清楚。苻融在淝水之战前，就对苻坚进谏说："陛下宠育鲜卑、羌、羯，布诸畿甸，旧人族类，斥徙遐方。今倾国而去，如有风尘之变者，其如宗庙何！监国以弱卒数万留守京师，鲜卑、羌、羯攒聚如林，此皆国之贼，我之仇也。"[①]

随着这种民族政策的实行，关中地区氐族军事力量逐渐下降，难以控制迁徙来的众多的鲜卑、羌、羯各族。这样在前秦经略东晋失败后，前秦政权就很容易被推翻。国家原来的隐患，立刻就成为不可抗拒的敌对力量。

再次，徙民政策的实施，虽为强干弱枝，却使威胁京畿的异族力量增强。前秦国家向关中徙民，主要迁徙的是鲜卑、羌、羯等少数民族，使这里不仅异族数量众多，而且族属复杂。苻坚的这种徙民政策的目的就是要使被征服的少数民族远离本土，削弱其势力，也是为了充实京城的人力、物力。

然而，前秦的这种政策是在民族矛盾很尖锐的时期实行的，因此与历史上的徙民京城有很大的差异：一是前秦国家在迁徙这些少数民族时，并不打破原来的部落组织，只是简单地整族迁徙，这样他们可以利用部落组织，维护其自身的利益，使前秦国家很难行使其号令。二是使被征服的民族对京畿的威胁增强。实际上，这是一种潜在的威胁。当前秦的控制力削弱时，他们就可以依靠部落组织，成为瓦解前秦国家的力量。淝水之战后，鲜卑、羌和丁零的首领很快建立起自己的国家，依靠的正是部落组织的力量。这些国家的建立就使前秦国家的崩溃难以挽回。

前秦国家是在民族矛盾非常尖锐的形势下实现了统一。国家在统一后，应尽力去调整民族矛盾。苻坚的怀柔政策、分封政策、徙民政策，都是要解决这个问题，同时也要加强对征服民族的控制。然而，苻坚的这些政策都是对历史上传统政策的沿袭，没有多少创新之处，也不能根据当时的具体形势做必要的改变，因而这些政策不仅没有使民族矛盾得到调整，反而使被征服民族能够保存力量，并对前秦国家构成威胁，使民族矛盾加剧。因此，前秦国家的统一只能维持短暂的时间，这固然是多方面因素影响的结果，其中民族政策的失误应该是重要的、不可忽视的一个方面。

(原载《郑州大学学报(哲学社会科学版)》2004 年第 5 期)

---

① 房玄龄等：《晋书》卷一一四《苻坚载记下》，第 2913 页。

北魏洛阳寺院园林营建考
——以《洛阳伽蓝记》为中心的考察

北魏时期佛教昌盛，社会各阶层大多数人都笃信佛教，所以造成立寺造塔的风气非常盛行。由于这种风气的盛行，寺院园林的营建也随之发展起来。这种寺院园林与皇室园林、私家园林成为北魏社会存在的三大主体园林。实际上，在孝文帝迁都洛阳后，在首都修建的寺院园林数量就更多。因而，探讨北魏洛阳寺院园林的修建状况不仅对认识古典园林的发展特点是必要的，同时，也是考察北魏时期佛教传播对园林营建产生的重大影响不可或缺的内容。前人虽然对北魏洛阳寺院园林的植物景观做了一些研究，[①] 但对洛阳寺院园林的营建问题的阐释却并不多见。有鉴于此，本文拟以《洛阳伽蓝记》的记载为中心，并结合其他的文献资料，对北魏洛阳寺院园林的营建的相关问题做一些研究，希望能够对北魏寺院园林的特征的认识有所裨益。

一、洛阳寺院园林营建兴盛的原因

北魏是中国古典园林发展的重要历史时期。当时寺院园林与皇室园林、私家园林一样，都处于发展的时期。特别是，北魏都城洛阳寺院园林的修建出现了发展的盛况。史载，北魏时期洛阳城中"寺有一千三百六十七所"[②]，并且其中大部分寺院都有园林的修建，这就使洛阳的寺院园林数量之多，达

---

① 薛瑞泽：《读〈洛阳伽蓝记〉论北魏洛阳的寺院园林》，载《中国历史地理论丛》2001年第2期。

② 杨衒之撰，范祥雍校注：《洛阳伽蓝记校注》卷五《城北》，上海古籍出版社，1978年，第349页。

到惊人的程度。北魏首都洛阳寺院园林的修建出现这种发展的盛况自然有其重要的社会原因。

首先，北魏首都洛阳兴建寺院园林风气的盛行与佛教在北魏广泛的传播以及信奉者的人数众多有密切的关系。众所周知，佛教自西汉末叶传入中国，迄至西晋末年，黄河流域社会动荡、战乱频仍、人民朝不保夕，佛教宣扬的"因果报应""轮回转世"等观念恰恰满足了苦难中的各阶层民众对来世美好生活的渴望，从而得以迅速传播。逮及十六国时期，后赵、前秦、后秦、北凉等政权君主纷纷崇信佛教、优遇僧徒，更推动了佛教在北方的进一步发展。佛教在北方的这种传播状况，当然要影响到北魏国家对佛教的吸纳。

在鲜卑拓跋氏居于代北之时，尚不知晓佛教，正如《魏书·释老志》说："故浮图之教，未之得闻，或闻而未信也。"[1] 可是，在道武帝建国后，由于经略中原，开始了解佛法，"所径郡国佛寺，见诸沙门、道士，皆致精敬，禁军旅无有所犯"[2]，严格实行了保护寺院、礼敬沙门的政策。并且，在迁都平城后，立即下诏"于京城建饰容范，修整宫舍，令信向之徒，有所居止"[3]，并"作五级浮图、耆阇崛山及须弥山殿，加以缋饰，别构讲堂、禅堂及沙门座"[4]，开始营造佛教寺院。明元帝又"遵太祖之业，亦好黄老，又崇佛法，京邑四方，建立图像，仍令沙门敷导民俗"[5]。太武帝即位之始，亦"归宗佛法，敬重沙门"[6]，常"引高德沙门，与共谈论"[7]，然而，到他统治后期，"得寇谦之道，帝以清净无为，有仙化之证，遂信行其术"[8]，遂下诏毁法灭佛，诛杀僧徒、焚破佛像，使佛教受到了沉重的打击。然而，由于"素敬佛道"的监国太子拓跋晃"缓宣诏书"，使"四方沙门，多亡匿获免，

---

[1] 魏收：《魏书》卷一一四《释老志》，中华书局，1974年，第3030页。
[2] 魏收：《魏书》卷一一四《释老志》，中华书局，1974年，第3030页。
[3] 魏收：《魏书》卷一一四《释老志》，中华书局，1974年，第3030页。
[4] 魏收：《魏书》卷一一四《释老志》，中华书局，1974年，第3030页。
[5] 魏收：《魏书》卷一一四《释老志》，中华书局，1974年，第3030页。
[6] 魏收：《魏书》卷一一四《释老志》，中华书局，1974年，第3033页。
[7] 魏收：《魏书》卷一一四《释老志》，中华书局，1974年，第3032页。
[8] 魏收：《魏书》卷一一四《释老志》，中华书局，1974年，第3033页。

在京邑者，亦蒙全济。金银宝像及诸经论，大得秘藏"①，从而为佛法复兴保存了力量。及至文成帝即位，下诏复法，"天下承风，朝不及夕，往时所毁图寺，仍还修矣"②，佛教迅速恢复并再度兴盛。此后即位北魏诸帝以及曾实际掌握政权的冯太后与胡太后皆笃信佛教。孝文帝"善谈老庄，尤精释义"③。宣武帝"雅爱经史，尤长释氏之义，每至讲论，连夜忘疲"④。胡太后"姑既为尼，幼相依托，略得佛经大义"⑤。"上既崇之，下弥企尚"⑥，北魏信佛、崇佛风气大盛，佛教发展空前繁荣，"僧尼大众二百万矣，其寺三万有余"⑦，信徒人数则更为众多。

佛教在北魏不仅广泛传播，并且，在崇佛的方式上也与南方有不同之处。特别是，在太武帝灭佛之后，大批擅玄名僧携其所学南渡江淮，从此义学南趋，南北佛学风气为之一变，南方专精义理，北方则偏重行业。所以北魏朝廷上下之奉佛，仍首在建功德，求福田饶益……造像立寺，穷土木之力，为北朝佛法之特征。⑧北魏诸帝及皇后热衷于营建佛寺、浮图，迁都洛阳后尤甚。孝文帝建报德寺，宣武帝立景明、瑶光、永明三寺，灵胡太后营永宁、秦太上公、太上君寺。在统治者的影响下，北魏上自王公贵族，下至平民，崇信佛教、营造佛寺风行于时，"逮皇魏受图，光宅嵩洛，笃信弥繁，法教逾盛。王侯贵臣，弃象马如脱屣，庶士豪家，舍资财若遗迹。于是昭提栉比。宝塔骈罗，争为天上之资，竞摹山中之影。金刹与灵台比高，广殿共阿房等壮。岂直木衣绨绣，土披朱紫而已"。⑨显然，在孝文帝迁都洛阳之后，首都营建佛寺的风气更盛。为了体现对佛寺兴建的重视，自然要使佛寺建筑更加富丽堂皇，这样，也就更促进了洛阳寺院园林修建风气的盛行。

---

① 魏收：《魏书》卷一一四《释老志》，第 3035 页。
② 魏收：《魏书》卷一一四《释老志》，第 3036 页。
③ 魏收：《魏书》卷七下《孝文帝纪下》，第 187 页。
④ 魏收：《魏书》卷八《宣武帝纪》，第 216 页。
⑤ 魏收：《魏书》卷一三《皇后·宣武灵皇后胡氏传》，第 337 页。
⑥ 魏收：《魏书》卷一一四《释老志》，第 3042 页。
⑦ 魏收：《魏书》卷一一四《释老志》，第 3048 页。
⑧ 汤用彤：《汉魏两晋南北朝佛教史》，北京大学出版社，2011 年，第 284 页。
⑨ 杨衒之撰，范祥雍校注：《洛阳伽蓝记校注·原序》，第 1 页。

魏晋南北朝史论稿

其次，孝文帝迁都洛阳后，使洛阳不仅成为国家的政治、经济中心，也成为文化的中心，因而，洛阳在文化上所处的特殊的地位也在很大程度上影响到寺院园林的营建。事实上，在北魏迁都洛阳之前，东汉、曹魏以及西晋政权均定都于洛阳，在长达近三百年悠长的历史时期中，洛阳在文化上一直占据着特殊的地位。其中表现很明显的就是，在佛教传入中国后，洛阳特殊、优越的文化地理位置，使其成为异国佛教僧侣东来传法的首选之地。在东汉桓灵之世，西域名僧安清、支谶皆止于洛阳，译经说法，听者云集，二者对后世中土佛教均产生了深远的影响。此外，安玄、竺朔佛等亦集于此，译经著述，洛阳成为汉代译经唯一之地点。[1] 洛阳佛法由此转盛。三国时期，洛阳作为曹魏政权都城所在，西域诸国高僧携经典接踵而至，中土僧徒朱士行等也由此地西行求法，洛阳成为中外佛教文化交流重镇。及至晋朝建立，洛阳佛法更盛，竺佛图澄、耆域等西域高僧均前来弘法传教，寺庙图像崇于京邑，"洛中佛图有四十二所"[2]。很显然，在北魏迁都洛阳前，洛阳已经拥有悠久的佛学传统，并且积淀了很浓厚的佛教文化，崇佛氛围浓厚。诚如汤用彤先生所言，"洛中自汉以来，已被佛化"[3]。正因为如此，北魏迁都后，洛阳便迅速恢复了北方佛教中心的地位，吸引大批异国沙门"负锡持经，适兹乐土"[4]。正是在这种佛教文化氛围的影响下，使北魏国家和不同阶层的民众都非常重视佛寺的营建。当然，在佛寺的营建过程中，也就要带动寺院园林的发展。因为寺院园林实际是佛教文化的明显体现。从这一点来看，不能不说北魏洛阳寺院园林的兴盛，与洛阳长期的佛教文化传承的影响有着很密切的关系。

再次，洛阳寺院园林营建风气的兴盛，与北魏社会上层统治者奢靡成风也有重要的关系。北魏平城时期，也就是北魏前期，当时国家的物资匮乏，并且，鲜卑贵族还保留一些部落时代质朴遗风，因此他们的生活并不很奢华。可是，北魏迁都洛阳之后，由于当时社会较为安定，物质财富迅速增

---

[1] 汤用彤：《汉魏两晋南北朝佛教史》，第47页。
[2] 魏收：《魏书》卷一一四《释老志》，第3029页。
[3] 汤用彤：《汉魏两晋南北朝佛教史》，第96页。
[4] 杨衒之撰，范祥雍校注：《洛阳伽蓝记校注》卷四《城西·永明寺》，第235页。

加，当时人称，"国家殷富，库藏盈溢，钱绢露积于廊者，不可较数"①。因为社会经济的发展，就使鲜卑贵族的生活状况也得到极大改善。与此同时，孝文帝推行全面汉化政策，通过"定姓族"以及与汉族世家大族联姻等措施，推动了鲜卑贵族的士族化，因而使他们拥有的政治、经济特权可以长期传袭。实际上，鲜卑贵族士族化的过程带来的负面效应，正是加速了他们日益的腐朽化。鲜卑贵族集团的腐朽化，也促使了汉族官僚与士族的腐朽化。因而在当时洛阳城中，到处弥漫着这种腐朽的风气。

洛阳社会上层奢侈腐化的明显表现之一，便是大肆兴修宅第园林。"当时四海晏清，八荒率职，缥囊纪庆，玉烛调辰，百姓殷阜，年登俗乐。鳏寡不闻犬豕之食，茕独不见牛马之衣。于是帝族王侯、外戚公主，擅山海之富，居川林之饶，争修园宅，互相夸竞。"② 可见拥有大量的园宅成为社会上层具有丰厚财富与很高身份地位的象征。因此，洛阳城中王公贵族竞相修建宅第园池，并使其极尽奢侈华丽。诸如北海王元祥"建饰第宇，开起山池，所费巨万"③。广平王元怀"堂宇宏美，林木萧条，平台复道，独显当世"④。清河王元怿"第宅丰大，逾于高阳……土山钓台，冠于当世"⑤。与鲜卑贵族相同，汉族官僚也竞修园宅。例如王椿"僮仆千余，园宅华广"⑥。张伦"斋宇光丽，服玩精奇，车马出入，逾于邦君，园林山池之美，诸王莫及"⑦。由此可见，这些鲜卑贵族和汉族官僚营建的园宅，都有奢华的园林。这种园林正是供他们享受的私家园林。

由于这一时期洛阳城中私家园林的迅速发展以及这些社会上层贵族、官僚对佛教信仰的虔诚，因而在当时社会中出现了"舍宅为寺"⑧ 的风气。所谓"舍宅为寺"，就是这些贵族、官僚及其他社会群体将他们拥有的私家园

---

① 杨衒之撰，范祥雍校注：《洛阳伽蓝记校注》卷四《城西·河间寺》，第208页。
② 杨衒之撰，范祥雍校注：《洛阳伽蓝记校注》卷四《城西·河间寺》，第206页。
③ 魏收：《魏书》卷二 上《献文六王上·北海王祥传》，第561页。
④ 杨衒之撰，范祥雍校注：《洛阳伽蓝记校注》卷二《城东·平等寺》，第105页。
⑤ 杨衒之撰，范祥雍校注：《洛阳伽蓝记校注》卷四《城西·冲觉寺》，第185页。
⑥ 魏收：《魏书》卷九三《恩悻·王睿附王椿传》，第501页。
⑦ 杨衒之撰，范祥雍校注：《洛阳伽蓝记校注》卷二《城东·正始寺》，第100页。
⑧ 杨衒之撰，范祥雍校注：《洛阳伽蓝记校注》卷四《城西·宣忠寺》，第191页。

林无偿地捐赠给佛教寺院，以此体现他们崇奉佛教已经到了无以复加的程度。正是这种风气的出现，就使洛阳城中很多的私家园林也就转变成为寺院园林。例如"平等寺，广平武穆王怀舍宅所立也"①。因此，可以说北魏洛阳城中"舍宅为寺"风气的兴盛，直接造成了寺院园林的大量出现。而这种状况的出现，当然都是北魏迁都洛阳后，奢侈风气的加剧而产生的重大社会影响的结果。

总之，北魏洛阳寺院园林的大量出现是以佛教在北方广泛的传播以及民众对佛教的崇奉为社会基础的。佛教在洛阳长期的传播而使其具有特殊的文化地位，则是营建具有浓厚的佛教文化特色的寺院园林形成风气的重要社会条件。北魏迁都洛阳后，社会上层、下层"舍宅为寺"风气的兴盛，则更促使了洛阳的寺院园林的大量涌现。

二、洛阳寺院园林的类别

北魏洛阳寺院园林的营建，是由于佛教在社会中广泛传播以及社会上层和下层对佛教虔诚信仰直接影响的结果，因而，就使修建这种园林的社会群体具有了广泛性。为了说明北魏洛阳寺院园林营建的特点，需要对这些园林加以分类。因为北魏社会的上层、下层以及境内的西域胡人的社会身份、财力以及文化心理存在差异，这都直接影响了寺院园林的营建特色，因而，就使洛阳寺院园林具有不同的类型。所以笔者主要依据这些不同类别的寺院园林，对其营建特点做一些考察。

（一）皇帝与后妃所立寺院园林

在北魏王朝的诸皇帝中，除了太武帝外，都笃信佛教。他们都要营造佛寺、亲度僧尼。这成为他们积功德、求福田的主要方式。北魏迁都洛阳之后，修造佛寺之风更盛。孝文帝"罢鹰师曹，以其地为报德佛寺"②。宣武帝则立景明、瑶光、永明三寺。北魏后妃也多崇奉佛法，兴建寺院。其中宣武灵皇后胡氏最为典型。她营建秦太上公、太上君寺以为父母追福。而且，她

---

① 杨衒之撰，范祥雍校注：《洛阳伽蓝记校注》卷二《城东·平等寺》，第100页。
② 魏收：《魏书》卷一三《皇后·文成文明皇后冯氏传》，第328页。

还营建了永宁寺。由于这一时期社会上层奢靡风气甚盛,因而,在这种风气影响下,皇帝与后妃所建寺院不仅气势雄伟,并且,都兴修了景色秀美的园林景观。甚至还出现一位皇帝或后妃修建多所寺院园林的情况。

北魏迁都洛阳后,由皇帝或后妃营建的寺院园林,在规模的大小以及内部景观上,往往存在相似之处,因而,这些寺院园林的特征基本上是一致的。从皇帝或后妃所建寺院园林的规模上来看,这些园林一般都规模宏大,占地广阔。例如永宁寺"僧房楼观一千余间,雕梁粉壁,青琐绮疏,难得而言"①。永明寺"房庑连亘,一千余间……百国沙门三千余人"②。景明寺"山悬堂观,光盛一千余间"③。如此宏大的寺院园林建筑,其占地面积之广,是显而易见的。史载,景明寺"其寺东西南北,方五百步"④。北魏"方三百步为一里"⑤。可见,北魏皇帝或后妃所建寺院园林都超越了里坊的限制。而其他阶层所建寺院园林多分布于里坊之中,甚至一里之内寺院达十余所之多。⑥ 很显然,他们所建的寺院园林无论是在规模上,还是在占地面积上,都是其他社会阶层无法比拟的。

从皇帝或后妃所建寺院园林的景观上来看,一般都是"复殿重房,交疏对溜,青台紫阁,浮道相通"⑦;"庭列修竹,檐拂高松,奇花异草,骈阗阶砌"⑧。即便是园林中浮图的装饰,也大致相似。例如永宁寺"刹上有金宝瓶,容二十五石,宝瓶下有承露金盘三十重,周匝皆垂金铎……扉上有五行金钉,其十二门二十四扇,合有五千四百枚,复有金镮铺首……佛事精妙,不可思议"⑨。这种装饰成为以后皇帝或后妃寺院园林浮图修饰的标准。因此

---

① 杨衒之撰,范祥雍校注:《洛阳伽蓝记校注》卷一《城内·永宁寺》,第3页。
② 杨衒之撰,范祥雍校注:《洛阳伽蓝记校注》卷四《城西·永明寺》,第235页。
③ 杨衒之撰,范祥雍校注:《洛阳伽蓝记校注》卷三《城南·景明寺》,第132页。
④ 杨衒之撰,范祥雍校注:《洛阳伽蓝记校注》卷三《城南·景明寺》,第132页。
⑤ 杨衒之撰,范祥雍校注:《洛阳伽蓝记校注》卷五《城北》,第349页。
⑥ 杨衒之撰,范祥雍校注:《洛阳伽蓝记校注》卷二《城东·璎珞寺》,第78页。
⑦ 杨衒之撰,范祥雍校注:《洛阳伽蓝记校注》卷三《城南·景明寺》,第132页。
⑧ 杨衒之撰,范祥雍校注:《洛阳伽蓝记校注》卷四《城西·永明寺》,第235页。
⑨ 杨衒之撰,范祥雍校注:《洛阳伽蓝记校注》卷一《城内·永宁寺》,第2页。

当时文献载，秦太上君寺"佛事庄严，等于永宁"①；景明寺"装饰华丽，侔于永宁"②；秦太上公寺"素彩布工，比于景明"③。由此可见，皇帝或后妃所建寺院园林不仅规模宏大、景色优美，并且，浮图的装饰也都是华丽无比的。因此，可以说皇帝或后妃所建寺院园林，都要在营建的规模与装饰的标准上达到最高的水准，以此凸显他们作为最高统治者在寺院园林营建上的特权。

（二）贵族、官僚所立寺院园林

在北魏崇奉佛教风气的影响下，当时贵族、官僚多信仰佛教。为了表现他们信仰的虔诚，大多数人都要立寺建塔。他们修建的寺院即为私家寺院，正是他们祈福发愿的场所。这些私家寺院有辟地新建的佛寺。如"正觉寺，尚书令王肃所立也"④；三公令史高显洛所立招福寺，"向光明所掘地丈余得黄金百斤……显洛遂造招福寺"⑤。也有改建他们的宅第而成的佛寺。如愿会寺"中书侍郎王翊舍宅所立"⑥；光明寺则原为"苞信县令段晖宅"⑦。这些贵族、官僚既可以用个人名义独立建寺，也可联合集资立寺。如龙华寺"宿卫羽林虎贲等所立"⑧ 正始寺则为"百官等所立"⑨。在这些寺院中，一般都修建园林。

在这些私家寺院中，诸王所建数量很多。例如"景乐寺，太傅清河文献王怿所立"⑩；"追圣寺，北海王所立"⑪。当时民间号为"王子坊"的寿丘里，"列刹相望，祇洹郁起，宝塔高凌"⑫。其中"舍宅为寺"的诸王人数也

---

① 杨衒之撰，范祥雍校注：《洛阳伽蓝记校注》卷二《城东·秦太上君寺》，第94页。
② 杨衒之撰，范祥雍校注：《洛阳伽蓝记校注》卷三《城南·景明寺》，第132页。
③ 杨衒之撰，范祥雍校注：《洛阳伽蓝记校注》卷三《城南·秦太上公寺》，第140页。
④ 杨衒之撰，范祥雍校注：《洛阳伽蓝记校注》卷三《城南·正觉寺》，第100页。
⑤ 杨衒之撰，范祥雍校注：《洛阳伽蓝记校注》卷三《城南·招福寺》，第100页。
⑥ 杨衒之撰，范祥雍校注：《洛阳伽蓝记校注》卷一《城内·愿会寺》，第55页。
⑦ 杨衒之撰，范祥雍校注：《洛阳伽蓝记校注》卷一《城内·光明寺》，第55页。
⑧ 杨衒之撰，范祥雍校注：《洛阳伽蓝记校注》卷二《城东·龙华寺》，第75页。
⑨ 杨衒之撰，范祥雍校注：《洛阳伽蓝记校注》卷二《城东·正始寺》，第99页。
⑩ 杨衒之撰，范祥雍校注：《洛阳伽蓝记校注》卷一《城内·景乐寺》，第52页。
⑪ 杨衒之撰，范祥雍校注：《洛阳伽蓝记校注》卷三《城南·追圣寺》，第158页。
⑫ 杨衒之撰，范祥雍校注：《洛阳伽蓝记校注》卷四《城西·河间寺》，第208页。

很多。如"追光寺,侍中尚书令东平王略之宅也"①;"大觉寺,广平王怀舍宅也"②。在诸王的这些私家寺院中,修建的园林非常华美。《洛阳伽蓝记》称:"崇门丰屋,洞户连房;飞馆生风,重楼起雾;高台芳榭,家家而筑;花林曲池,园园而有。莫不桃李夏绿,竹柏冬青"③,正说明诸王所建寺院园林的一般特点。但一些诸王对寺院园林的修建还要追求个性特点。如高阳王寺"竹林鱼池,侔于禁苑,芳草如积,珍木连阴"④;河间寺"沟渎蹇产,石磴礁嶤,朱荷出池,绿萍浮水,飞梁跨阁,高树出云"⑤。诸王修建的这些寺院园林,正是他们奢侈腐朽生活的一种体现。

此外,北魏的一些宦官也修建了很多的寺院园林。这些宦官虽然是皇室家奴,但他们的社会地位却很高,仅次于鲜卑诸王和勋贵。⑥ 实际他们拥有很大的政治权力与雄厚的经济实力,"阉寺专宠,宦者之家,积金满堂"⑦,因而,他们修建的寺院豪华奢侈,并且,园林也景色绮丽。例如宦官所建凝圆寺"地形高显,下临城阙。房庑精丽,竹柏成林"⑧。

这些情况表明,北魏的贵族、显宦在寺院园林的修建上,是不惜花费大量钱财的。这一方面要表现他们拥有雄厚的财力;另一方面,也要展示他们在敬奉佛教上所处的特殊的优越地位。

当然,由于这些贵族、官僚只是皇帝的臣下,因此他们营建的寺院园林是绝不能超过皇帝或后妃所建园林的规模和奢华程度的。如刘腾所建长秋寺"庄严佛事,悉用金玉"⑨,而彭城王元勰所建明悬尼寺则"有三层塔一所,

---

① 杨衒之撰,范祥雍校注:《洛阳伽蓝记校注》卷四《城西·追光寺》,第224页。
② 杨衒之撰,范祥雍校注:《洛阳伽蓝记校注》卷四《城西·大觉寺》,第234页。
③ 杨衒之撰,范祥雍校注:《洛阳伽蓝记校注》卷四《城西·河间寺》,第206页。
④ 杨衒之撰,范祥雍校注:《洛阳伽蓝记校注》卷三《城南·高阳王寺》,第177页。
⑤ 杨衒之撰,范祥雍校注:《洛阳伽蓝记校注》卷四《城西·河间寺》,第208页。
⑥ 陈连庆:《北魏宦官的出身及其社会地位》,载《中国古代史研究(上)》,吉林文史出版社,1991年,第606页。
⑦ 杨衒之撰,范祥雍校注:《洛阳伽蓝记校注》卷一《城内·昭仪尼寺》,第54页。
⑧ 杨衒之撰,范祥雍校注:《洛阳伽蓝记校注》卷五《城北·凝圆寺》,第248页。
⑨ 杨衒之撰,范祥雍校注:《洛阳伽蓝记校注》卷一《城内·长秋寺》,第43页。

未加庄严"①。而且，贵族、官僚所建寺院园林也都在里坊之中。例如平等寺"在青阳门外二里御道北，所谓孝敬里也"②；正始寺"在东阳门外御道西，所谓敬义里也"③。甚至一些官僚营建的寺院园林还以他们生活的里坊来命名。如景宁寺"太保司徒公杨椿所立也。在青阳门外三里御道南，所谓景宁里也。高祖迁都洛邑，椿创居此里，遂分宅为寺，因以名之"④。由于北魏实行严格的里坊制度，"方三百步为一里，里开四门；门置里正二人，吏四人，门士八人"⑤，所以，贵族、官僚营建的寺院园林，自然有益于他们在里坊中崇佛的活动，并且，由于敬佛活动具有均等性，也就使同一里坊中的平民与贵族、官僚一样，也都具有了在这些寺院园林中敬拜佛祖的机会。

（三）平民所立寺院园林

北魏时期，平民崇信佛教的人数众多。这些虔诚奉佛的平民也仿效贵族、官僚纷纷立寺建塔以求福祉。他们寺院的修建多采用改建的方式，也就是实行"舍宅为寺"的做法。例如灵应寺本为京兆人杜子休的宅第，"地形显敞，门临御道，时有隐士赵逸，云是晋武时人，晋朝旧事，多所记录。正光初，来至京师，见子休宅，叹息曰：'此宅中朝时太康寺也。'……子休遂舍宅为灵应寺"⑥。又如开善寺原为京兆人韦英之宅，位于"千金比屋"的准财里。"（韦）英早卒，其妻梁氏不治丧而嫁，更约河内人向子集为夫。虽云改嫁，仍居英宅。"传说韦英化为厉鬼，迫使前妻"梁氏惶惧，舍宅为寺。"⑦这些事例说明，一般平民的寺院园林，多是由"舍宅为寺"而成的。

由于平民所建寺院园林原为他们的宅院，因而也多分布于里坊之中。当然，由于他们的社会地位不高，自然与皇帝或后妃以及贵族、官僚所立寺院园林在规模上差别很大。不过，由于这些寺院园林多为平民中的富人所立，因而园林的景致也很别致。正如《洛阳伽蓝记》所说："层楼对出，重门启

---

① 杨衒之撰，范祥雍校注：《洛阳伽蓝记校注》卷二《城东·明悬尼寺》，第73页。
② 杨衒之撰，范祥雍校注：《洛阳伽蓝记校注》卷二《城东·平等寺》，第104页。
③ 杨衒之撰，范祥雍校注：《洛阳伽蓝记校注》卷二《城东·正始寺》，第99页。
④ 杨衒之撰，范祥雍校注：《洛阳伽蓝记校注》卷二《城东·景宁寺》，第116页。
⑤ 杨衒之撰，范祥雍校注：《洛阳伽蓝记校注》卷五《城北》，第349页。
⑥ 杨衒之撰，范祥雍校注：《洛阳伽蓝记校注》卷二《城东·灵应寺》，第88页。
⑦ 杨衒之撰，范祥雍校注：《洛阳伽蓝记校注》卷四《城西·开善寺》，第205页。

扇，阁道交通"①；"果菜丰蔚，林木扶疏"②。然而，也并非平民所立寺院都有园林。《魏书·释老志》称："正光已后，天下多虞，王役尤甚，于是所在编民，相与入道，假慕沙门，实避调役，猥滥之极，自中国之有佛法，未之有也。"③ 很明显，这时平民为逃避国家徭役，合家奉佛的情况大量涌现。由此导致洛阳城内出现"今之僧寺，无处不有。或比满城邑之中，或连溢屠沽之肆，或三五少僧，共为一寺。梵唱屠音，连檐接响，像塔缠于腥臊，性灵没于嗜欲，真伪混居，往来纷杂"④ 的混乱局面。这类由贫苦平民所立的寺院只有几尊佛像、若干僧房而已，自然也就不可能有园林的修建。

（四）西域胡人所立寺院园林

在北魏洛阳的西域胡人，也有修建寺院的。西域胡人在中土修建寺院历史久远。早在东汉明帝时，"唯听西域人得立寺都邑，以奉其神"⑤。及至西晋怀帝永嘉年间，西域高僧竺佛图澄"欲于洛阳立寺"⑥，后因战乱"志遂不果"。逮至北魏，君臣上下崇信佛教，迁洛后奉佛之风更盛，"时佛法经像，盛于洛阳，异国沙门，咸来辐辏"⑦。大批西域胡人前来洛阳弘法修行，其中部分西域胡人还在洛阳修建佛寺，诸如"菩提寺，西域胡人所立"⑧；"法云寺，西域乌场国胡沙门昙摩罗所立"⑨。这些西域胡人所建佛寺，多有园林的营建。

西域胡人在洛阳营建的寺院园林特点鲜明。一方面，西域胡人要使所建寺院园林适应大多数汉人供奉佛教的需要。例如菩提寺"西域胡人所立也，在慕义里"⑩。并且，在树木和花草的种植上，"伽蓝之内，花果蔚茂，芳草

---

① 杨衒之撰，范祥雍校注：《洛阳伽蓝记校注》卷四《城西·开善寺》，第205页。
② 杨衒之撰，范祥雍校注：《洛阳伽蓝记校注》卷二《城东·灵应寺》，第89页。
③ 魏收：《魏书》卷一一四《释老志》，第3048页。
④ 魏收：《魏书》卷一一四《释老志》，第3045页。
⑤ 释慧皎：《高僧传》，中华书局，1992年，第352页。
⑥ 释慧皎：《高僧传》，第345页。
⑦ 杨衒之撰，范祥雍校注：《洛阳伽蓝记校注》卷四《城西·永明寺》，第235页。
⑧ 杨衒之撰，范祥雍校注：《洛阳伽蓝记校注》卷三《城南·菩提寺》，第173页。
⑨ 杨衒之撰，范祥雍校注：《洛阳伽蓝记校注》卷四《城西·法云寺》，第201页。
⑩ 杨衒之撰，范祥雍校注：《洛阳伽蓝记校注》卷三《城南·菩提寺》，第173页。

蔓合，嘉木被庭"①。这与北魏上层人士所建的寺院园林是相似的。另一方面，他们所建寺院园林也保留一些西域建筑的特色，"佛殿僧房，皆为胡饰，丹素炫彩，金玉垂辉"②。显然，这种类型的寺院园林是西域与北魏文化相互结合的产物。正因为如此，西域胡人所建的寺院园林在洛阳城中别具一格，所以京师中喜好西域佛法的汉族僧人"皆就摩罗受持之"③。可见西域胡人所建寺院园林对心仪佛事的汉族信徒具有很大的吸引力。

三、洛阳寺院园林的景观营建

由于佛教在北魏的传播非常广泛，因而也就使寺院园林的营建出现了繁荣的局面。当时洛阳佛寺鳞次栉比，"寺有一千三百六十七所"④。在这些寺院中，到处可见土山钓台、珍草香木，加之浮图耸立、洞房周匝，显然洛阳寺院的园林建造已经很普遍。因此，可以说北魏时期洛阳寺院与园林的营建基本实现了一体化，这样，也就形成独具特色的寺院园林景观。

（一）寺院园林中的建筑物营造

寺院园林中的建筑物是其景观构成的重要组成部分。据前人的研究，城市寺院园林主要包括两种情况：一为毗邻寺院而单独建置的园林，二为寺院内各种殿堂、庭院的绿化或园林化。⑤ 笔者将寺院园林中的建筑物视为景观的组成部分，正是指后一种情况而言的。所以，寺院中的浮图、佛殿、僧尼房、讲堂等都属于寺院园林建筑。所谓浮图，就是寺院中的佛塔。实际上，北魏时期的佛寺建筑，正处于以塔为中心的布局结构向以佛殿为中心过渡的重要阶段。因此，洛阳寺院园林中的浮图便是标志性的建筑。从当时寺院园林的建筑情况来看，除部分贵族、官僚与平民"舍宅"所立的寺院，由于受原有宅院建筑格局和空间的局限而使修建浮图受到限制，大多数辟地新建的

---

① 杨衒之撰，范祥雍校注：《洛阳伽蓝记校注》卷四《城西·法云寺》，第201页。
② 杨衒之撰，范祥雍校注：《洛阳伽蓝记校注》卷四《城西·法云寺》，第201页。
③ 杨衒之撰，范祥雍校注：《洛阳伽蓝记校注》卷四《城西·法云寺》，第201页。
④ 杨衒之撰，范祥雍校注：《洛阳伽蓝记校注》卷五《城北》，第349页。
⑤ 周维权：《中国古典园林史》，清华大学出版社，1990年，第55页。

寺院园林都立有浮图。依据当时建筑使用的材料，可以将浮图分为木制与砖制两类。洛阳永宁寺有"九层浮图一所，架木为之"①。而大觉寺则有"砖浮图一所"②。灵应寺也以"所得之砖，还为三层浮图"③。

这些浮图层级则"从一级至三、五、七、九"④ 不等。九级为北魏浮图的最高层级。洛阳的永宁寺即为九级。因为它是北魏皇家佛寺，所以层级最高。胡太后所建景明寺，则为七级浮图。显然与皇帝所建浮图存在差别。实际浮图的层级成为修建者特权身份的一种象征。不过，《洛阳伽蓝记》中所见最多的，则为五级浮图。这一层级的浮图多为皇室与诸王所立。如瑶光寺"世宗宣武皇帝所立……有五层浮图一所"⑤；秦太上君寺"胡太后所立……中有五层浮图一所"⑥；融觉寺"清河文献王怿所立……有五层浮图一所"⑦。这说明，五级浮图的营造，为北魏皇室与诸王所垄断。洛阳的三级浮图著名的，则有明悬尼寺、王典御寺。明悬尼寺"有三层塔一所，未加庄严"⑧。王典御寺"门有三层浮图一所"⑨。可见能够营造三级浮图的佛教信徒，一般没有严格的等级限制。就是说，除了国家官员能够营造之外，一般平民也可以修建。比如平民杜子休舍宅而立的灵应寺，就用"所得之砖，还为三层浮图"⑩。

不过，由于北魏营建理念开始有了变化，所以也使洛阳寺院园林的格局发生了一些改变。也就是说，一般寺院的布局虽然依旧，但皇室高第的建置则日趋繁杂。⑪ 最明显的就是，浮图的中心地位开始发生动摇，甚至出现先建复殿重房，后补造浮图的现象。⑫ 如平等寺"堂宇宏美，林木萧条，平台

---

① 杨衒之撰，范祥雍校注：《洛阳伽蓝记校注》卷一《城内·永宁寺》，第1页。
② 杨衒之撰，范祥雍校注：《洛阳伽蓝记校注》卷四《城西·大觉寺》，第234页。
③ 杨衒之撰，范祥雍校注：《洛阳伽蓝记校注》卷二《城东·灵应寺》，第89页。
④ 魏收：《魏书》卷一一四《释老志》第3029页。
⑤ 杨衒之撰，范祥雍校注：《洛阳伽蓝记校注》卷一《城内·瑶光寺》第46页。
⑥ 杨衒之撰，范祥雍校注：《洛阳伽蓝记校注》卷二《城东·秦太上君寺》，第94页。
⑦ 杨衒之撰，范祥雍校注：《洛阳伽蓝记校注》卷四《城西·融觉寺》，第230页。
⑧ 杨衒之撰，范祥雍校注：《洛阳伽蓝记校注》卷二《城东·明悬尼寺》，第73页。
⑨ 杨衒之撰，范祥雍校注：《洛阳伽蓝记校注》卷四《城西·王典御寺》，第195页。
⑩ 杨衒之撰，范祥雍校注：《洛阳伽蓝记校注》卷二《城东·灵应寺》，第89页。
⑪ 宿白：《魏晋南北朝唐宋考古文稿辑丛》，文物出版社，2011年，第239页。
⑫ 宿白：《魏晋南北朝唐宋考古文稿辑丛》，第242页。

复道，独显当世……永熙元年，平阳王入篡大业，始造五层塔一所"①。大觉寺"广平王怀舍宅所立……永熙中，平阳王即位，造砖浮图一所"②。此外，大量附属建筑此时出现于寺院园林之中，如佛殿、僧尼房、讲堂等。北魏洛阳寺院园林中的附属建筑往往规模宏大、气势壮观。永宁寺"浮图北有佛殿一所，形如太极殿……僧房楼观一千余间"③。景明寺"山悬堂观，光盛一千余间，复殿重房，交疏对溜，青台紫阁，浮道相通"④。景林寺"讲殿叠起，房屋连属"⑤。即便是"舍宅"而立的寺院，虽不立浮图，但也多有佛殿、讲堂。如建中寺"以前厅为佛殿，后堂为讲室"⑥。这些情况的出现，说明早期寺院以塔为中心的建筑格局开始有了一些改变。然而，由于洛阳佛教园林的格局是对传统佛教文化的继承，所以以浮图为中心的营建布局，仍然在当时占据主流的地位。

（二）寺院园林中的山、水修建

在寺院园林景观中，假山、水池是其构成的重要元素。北魏洛阳寺院园林的营建，一般都注意到假山、水池的修建。例如，景明寺"房檐之外，皆是山池"⑦；冲觉寺"土山钓台，冠于当世，斜峰入牖，曲沼环堂"⑧；河间寺"沟渎蹇产，石磴礁嶢"⑨。可见，当时营建寺院园林，大都使假山、水池有机地结合在一起。

北魏洛阳寺院园林的营建能够使山、水很好地结合，自然是因为洛阳特殊的地理位置与自然环境创造了有利的条件。从北魏洛阳城的环境来看，它北依邙山，南临熊耳，西连崤山，东傍嵩岳，四面环山，从而使采石筑山成

---

① 杨衒之撰，范祥雍校注：《洛阳伽蓝记校注》卷二《城东·平等寺》，第108页。
② 杨衒之撰，范祥雍校注：《洛阳伽蓝记校注》卷四《城西·大觉寺》，第234页。
③ 杨衒之撰，范祥雍校注：《洛阳伽蓝记校注》卷一《城内·永宁寺》，第2页。
④ 杨衒之撰，范祥雍校注：《洛阳伽蓝记校注》卷三《城南·景明寺》，第132页。
⑤ 杨衒之撰，范祥雍校注：《洛阳伽蓝记校注》卷一《城内·景林寺》，第62页。
⑥ 杨衒之撰，范祥雍校注：《洛阳伽蓝记校注》卷一《城内·建中寺》，第39页。
⑦ 杨衒之撰，范祥雍校注：《洛阳伽蓝记校注》卷三《城南·景明寺》，第132页。
⑧ 杨衒之撰，范祥雍校注：《洛阳伽蓝记校注》卷四《城西·冲觉寺》，第185页。
⑨ 杨衒之撰，范祥雍校注：《洛阳伽蓝记校注》卷四《城西·河间寺》，第208页。

为可能。如宣武帝时，曾于天渊池西修筑假山，就"采掘北邙及南山佳石"①。说明寺院园林中的山石多得之于附近群山。洛阳周围的河流也很多。城北有谷水、金谷水；南有伊水、洛水。并且，洛阳地势，北高南低、西高东低，谷水、金谷水于洛阳西北合为一流，而后分为东、南两支，顺势而下，环城一周，最终于洛阳城东南，汇入洛水。这样谷水便成为洛阳天然的护城河，为城内用水提供了引入水源。东汉张纯就已成功将谷水引入洛阳城，"上穿阳渠，引洛水为漕，百姓得其利"②。北魏继汉、魏引谷水于城中的水系基础，重新整治，形成了三条横贯东西的水道：其一北入大夏门，穿华林园，东达建春门；其二西入阊阖门，经西游园，东至东阳门；其三起自西明门，横城而过，东至青阳门。③洛阳城内外水道密集，不仅为居民日常生活提供了充足的水源，而且，为营建寺院园林引水造池创造了优越的条件。因为要适应寺院园林景观对引水的需要，所以一些洛阳寺院多依水而建。诸如明悬尼寺"在建春门外石桥南，谷水周围，绕城至建春门外，东入阳渠石桥"④；长秋寺"寺北有蒙汜池，夏则有水，冬则竭矣"⑤；秦太公东、西两寺"并门临洛水"⑥。很显然，洛阳充足的水源为寺院园林景观的营造提供了重要的保证。

（三）寺院园林中的植物栽培

在寺院园林景观的营造中，植物的栽培可以使其具有别致的秀美景色。北魏洛阳寺院虽不具备郊野寺院得天独厚的自然条件，但仍非常重视用人工在寺院内外栽培植物。这种对植物的人工栽培，就使洛阳寺院多"青槐荫陌，绿树垂庭"⑦。如秦太上公寺"林木扶疏，布叶垂阴"⑧；高阳王寺"芳

---

① 魏收：《魏书》卷九三《恩悻·茹皓传》，第2001页。
② 范晔：《后汉书》卷三五《张纯传》，中华书局，1965年，第1192页。
③ 王铎：《北魏洛阳规划及其城史地位》，载《华中建筑》1992年第2期。
④ 杨衒之撰，范祥雍校注：《洛阳伽蓝记校注》卷二《城东·明悬尼寺》，第73页。
⑤ 杨衒之撰，范祥雍校注：《洛阳伽蓝记校注》卷一《城内·长秋寺》，第43页。
⑥ 杨衒之撰，范祥雍校注：《洛阳伽蓝记校注》卷三《城南·秦太上公寺》，第140页。
⑦ 杨衒之撰，范祥雍校注：《洛阳伽蓝记校注》卷三《城南·龙华寺》，第161页。
⑧ 杨衒之撰，范祥雍校注：《洛阳伽蓝记校注》卷三《城南·秦太上公寺》，第140页。

草如积，珍木连阴"①。

为了使洛阳寺院园林的景色更秀美，在寺院园林内外栽培的植物种类繁多。统计文献中的记载，北魏洛阳寺院园林栽培的植物，大致可以分为树木、果树与花草三类。寺院园林中常见的树木有栝树、柏树、松树、椿树、桑树、槐树、柽树等。其中，栝树即为桧树，又称刺柏。《尔雅·释木》："桧，柏叶松身。"柽树则是柽柳，也称三春柳或红柳。这些树种均属常绿或落叶乔木，其共同点就是姿态挺拔，叶茂荫浓，能够为寺院增添了肃穆幽玄的色彩，同时，高大的林木可以将寺院与嘈杂纷乱的外界隔离开来，产生"虽云朝市，想同岩谷"②的效果。如永宁寺"栝柏松椿，扶疏檐溜"③；"四门外，树以青槐"④。正始寺"青松绿柽，连枝交映"⑤。此外，寺院园林中也栽植一些常绿灌木。如瑶光寺就种植"牛筋、狗骨之木"⑥。所谓牛筋"叶似杏而尖，白色，皮正赤，为木多曲少直，枝叶茂好"⑦。而狗骨又称猫儿刺，其株型紧凑，叶形奇特，且四季常青，二者均为优良的观赏树种。由于在寺院园林的植物栽培上，使乔木、灌木相互交错，因而增添了寺院园林非常别致的美感。

果树也是洛阳寺院园林中广泛栽培的植物。当时文献称："京师寺皆种杂果"⑧。实际洛阳寺院园林中种植的果树主要有桃、李、梨、奈、葡萄等。如白马寺"奈林葡萄异于余处，枝叶繁衍，子实甚大"⑨；河间寺"素奈朱李，枝条入檐"⑩。其中一些寺院出产果实很出名。如"报德之梨，承光之

---

① 杨衒之撰，范祥雍校注：《洛阳伽蓝记校注》卷三《城南·高阳王寺》，第 177 页。
② 杨衒之撰，范祥雍校注：《洛阳伽蓝记校注》卷一《城内·景林寺》，第 62 页。
③ 杨衒之撰，范祥雍校注：《洛阳伽蓝记校注》卷一《城内·永宁寺》，第 3 页。
④ 杨衒之撰，范祥雍校注：《洛阳伽蓝记校注》卷一《城内·永宁寺》，第 4 页。
⑤ 杨衒之撰，范祥雍校注：《洛阳伽蓝记校注》卷二《城东·正始寺》，第 99 页。
⑥ 杨衒之撰，范祥雍校注：《洛阳伽蓝记校注》卷一《城内·瑶光寺》，第 46 页。
⑦ 杨衒之撰，范祥雍校注：《洛阳伽蓝记校注》卷一《城内·瑶光寺》注引《毛诗·草木鸟兽虫鱼》疏，第 49 页。
⑧ 杨衒之撰，范祥雍校注：《洛阳伽蓝记校注》卷三《城南·龙华寺》，第 158 页。
⑨ 杨衒之撰，范祥雍校注：《洛阳伽蓝记校注》卷四《城西·白马寺》，第 196 页。
⑩ 杨衒之撰，范祥雍校注：《洛阳伽蓝记校注》卷四《城西·河间寺》，第 207 页。

柰"[1]；"白马甜榴，一实值牛"[2]。甚至一些南方果树也移植到洛阳寺院园林之中。如昭仪尼寺"堂前有酒树面木"[3]。《南史·海南诸国传》称：顿逊国"又有酒树，似安石榴，采其花汁，停瓮中，数日成酒"[4]。可见酒树即为南方的树木。

在当时洛阳的寺院园林中，还种植了大量的花草，可谓"花林芳草，遍满阶庭"[5]。其中较为常见的有兰、菊等。如大觉寺"春风动树，则兰开紫叶，秋霜降草，则菊吐黄花"[6]。在寺院园林中，还多有芳草的种植。芳草又称香草，是多种芬芳植物的统称。除香草外，还有白芷、杜若等。史载，景明寺"竹松兰芷，垂列阶墀"[7]；景林寺"芳杜匝阶"[8]。由于洛阳寺院园林中多有水池河渠，所以也种植很多的水生花草。如景明寺"寺有三池，萑蒲菱藕，水物生焉"[9]；宝光寺"园中有一海，号'咸池'。蒹葭被岸，菱荷覆水"[10]；河间寺"朱荷出池，绿萍浮水"[11]。在瑶光寺中还有种植"鸡头草"的记载。所谓"鸡头草"，即是芡，属于睡莲科水生植物。显然，在寺院园林中，陆地花草与水生花草的栽培是交错在一起的，因而，不仅使寺院中充满了芬芳，也使寺院的景色更加雅致和美观。

综上可见，北魏洛阳寺院园林的营建，无论是在规模上，还是在建造技艺上，都已经达到很高的水准。不过，由于受当时奢靡风气的影响，大多数寺院园林的营建都追求华美、奢侈，因而，在寺院园林的建筑、山水、植物等景观上，都呈现了一种虚化的外在美。这与早期佛教寺院的朴实无华的建

---

[1] 杨衒之撰，范祥雍校注：《洛阳伽蓝记校注》卷三《城南·报德寺》，第146页。
[2] 杨衒之撰，范祥雍校注：《洛阳伽蓝记校注》卷四《城西·白马寺》，第196页。
[3] 杨衒之撰，范祥雍校注：《洛阳伽蓝记校注》卷一《城内·昭仪尼寺》，第54页。
[4] 李延寿：《南史》卷七八《海南诸国·顿逊国传》，中华书局，1975年，第1952页。
[5] 杨衒之撰，范祥雍校注：《洛阳伽蓝记校注》卷二《城东·秦太上君寺》，第95页。
[6] 杨衒之撰，范祥雍校注：《洛阳伽蓝记校注》卷四《城西·大觉寺》，第234页。
[7] 杨衒之撰，范祥雍校注：《洛阳伽蓝记校注》卷三《城南·景明寺》，第132页。
[8] 杨衒之撰，范祥雍校注：《洛阳伽蓝记校注》卷一《城内·景林寺》，第62页。
[9] 杨衒之撰，范祥雍校注：《洛阳伽蓝记校注》卷三《城南·景明寺》，第132页。
[10] 杨衒之撰，范祥雍校注：《洛阳伽蓝记校注》卷四《城西·宝光寺》，第199页。
[11] 杨衒之撰，范祥雍校注：《洛阳伽蓝记校注》卷四《城西·河间寺》，第209页。

造风格是完全相悖的。由于在寺院园林营建上的穷极精丽，也就造成了社会资源的极大浪费，因而也就成为北魏国力的衰竭的重要因素。宋人李格非说："园圃之废兴，洛阳盛衰之候也，且天下之治乱，候于洛阳之盛衰而知，洛阳之盛衰，候于园圃之废兴而得。"[1] 李氏所言，是颇耐人寻味的。

四、结　语

北魏洛阳的寺院园林的大量出现，并在洛阳城中广泛分布，成为当时佛教文化的一大特色。这一特色的出现是具有深刻的社会原因的。从北魏国家占据的北方地区来看，由于西晋末年少数民族入主中原，就使处于煎熬中的汉族民众纷纷皈依佛教，期盼受到佛法的普度。在汉族崇奉佛教的影响下，使北方少数民族统治者也信奉佛教，倡导佛教。北魏道武帝建国后，也效法十六国少数民族统治者的做法，大力推广佛教。除了太武帝一度灭佛之外，崇信佛教成为北魏国家的国策。正因为如此，在北魏社会中，无论社会上层，还是社会下层，崇奉佛教的人数众多。由于大量的民众对佛教的虔诚信仰，因而，也就使在北魏境内修建佛寺的风气特别兴盛。这种风气的兴盛，正是寺院园林修建可以在北魏发展的基础。而北魏首都洛阳，是一个积淀着浓厚佛教文化的城市。实际洛阳不仅接受佛教文化很早，并且，也是佛教文化传播的中心。由于洛阳在吸纳佛教文化所处的特殊位置，因而，在北魏时期，也就为寺院园林在这里大量涌现带来了非常有利的条件。当然，佛教园林在洛阳的大量出现，还与北魏不同阶层的人士对佛教的狂热的尊奉具有直接的关系。实际上，为了表现他们对佛教的虔诚信仰，甚至不惜采取"舍宅为寺"的做法。这种做法的出现，明显扩大了洛阳寺院园林的来源。

北魏洛阳寺院园林的营建规模和特点，是与修建者的身份和地位联系在一起的。虽然在北魏社会中信奉佛教的群体是广大的，但是，这个群体的身份地位是有等级划分的。这种等级划分直接影响到寺院园林的营建。从皇帝、后妃、贵族、官僚所建的寺院园林来看，其规模是宏大的。特别是，作为最高统治者皇帝营建寺院园林的规模，是其他阶层无法相比的。一般平民

---

[1] 李格非：《书〈洛阳名园记〉后》，文学古籍刊行社，1955年，第13页。

修建的寺院园林不仅规模很小，甚至有的就没有园林的建设。因此，洛阳寺院园林的营建，实际也是不同社会阶层的身份地位的表现。由于北魏与西域在文化上的广泛联系，在洛阳也出现西域胡人营建的寺庙园林。这种寺庙园林具有的鲜明的民族特色，因而，受到当时佛教信徒的青睐。

北魏洛阳寺院园林景观的营建特色，主要表现在建筑物的修建、假山和水池的营造以及园林内外植物的栽培上。在建筑物的修建上，主要以浮图，也就佛塔的营造作为等级的标志。在假山和水池的建造上，则尽力追求秀美与清澈。在植物的栽培上，则要保证栽培植物的多样化，进而使寺院园林的景观更为雅致和精美。北魏洛阳寺庙园林的景观所表现出的这种状况，虽然展示很高的建造水平，然而，却是当时社会中兴盛的奢靡风气直接影响的结果，因而，带来的只能是大量的社会财富的浪费。所以这种寺院园林景观的营造，实际并没有更多的积极社会意义，反而是加速北魏国家走向衰败的重要因素。

（原载《史学集刊》2014 年第 5 期，与赵延旭合写）

北魏迎气祭祀礼试探

道武帝天兴元年（398年），北魏国家开始实行迎气祭祀礼，并使这一祭祀礼在国家祭典中处于比较重要的地位。而且，北魏国家实行的迎气祭祀礼，与国家的施政方略也有密切关系。因此，考察迎气祭祀礼在北魏实行的情况，对认识当时中原系统祭典的影响以及祭祀活动与国家统治联系的特点都是必要的。可是，前人对北魏国家祭礼的考证，只注意到了郊祀礼的实行情况，[①] 却忽略了迎气祭祀礼。所以，本文拟对北魏迎气祭祀礼实行的相关问题做一些探讨，以期对北魏国家祭礼研究的深化有所裨益。

一、迎气祭祀礼的实行

北魏建立后，很重视国家祭典的制定。可是，北魏国家制定的祭典却是分为不同系统的。学者康乐认为，北魏国家的祭祀礼是由北亚系统及中原系统的祭典组成，并且，差不多就构成了国家祭典的全部。[②] 北魏的北亚系统的祭典，正是对拓跋鲜卑部族的祭祀礼俗的保留和改造。而中原系统的祭典，则是仿照晋代的祭祀礼仪制定的。这两个系统的祭典，都在北魏国家祭祀制度中占有重要的地位。而且，拓跋鲜卑统治者入主中原后，为了有效地统治占领的汉人居住的地区，他们也就更注意中原祭典的推行，进而象征他们统治具有正统性，因此，在逐渐完善国家各项制度的同时，也就不断地改善中原系统的祭典。北魏国家迎气祭祀礼，正是在这种社会背景下开始实行

---

① 康乐：《从西郊到南郊——国家祭典与北魏政治》，台北：稻禾出版社，1995年，第165-207页。

② 康乐：《从西郊到南郊——国家祭典与北魏政治》，第171页。

的。然而，北魏迎气祭祀礼并不是在拓跋鲜卑国家建立后开始实行的。而是随着国家制度的完善，迎气祭祀礼才为拓跋鲜卑统治者所注意。就拓跋珪建国历程而言，实际经历了从不完善的带有浓厚鲜卑部族特色的早期国家，向以中原汉族王朝的制度为模式，进而使各项制度都比较完善的国家演进的过程。

实际上，登国元年（386年），拓跋珪开始建立代国。这时的国家，只是在拓跋鲜卑部落联盟基础上建立的，因而，国家制度的主体，是对拓跋鲜卑部族规定的沿袭，所以，国家的礼仪带有浓厚拓跋鲜卑部族的特征。从祭祀礼的实行来看，在拓跋珪称代王时，便在牛川举行"郊天"祭祀。① 拓跋珪举行郊天祭祀，是要表明他建国的合法性。可是，拓跋珪实行郊天礼仪，应该在西郊进行。② 所以，这一礼仪是按拓跋鲜卑部族的仪式进行的，应该属于北亚系统的祭典体系。显然，在拓跋珪初建国家时，当时国家所实行的，只能是拓跋鲜卑的祭祀礼，也就是北亚系统的祭典。

皇始元年（396年），拓跋珪开始称帝，改国号为魏。实际在拓跋珪称帝的过程中，也使国家制度不断地完善。可以说，北魏国家对国家制度的完善，主要是对中原汉族国家所实行的各种规定的吸纳。正如《魏书·道武帝纪》所言，"（皇始元年）初建台省，置百官，封公、侯、将军、刺史、太守，尚书郎已下悉用文人。"这里提到的"文人"，正是进入北魏政权中的汉族士人。这些汉族士人，则是北魏国家能够仿照实行中原汉族王朝制度的保证。事实上，从皇始元年至天兴元年，在这三年中，北魏国家的面貌发生了很大的改变。《魏书·道武帝纪》：

（天兴元年）十有一月辛亥，诏尚书吏部郎中邓渊典官制，立爵品，定律吕，协音乐；仪曹郎中董谧撰郊庙、社稷、朝觐、飨宴之仪；三公郎中王德定律令，申科禁；太史令晁崇造浑仪，考天象；吏部尚书崔玄伯总而裁之。

---

① 魏收：《魏书》卷二《道武帝纪》，第20页。
② 康乐：《从西郊到南郊——国家祭典与北魏政治》，第167页。

很明显，道武帝拓跋珪任用汉族士人，按中原汉族王朝的规定，制定各项制度。其中重要的就是，使北魏开始按照晋代国家的模式确定国家礼仪。天兴二年（399年），道武帝"初祠上帝于南郊。以始祖神元皇帝配，降坛视燎，成礼而反"①。这种在南郊举行的郊祀礼与西郊的郊祀礼不同，应该是汉族中原王朝实行的礼仪，因此，属于中原王朝的祭典。这种中原王朝的祭典是一个祭祀体系，所以，也就包括诸多的不同祭礼。而在这些祭礼中，很重要的一项便是迎气祭祀。所以，在道武帝实行南郊郊祀礼的同时，也开始实行迎气祭祀礼。《魏书·道武帝纪》：

> （天兴元年）诏百司议定行次，尚书崔玄伯等奏从土德，服色尚黄，数用五，未祖辰腊，牺牲用白，五郊立气，宣赞时令，敬授民时，行夏之正。

这一记载中提到的"五郊立气"，便是指迎气祭祀礼。北魏国家实行迎气祭祀礼，固然是要仿照中原王朝的祭典实行汉族色彩的祭礼，以此作为统治中原汉人的象征。可是，促使道武帝实行迎气祭祀礼，还有其他的社会因素。从迎气祭祀礼的主要特征来看，是与农业社会的生产特点相适应的。正因如此，在中原社会很早便出现按时节举行的迎气活动，并使这种迎气活动与农耕有诸多关系。关于这一点，最早见之于《礼记·月令》。在《月令》规定的四季迎气仪式中，多有涉及农业活动的记载。例如，孟春之月，"天气下降，地气上腾，天地和同，草木萌动，王命布农事。命田舍东郊，皆修封疆，审端经术。善相丘陵，阪险，原隰，土地所宜，五谷所殖，以教道，民必躬亲之。田事既饬，先定准直，农乃不惑。""（孟夏之月）命司徒巡行县鄙，命农勉作，毋休于都。是月也，驱兽毋害五谷，毋大田猎，农乃登麦。""（孟秋之月）是月也，农乃登谷，天子尝新，先荐寝庙。命百官始收敛，完堤防，谨壅塞。""（孟冬之月）天子乃祈来年于天宗，大割祠于公社，及门闾。腊先祖五祀，劳农以休息之。"很显然，中原的迎气活动一个重要的目的，就是按时节规定相应的农耕活动。东汉开始实行的迎气祭祀礼，主要是

---

① 魏收：《魏书》卷二《道武帝纪》，第34页。

以《月令》的规定为基础制定的,因此,迎气祭祀的所涉及的一些内容,也就与农业生产有密切的联系。迎气祭祀礼的这种特点,应该说,是与原来拓跋鲜卑人以游牧为主要生产活动的状况是完全不适应的。因此,拓跋鲜卑统治者接受,并实行迎气祭祀礼,应该与占统治地位的拓跋鲜卑人的生产活动的变化有很大的关系。

应该说,在北魏国家制度完善的过程中,社会组织也发生很大的变化。《魏书·官氏志》:"登国初,太祖散诸部落,始同为编民。"《魏书·外戚上·贺讷传》:"离散诸部,分土定居,不听迁徙,其君长大人皆同编户。"这些记载说明,拓跋珪开始打破原来的拓跋鲜卑人的部落组织,使他们成为国家的编户民。而且,在拓跋鲜卑人基层社会组织变化的同时,他们原来的生产活动也在改变。《魏书·食货志》:"既定中山,分徙吏民及徒何种人、工伎巧十万余家以充京都,各给耕牛,计口授田。"说明北魏国家使一些拓跋鲜卑人开始从事农耕生产。特别是,天兴元年,道武帝"诏有司正封畿,制郊甸,端径术,标道里,平五权,较五量,定五度"①。所谓"正封畿",就是划定京畿。正如《魏书·食货志》说:"天兴初,制定京邑,东至代郡,西及善无,南极阴馆,北尽参合,为畿内之田;其外四方四维置八部帅以监之,劝课农耕,量校收入,以为殿最,又躬耕籍田率先百姓。自后比岁大熟,匹中八十余斛。"北魏国家这样做的目的,是将京畿内的编户民主要确定为拓跋鲜卑族人。而京畿外的编户民,则由八部帅监督的拓跋鲜卑人以及被征服的汉族人组成。但是,无论京畿内,还是京畿外,拓跋鲜卑人从事的,主要都是农业生产。正如陈连庆先生所言,对拓跋族人来讲,是由游牧向农耕,来了一个飞跃。② 由于拓跋鲜卑民族生产活动与汉族日渐趋向一致,因而,也就使他们需要适应农耕社会的祭祀活动。由此来看,拓跋鲜卑人在国家建立后,迅速实现由游牧向农耕生产的飞跃,正是北魏国家可以实行迎气祭祀礼的社会基础。

道武帝在完善国家统治机构之时,应该说受到中原汉族王朝施治的理念

---

① 魏收:《魏书》卷二《道武帝纪》,第33页。
② 陈连庆:《〈晋书·食货志〉校注 〈魏书·食货志〉校注》,东北师范大学出版社,1999年,第234页。

的很大影响。中原汉族王朝的统治者,很重视按时节确定实行不同的工作。因此,在《月令》中,特别强调,如果实行不顺应时节的施政措施,就将危害国家的统治。诸如,"孟春行夏令,则雨水不时,草木蚤落,国时有恐。行秋令,则其民大疫,猋风暴雨总至,藜莠蓬蒿并兴。行冬令,则水潦为败,雪霜大挚,首种不入。""孟夏行秋令,则苦雨数来,五谷不滋,四鄙入保。行冬令,则草木蚤枯,后乃大水,败其城郭。行春令,则蝗虫为灾,暴风来格,秀草不实。""孟秋行冬令,则阴气大胜,介虫败谷,戎兵乃来。行春令,则其国乃旱,阳气复还,五谷无实。行夏令,则国多火灾,寒热不节,民多疟疾。""孟冬行春令,则冻闭不密,地气上泄,民多流亡。行夏令,则国多暴风,方冬不寒,蛰虫复出。行秋令,则雪霜不时,小兵时起,土地侵削。"虽然《月令》成书于战国,但是,却是周代国家施治方略的总结。并且,这种施政方略对后世国家统治者产生重大的影响。因此,东汉人蔡邕《月令篇名》称:"因天时,制人事,天子发号施令,祀神受职,每月异礼,故谓之《月令》。所以顺阴阳,奉四时,郊气物,行王政也。"也就是说,顺应时节规定施政的措施,成为中原王朝统治者必须要遵守的原则。顾颉刚先生认为,东汉前期,国家制定的各项礼仪实行后,"顺时令"一义遂成为帝王施政的总纲。① 尤其是,东汉国家将这种迎气活动,改造为国家的礼仪。也就更表明对"顺时令"治国的重视。北魏国家实行迎气祭祀,并将这种祭祀与"宣赞时令,敬授民时"② 结合在一起。这表明,北魏国家统治者要吸纳汉族的施政方式,也要仿效中原汉族王朝"顺时令"治国的方略。因此,北魏国家实行迎气祭祀,正是要将按时节布政的做法,通过祭礼加以宣示。因此,可以说,北魏国家吸收中原汉族王朝顺时气的施政方略,也就直接促使迎气祭祀礼的实行。

不过,道武帝开始实行的迎气祭祀礼,实际有一个逐渐完善的过程。因此,为了更好地实行这一祭礼,明元帝又进一步对迎气祭祀礼仪采取改进的措施。《魏书·礼志一》:

---

① 顾颉刚:《秦汉的方士与儒生》,上海人民出版社,1956年,第118页。
② 魏收:《魏书》卷二《道武帝纪》,第34页。

泰常三年，为五精帝兆于四郊，远近依五行数。各为方坛四陛，埒壝三重，通四门。以太皞等及诸佐随配。侑祭黄帝，常以立秋前十八日。余四帝，各以四立之日。牲各用牛一，有司主之。

据此可见，明元帝对迎气祭祀的神祇、地点、时间、牺牲和主祭者都做了更明确的规定。明元帝实行的这些规定，当然是要表明国家对迎气祭祀礼实行的高度重视。然而，明元帝实行的这些做法，不过是仿照晋代国家的迎气祭祀礼对原来仪式进行的补充。

就晋代的迎气祭祀礼而言，实际在西晋就开始实行。《晋书·礼志上》："汉仪，太史每岁上其年历，先立春、立夏、大暑、立秋、立冬常读五时令，皇帝所服，各随五时之色。……及晋受命，亦有其制。"显然，晋代国家要在四季一时举行迎气祭祀，并且，要颁布五时令。晋代国家还将迎气祭祀置于重要地位。《晋书·舆服志》："祀天地、五郊、明堂，舞人服之。"《晋书·乐志上》载晋的祭祀乐有：《祠天地五郊夕牲歌》《祠天地五郊迎送神歌》《飨天地五郊歌》。这说明，"五郊"迎气祭祀与郊祀天地和明堂祭祀一样，都是国家重要的祭祀礼。其实，晋代迎气祭祀是承袭东汉的礼仪。正如《宋书·礼志三》："汉明帝据《月令》有五郊迎气服色之礼，因采元始中故事，兆五郊于洛阳，祭其帝与神，车服各顺方色。魏、晋依之。"可以说，北魏国家实行的迎气祭祀，不仅以晋制为模式，实际还承袭了迎气祭祀始创时的重要规定。这些情况说明，明元帝完善迎气祭祀礼，并没有掺入拓跋鲜卑部族的习俗，因此，它属于纯粹的中原系统的祭典。而且，北魏国家实行这一祭祀礼，并不只是一种形式，而是与国家的施政方略有密切联系的礼仪。

由于北魏实行的迎气祭祀礼是以吸纳晋代礼仪规定为基础而形成的，因而，也就需要根据国家统治的需要，不断地改进这一礼仪。尤其是，孝文帝改革后，积极推行汉化措施，因而，北魏国家依据传统的祭典修正迎气礼仪的措施也就成为重要的礼制活动。例如，宣武帝时，刘芳"以所置五郊及日月之位，去城里数于礼有违。"所以，北魏国家进一步明确迎气祭祀祭坛为，"汉不设王畿，则以其方数为郊处，故东郊八里，南郊七里，西郊九里，北郊六里，中郊在西南未地，五里"①。又如，胡太后执政，又请太学博士崔瓒

---

① 魏收：《魏书》卷五五《刘芳传》，第1224页。

等议定迎气祭祀服饰。崔瓒提出,"谨集门下及学官以上四十三人,寻考史传,量古校今,一同国子前议,帻随服变,冠冕弗改。又四门博士臣王僧奇、蒋雅哲二人,以为五时冠冕,宜从衣变。臣等谓从国子前议为允"[①]。很明显,孝文帝改革后,北魏国家统治者不断地实行改进迎气祭祀礼的举措,都是对这一祭祀礼仪重视的明确体现。

当然,还需要强调的是,孝文帝进行礼仪改革的一项重要的措施,便是将迎气祭祀礼在国家祭典中所处的地位更加明确化。《魏书·孝文帝纪下》:"(太和十六年)车驾初迎气南郊,自此为常。"可见,孝文帝在举行迎气祭祀活动时,开始实行皇帝亲祭的做法。这种做法改变了北魏前期举行迎气祭祀礼,是由"有司主之"的规定。这说明,孝文帝将迎气祭祀礼在国家祭典中的地位进一步提高。《魏书·孝文帝纪下》:"太后崩后,亦不以介意。听览政事,莫不从善如流。哀矜百姓,恒思所以济益。天地、五郊、宗庙二分之礼,常必躬亲,不以寒暑为倦。"这说明,孝文帝明确将"五郊"迎气祭祀礼置于与郊祀礼、宗庙祭祀礼等同的位置。孝文帝采取这种做法,是要表明国家要进一步实行"顺时令"的施政方略,因此,也就将迎气祭祀礼确定在国家重要的祭典的范围内。

总之,北魏国家实行的迎气祭祀礼属于中原系统的祭典。这种祭典在北魏国家制度完善化的过程中开始实行。北魏国家确立这种祭祀礼,是与北魏社会中的拓跋鲜卑人由游牧向农耕的转变,进而实现与汉族农耕生产活动一致化的状况相适应的。可以说,拓跋鲜卑人与汉人的生产活动日益趋同,正是迎气祭祀礼实行的社会条件。但是,更重要的是,拓跋鲜卑统治者要仿照晋制实行"顺时令"的统治方略,因此,实行迎气祭祀礼,则成为适应政治统治需要的象征。正因如此,北魏国家就使迎气祭祀礼成为国家重要的祭典之一。而且,为了更好地实行这一祭礼,北魏国家不断地完善这一礼仪。特别是,孝文帝改革后,不仅进一步完善迎气祭祀礼,并且,提高迎气祭祀的地位,将这一祭祀置于与郊祀与宗庙祭祀等同的地位。因此,北魏迎气祭祀也就成为与国家施政措施有密切联系的重要祭祀礼。

---

① 魏收:《魏书》卷一〇八之四《礼志四》,第2818页。

二、迎气祭祀礼的神祇与祭坛的设置

在北魏国家实行的迎气祭祀礼仪中，重要的是神祇的规定和祭坛的设置。因为神祇和祭坛的设置，直接影响迎气祭祀的特点。就迎气祭祀的神祇而言，在北魏国家确定迎气祭祀时，就已经明确了。前引《魏书·礼志一》："泰常三年，为五精帝兆于四郊，远近依五行数。"这就是说，北魏国家迎气祭祀的神祇称为"五精帝"。北魏国家将"五精帝"作为迎气祭祀的神祇，是从晋代承袭来的。因为在中原系统的祭典中出现"五精帝"，最早见于西晋。《晋书·礼志一》："明堂南郊，宜除五帝之坐，五郊改五精之号，皆同称昊天上帝，各设一坐而已。"《通典·礼四》："（泰始）十年十月，诏复明堂五帝位。时以五精帝佐天育物，前代相因，莫之或废。"这说明，西晋时，五帝也可以称为"五精帝"。《宋书·礼志三》："曹郎朱膺之议：'案先儒论郊，其议不一。《周礼》有冬至日圆丘之祭。《月令》孟春有祈谷于上帝。郑氏说，圆丘祀昊天上帝，以帝喾配，所谓禘也。祈谷祀五精之帝，以后稷配，所谓郊也。二祭异时，其神不同。'"显然，将五帝又称为"五精帝"是出自郑玄说。郑玄对五帝的这种看法，在南朝和北朝影响很大，因而，当时出现以"五精帝"代称五帝的风气。例如，南齐"祠部郎何佟之议曰：'……雩帝，谓为坛南郊之旁，祭五精之帝，配以先帝也。'"[1] 又如，北魏公孙稚、祖莹上表引《孝经》言："'严父莫大于配天。'宗祀文王于明堂，以配上帝，即五精之帝也。"[2] 由此可见，在当时流行的"五精帝"，不过是五帝的变换说法。可以说，北魏迎气祭祀的"五精帝"，实际也就是五帝。因此，要说明北魏"五精帝"在迎气祭祀时的神性特征，就需要对五帝出现及与迎气祭祀的关系做一些阐释。

应该说，五帝神祇的出现时间较早。在《周礼》中，已经将五帝作为重要的祭祀神祇。《周礼·春官·小宗伯》："兆五帝於四郊。"《周礼·秋官·大司寇》："若禋祀五帝，则戒之日。"但是，《周礼》中的五帝并不是在西周，而是在战国时期出现的。五帝神的出现，实际是战国时期阴阳五行和术

---

[1] 萧子显：《南齐书》卷九《礼志上》，中华书局，1972年，第127页。
[2] 魏收：《魏书》卷一〇九《乐志》，第2840页。

数观念的盛行所影响的结果。不过，《周礼》只是将五帝作为祭祀对象，并没有与时令结合起来。只是在《礼记·月令》中，才使五帝与迎气活动联系在一起。《礼记·月令》："孟春之月。……其帝大皞。其神句芒。……立春之日，天子亲帅三公、九卿、诸侯、大夫，以迎春於东郊。""孟夏之月。……其帝炎帝，其神祝融。……天子亲帅三公、九卿、大夫，以迎夏於南郊。""中央土。其日戊己，其帝黄帝，其神后土。……天子居大庙大室，乘大路，驾黄马，载黄旂，衣黄衣，服黄玉，食稷与牛。""孟秋之月。……其帝少皞，其神蓐收。……天子亲帅三公、九卿、诸侯、大夫，以迎秋於西郊。""孟冬之月。……其帝颛顼，其神玄冥。……天子亲帅三公、九卿、大夫，以迎冬於北郊。"在《月令》中提到与迎气活动结合的大皞、炎帝、黄帝、少皞、颛顼，就是五帝。这些神祇与战国盛行的阴阳五行说联系在一起，也被称为青帝、赤帝、黄帝、白帝、黑帝。在《月令》中，将五帝与辅佐的人神组合在一起，因而，成为一种特殊的神祇组合。在这种组合中，五帝是主神，而人神只是辅助神。由于在《月令》中，将五帝与迎气活动相结合，所以，它们也就具有了季节受职神和五方方位神的特征。换言之，因为当时人赋予五帝神具有季节和方位神的多重神性，因此，也就决定了迎气活动的特点。不过，《月令》中的迎气只是与五帝神结合的活动，并不是对五帝的祭祀。因此，《月令》只是提供了迎气祭祀的神祇理念的依据。

实际上，将迎气活动改造为迎气祭祀礼仪，是从东汉开始的。《后汉书》卷二《明帝纪》："（永平二年）始迎气于五郊。"《续汉书·祭祀志中》："迎时气，五郊之兆。自永平中，以《礼谶》及《月令》有五郊迎气服色，因采元始中故事，兆五郊于洛阳四方。"就是说，汉明帝制定和实行五郊迎气祭祀礼，才将祭祀五帝与迎时气、颁月令的活动联系在一起，因而，五帝也就成为举行迎气仪式必须供奉的神祇。《续汉书·祭祀志中》说："立春之日，迎春于东郊，祭青帝句芒。……立夏之日，迎夏于南郊，祭赤帝祝融。……先立秋十八日，迎黄灵于中兆，祭黄帝后土。……立秋之日，迎秋于西郊，祭白帝蓐收。……立冬之日，迎冬于北郊，祭黑帝玄冥。"很显然，东汉迎气祭祀是在立春、立夏、立秋、立冬四季分别祭祀青帝、赤帝、白帝、黑帝，并在先立秋十八日，祭祀黄帝。东汉国家实行的这种祭祀五帝的方式，不仅被魏、晋承袭，也成为北魏迎气祭祀仿照的模式。由此来看，应该说，北魏国家将"五精帝"作为迎气祭祀的神祇，正是继承了东汉实行的五郊迎气祭祀礼的做法。

从东汉开始实行迎气祭祀礼，并将五帝作为供奉的神祇，所祭祀的五帝神性的特征就表现出多元性。《续汉书·祭祀志上》："（建武）二年正月，初制郊兆于雒阳城南七里，依鄗。采元始中故事。为圆坛八陛，中又为重坛，天地位其上，皆南乡，西上。其外坛上为五帝位。青帝位在甲寅之地，赤帝位在丙巳之地，黄帝位在丁未之地，白帝位在庚申之地，黑帝位在壬亥之地。"可见，东汉国家将所设郊祀祭坛分为重坛和外坛。五帝被设在外坛，显然是被作为郊祀的从属神。可是，五帝又分别被设在甲寅、丙巳、丁未、庚申、壬亥之地。实际甲寅之地代表东方、丙巳之地代表南方、庚申之地代表西方、壬亥之地代表北方、丁未为未地，因此，五帝既被视为上帝的从属神，也被看作象征方向的方位神。《后汉书·蔡邕传》："天子以四立及季夏之节，迎五帝于郊。"李贤注："四立谓立春、立夏、立秋、立冬。各以其日，天子亲迎气于其方，并祭其方之帝。季夏之末，祭中央帝也。"说明东汉迎气祭祀五帝神，也是季节受职神。由此可见，东汉五帝的神性表现出，天帝的从属神、方位神和季节受职神的特征。

北魏迎气祭祀的"五精帝"的神性，实际是与东汉是基本相同的。也就是说，北魏国家沿袭了传统迎气祭祀礼对神祇的设置。因此，北魏的"五精帝"的神性也是多元的。《魏书·礼志一》：

（天兴）二年正月，帝亲祀上帝于南郊，以始祖神元皇帝配。为坛通四陛，为壝埒三重。天位在其上，南面，神元西面。五精帝在坛内，壝内四帝，各于其方，一帝在未。

很显然，在北魏国家设置的郊祀祭坛中，也设置了"五精帝"之位。这说明，北魏的"五精帝"也被视为天帝的从属神和方位神。并且，实行迎气祭祀时，"为五精帝兆于四郊，远近依五行数。各为方坛四陛，埒壝三重，通四门。以大皡等及诸佐随配。侑祭黄帝，常以立秋前十八日。余四帝，各以四立之日"[1]。

---

[1] 魏收：《魏书》卷一〇八之一《礼志一》，第2737页。

说明北魏国家同样也将"五精帝"作为季节受职神。由此可见，北魏国家使"五精帝"具有多元的神性与中原系统祭典的传统规定是没有差别的。由于北魏国家为迎气祭祀这样设置神祇，对迎气祭祀在国家祭典中的地位以及迎气祭坛的设置和迎气祭祀的时间的确定都产生重大的影响。可以说，与传统的中原王朝的迎气祭祀礼一样，五帝方位神的特征，决定设置祭坛的位置；五帝季节受职神的特征，决定迎气祭祀的日期和按时节决定所做的事务；而五帝作为上帝从属神的特征，也就使迎气祭祀礼的地位要低于国家郊祀礼。但是，由于北魏南郊祭祀将至上神天帝与五帝联系起来，所以，可以象征迎气祭祀礼与国家的施政有密切关联，实际是为国家政治服务的。应该说，这正是现实的政治关系在北魏国家所设的神祇系统中的明确反映。

从北魏迎气祭祀祭坛的设置来看，与北魏国家规定"五精帝"所具有的方位神性有很大的关系。因为传统的迎气祭祀礼规定祭坛设置，就分别设在东郊、南郊、中兆、西郊、北郊。① 因此，北魏国家确定迎气祭祀的祭坛，正是仿照传统的中原王朝的规定，使"五精帝兆于四郊。……各为方坛四陛，埒墙三重，通四门"②。当然，在四郊所设祭坛包括祭黄帝的中兆。而且，还沿袭传统中原迎气祭祀礼的规定，确定这些祭坛距离京城的位置。《魏书·礼志一》提到泰常二年，明元帝确定迎气祭祀的祭坛，"远近依五行数。"也就是说，要按五行之数确定祭坛距离京城的里数。所谓"五行之数"，来自《礼记·月令》。在《月令》中，不仅按阴阳五行观念规定季节受职神为五帝，并且，还将五帝与战国盛行的术数观念结合在一起。《月令》记载："孟春之月，……其帝大皞，其神句芒。……其数八。""孟夏之月，……其帝炎帝，其神祝融。……其数七。""仲夏之月。……其帝炎帝，其神祝融。……其数五。""孟秋之月。……其帝少皞，其神蓐收。……其数九。""孟冬之月。……其帝颛顼，其神玄冥。……其数六。"显然，五帝中的每一神都有相对应的数字。这些数字分别为八、七、五、九、六。由于这些数字来自当时与阴阳五行观相适应的术数理念，并且，还与五帝神对应，所以，也就称为"五行之数"。既然明元帝要以"五行之数"确定迎气祭祀

---

① 司马彪：《续汉书·祭祀志中》，第 3181—3182 页。
② 魏收：《魏书》卷一〇八之一《礼志一》，第 2737 页。

祭坛的位置，因此，可以明确，这些四郊祭坛与京城的距离分别为八、七、五、九、六里。《续汉书·祭祀志中》刘昭注引《月令章句》："东郊去邑八里，因木数也。""南郊七里，因火数也。""去邑五里，因土数也。""西郊九里，因金数也。""北郊六里，因水数也。"这是东汉实行迎气祭祀礼时对祭坛位置的规定。这说明，明元帝设置迎气祭祀祭坛位置，显然是比照了中原传统的迎气祭祀礼的规定。

北魏迁都洛阳后，依然为迎气祭祀设置祭坛。《隋书·礼仪志二》："后齐五郊迎气，为坛各于四郊，又为黄坛于未地。所祀天帝及配帝五官之神同梁。"北齐迎气祭祀祭坛的设置，应该是承袭孝文帝礼仪改革后规定的制度。不过，在祭坛位置具体设置过程中，还要依据传统礼制规定实行一些修正。《魏书·刘芳传》："（刘芳）以所置五郊及日月之位，去城里数于礼有违，又灵星、周公之祀，不应隶太常，乃上疏"。说明北魏迁都洛阳后，一度出现迎气祭祀的祭坛设置违背礼制规定的情况。因此，宣武帝时，侍中刘芳明确提出："汉不设王畿，则以其方数为郊处，故东郊八里，南郊七里，西郊九里，北郊六里，中郊在西南未地，五里。"[①] 据此可见，北魏政权中的汉族士人对北魏迎气祭祀祭坛设置是非常关注的。这说明，在孝文帝礼仪改革后，国家就更注意按中原礼制进一步规范北魏国家迎气祭祀礼中祭坛的设置。

由上述可见，北魏国家实行迎气祭祀礼，对于神祇和祭坛的设置是很重视的。应该说，北魏迎气祭祀礼的神祇和祭坛，都是按照中原祭典的传统规定设置的。更明确地说，北魏国家设置迎气祭祀礼的神祇和祭坛，所遵循的正是东汉明帝开始制定的迎气祭祀礼的规定。因此，可以说，在迎气祭祀礼的神祇和祭坛的设置上，并没有受到拓跋鲜卑祭祀礼俗的影响。由于神祇和祭坛都严格按照中原传统的祭祀礼仪实行，所以，实行迎气祭祀礼，就成为拓跋鲜卑统治者积极吸收汉族王朝礼仪的明显体现。

三、迎气祭祀礼的主要礼仪规定

北魏国家的迎气祭祀礼，在仪式的规定上，是比较完备的。可以说，北

[①] 魏收：《魏书》卷五五《刘芳传》，第1224页。

魏国家对这一祭祀举行的时间、祭祀献祭、祭祀乐舞、祭祀服饰和祭祀用牲都有明确的规定。

从北魏迎气祭祀举行的时间来看，应该说有固定的规定。《魏书·礼志一》："（泰常二年）侑祭黄帝，常以立秋前十八日。余四帝，各以四立之日。"这题提到的"四立"，就是立春、立夏、立秋、立冬之日。立秋前十八日，则是祭祀黄帝的时间。北魏国家对迎气祭祀举行的时间规定，并不是当时国家的创造，而承袭了传统的中原迎气祭祀礼的规定。但中原迎气祭祀礼在举行时间的规定，则依据的是《月令》。东汉国家依据《月令》，确定迎气祭祀，"立春之日，迎春于东郊。""立夏之日，迎夏于南郊。""先立秋十八日，迎黄灵于中兆。""立秋之日，迎秋于西郊。""立冬之日，迎冬于北郊。"[①] 因此，北魏国家迎气祭祀五帝的时间，是与东汉实行的时间是完全相同。因此，可以明确，《月令》确定的迎气活动的时间理念，也为北魏迎气祭祀礼所沿袭。

北魏迎气祭祀礼的献祭仪式，是这一祭祀活动实现的重要环节。参加献祭活动的有主祭者和助祭者。可是，在孝文帝改革前、后，北魏国家对参与迎气祭祀的主祭者的规定是不同的。在孝文帝改革前，迎气祭祀的主祭者是主管的官员。正如《魏书·礼志四》载道武帝天兴二年规定所言，"二至郊天地，四节祠五帝，或公卿行事。"然而，孝文帝礼仪改革后，却改变了迎气祭祀的主祭情况。《魏书·孝文帝纪下》："（太和十六年）车驾初迎气南郊，自此为常。"也就是说，迎气祭祀开始由皇帝主祭。这种做法一直延续至北齐。因此《隋书·礼仪志二》称："后齐五郊迎气，……其仪与南郊同。帝及后各以夕牲日之旦，太尉陈币，告请其庙，以就配焉。其从祀之官，位皆南陛之东，西向。"北魏国家对主祭者做这样的变动，一方面通过皇帝主祭来体现对这项祭祀的重视。但更重要的是，要以皇帝为中心来展开祭祀礼仪活动。《隋书·礼仪志二》载迎气祭祀仪式："坛上设馔毕，太宰丞设馔于其座。亚献毕，太常少卿乃于其所献。事毕，皆撤。"在这一记载中提到迎气祭祀中有"亚献"。这说明，北齐迎气祭祀礼的献祭，应该有三献的仪式。当然，北齐国家的这种规定，应该是承袭北魏后期的做法。因此，可以明

---

① 司马彪：《续汉书·祭祀志中》，第3181-3182页。

确，孝文帝礼仪改革后，迎气祭祀仪式的展开，必须要由皇帝进行首献。正因如此，北魏后期的迎气祭祀礼的献祭仪式，应该是很隆重的。然而，北魏迎气祭祀礼的献祭仪式，并不是由北魏统治者创建，而是沿袭和仿照了传统迎气祭祀礼的献祭方式。

在北魏国家迎气祭祀仪式中，乐舞也是不能缺少的活动。就中原迎气祭祀的乐舞活动而言，是占有很重要的地位的。正如《礼记·祭统》称："夫祭有三重焉。献之属莫重于祼，声莫重于升歌，舞莫重于武宿夜，此周道也。"而祭祀中的乐舞，是沿袭原始宗教的重要仪式，实际是要达到降神的目的。《周礼·春官·大司乐》："云门之舞，冬日至，於地上之圜丘奏之，若乐六变，则天神皆降，可得而礼矣。"表述的正是祭祀乐舞所起到的作用。对迎气祭祀活动来说，也是如此。实际上，迎气祭祀礼是在改造原始的迎气活动的基础上编制而成的，所以，也就不能缺少以乐舞降神的仪式。在最早实行的东汉迎气祭祀礼中，对祭五帝所采用的乐舞的规定是很明确的。《后汉书·明帝纪》李贤注引《续汉书》："迎气五郊之兆。四方之兆，各依其位。中央之兆在未，坛皆二尺。立春之日，迎春于东郊，祭青帝句芒，……歌《青阳》，八佾舞《云翘》之舞。立夏之日，迎夏于南郊，祭赤帝祝融，……歌《朱明》，八佾舞《云翘》之舞。先立秋十八日，迎黄灵于中兆，祭黄帝后土，……歌《朱明》，八佾舞《云翘》《育命》之舞。立秋之日，迎秋于西郊，祭白帝蓐收，……歌《白藏》，八佾舞《育命》之舞。立冬之日，迎冬于北郊，祭黑帝玄冥，……歌《玄冥》，八佾舞《育命》之舞。"这说明，东汉的迎气祭祀礼为不同时节的祭祀以及供奉的五帝，都制定了相应的乐舞。东汉国家的这种做法，对后世迎气祭祀乐舞的规定影响重大。《魏书·乐志》载永熙二年长孙稚、祖莹上表提道："今后宫飨会及五郊之祭，皆用两悬之乐，详揽先诰，大为纰缪。"这说明，北魏国家实行的迎气祭祀与乐舞的结合是很密切的。《魏书·礼志四》："太祖天兴二年，……二至郊天地，四节祠五帝，或公卿行事，唯四月郊天，帝常亲行，乐加钟悬，以为迎送之节焉。"这就是说，北魏国家将迎气祭祀与郊祀一样，都规定为国家的重要祭祀，因而，迎气祭祀与郊祀所用乐舞应该是相同的。因为北魏迎气祭祀礼，主要是仿照晋制制定的，而在晋制中，郊祀乐舞与迎气祭祀乐舞是不分的。如西晋编定有《祠天地五郊夕牲歌》《祠天地五郊迎送神歌》《飨天地五郊歌》。① 对北魏郊祀乐舞而言,《魏书·乐志》:"太祖初,冬至祭天于南郊圆丘,乐用《皇矣》,奏《云和》之舞,事讫,奏《维皇》,将燎;夏至祭地祇于北郊方泽,乐用《天祚》,奏《大武》之舞。正月上日,飨群臣,宣布政教,备列宫悬正乐,兼奏燕、赵、秦、吴之音,五方殊俗之曲,四时飨会亦用焉。"道武帝南郊祭天所用的《皇矣》《天祚》乐,应该取自晋代郊祀的《天地郊明堂夕牲歌》《飨天地五郊歌》。《大武》则是取自曹魏所改的《五行》舞。②《维皇》乐,不见前代所使用,应该是北魏国家编定的。至于《云和》舞,也不见于前代使用,也应该为北魏国家编定的。但这种舞却与早期祭祀舞有关。《周礼·春官·大司乐》:"圜钟为宫,黄钟为角,大蔟为徵,姑洗为羽。雷鼓雷鼗,孤竹之管,云和之琴瑟,云门之舞。"《太平御览》五二七引傅玄《正都赋》:"尔乃太簇为征,圆锺为宫,吹孤竹而拊云和,修轩辕之遗风。"因此,能够判断,《云和》舞应该是由琴瑟伴奏的古老的云门之舞。尤其值得注意的是,在北魏郊祀所用乐中,还有"燕、赵、秦、吴之音,五方殊俗之曲"③。北魏国家郊祀所用乐舞,应该在迎气祭祀中也使用。由此可见,北魏国家开始实行迎气祭祀礼时,所使用的乐舞,重新编定的要多于承袭的。而且,承袭的只是魏、晋的乐舞。因为从东汉迎气祭祀所用乐舞来看,所用歌有《青阳》《朱明》《西皓》《玄冥》;所用舞则有《云翘》《育命》舞。④ 显然,东汉国家实行迎气祭祀礼所用乐舞,都没有为北魏所采用。孝文帝礼仪改革后,对迎气祭祀所用乐舞也有改进。《魏书·乐志》:"初,高祖讨淮、汉,世宗定寿春,收其声伎。江左所传中原旧曲,《明君》《圣主》《公莫》《白鸠》之属,及江南吴歌、荆楚四声,总谓《清商》。至于殿庭飨宴,兼奏之。其圆丘、方泽、上辛、地祇、五郊、四时拜庙、三元、冬至、社稷、马射、籍田、乐人之数,各有差等焉。"很明显,北魏后期迎气祭祀乐舞中,又增加南朝所传中原旧曲。北魏国家在迎气祭祀礼中,不采用东汉迎气祭祀礼所用乐舞,而是根据需要,使用自制乐舞和当时流行乐歌,是具有政治统治意图的。可以说,北魏国家正是要通过迎气祭

---

① 房玄龄等:《晋书》卷二二《乐志上》,第680页。
② 沈约:《宋书》卷一九《乐志一》,第534页。
③ 魏收:《魏书》卷一〇八之四《礼志四》,第2828页。
④ 司马彪:《续汉书·祭祀志中》,第3128页。

祀礼的乐舞，表现实行迎气祭祀礼是体现国家统治的正统性和施政的特色，进而也就表现出拓跋鲜卑人统治中原地区也具有明显的合理性。

北魏迎气祭祀礼，是要在四季一时向五帝神献祭，因此，国家对参加祭祀者的祭服也有特殊的规定。可以说，北魏国家对参加迎气祭祀者祭服的要求，是根据五帝神所具有的特征决定的。如前所述，迎气祭祀的五帝是在阴阳五行观念影响下产生的神祇，因此，五帝也就分别被称为青帝、赤帝、黄帝、白帝、黑帝，以此表现它们为方位神和季节神的特征。因此，在东汉国家实行的迎气祭祀礼中，青帝、赤帝、黄帝、白帝、黑帝是作为季节受职神分别祭祀的。北魏承袭东汉迎气祭祀礼，自然也要在规定的时节分别祭祀五帝。然而，由于迎气祭祀礼是从原始的迎气活动演变而来的，所以，祭祀者的祭服也就有诸多的象征性。《魏书·礼志四》载侍中、仪同三司崔光提道："五郊衣帻，各如方色。"所谓"方色"，正是指五帝神的不同颜色。也就是说，由于五帝神是方位神和季节神，所以，依据五行观，五帝分别被规定为青、赤、黄、白、黑五色。而北魏国家要求参加迎气祭祀者，正是按五帝的不同颜色，穿着的不同的祭服。北魏国家对迎气祭祀服饰的这种规定，也是从传统的中原迎气祭礼承袭而来的。

实际上，从东汉国家开始实行迎气祭祀礼，就对车服有明确的要求。《续汉书·祭祀志中》："立春之日，迎春于东郊，祭青帝句芒。车旗服饰皆青。""立夏之日，迎夏于南郊，祭赤帝祝融。车旗服饰皆赤。""先立秋十八日，迎黄灵于中兆，祭黄帝后土。车旗服饰皆黄。""立秋之日，迎秋于西郊，祭白帝蓐收。车旗服饰皆白。""立冬之日，迎冬于北郊，祭黑帝玄冥。车旗服饰皆黑。"东汉国家对参加迎气祭祀者服饰的颜色的规定，对后世的影响是重大的。《太平御览》卷二〇引《晋书·礼志》："太史每岁上其年历，先立春，读五时令，服名随方色。"说明晋代的规定，与东汉实行迎气祭祀的情况是大体相同的。可以说，北魏国家对参加迎气祭祀服饰的规定，正是沿袭了汉、晋的做法。正如北魏侍中崔光所言："自汉逮于魏晋，迎气五郊，用帻从服，改色随气。斯制因循，相承不革，冠仍旧，未闻有变。"[1] 不过，需要提及的是，当时国家对参加迎气祭祀者服饰的要求，并不是全部人员。

---

[1] 魏收：《魏书》卷一〇八之四《礼志四》，第2817页。

《晋书·舆服志》："汉制，一岁五郊，天子与执事者所服各如方色，百官不执事者服常服绛衣以从。"这就是说，东汉国家对迎气祭祀参加者的服饰规定，只是对执行礼仪者的要求，并不是全部参加祭祀者。因此，可以确定，北魏国家对迎气祭祀参加者的服饰要求，也应该如此。

北魏国家对迎气祭祀的用牲规定也是明确的。明元帝完善迎气祭祀礼时，便确定，"侑祭黄帝，常以立秋前十八日。余四帝，各以四立之日。牲各用牛一。"但是，"立春之日，遣有司迎春于东郊，祭用酒、脯、枣、栗，无牲币"①。北魏迎气祭祀的用牲规定，应该是承袭中原传统的迎气祭祀礼的做法。《续汉书·礼仪志上》："明堂、五郊、宗庙、太社稷、六宗夕牲，皆以昼漏十四刻初纳，夜漏未尽七刻初纳，进熟献，送神，还，有司告事毕。"说明在东汉的迎气祭祀礼中，有"夕牲"的规定。西晋迎气祭祀也有《祠天地五郊夕牲歌》。汉、晋迎气祭祀礼中的"夕牲"也称"展牲"，正如唐人颜师古说："未祭一日，其夕展视牲具，谓之夕牲。"②也就是对祭祀用牲的检视。这说明，汉、晋迎气祭祀，除特别规定，都是需要用牲的。因此，北魏迎气祭祀礼的用牲规定正是在汉、晋制度影响下制定的。不过，北魏国家对迎气祭祀的用牲规定也有改进。秘书令李彪提到北魏迎气祭祀用牲，"至于五帝，各象其方色，亦有其义"③。说明北魏后期迎气祭祀用牲皮色，要依据五帝的颜色来决定。北魏后期的这种做法一直延续到北齐。《隋书·礼仪志二》："后齐五郊迎气，……其玉帛牲各以其方色。"由此可见，北魏后期迎气祭祀开始注意所用牺牲皮色的象征意义。这应该是北魏国家对迎气祭祀礼用牲规定的重要改进措施。

综上所述，应该说，北魏迎气祭祀的仪式是很完备的。北魏国家为迎气祭祀规定了举行祭祀的时间、献祭的仪式、祭祀的乐舞、祭祀的祭服和所用牺牲。这些祭祀仪式规定，大部分都是承袭传统中原迎气祭祀礼的规定。但是，为了使迎气祭祀礼更好地与国家政治统治相适应，也对一些仪式做了改变。这主要表现在祭祀乐舞的规定上。可以说，北魏迎气祭祀的乐舞与东汉

---

① 魏收：《魏书》卷一〇八之一《礼志一》，第2737页。
② 班固：《汉书》卷七四《丙吉传》颜师古注，中华书局，1962年，第3148页。
③ 魏收：《魏书》卷一〇八之一《礼志一》，第2752页。

完全不同，并且，吸收晋代的乐舞也是少量的。实际上，大部分乐舞都是北魏国家自行编制的。北魏国家对迎气祭祀礼所用乐舞实行这种做法，正是要通过这一祭祀的乐舞表现出国家的统治的特色。尽管北魏迎气祭祀的仪式有一些变动，但是，从主体上看，依然是对中原传统迎气祭祀仪式的继承，并没有受到拓跋鲜卑的北亚系统祭典的影响。

四、余　论

　　北魏建国之后，开始实行有利于国家统治的祭祀礼仪。由于北魏国家是拓跋鲜卑人建立的，因此，国家的祭祀礼仪，既有以拓跋鲜卑礼俗为基础而设置的祭礼，也有模仿晋代国家实行的祭礼。因此，康乐先生将北魏国家祭礼分为北亚系统的祭典和中原系统的祭典。尽管北魏国家祭礼是由两个系统构成，可是，并不能因为北魏国家的统治者是拓跋鲜卑族，便由此确定北亚系统的祭礼在国家礼仪中占主要地位的。实际上，北魏的建国，经历了由国家的雏形向成熟国家的过渡过程。在这个过程中，道武帝不断地吸收汉族所建国家的制度，尤其是模仿晋制构建国家制度。北魏国家不仅参照晋制规定国家制度，并且，也注意吸取汉族国家的统治经验。在这些经验中，很重要的一项，就是要顺时令颁行施政的措施。而要实行这种施政方略，当然，也就需要通过迎气祭祀这种敬神的活动做出明确的体现。因此，北魏在国家制度完善后，就开始实行迎气祭祀礼，显然是要适应顺时令布政的统治理念的需要。另外，在北魏向成熟国家演变的过程中，北魏国家统治者，还使拓跋鲜卑人的生产由游牧转向农耕转变，因而，进入中原的拓跋鲜卑人的生产活动，开始与汉族人逐渐取得一致。也就是说，他们开始以农耕为主要生产活动。而汉族国家传统的迎气祭祀礼，正是农耕社会的产物。因此，在北魏占统治地位的拓跋鲜卑人生产活动的这种变化，自然是北魏国家迎气祭祀礼的实行的社会基础。可以说，北魏建国后，实行迎气祭祀礼，完全是与拓跋鲜卑统治者的施政理念和拓跋鲜卑民族生产活动的转变相适应的。

　　北魏国家迎气祭祀礼，并不是拓跋鲜卑统治者的创造，而是对中原迎气祭祀礼的承袭。应该说，传统的中原迎气祭祀礼，是从东汉开始制定的。但是，这种祭祀礼制定所依据的，正是《礼记·月令》阐发的迎气活动。《月令》中的迎气活动所遵奉的神祇，是以战国流行的阴阳五行观和术数观为基础创造的五帝。因此，五帝就成为传统迎气祭祀礼祭祀的神祇；象征五帝的不同数字，则成为修建迎气祭祀祭坛的依据。北魏国家实行迎气祭祀的神祇与祭坛，依然与中原传统迎气祭祀礼的规定保持不变，只是将五帝改称"五精帝"。从北魏国家迎气祭祀的仪式来看，基本上也是承袭中原迎气祭祀礼，只是在祭祀乐舞上有所改变。因为北魏国家统治者对迎气祭祀礼的实行，是持积极推行的态度，所以，这一祭礼在北魏中原系统的祭典中占有很重要的地位。在孝文帝礼仪改革后，由于实行皇帝亲自参与迎气祭祀的礼仪活动，就更加重了这一礼仪的地位。从这一方面来看，在北魏国家开始实行迎气祭祀礼之时，就将这一祭祀与国家顺时令的施政方略结合在一起，因此，这一祭祀礼的实行，并不是北魏国家的一种点缀，作为统治中原汉民族的象征。[①]而是北魏国家要将施政特点通过祭礼明确地进行宣示。因此，也就不能简单地将迎气祭祀礼的举行视为一种形式化的活动。实际上，北魏实行迎气祭祀礼，是包含不容忽视的与国家统治有重要关联的政治意义。所以，无论在北魏前期，还是在北魏后期，迎气祭祀礼的实行，对北魏国家的政治统治都产生了很大的影响，因而，也就不能忽视实行这一祭礼所具有的重要社会功能。

（原载《河北学刊》2017年第3期）

---

① 康乐：《从西郊到南郊——国家祭典与北魏政治》，第172页。

北魏皇帝赐宴考略

北魏时期，皇帝经常举行宴飨以款待群臣、皇室宗亲以及归顺的邻国国主和使臣，并且，在国家喜庆之时，还下诏"令天下大酺"①。尽管当时皇帝举行的这些宴飨的参加者的身份并不相同，宴饮的方式也存在差别，可是，这些宴飨都具有皇帝对臣民赏赐的意义。所以在一些文献中，便将皇帝举行的这些宴飨称为"赐宴"。北魏皇帝的赐宴，固然是一种饮食活动，可是，这些宴饮却与皇帝的施政方略具有比较密切的联系，因而就使这些宴饮具有不同的社会意义。正因为如此，研究北魏社会史，就不能忽视当时皇帝的赐宴活动。所以本文拟对北魏皇帝赐宴的类别、皇帝赐宴的特点和赐宴的社会作用做一些探讨，希望有助于加深对北魏皇帝宴飨活动的认识。

一、皇帝赐宴的类别

北魏皇帝赐宴，实际上是以宴饮的方式对赴宴者的一种赏赐。当时皇帝赐宴的对象、赐宴的规模和方式，都是不尽相同的。不过，依据皇帝赐宴参加者的状况、赐宴的目的、赐宴的规模和方式，可以将宴会区分为以下几种类别。

（一）赐皇室宗亲宴

北魏皇帝对这种赐宴对象有明确的限定，就是专门宴请皇帝的宗室。皇帝设宴款待宗室，从北魏建国初年就开始举行这种活动。史载，道武帝"欲敦宗亲之义，诏引诸王子弟入宴"②。孝文帝时，他特下恩诏，与皇室宗亲欢

---

① 魏收：《魏书》卷四上《太武帝纪上》，第85页。
② 《魏书》卷一五《昭成子孙·陈留王拓跋虔传附拓跋崇传》，第382页。

聚宴饮,"时诏延四庙之子,下逮玄孙之胄,申宗宴于皇信堂"①。太和十七年,孝文帝又"宴四庙子孙于宣文堂"②。熙平二年,孝明帝"宴太祖以来宗室年十五以上于显阳殿"③。虽然各代皇帝宴请宗室的范围存在差别,但一致之处就在于,都是以宗室作为赴宴对象的。因为皇帝赐宴对象是与皇帝有血缘联系的宗亲,所以也将这种宴飨称为内宴。这种内宴在座次安排上不同于皇帝举行的其他类别的宴会,"不以爵秩为列,悉序昭穆为次,用家人之礼"④。这里提到的"家人之礼"即是"以兄弟齿列,不从君臣之礼"⑤。可见皇帝赐内宴的目的在于,与宗室叙同祖同宗的血缘亲情,所以宴会上对君臣之别的限制就不是很严格。

(二) 赐庆功宴

北魏皇帝亲征凯旋,或者军事统帅作战凯旋之后,都要前往宗庙祭祀,举行宴饮庆祝胜利,并赏赐有功人员。一般将这种宴飨与赏赐称为"饮至策勋"。例如,始光四年,太武帝率军战胜大夏之后,"饮至策勋,告于宗庙"⑥。皇兴四年,献文帝北征柔然胜利后,也"饮至策勋,告于宗庙"⑦。这种"饮至策勋"是将宴饮庆功与宗庙祭祀结合在一起的。实际上,这种方式是在西周、春秋就开始实行的一种庆祝军队作战取胜的宴飨礼仪。北魏国家继续沿袭这种仪式,并将这种仪式改造成为一种皇帝赐宴的方式。除此之外,在军队凯旋后,皇帝还专门宴请出征将士。如,太和二十二年,宗室元遥随从孝文帝率军平定樊、邓之地凯旋,孝文帝便"飨士论功"⑧。又如,平南将军奚康生率领军队战胜梁朝军队后,宣武帝"召见宴会,赏帛千匹,赐骅骝御胡马一匹"⑨。很明显,北魏皇帝为出征获胜的将领举行的这种酒宴,

---

① 魏收:《魏书》卷一九中《景穆十二王中·任城王元云传附元澄传》,第464页。
② 魏收:《魏书》卷七下《孝文帝纪下》,第171-172页。
③ 魏收:《魏书》卷九《孝明帝纪》,第226页。
④ 魏收:《魏书》卷一九中《景穆十二王中·任城王元云传附元澄传》,第464页。
⑤ 班固:《汉书》卷三八《高五王·齐悼惠王刘肥传》引颜师古注,第1988页。
⑥ 魏收:《魏书》卷四上《太武帝纪上》,第73页。
⑦ 魏收:《魏书》卷六《献文帝纪》,第130页。
⑧ 赵超:《汉魏南北朝墓志汇编》,天津古籍出版社,2008年,第93页。
⑨ 魏收:《魏书》卷七三《奚康生传》,第1631页。

是与"饮至策勋"的仪式不同的。尽管皇帝所赐庆功宴举行的方式不同,但赐宴的目的都是要奖励军功,以此可以激励出征的将士。

(三) 赐群臣宴

北魏皇帝为了表示对一些官员的宠幸,经常向国家官员赐宴,实际上这种赐宴成为皇帝恩宠官员的一种体现。如,尚书右仆射陈建上表建议孝文帝南征,言语激昂,"高祖嘉之……高祖与文明太后频幸建第,赐建妻宴于后庭"①。有些时候,皇帝为重臣赐宴,并不在皇宫中进行。史载,司徒公元丕在他的御赐住宅建成之际,"(孝文)帝、后亲幸之,率百官文武飨落焉"②。虽然这次宴会不是在皇宫中举行,但皇帝和皇后都出席宴饮,这应该是一种特殊的赐宴方式。当然,一些官员做了有益于皇帝的事情,皇帝便要赐宴表示谢意。比如孝文帝为奖赏治愈自己疾病有功的官员徐謇,特设"太官珍膳",并且"因集百官,特坐謇于上席,遍陈肴馔于前,命左右宣謇救摄危笃振济之功,宜加酬赉"③。显然皇帝的这种赐宴,是对有功官员特别酬谢的一种表达方式。尽管北魏皇帝宴请官员的形式和意图不完全相同,但这些赐宴都能够表现出皇帝对宴请官员的亲善,进而可以获得使他们忠于皇帝、尽力为朝廷服务的效果。

(四) 赐高年老者宴

北魏皇帝为了倡导尊老、敬老的风气,还向社会中的高年老者赐宴。史载,太和元年,孝文帝"冬十月癸酉,宴京邑耆老年七十已上于太华殿,赐以衣服"④。孝文帝这次赐宴对象是京城中年龄七十以上的老人,并没有等级的区别,自然也就包括一般平民老人,这样,宴会就应该会有很大的规模。

孝文帝为了进一步倡导敬老的风气,太和十六年,开始实行养老礼。《魏书·尉元传》:"于是养三老五更于明堂,国老、庶老于阶下。高祖再拜三老,亲祖割牲,执爵而馈;于五更行肃拜之礼,赐国老、庶老衣服有差。"这就是说,在北魏的养老礼中设置了国老、庶老。虽然国老、庶老的地位不

---

① 魏收:《魏书》卷三四《陈建传》,第 803 页。
② 魏收:《魏书》卷一四《神元平文诸帝子孙·武卫将军拓跋烈传附拓跋丕传》,第 358 页。
③ 魏收:《魏书》卷九一《术艺·徐謇传》,第 1967 页。
④ 魏收:《魏书》卷七上《孝文帝纪上》,第 144 页。

如三老、五更，但他们是高年老者的代表，所以皇帝行养老礼后，一般都要向他们赐宴表示敬意。如太和二十年，孝文帝就"宴群臣及国老、庶老于华林园"①。北魏皇帝的这种赐宴，不仅要使国家的养老礼能够更好地推行，也是对高年老者敬意的一种表现。除了这种礼节性的宴请之外，北魏皇帝对高年的官员，就更特别用赐宴来加以款待了。比如司徒尉元"诣阙谢老，引见于庭，命升殿劳宴，赐玄冠素服"②。由此可见，北魏皇帝赐高年老者宴的形式是多样的。无论皇帝是为推行养老礼而赐宴，还是专门向高年老者赐宴，都是试图借助宴饮的方式促进社会中敬老的风气的形成，并以敬老风气为引导，使社会出现上下有序的局面。

（五）赐酺宴

古代社会的"酺宴"是国家统治者为施恩惠于臣民而举行的宴饮活动，正所谓"王者布德，大饮酒也"③。西汉时期，皇帝开始经常举行赐臣民酺宴的活动。北魏时期，国家统治者继承了传统的"赐酺"，并使"赐酺"成为皇帝显示恩泽的一种方式。北魏的这种赐酺，一般是在皇帝下诏后，在全国各地都要举行的活动。当时皇帝不必亲自参加宴会，但要由国家提供宴饮的酒和食物。北魏"赐酺"的举行，多与国家喜庆和巡守狩猎联系在一起，因此，根据皇帝"赐酺"的目的，可以将这种宴饮分为两种情况。

一为北魏皇帝在国家有大的喜庆活动时，都要向臣民"赐酺"。《魏书·太武帝纪上》载太延元年诏："天降嘉贶，将何德以酬之。所以内省惊震，欣惧交怀。其令天下大酺五日，礼报百神，守宰祭界内名山大川，上答天意，以求福禄。"这说明，太武帝是将"天降嘉贶"视为喜庆的大事，所以他下诏恩准臣民可以"大酺五日"，目的在于报答上天的恩惠，以此求得上天的福佑。北魏皇帝视为喜庆的大事，并不限于"天降嘉贶"。史载，兴安二年，文成帝因在宫苑内获得玉印，"又于苑内获方寸玉印，其文曰'子孙长寿'"因此，文成帝下诏，"令民大酺三日"④。很明显，北魏皇帝的这种

---

① 魏收：《魏书》卷七下《孝文帝纪下》，第179页。
② 魏收：《魏书》卷五〇《尉元传》，第1114页。
③ 司马迁：《史记》卷一〇《文帝本纪》《索引》引《说文》，中华书局，1959年，第417页。
④ 魏收：《魏书》卷五《文成帝纪》，第113页。

"赐酺"也正是他们落后的宗教意识的一种反映。所以，当时皇帝向臣民赐酺，主要表现为对上天降临喜事的回报。不过，由于这种"赐酺"是一种皇帝与臣民"共兹嘉庆"①的活动，因此拓跋鲜卑统治者可以借助这种活动对下层编户进行笼络。

二为北魏皇帝还将"赐酺"与巡行狩猎结合在一起。《魏书·明元帝纪》："（永兴四年）秋七月己巳朔，东巡。……己卯，大狝于石会山。……八月庚戌，车驾还宫。壬子，幸西宫，临板殿，大飨群臣将吏，以田猎所获赐之，命民大酺三日。"皇帝这种将巡行狩猎与赐酺的结合，正是在北魏国家建立后，仍然保留的一种拓跋鲜卑的落后原始习俗。因此这种"赐酺"的对象，大多数为鲜卑族人。② 实际上，这种"赐酺"活动，正是皇帝要利用传统鲜卑习俗，对他统治下的鲜卑臣民表示亲善的一种做法。当然，这种形式的赐酺活动以北魏前期为多。后来随着拓跋鲜卑族与汉族融合的加深，皇帝的这种赐酺活动也就逐渐减少了。

（六）赐外国国主与使臣宴

实际上这种赐宴属于一种外交活动。从北魏建国初年，直到北魏后期，当时皇帝经常举行宴会款待归顺的邻国国主、部族首领以及他们的使臣。例如，皇兴年间，献文帝为答谢前来朝贡的契丹使者，使契丹使者"得班飨于诸国之末"③。太和年间，孝文帝与冯太后游览灵泉池后"燕群臣及藩国使人、诸方渠帅"④。孝明帝设宴招待归顺柔然可汗阿那瑰，"临显阳殿，引从五品以上清官、皇宗、藩国使客等列于殿庭"⑤。北魏皇帝的这种外交赐宴，并不制限于在臣服的国家范围内。对南朝使者也以赐宴相待。比如正平元年，太武帝在出征之地就赐宴刘宋朝使者，"飨会于瓜步"⑥。北魏皇帝为外国国主和使臣举行的这些赐宴，就使宴飨成为国家外交一项重要的活动。

---

① 魏收：《魏书》卷五《文成帝纪》，第113页。
② 逯耀东：《从平城到洛阳——拓跋魏文化转变的历程》，中华书局，2006年，第41页。
③ 魏收：《魏书》卷一〇〇《契丹传》，第2223页。
④ 魏收：《魏书》卷一三《皇后·文成文明皇后冯氏传》，第329页。
⑤ 魏收：《魏书》卷一〇三《蠕蠕传》，第2298页。
⑥ 魏收：《魏书》卷九七《岛夷刘裕传附刘义隆传》，第2140页。

二、皇帝赐宴活动的特点

在北魏皇帝的赐宴活动中，皇帝下诏赐臣民酺宴，是皇帝允许臣民宴会，但皇帝并不参与宴会，因此这只是皇帝向臣民施以恩泽的体现。而其他的赐宴都是皇帝必须要出席的活动。尽管这些皇帝的赐宴，目的是不尽相同的，形式上也有区别，可是，由于皇帝亲自参与这些宴会，这就使宴会不能不表现出一些比较一致的特点。

（一）宴会的座次顺序有严格的规定

在皇帝与群臣的宴饮活动中，座次是有安排原则的。《魏书·景穆十二王·任城王元云传附元澄传》："时诏延四庙之子，下逮玄孙之胄，申宗宴于皇信堂，不以爵秩为列"。这就是说，在皇帝宴请宗室时的座位序列可以不根据参加者官职和爵位，反之，在宴请群臣时的座次就必须要"以爵秩为列"。由此可知，北魏皇帝赐宴，赴宴群臣的座位是要严格依据他们的官职和爵位的品级高低来安排的。当然，还有一些皇帝举行赐宴，是为了特别对宴请官员表示敬意的，因而这些赴宴者也就不受到官职和爵位品级的约束。《魏书·术艺·徐謇传》：太和二十二年，孝文帝至悬瓠病重，"乃驰驿召謇，令水路赴行所，一日一夜行数百里。至，诊省下治，果有大验。高祖体少瘳，内外称庆。九月，车驾发豫州，次于汝滨。乃大为謇设太官珍膳，因集百官，特坐謇于上席，遍陈肴馐于前，命左右宣謇救摄危笃振济之功，宜加酬赉"。徐謇时任右将军、侍御师。从徐謇所领将军号来看，据前《职员令》："前、后、左、右将军"，为从二品上。如果按徐謇将军号的品级，他是不能够居于上座的。可是，孝文帝举行宴会，是为了酬谢徐謇为他治愈疾病的功劳，所以他就成为宴会上席的贵宾。由此来看，皇帝打破官员的官职和爵位的品级序列而安排宴会座位，实际是向宴请官员表示特别敬意的做法，所以这无疑是一种特殊的方式。这些情况说明，北魏皇帝向群臣赐宴，宴会的座次安排，一方面要明确表现出严格君臣关系，同时也要表现出官员之间等级差别；另一方面，赐宴毕竟是皇帝向群臣表示恩遇的活动，所以在一定程度上，座次的安排就成为对宴请官员表示宠幸的一种体现。

北魏皇帝向群臣赐宴，座次的安排是以官职和爵位为主要标准的。可是皇帝为皇室宗亲赐宴,在座次上的等次区分就不是很严格的。如,太和年间,孝文帝赐宴皇室宗亲"申宗宴于皇信堂,不以爵秩为列,悉序昭穆为次,用家人之礼"①。皇帝内宴中"家人之礼",表现在座次安排上,就是完全依据宗室血缘联系的昭穆顺序为原则的,以此明确体现出皇室宗亲的辈分关系。这与皇帝赐宴群臣而行"君臣之礼"的座次安排是完全不同的。所以从皇帝赐宴宗室的座位安排上来看,这种宗室内部的家宴,正是皇帝与宗亲联络情感的重要方式。

北魏皇帝以外交为目的的赐宴,因为涉及与邻国、部族的关系,因此就更注意宴会座位序列的安排。《魏书·蠕蠕传》:"(正光元年)十月,肃宗临显阳殿,引从五品以上清官、皇宗、藩国使客等列于殿庭,王公以下及阿那瑰等入,就庭中北面。位定,谒者引王公以下升殿,阿那瑰位于藩王之下,又引将命之官及阿那瑰弟并二叔位于群官之下……阿那瑰启云:'陛下优隆,命臣弟叔等升殿预会,但臣有从兄,在北之日,官高于二叔,乞命升殿。'"这是孝明帝向一度归顺北魏的柔然国主阿那瑰赐宴时的座次安排。柔然是北魏北方的劲敌,当然孝明帝是不会小视阿那瑰的。可是,按当时北魏招待归顺国主的宴会的座次安排,阿那瑰只能居于北魏藩王座次之下;而阿那瑰所带领的叔父、兄弟的座次,也只在北魏群臣之下的。北魏皇帝为归附邻国国主举行宴会,以这种顺序安排座次,实际上正是要表现出北魏是处于支配归附邻国的地位,因而他与这些国家的关系,正是主从关系的一种体现。

北魏皇帝宴请敌国使臣时,有意识地在宴会的座次上采取降低等次的做法。《魏书·孝文帝纪下》:"(太和五年)九月庚子,阅武于南郊,大飨群臣。萧道成使车僧朗以班在刘准使殷灵诞之后,辞不就席。刘准降人解奉君,刃僧朗于会中。"殷灵诞为刘宋朝使者,而车僧朗则为南齐朝的使者。北魏国在宴会时,将已经亡国的刘宋朝使者殷灵诞的座次排在南齐使者车僧朗之前,当然是对已经建国南齐的蔑视,甚至对刘宋降人杀掉南齐使者车僧朗的举动也不加制止。由此可以看出,北魏皇帝赐宴于敌国使者,在座次上的安排上并不是亲善友好的,而要使敌国使臣处于屈辱的境地,所以表现出来的完全是对敌国的一种傲视。

---

① 魏收:《魏书》卷一九中《景穆十二王中·任城王元云传附元澄传》,第464页。

（二）宴会的菜肴多为具有特色的美味

文献记载，北魏皇帝宴请群臣的菜肴多为宫廷食官烹饪的"珍膳"[1]。这些"珍膳"实际上多为鲜卑族特色的菜肴。《洛阳伽蓝记·城南》："（王）肃初入国，不食羊肉及酪浆等物，常饭鲫鱼羹，渴饮茗汁。……经数年已后，肃与高祖殿会，食羊肉酪粥甚多。"这里提到由南朝投降北魏的王肃，经过几年后，就改变了原来在南朝的饮食习惯，完全适应了北魏的饮食。这说明，南朝的饮食主要为"饭鲫鱼羹，渴饮茗汁"，而在北魏则是"食羊肉酪粥甚多"。由北魏的这种饮食习惯所决定，皇帝赐宴的菜肴，自然要以肉食为主。宴会的饮品，除了美酒之外，主要应该是"酪浆""牛乳"。因为这些饮品，不仅鲜卑人，就是北方汉族人也视为美味。比如孝文帝宠幸的汉族宦官侍中王琚，"常饮牛乳，色如处子"[2]。

当然，北魏皇帝赐宴，不同于一般的宴飨，其菜肴会更为精美。《魏书·食货志》："世祖即位，开拓四海，以五方之民各有其性，故修其教不改其俗，齐其政不易其宜，纳其方贡以充仓廪，收其货物以实库藏，又于岁时取鸟兽之登于俎用者以牣膳府。"这就是说，太武帝统一北方后，国家库藏中收藏很多各地的特产，并且每年都要各地进献珍鸟奇兽。这些物品，不仅是皇帝日常的饮食，也会出现在皇帝举行宴会的餐席上。所以为了皇帝的日常饮食和宴会的需要，北魏国家设置苑囿，以保证珍鸟奇兽的供应。这成为北魏国家的一项重要的制度。《魏书·司马楚之传附司马跃传》："（司马跃）表罢河西苑封，与民垦殖。有司执奏：'此麋鹿所聚，太官取给，今若与民，至于奉献时禽，惧有所阙。'"说的正是这种情况。除了要保证珍鸟奇兽的供应之外，北魏国家还在一些地方设置很多的牧场。例如，太武帝"平统万，定秦陇，以河西水草善，乃以为牧地。畜产滋息，马至二百余万匹，橐驼将半之，牛羊则无数。高祖即位之后，复以河阳为牧场"[3]。这些牧场可以提供大量的牛、羊，因而就保证了皇帝举行宴会的肉食品的来源。

---

[1] 魏收：《魏书》卷九一《术艺·徐謇传》，第1967页。
[2] 魏收：《魏书》卷九四《阉官·王琚传》，第2015页。
[3] 魏收：《魏书》卷一一〇《食货志》，第2857页。

（三）宴会的举行一般要有伴之以歌舞、娱乐与上寿活动

北魏皇帝的赐宴，一般都是为社会上层官员举行的宴饮，所以在宴会时，除了饮美酒、品尝美味佳肴外，还在宴饮时，有助兴的活动。这些活动主要有歌、舞以及其他方式的娱乐。

北魏皇帝举行的宴会，歌舞应该是主要的伴随活动。《魏书·乐志》："（登国六年）正月上日，飨群臣，宣布政教，备列宫悬正乐，兼奏燕、赵、秦、吴之音，五方殊俗之曲。四时飨会亦用焉……掖庭中歌《真人代歌》，上叙祖宗开基所由，下及君臣废兴之迹，凡一百五十章……郊庙宴飨亦用之。"据此，北魏初年，道武帝宴飨群臣时所用乐歌是将各地方的乐曲兼而用之，并没有固定的规定。其中《真人代歌》则是歌唱鲜卑先祖创业乐歌。正如《旧唐书·音乐志二》："后魏乐府始有北歌，即《魏史》所谓《真人代歌》是也。"显然北魏初年皇帝宴飨所用乐歌，不仅有汉族乐，也有鲜卑乐。但是，孝文帝改革后，皇帝宴会所用乐也随之改变。《魏书·乐志》："初，高祖讨淮、汉，世宗定寿春，收其声伎。江左所传中原旧曲，《明君》《圣主》《公莫》《白鸠》之属，及江南吴歌、荆楚四声，总谓《清商》。至于殿庭飨宴兼奏之。"显然南朝宫廷演奏的《明君》《圣主》《公莫》《白鸠》等中原乐歌以及江南吴歌和荆楚四声都传到了北魏，并且也成为北魏的宫廷乐，统称为《清商》乐。可见在这一时期，皇帝宴飨群臣所用乐歌主要是《清商》乐，很明显，拓跋鲜卑族的乐歌已经被废除了。当然在宴会上，除了演奏这种代表国家礼仪的乐歌之外，参加宴会者个人的歌唱与演奏也是不限制的。比如冯太后和孝文帝赐宴群臣与外国使臣时，"太后忻然作歌，帝亦和歌，遂命群臣各言其志，于是和歌者九十人"[1]。又如孝文帝出征沔汉，"飨侍臣于悬瓠方丈竹堂……乐作酒酣"[2]，他与彭城王元勰、中书侍郎邢峦都在酒会上即兴歌唱。在皇帝大飨群臣的宴会上，赴宴者的娱乐活动尚不限于歌唱，还有一些人要借助舞蹈助兴。《魏书·奚康生传》："正光二年三月，肃宗朝灵太后于西林园，文武侍坐，酒酣迭舞。次至康生，康生乃为力士舞，及于折旋，每顾视太后，举手、蹈足、瞋目、颔首为杀缚之势。"这说明，

---

[1] 魏收：《魏书》卷一三《皇后·文成文明皇后冯氏传》，第329页。
[2] 魏收：《魏书》卷五六《郑羲传附郑道昭传》，第1240页。

在赴宴者酒酣之时，是常要以舞蹈来表达情感的。而右卫将军奚康生所跳的力士舞，则是要表现将士勇猛气势的具有特色的舞蹈。这些具有特色的舞蹈表演，就更增加了酒宴的热烈气氛，达到皇帝与群臣共同尽欢的目的。

在皇帝举行的宴飨中，自然歌、舞是助兴的主要的活动。可是，为了增加宴会气氛，还有射箭、猜谜等活动的举行。史载，孝文帝出征沔水，"上巳设宴，高祖与中军、彭城王勰赌射，左卫元遥在勰朋内，而播居帝曹。遥射侯正中，筹限已满。"孝文帝便"遂举卮酒以赐播"。① 在皇帝赐宴时，比赛射箭正是一项助兴的活动。在皇帝宴会上还有猜谜活动。这在《洛阳伽蓝记》有明确的记载。《城南篇》载，在孝文帝宴请王肃的酒会上，他便出谜语："三三横，两两纵，谁能辨之赐金钟。"御史中尉李彪猜中谜语，所以孝文帝"即以金钟赐彪。"

在北魏皇帝招待群臣的酒会中，还有上寿活动。可是这一活动不是娱乐活动。《魏书·高闾传》："（太和三年）高祖、文明太后大飨群官，高祖亲舞于太后前，群臣皆舞。高祖乃歌，仍率群臣再拜上寿。闾进曰：'臣闻：大夫行孝，行合一家；诸侯行孝，声著一国；天子行孝，德被四海。今陛下圣性自天，敦行孝道，称觞上寿，灵应无差，臣等不胜庆踊，谨上千万岁寿。'"这条材料记载的是，孝文帝在宴会上的上寿活动的全部仪式。从孝文帝上寿活动来看，需要他亲自率领赴宴的官员为冯太后献辞，称赞她的美德，并祝福她长寿。只是上寿的献辞由专门的官员负责，并不需要孝文帝亲自进献。由此可知，皇帝宴会上的上寿，实际上是位卑者向位尊者进献祝辞。正所谓"寿者人之所欲，故卑下奉觞进酒，皆言上寿"②。在北魏皇帝的赐宴中，皇太后出席的次数并不是很多，因此宴会的上寿，多是群臣向皇帝献辞祝福。《魏书·高祖纪下》：太和二十三年，孝文帝"疾瘳上寿，大飨于澄鸾殿"。这里所说的，正是赴宴的群臣向大病初愈的孝文帝致以祝福之辞。因此，可以说北魏皇帝赐宴中的上寿，是赴宴者通过宴饮，向皇帝，或者位卑者向位尊者进行歌功颂德献辞的活动。

---

① 魏收：《魏书》卷五八《杨播传》，第1280页。
② 范晔：《后汉书》卷二《明帝纪》李贤注，中华书局，1965年，第122页。

(四）宴会有专门官员掌管仪式程序

由于北魏皇帝举行正式宴会的规模是比较大的，同时宴会上还要有歌、舞等不同娱乐活动，所以就需要设置掌管宴会仪式的官员。《通典·职官三》："后魏、北齐谒者台掌凡诸吉凶公事，导相礼仪。仪射二人，谒者三十人。"实际上，北魏皇帝大的宴飨活动的仪式就是由谒者负责的。《魏书·蠕蠕传》：孝明帝为归顺柔然国主阿那瑰赐宴，就由谒者"引从五品以上清官、皇宗、藩国使客等列于殿庭，王公以下及阿那瑰等入，就庭中北面。位定，谒者引王公以下升殿，阿那瑰位于藩王之下，又引将命之官及阿那瑰弟并二叔位于群官之下"。谒者不仅负责对赴宴者座位的导引事务，就是宴会的其他的仪式的进行，似也应该由谒者来掌管。当然，谒者在皇帝比较大型的正式宴会上，可以作为负责宴会仪式的官员。但皇帝举行的一些酬谢有特殊功劳的官员的宴会以及款待宗亲的内宴，与皇帝大型的宴会比较，其仪式程序是不很严格的，宴会的气氛也是比较轻松的，因而也就没有必要安排谒者来掌管宴会的仪式了。

三、皇帝赐宴的社会作用

从道武帝建国，直到北魏末年，北魏各代皇帝都要举行不同类型的赐宴活动。统计《魏书》《北史》中的记载，北魏各代皇帝总共赐宴有115次之多。北魏皇帝向不同的社会群体赐宴，除了要借助宴饮来表示皇帝的对臣民的恩德之外，在一定程度上，赐宴活动也是与皇帝施政方略联系在一起的。

早在西周、春秋时期，当时天子、诸侯的一些施政以及礼仪活动就开始与宴饮联系在一起。在天子、诸侯宗庙祭祀后，就有"赐胙"的活动。这种"赐胙"就是通过分食祭肉而相互联系情感。当时国家推行的乡饮酒礼，就以宴飨的方式，保证贵族阶层中形成长幼有序的社会秩序；在军事活动中，实行的"饮至策勋"礼则起到庆祝凯旋、奖励军功、激励出征将士的作用。从西周以来，国家统治者使宴飨与一些施政活动的密切结合的做法对后世产生重大的影响，因而就使这种历史的传统在西周、春秋以后的社会中一直保留着，国家统治者都没有忽视宴飨与施政的联系。不过，宴飨与施政的结合的具体的做法，却随着时代的变化，在表现的形式上存在差异。当然，在北魏社会也是如此。

如前所述，北魏皇帝赐宴具有不同的类别。由于皇帝赐宴的对象和方式不同，因此赐宴与施政结合也不完全相同。从北魏皇帝的赐酺宴来看，除了很少的宴饮是针对拓跋鲜卑人的，大部分都是以皇帝统治下的全部编户为对象的。在国家有喜庆大事时，由皇帝下诏，或"令天下大酺五日"①，或"令民大酺三日"②。这种向全国臣民的赐酺宴，虽然皇帝并不出席，但却有明确的目的性。也就是说，皇帝向全国各地编户赐酺宴的目的，是要通过这种全民性的宴饮来表达与普通平民"共兹嘉庆"③、向他们施加恩惠的愿望。因此，皇帝的赐酺，就是通过赏赐社会下层编户聚饮的方式，取得他们对皇帝统治的认同。

值得注意的是，北魏皇帝的赐酺宴，多是在北魏前期进行的。如果对《魏书》中相关记载做一统计，有明确记载的皇帝赐酺宴，在明元帝时，进行了六次；在太武帝时，进行了一次；在文成帝时，进了二次。自孝文帝以后，就在文献中不见记载了。因此，可以说皇帝赐酺宴，主要是北魏前期的活动。从明元帝开始到献文帝这一时期，拓跋鲜卑统治者开始向中原进军，并统一北方，进而又将拓跋鲜卑的统治逐渐渗透到所控制地区的基层。在这个时期，北魏最高统治者都认识到，以人口稀少的拓跋鲜卑人统治人口众多的汉族人，仅仅通过武力压迫是难以奏效的，必须要向他们控制的汉族人民显示出施加恩泽的愿望，所以向国家统治的编户赐酺宴，也就成为显示这种意图的一种重要的方式。

北魏皇帝以赐酺宴的方式，显示其统治意图，与当时社会基层实行的宗主督护制有很大的关系。实际上，这一时期在地方基层实行的宗主督护制，只是对原来汉族人的坞壁组织的一种改造。因而在北魏地方基层可以行使权力的宗主督护，对于北魏国家的统治就保持着很强的独立性。由宗主督护制的这种特点决定，常常要影响、甚至阻碍皇帝政令在基层的推行。在这种情况下，就需要北魏皇帝采取不同的方式，直接影响国家统治的下层编户。而

---

① 魏收：《魏书》卷四上《太武帝纪上》，第85页。
② 魏收：《魏书》卷五《文成帝纪》，第113页。
③ 魏收：《魏书》卷五《文成帝纪》，第113页。

皇帝赐酺宴，就是可以影响下层编户的一种比较合适的方式。皇帝利用赐酺宴这种民众聚饮的酒会，自然也就使皇帝的意志能够向下传达，使北魏国家所控制的基层社会编户直接了解皇帝的统治的旨意。在拓跋鲜卑族统治者与汉族人民之间矛盾比较尖锐的形势下，皇帝普遍的赐酺，在一定程度上，是有利于缓解民族矛盾的。因此，北魏前期，皇帝多次向社会下层编户赐酺宴的意义也就在于此。

在孝文帝以后，北魏国家将地方基层政权由宗主督护制改为三长制。三长制实行后，北魏皇帝就可以毫无阻碍地直接对地方加以控制，实际实现了对地方的有效统治。在这种形势下，皇帝向下层编户赐酺宴产生的影响，自然要比宗主督护制实行的时期减弱了。换言之，皇帝以赐酺宴的方式来笼络下层编户，对他有效地控制地方已经没有太大的意义了。所以孝文帝实行三长制以后，皇帝也就不需要再采取赐酺宴的方式表现他们的统治意图了。这也正是孝文帝以后，赐酺宴不再见之于文献记载的原因所在。

北魏皇帝实行统治，需要吸收汉族的先进文化，借助汉族社会曾经实行的礼仪形式。太和十六年，孝文帝开始推行养老礼。养老礼是一种倡导尊老的教化礼仪。为了使养老礼能够更好地实行，孝文帝将养老礼与宴饮国老、庶老结合在一起。例如，太和二十年，孝文帝"宴群臣及国老、庶老于华林园"[①]。皇帝将赐宴与养老礼结合在一起，可以充分体现皇帝对实行养老礼的重视。尽管北魏皇帝颁行的汉族的传统礼仪并不多见，但将宴飨与礼仪的推行相结合的传统做法，却被拓跋鲜卑统治者接受了。这正是皇帝将赐宴为其施政活动服务的一种具体表现。

一如前述，北魏皇帝赐宴，大多数是以群臣为对象的。尽管皇帝向这些人赐宴的目的不尽相同，但是，还有一致的方面。这就是皇帝要通过宴飨，向官员们宣示恩惠，以此对他们加以笼络。因此，北魏各代皇帝以赏赐为目的宴飨，举行的次数是很多的。例如，天兴二年，道武帝在鹿苑阅兵之后，"飨赐各有差"[②]。神䴥四年，太武帝巡行木根山，"大飨群臣，赐布帛各有

---

① 魏收：《魏书》卷七下《孝文帝纪下》，第179页。
② 魏收：《魏书》卷二《道武帝纪》，第35页。

差"①。太安四年，文成帝游览碣石山、观沧海，"大飨群臣于山下，班赏进爵各有差"②。太和十六年，孝文帝因太极殿建成，"大飨群臣"③。北魏皇帝将赐宴与物资赏赐结合起来，显然可以激励朝廷的官员更努力地为国家服务。当然，在特殊形势下，皇帝参与的宴飨，就使笼络、安抚的目的就更为明显。《魏书·道武七王·京兆王元黎传附元继传》："灵太后以子叉姻戚，数与肃宗幸继宅，置酒高会，班赐有加。"这就是说，孝明帝时，由于元叉权倾朝野的特殊地位，就使其父元继获得皇帝亲临其家赴宴的殊荣。这种情况与皇帝以赏赐为目的的宴飨有很大的区别，实际上，更集中表现出皇帝对一些权臣的倚重，因此赐宴也就具有更明显的政治目的。

皇帝为群臣赐宴起到的作用尚不限于此。因为在宴会上，被皇帝宴请的官员，可以"论道陈谟"④，因而能够在融洽的气氛中，提出有益于皇帝施政的建议。如永兴四年，明元帝"宴群臣于西宫"，便使赴宴群臣"各献直言"⑤。由此可见，这正是北魏皇帝将赐宴与施政相结合的一种特殊的方式。

在北魏皇帝所赐宴飨中，很重要的一类，是对皇室宗亲的款待。皇帝宴请宗室的出发点是要"敦宗亲之义"⑥，所以这种内宴的举行，能够增进皇室宗亲之间情感的联络。正因为如此，北魏各代皇帝都重视向宗室赐宴。例如，天赐六年，道武帝"诏引诸王子弟入宴"⑦。太和十七年，孝文帝"宴四庙子孙于宣文堂"⑧。熙平二年，孝明帝"宴太祖以来宗室年十五以上于显阳殿"⑨。永熙三年，孝武帝又赐宴皇室公主，"帝内宴，令诸妇人咏诗"⑩。北魏皇帝向宗室赐宴，显然是礼遇宗亲的一种方式。不过，还应该指出的是，

---

① 魏收：《魏书》卷四上《太武帝纪上》，第 78 页。
② 魏收：《魏书》卷五《文成帝纪》，第 116 页。
③ 魏收：《魏书》卷七下《孝文帝纪下》，第 171 页。
④ 魏收：《魏书》卷四下《太武帝纪下》，第 96 页。
⑤ 魏收：《魏书》卷三《明元帝纪》，第 51 页。
⑥ 魏收：《魏书》卷一五《昭成子孙·陈留王拓跋虔传附拓跋崇传》，第 382 页。
⑦ 魏收：《魏书》卷一五《昭成子孙·陈留王拓跋虔传附拓跋崇传》，第 382 页。
⑧ 魏收：《魏书》卷七下《孝文帝纪下》，第 171-172 页。
⑨ 魏收：《魏书》卷九《孝明帝纪》，第 226 页。
⑩ 李延寿：《北史》卷五《魏孝武帝纪》，中华书局，1974 年，第 174 页。

北魏宗室是当时社会的重要阶层，一些宗室在国家担任重要官职，甚至在一些时候能够控制决定朝廷命运的大权。北魏皇帝要维持其统治，是不能忽视宗室所处的这种重要政治地位的。所以皇帝向宗室赐宴，正是通过内宴的方式加强宗亲之间情感上的联系，进而有效地利用他们"翼屏王室"①。

北魏皇帝赐宴，除了在一定程度上，可以协调社会内部的一些关系，并且，也是一种外交的手段。正如前面提到的，北魏皇帝对归附的邻国国主、使臣以及敌国的使臣，一般都有宴飨的活动。《北史·契丹传》："真君以来，岁贡名马。献文时，使莫弗纥何辰来献，得班飨诸国之末。"可见在北魏与邻国的友好往来上，可以通过宴飨使臣而起到一种答谢的作用。对于归顺的相邻的部族首领，也可以通过赐宴表示一种亲善的态度。例如，孝文帝宴请归顺的武兴王杨集始时下诏："集始边方之酋，不足以当诸侯之礼，但王者不遗小国之臣，况此蕃垂之主，故劳公卿于此。"② 孝文帝的这种提高宴请武兴王杨集始规格的做法，正是他积极笼络归附部族首领的手段，也是他在外交上采取进取态度的表现。北魏后期，北魏北方的强敌柔然国主阿那瑰前来归附，孝明帝也向阿那瑰赐宴，采取亲善的态度。北魏皇帝实行的这些做法，说明赐宴也在国家的外交活动中，占有不可忽视的重要地位。

总而言之，北魏皇帝赐宴，已经与皇帝不同的施政方略具有联系。所以北魏皇帝赐宴就不是单纯的宴飨活动，而在不同程度上包含政治意义。从这一方面来看，北魏皇帝正是要通过宴饮这种方式，笼络群臣、宗室，以此可以更好地控制他们，使其尽忠于国家。至于北魏前期皇帝的"赐酺"宴已经直接与稳定下层的编户的施政方略联系在一起，所以对这种宴饮起到的社会作用，自然就更不能低估了。

（原载《史学集刊》2011年第1期，与王萌合写）

---

① 魏收：《魏书》卷九《孝明帝纪》，第226页。
② 魏收：《魏书》卷五九《刘昶传》，第1309页。

北魏国家赏赐马匹问题试探

北魏国家为有利于统治的稳定而实行了赏赐制度。这种赏赐制度，将国家官员作为主要对象。受赏赐的官员，可以获得多种赏赐物。但是，在这些赏赐物中，很重要的就是马匹。由于受拓跋鲜卑游牧传统的影响，所以，在当时社会中，马匹受到特别的重视。因此，如果在国家的赏赐物中包含马匹，就能提高赏赐的规格，并且，使这种赏赐被高度重视，从而也就使受赏赐的官员可以获得一种殊荣，所以，考察北魏国家赏赐制度，就不能忽略马匹的赏赐。然而，前人对北魏赏赐马匹问题，却关注不多，还缺少深入的探讨。因此，本文拟对与北魏赏赐马匹相关问题做一些阐释，希望有益于对当时国家赏赐制度的认识。

一、国家赏赐马匹措施的实行与废止

北魏国家为了促使官员尽力为其统治服务，对他们采取了赏赐的措施。而且，北魏国家为了表现赏赐是国家对官员的恩恤，因而，还使赏赐物具有多样性。细缕《魏书》《北史》记载，这些赏赐物主要包括绢、布、绵、丝、粮食、马、牛、羊等。尽管如此，可是，在这些赏赐物中，受重视的程度却并不相同。可以说，赏赐的马匹占有的地位最为重要。所以会出现这种情况，这与北魏的社会活动中，对马匹的重视有密切的关系。因为拓跋鲜卑人是北方少数民族，因而，游牧活动与出征作战都需要马匹，所以，对马匹的占有，直接影响拓跋鲜卑人的生活。而且，在拓跋鲜卑人入主中原后，尽管一部分鲜卑人仿效汉人，开始从事农耕活动，可是，并不能很快改变将马匹视为最重要牲畜的传统，并且，鲜卑的这种传统还影响了汉族人的生活。因为受这种传统的影响，就使北魏社会中，凡与马匹相关的活动，几乎都列在首位。从北魏皇帝的活动来看，就更是如此。就皇帝车辆而言，等次最高的是马拉车辇。《魏书·礼志四》："马辇：重级，其饰皆如之。缋漆直辀六，左右騑驾。天子籍田、小祀时，则乘之。"《魏书·礼志四》："游观辇：其饰亦如之。驾马十五匹，皆白马朱髦尾。天子法驾行幸、巡狩、小祀时，则乘之。"其他车辆，诸如，卧辇、缋漆蜀马车、轺车、候车、子车，也都是以马驾车。可见，皇帝的马驾车辇，不仅车辇的等次最高，而且，所用的马匹数量也是最多的。

从北魏国家祭祀用牲等次来看，也与汉人所建国家存在差别。《大戴礼记·曾子天元篇》："序五牲之先后贵贱。诸侯之祭，牲牛，曰太牢；大夫之祭，牲羊，曰少牢；士之祭，牲特豕，曰馈食。"这就是说，在汉族传统祭祀用牲规定中，牛被称为太牢，等次是最高的。而且，在祭祀牺牲中，很少使用马匹。然而，北魏国家祭祀用牲，则与汉人礼仪的规定明显不同。《魏书·礼志一》："神尊者以马，次以牛，小以羊，皆女巫行事。"《魏书·礼志一》："于白登西太祖旧游之处立昭成、献明、太祖庙，常以九月、十月之交，帝亲祭，牲用马、牛、羊，及亲行貙刘之礼。别置天神等二十三于庙左右，其神大者以马，小者以羊。"很明显，北魏国家祭祀用牲，不仅用马，而且，用马所祭祀的神祇地位最尊。这表明，祭祀所用马匹是等次最高的牺牲。由此来看，马匹是最受拓跋鲜卑人重视的牲畜。因此，可以说，北魏国家向官员赏赐马匹，也就具有授予很高荣誉的意义。

实际上，在北魏建国后，国家就开始实行了马匹的赏赐。《魏书·道武帝纪》："（登国六年）车驾次于盐池，自河已南，诸部悉平。簿其珍宝畜产，名马三十余万匹，牛羊四百余万头。班赐大臣各有差。"这是北魏国家对群臣实行赏赐的最早记载。很显然，在北魏国家的这次赏赐中，就有数量众多的马匹。因此，可以明确，北魏国家实行这种赏赐，实际开了将马匹作为重要赏赐物的端绪。

统计《魏书》《北史》中的记载，北魏国家赏赐马匹的做法，可以分为不同的类别。从受赏赐的对象来看，可以分为对群臣的共同的赏赐和对官员的单独赏赐。虽然这两类不同的赏赐，马匹都是重要赏赐物，可是，具体的做法，却存在差异，因此，需要分别阐释。

所谓对群臣的共同赏赐，就是国家将马匹等赏赐物一并授予所有符合条件的官员。也就是说，这种赏赐是以全部参加作战的官员为对象。《魏书·道武帝纪》：天兴二年，拓跋仪"督三万骑别从西北绝漠千余里，破其遗迸七部。……还次牛川及薄山，并刻石记功，班赐从臣各有差。"显然，全部参战官员都获得了赏赐。可以说，这些受赏赐者可以按等次获得不同数量的马匹。《魏书·道武帝纪》："（天兴五年）材官将军和突破黜弗、素古延等诸部，获马三千余匹，牛羊七万余头。辛卯，蠕蠕社仑遣骑救素古延等，和突逆击，破之于山南河曲，获铠马二千余匹，班师，赏赐将士各有差。"由此可见，受赏赐官员不仅能够获得数量不等的赏赐物，而且，这些赏赐物都是从战争中缴获的，其中重要的就是大量的马匹。应该说，北魏前期，国家一并向群臣赏赐马匹，是一种重要的做法。为说明北魏前期赏赐马匹的这种状况，兹列表1如下：

表 1 北魏前期赏赐马匹情况

年代	赏赐者	赏赐对象	赏赐物及数量	史料出处
登国六年	道武帝	大臣	名马三十余万匹，牛羊四百余万头。	《魏书》卷二《道武帝纪》
登国七年	道武帝	诸官	马、牛、羊	《魏书》卷二《道武帝纪》
天兴二年	道武帝	从臣	马五万余匹，牛羊二十余万头	《魏书》卷二《道武帝纪》
天兴五年	道武帝	将士	马二千余匹	《魏书》卷二《道武帝纪》
永兴五年	明元帝	征还将士	牛、马、奴婢	《魏书》卷三《明元帝纪》
始光四年	太武帝	留台文武	生口、缯帛、马、牛	《魏书》卷四上《太武帝纪上》

依据表1统计，可以明确，北魏国家按受赏赐官员的等级一并授予马匹及其他物品的做法，共进行了7次。其中，道武帝时有4次；明元帝时有1次；太武帝有1次。很明显，这种类别赏赐主要集中在道武帝时期。而表中显示明元帝、太武帝实行按等次一并向群臣的赏赐中，已经开始减少赐授马匹。也就是说，虽然明元帝、太武帝并没有减少向群臣一并赏赐，可是，却使马匹的赐授受到严格的限制。

据《魏书》《北史》记载，明元帝在位时，按等次向官员一并赏赐进行了8次。而太武帝时就更多了，共进行了24次。在这些按官员等次进行的一并赏赐的物品中，大多数为金银、布帛、缯絮、生口。例如，永兴五年，明元帝"赐平王熙及诸王、公、侯、将、士，布、帛各有差"①。始光四年，太武帝"以昌宫人及生口、金银、珍玩、布、帛班赉将士各有差"②。这就是说，明元帝、太武帝按等次一并赏赐官员时，赐授马匹是很罕见的。甚至在战胜敌国后，缴获了大量马匹，可是，却很少将缴获的马匹用来赏赐。例如，始光四年，太武帝"车驾入城，房昌群弟及其诸母、姊妹、妻妾、宫人万数，府库、珍宝、车旗、器物不可胜计，擒昌尚书王买、薛超等及司马德宗将毛修之、秦雍人士数千人，获马三十余万匹，牛羊数千万"③。可是，太武帝这次对群臣的赏赐，却并没有缴获的马匹。

如果说明元帝、太武帝实行按等次一并实行赏赐时，还能零星地奖赏群臣马匹，可是，文成帝、献文帝以后，国家按等次一并赏赐群臣时，赏赐物中已经不包括马匹。换言之，在文成帝、献文帝之后，尽管北魏国家还实行的这种奖赏群臣做法，可是，在赏赐物中，已经将马匹完全排除在外。由此可见，北魏国家实行的这种按等次向群臣赏赐马匹的做法，也只是道武帝积极采取的措施。

应该说，这种马匹赏赐，能够成为道武帝实行的重要做法，当然，与拓跋鲜卑人传统赏赐的影响有很大关系。而拓跋鲜卑人的传统赏赐，实际正是部落联盟时期的做法。实际上，这种做法的重要特点就是，在作战胜利后，对参战的将士，都要全部给予赏赐。《魏书·序纪》：什翼犍"俘获生口及马牛羊数十万头。三十一年春，帝至自西伐，班赏各有差"。在什翼犍赏赐参战下属的物品中，应该有缴获的马匹。可以说，这种按等次向下属实行的赏赐，马匹是重要赏赐物。关于什翼犍所处的时代，正如唐长孺先生所言，从力微到拓跋珪正是由部落联盟到建立国家的转变时期。④ 也就是说，什翼犍正是这一转变时期的重要人物，所以，他实行的赐授马匹的做法，应该说，正是拓跋鲜卑部落联盟时期赏赐重要特点的表现。由于这种做法具有比较牢

---

① 魏收：《魏书》卷三《明元帝纪》，第52页。
② 魏收：《魏书》卷四上《太武帝纪上》，第73页。
③ 魏收：《魏书》卷四上《太武帝纪上》，第73页。
④ 唐长孺：《魏晋南北朝史论丛》，生活·读书·新知三联书店，1955年，第194页。

固的影响,所以,北魏建国之初,就使道武帝还要继续实行按官员等次向群臣一并赏赐马匹。应该说,道武帝实行的这种马匹赏赐,实际正是部落联盟时期做法的遗存。

然而,随着北魏国家机构的不断完善,就使部落联盟时期的影响随之逐渐减弱,当然,也就要促使国家赏赐措施的变化。可以说,至明元帝、太武帝时期,限制实行按等次一并向群臣赏赐马匹的做法,正是部落联盟时期的影响被逐渐改变的体现。

不仅如此,明元帝、太武帝改变传统赏赐马匹的做法,还与国家对马匹使用数量的增加有很大关系。从太武帝时期的情况来看,马匹使用的数量已经较道武帝时期明显增多。太常卿崔浩说:"官军往年北伐,虽不克获,实无所损。于时行者内外军马三十万匹。"[1] 崔浩所说情况,应该是对作战所用马匹数量的大概估计。这就是说,进行一次作战,就需要大量的马匹。可是,太武帝时,发动的战争次数,却是很频繁的,因而,当时马匹使用和损失的数量,无疑都是巨大的。

太武帝时期,使用马匹数量的增加,还与北魏控制地区的扩大有关。史称:"世祖聪明雄断,……扫统万,平秦陇,翦辽海,荡河源;南夷荷提,北蠕削迹,廓定四表,混一戎华,其为功也大矣。遂使有魏之业,光迈百王,岂非神睿经纶,事当命世。"[2] 也就是说,太武帝的功绩在于,基本确定了北魏能够控制北方的大致范围,从而使北魏成为统治地域广大的国家。正因如此,也就增加了北魏国家物资转运的负担。《魏书·食货志》:"显祖即位,……山东之民咸勤于征戍转运,帝深以为念。"虽然这是对献文帝时期情况的记载,但是,应该与太武帝时,不会有太大的差别。因为物资转运规模的扩大,因而,所需要的马匹数量也要大量增加。

由于太武帝时期国土的扩大,也促进了驿站交通的发展。当时,设置在各地的驿站,成为各地方联系的保证。例如,太平真君三年冬,太武帝前往阴山,"(卢)鲁元以疾不从。侍臣问疾,送医药,传驿相属于路"[3]。罗斤

---

[1] 魏收:《魏书》卷三五《崔浩传》,第822页。
[2] 魏收:《魏书》卷四下《太武帝纪下》,第109页。
[3] 魏收:《魏书》卷三四《卢鲁元传》,第801页。

"除长安镇都大将。会蠕蠕侵境,驰驿征还,除柔玄镇都大将"①。很明显,大量设置驿站,促进了全国各地联系的通畅。而设置在各地的驿站,都需要使用马匹。这些为驿站使用的马匹,文献中称为"驿马"。可以说,驿马是当时公、私信息传递和人员往来的保证,因此,《魏书·罗结传》称:"朝廷每有大事驿马询访焉。"由此来看,由于太武帝时驿站交通的发展,必然要大量使用驿马,因而,也促使国家要大量增加马匹使用的数量。

由于这些因素的影响,必然要使北魏国家按等次向群臣赏赐马匹的做法受到限制,从而防止因赏赐马匹数量过多而影响国家在战争、转运和驿站交通等方面对马匹的需求。这应该是造成明元帝、太武帝按官员等次一并赏赐马匹做法减少的不能忽视的重要原因。而这些情况进一步发展,也就使文成帝以后,北魏国家不能不废止这种赏赐马匹做法的实行。

北魏国家赏赐马匹,更多采取的做法,是对官员实行单独的奖赏。但是,在这种单独赏赐中,又有马匹与其他物品一并赏赐与只赏赐马匹的区别。《魏书·李先传》:"车驾于是北伐,大破蠕蠕。赏先奴婢三口、马牛羊五十头。"就是将马匹与奴婢、牛、羊合在一起进行赏赐。《魏书·王肃传》:"(王)肃至义阳,频破贼军,降者万余。高祖遣散骑侍郎劳之,以功进号平南将军,赐骏马一匹。"则是向官员只赏赐马匹,而不包括其他物品。尽管这两种情况存在一些区别,可是,因为在赏赐中,马匹占有重要地位,所以,都是以马匹来显示重要性的奖赏,所以,也就具有更多的一致性。

从受赏赐马匹的对象来看,只是单独的官员。从赏赐马匹的数量来看,并没有统一的规定。《魏书·道武七王·广平王连传》:拓跋浑"常引侍左右,赐马百匹"。《魏书·张济传》:张济获赏"马牛数百"。这种百匹以上马匹的赏赐,在北魏时期是很少见的。因此,可以说,拓跋浑、张济获得这些数量的马匹赏赐,应该是国家最多的奖赏。实际上,北魏国家赏赐官员马匹的数量,是受到控制的。《魏书·尧暄传》:尧暄受赐"厩马四匹"。《魏书·高闾传》:李祥受赐"牛马各三"。《魏书·崔挺传》:崔挺受赐"马牛各二"。《魏书·李彪传》:李彪受赐"马一匹"。《魏书·景穆十二王中·任城王云传》:"(元澄)加侍中,赐衣一袭、乘马一匹。"《魏书·高祐传》:高祐受

---

① 魏收:《魏书》卷四四《罗结传》,第 988 页。

"赐帛五百匹、粟五百石、马一匹"。这些记载表明，虽然这些官员获赐马匹的数量不一，但受赏赐最多者，不超过四匹，而获赐一匹的人数最多。由此来看，北魏国家赏赐马匹的数量，一般以一匹为限。

北魏国家除了赏赐普通马匹之外，还向重要官员赏赐良马。当然，赏赐良马的数量，就更受到限制。《魏书·傅竖眼传》："（傅竖眼）乃进讨齐，破其二栅，斩首万余，齐被重创，奔窜而退。小剑、大剑贼亦损城西走，益州平。灵太后玺书慰劳，赐骅骝马一匹，宝剑一口。"《魏书·奚康生传》：奚康生败梁将王萧宏，"还京，召见宴会，赏帛千匹，赐骅骝御胡马一匹"。这些记载中提到的"骅骝马""骅骝御胡马"，正如《庄子·秋水篇》称："骐骥骅骝，一日而驰千里"。也就是说，骅骝马是可以日行千里的上好骏马。检《魏书》记载，受赐骅骝马的官员有：傅竖眼、奚康生、韦珍、王肃、李宪、李韶、崔延伯。显然，受赐骅骝马的人数并不多。除了韦珍受赐"骅骝二匹"[1] 之外，一般只能获得一匹的赏赐。由此可见，北魏国家向官员单独赏赐马匹，在数量上，实行了控制的措施。当时国家采取这种做法，一方面受到当时对马匹重视观念的影响；另一方面则是要将马匹赏赐作为高规格的奖赏，所以，要严格限制赐授的数量。

北魏国家单独向官员赏赐马匹，实际是从道武帝时开始的。《魏书·张济传》："（张济）后迁谒者仆射，报使姚兴。以累使称旨，拜胜兵将军。频从车驾北伐，济谋功居多。赏赐奴婢百口、马牛数百、羊二十余口。天赐五年卒。"很显然，张济在天赐年间就获得马匹与奴婢、牛、羊的赏赐。道武帝所以能够单独向官员实行这种马匹赏赐，应该与国家官僚体制开始完善有密切的关系。因为皇始元年，道武帝"初建台省，置百官，封公侯、将军、刺史、太守，尚书郎已下悉用文人"[2]。而且，道武帝不断地完善国家官僚制度。天兴元年，道武帝又"诏尚书吏部郎中邓渊典官制，立爵品"[3]。可以说，道武帝构建的官僚体制，已经有明确的品级规定，因而，这正是向官员实行单独赏赐马匹的保证。因此，道武帝开始实行这种赏赐马匹的做法，正

---

[1] 魏收：《魏书》卷四五《韦阆传》，第1014页。
[2] 魏收：《魏书》卷二《道武帝纪》，第27页。
[3] 魏收：《魏书》卷二《道武帝纪》，第33页。

是要依据这种官僚体制使受赏赐官员可以获得一种特权，进而表现他们所处的优越的地位，所以，后世皇帝也就一直延续这种做法，使之成为服务于官本位体制而实行重要的措施。统计《魏书》《北史》记载，从道武帝开始，历明元帝、太武帝、文成帝、献文帝、孝文帝、宣武帝、孝明帝，都实行了这类马匹赏赐。

不过，值得注意的是，由于孝文帝实行官制改革，更完善了国家官本位体制，所以，也就将向官员赏赐马匹规定得更为明确。太和十七年，孝文帝下诏称："夫骏奔入觐，臣下之常式；锡马赐车，君人之恒惠。"① 正表现了皇帝不动摇地向官员实行马匹赏赐的意向。因为孝文帝将赏赐马匹与官本位体制结合得更紧密，所以，就使孝文帝、宣武帝、孝明帝时期，赏赐官员马匹的事例明显增多。据《魏书》《北史》记载，受赏赐者就有：尧暄、高闾、游明根、高祐、崔挺、杨椿、毕众敬、李彪、王肃、奚康生、成淹、高肇、高遵、源怀、崔亮、仇洛齐、元亮、元澄、李宪、李韶、李崇、傅竖眼、崔延伯、胡国珍、路邕、抱嶷，共 26 人。不仅官员受赐马匹的人数增多，而且，还使受赐官员受到很大的激励。《魏书·良吏·路邕传》载灵太后诏："（路）邕莅政清勤，善绥民俗。比经年俭，郡内饥馑，群庶嗷嗷，将就沟壑，而邕自出家粟，赈赐贫窭，民以获济。虽古之良守，何以尚兹。宜见沾锡，以垂奖劝。可赐龙厩马一匹、衣一袭、被褥一具。班宣州镇，咸使闻知。"这一诏令表明，北魏国家已经将赏赐马匹作为授予官员一种很高的荣誉。因此，可以说，对北魏国家官员来说，获得马匹赏赐，不仅可以获得经济利益，也是身份地位提高的明显体现。

不过，北魏国家实行赏赐马匹的做法，却在庄帝统治时出现变化。《魏书·庄帝纪》：建义二年，庄帝"宴劳天柱大将军尔朱荣、上党王天穆及北来督将于都亭，出宫人三百、缯锦杂彩数万匹，班赐有差"。又同纪：建义三年"班募攻河桥格，赏帛授官各有差"。很显然，虽然庄帝还继续实行赏赐官员的措施，可是，在赏赐官员的物品中，却排除了马匹。这种情况说明，庄帝已经停止了赏赐马匹的做法，因而，也就降低了奖赏的规格。魏庄帝改变了道武帝以来一直实行的赏赐马匹的做法，当然是由当时的形势所决定的。其中最重要

---

① 魏收：《魏书》卷七下《孝文帝纪下》，第 171 页。

的原因，是因为国家存在马匹需求量增加，但却缺少马匹的矛盾。而使北魏国家在这一时期出现这种矛盾，实际与北魏末年战乱的频频发生有很大的关系。因为要适应战争形势的需要，军队作战和物资转运，都使马匹的需求数量大为增加，可是，频繁的战争，却只能使国家马匹数量大量减少。《魏书·庄帝纪》："（武泰元年）诏诸有私马仗从戎者，职人优两大阶，亦授实官。"《魏书·庄帝纪》："（建义二年）又诏职人及民出马优阶各有差。"很明显，庄帝采取授官优待做法的意图在于，能够向民间大量征集私马，或者使从军者自带私马受到鼓励，从而能够保证作战还有马匹可以使用。应该说，这些措施的实行，明显透露出这一时期国家马匹极度缺乏的窘况。由这种情况所决定，就迫使庄帝不能不停止实行赏赐马匹的做法。也就是说，庄帝在国家赏赐物中，将马匹排除在外，主要是由国家极度缺少马匹的状况造成的。

概而言之，北魏国家建国后，道武帝仍然将马匹作为重要的赏赐物。道武帝一方面延续部落联盟时期的做法，按等级向群臣赏赐不同数量的马匹；同时，又实行向官员单独赏赐马匹的措施。在拓跋鲜卑人入主中原后，因为统治的疆域的不断扩大，因而，在军队作战、物资转运和驿站交通等方面，都需要大量的马匹，就使明元帝、太武帝不能不减少按等级向群臣赏赐马匹的做法，以致到文成帝时，只能废弃了这种赏赐的做法。而随着北魏官僚制度完善，单独向官员赏赐马匹，则成为北魏国家主要的措施。尤其是，孝文帝将这种马匹赏赐的做法，进一步明确化，所以，使很多具备条件的官员都能够获得马匹的赏赐，进而更有利于保证官本位体制的影响力。然而，由于北魏末年，战乱频仍，造成了对马匹需求数量的激增与马匹大量减少的矛盾，因而，也就严重地影响了赏赐马匹措施的实行。至庄帝统治时期，虽然国家还实行向官员赏赐的措施，可是，在赏赐物中，却完全排除了马匹。也就是说，因为庄帝时期，北魏国家处于极度缺少马匹的窘境中，也就不能不将长期实行的马匹赏赐完全废止。

二、马匹赏赐与职官品级的关系

（一）职官品级对获得马匹赏赐对象的限定

可以说，北魏国家对受赏赐的官员是有条件限制的。由于北魏国家实行的马匹赏赐有按等次向全部参与活动的官员一并奖赏与单独向官员奖赏的区别，所以，限制的规定并不相同。因为按等次向全部官员一并赏赐马匹，是部落联盟时期的做法沿袭，所以，确定受赏赐者的等次，主要是由参与军事活动的状况来决定。《魏书·道武帝纪》："（天兴二年）骠骑大将军、卫王仪督三万骑别从西北绝漠千余里，破其遗迸七部，获二万余口，马五万余匹，牛羊二十余万头，高车二十余万乘，并服玩诸物。还次牛川及薄山，并刻石记功，班赐从臣各有差。"显然，受赏官员的等次区分，主要取决于参与军事活动所建树的功劳。而单独向官员赏赐马匹，则是随着北魏官僚制度建立与完善，才实行的做法，所以，就与官员任职的状况有很密切的联系。也就是说，北魏国家单独向官员赏赐马匹的最重要的条件规定，正是由受赏赐者所任职官的品级决定的。应该说，正是这种条件，直接影响马匹赏赐的实行。

从北魏职官的设置来看，孝文帝官制改革前后，情况是不相同的。孝文帝官制改革前，北魏国家实行的是"胡汉杂糅"的制度。而在孝文帝官制改革后，则全部改行汉官制。从职官品级规定来看，北魏初年，应该实行的九品官制。至少在献文帝以后，在官品规定上，开始出现实行正、从品制的迹象。由于北魏职官的设置与品级规定存在差别，因此，要说明获得马匹赏赐者的身份条件限制，需要以孝文帝即位前后为界限，分别加以阐释。以下将孝文帝即位以前受赏赐者所任职官的情况列表2说明：

表2　前期受赏者所任职官情况

年代	赏赐者	受赏赐者	所任职官及爵位	史料出处
登国初	道武帝	安同	外朝大人	《魏书》卷三〇《安同传》
皇始年间	道武帝	李先	尚书右中兵郎	《魏书》卷三三《李先传》
皇始年间	道武帝	拓跋仪	左丞相	《魏书》卷一五《昭成子孙·秦明王翰传》
天兴年间	道武帝	张济	谒者仆射	《魏书》卷三三《张济传》
永兴年间	明元帝	李先	定州大中正	《魏书》卷三三《李先传》
始光年间	太武帝	拓跋浑	南平王、平西将军	《魏书》卷一六《道武七王·广平王连传》

续表

年代	赏赐者	受赏赐者	所任职官及爵位	史料出处
太平真君八年	太武帝	拓跋提	统万镇都大将	《魏书》卷一六《道武七王·河南王曜传》
正平年间	太武帝	李祥	太守	《魏书》卷五三《李孝伯传》
?	太武帝	仇洛齐	武卫将军	《魏书》卷九四《阉官·仇洛齐传》
兴光中	文成帝	宿石	内行令	《魏书》卷三〇《宿石传》
?	献文帝	鹿生	济南太守	《魏书》卷八八《良吏·鹿生传》

据表 2 可见，受赏赐者的所任官职可以分为拓跋鲜卑职官与汉职官。所任拓跋鲜卑职官有：外朝大人、内行令、统万镇都大将。所任汉官则有：左丞相、谒者仆射、尚书右中兵郎、定州大中正、太守、济南太守、平西将军。由于《魏书》对北魏前期的职官品级没有明确记载，所以，对这些受赏赐官员的品级状况，不易说明。不过，如前所述，北魏职官品级，至献文帝时，逐渐改行正、从品级制，而且，孝文帝实行的前、后《职员令》保留了制定规定以前的一些职官的品级，所以，对郡太守的品级，可以做出推断。

从后《职员令》规定可以明确：上郡太守，四品；中郡太守，五品；下郡太守，六品。虽然后《职员令》在太和二十三年才制定，可是，对郡太守的品级规定，应该是从孝文帝官制改革后确定的，因此，能够透视孝文帝以前地方职官的品级情况。而且，从北魏前期受到赏赐的郡太守情况来看，只有济南郡太守的记载明确。也就是说，这个郡的太守是由献文帝任命鹿生担任的。可是，济南郡在当时并不是小郡，因此，鹿生所任职官不会低于五品级。鹿生以担任五品职官获得马匹赏赐，不应该是特殊的规定，而应该与国家确定以职官五品级而将其分为不同层次的规定有关。因为北魏建国后，虽然职官的设置表现为"胡汉杂糅"的特点，可是，确定的职官品级却是仿效晋代的九品制，并且，使五品以上职官能够获得一些特殊权益。由此来看，北魏前期，国家也应该是仿照晋代的品级规定而将职官分为上、下层次。可以说，北魏前期向官员赏赐马匹，应该以五品级为界限来划定限制的范围。换言之，只有担任五品以上的官员，才能被确定为赏赐的对象。

孝文帝及以后各位皇帝确定赏赐对象，依然根据官员的品级来限定范围。然而，由于孝文帝官制改革后，先后制定了前、后《职员令》，所以，也就使限定措施的规定更明确。为说明限定赏赐对象范围的特点，下面将孝文帝以后受赏赐者任官职情况列表3说明：

表3 后期受赏赐任官职情况

年代	赏赐者	受赏赐者	所任职官	职官品级	史料出处
延兴中	孝文帝	高肇	厉威将军	六品	《魏书》卷八三下《外戚·高肇传》
延兴中	孝文帝	元澄	梁州刺史	三品—五品	《魏书》卷一九中《景穆十二王中·任城王云传》
延兴中	孝文帝	李彪	员外散骑常侍	从三品	《魏书》卷六二《李彪传》
太和中	孝文帝	尧暄	南部尚书	二品	《魏书》卷四二《尧暄传》
太和十四年	孝文帝	高闾	相州刺史	三品—五品	《魏书》卷五四《高闾传》
太和中	孝文帝	游明根	尚书	二品	《魏书》卷五五《游明根传》
太和中	孝文帝	崔挺	下大夫	四品	《魏书》卷五七《崔挺传》
太和中	孝文帝	杨播	豫州刺史	三品—五品	《魏书》卷五八《杨播传》
太和中	孝文帝	毕众敬	兖州刺史	三品—五品	《魏书》卷六一《毕众敬传》
太和十七年	孝文帝	王肃	大将军长史	四品	《魏书》卷六三《王肃传》
太和中	孝文帝	奚康生	武卫将军	三品	《魏书》卷七三《奚康生传》
太和中	孝文帝	成淹	散骑侍郎	四品	《魏书》卷七九《成淹传》
太和中	孝文帝	高遵	中书侍郎	四品	《魏书》卷八八《酷吏·高遵传》
正始元年	宣武帝	源怀	车骑大将军。	二品	《魏书》卷四一《源贺传》
正始中	宣武帝	崔亮	雍州刺史	三品—五品	《魏书》卷六六《崔亮传》
永平中	宣武帝	路邕	东魏郡太守	四品—五品	《魏书》卷八八《良吏·路邕传》
永平中	宣武帝	崔延伯	金紫光禄大夫	从二品	《魏书》卷七三《崔延伯传》
永平中	宣武帝	抱嶷生	太中大夫	从四品	《魏书》卷九四《阉官·抱嶷传》
熙平中	孝明帝	李崇	扬州刺史	三品—五品	《魏书》卷六六《李崇传》
熙平中	孝明帝	李韶	车骑大将军	二品	《魏书》卷三九《李宝传》
熙平中	孝明帝	胡国珍	光禄大夫	三品	《魏书》卷八三下《外戚·胡国珍传》
正光中	孝明帝	元亮	平原郡开国公	一品	《魏书》卷一六《道武七王·京兆王黎传》
孝昌初	孝明帝	李宪	七兵尚书	三品	《魏书》卷三六《李顺传》
孝昌元年	孝明帝	傅竖眼	益州刺史	三品	《魏书》卷七〇《傅竖眼传》

依据表3可以明确，获得马匹赏赐者有中央职官、地方职官、僚佐官，并且，还有依据爵位受到赏赐者。其中，中央职官有14人，最低品级为六品；地方刺史、太守有8人，最低职官为东魏郡太守。[①] 僚佐官有1人，职官品级为四品；依据爵位受赏赐者有1人。

需要说明的是，依据爵位而受到赏赐的情况。《魏书·道武七王·京兆王黎传》："乃封其子（元）亮平原郡开国公，食邑一千户。及拜，肃宗御南门临观，并赐御马，帛千匹。"也就是说，元亮并无官职，而是在受封开国爵后，被赐予马匹。可是，元亮受到赏赐却是在孝明帝时，而在此时实行的后《职员令》，已经将职官品级与爵位品级一体化。依据后《职员令》的品级规定，开国郡公与职官太师、太傅、太保、大司马、大将军、太尉、司徒、司马诸公的品级相同，都为一品。这就是说，元亮受赏赐的爵位品级是与职官品级相同的。由此来看，受封爵位品级可以比照职官品级，并能以此作为确定赏赐对象的依据。

当然，还要提及的是，高遵是以散骑侍郎受到赏赐的，而散骑侍郎的品级为六品。应该说，高遵以六品职官受赏赐，是一种特殊情况。《魏书·酷吏·高遵传》："（高遵）涉历文史，颇有笔札，进中书侍郎。诣长安，刊《燕宣王庙碑》，进爵安昌子。……由是高祖识待之。后与游明根、高闾、李冲入议律令，亲对御坐，时有陈奏。以积年之劳，赐粟帛牛马。"据此，高遵获得赏赐，应该与他担任中书侍郎和领有散爵安昌子有很大关系。也就是说，虽然北魏确定了官本位体制，但是，官员的爵位依然还能够起到体现身份高低的作用。尽管高遵是在孝文帝时任职，要依据前《职员令》确定品级，但前《职员令》还没有将官位与爵位一体化。尽管如此，在这一时期，封爵还是能够与职官品级相比照。其实，这种比照情况，可以依据后《职员令》。从后《职员令》的规定来看，散子被确定为四品级。[②] 由此可以确定，高遵获得赏赐，是依据他的职官与爵位情况的。也就是说，高遵的身份条件是由他所任职官与所领爵位共同决定的，所以，也就能够以六品职官的身份获得马匹赏赐。

---

① 孝文帝以后，东魏郡人口较多，不会是小郡，所以，其品级当在五品以上。
② 魏收：《魏书》卷一一三《官氏志》，第2997页。

依据上述情况，可以明确，孝文帝、宣武帝、孝明帝赏赐官员马匹，在身份条件上，受到的限制还是很严格的。也就是说，除了特殊情况之外，只有担任五品以上职官，才能成为获得赏赐马匹的对象。当然，担任职官者领有的爵位，对受到赏赐的影响也是很明显的，实际可以起到比照能够获得赏赐的职官品级的作用。

（二）职官的品级对获得赏赐种类的制约

实际上，北魏国家在一定程度上，确定了职官品级与赏赐种类的关系。可是，这种关系明确化，却是从孝文帝时开始的。《魏书·孝文帝纪下》："（太和十五年）丁亥，诏二千石考在上上者，假四品将军，赐乘黄马一匹；上中者，五品将军；上下者，赐衣一袭。"显然，孝文帝开始依据考核状况，按等次授予不同赏赐物，而只有考核达到上上标准者，才能获得马匹的赏赐。当然，向官员赏赐马匹，不只依据考核标准。《魏书·孝文帝纪下》载太和十七年诏令：

> 夫骏奔入觐，臣下之常式；锡马赐车，君人之恒惠。今诸边君蕃胤，皆虔集象魏，趋锵紫庭。贡飨既毕，言旋无远。各可依秩赐车旗衣马，务令优厚。其武兴、宕昌，各赐锦缯纩一千；吐谷浑世子八百。邓至世子，虽因缘至都，亦宜赉及，可赐三百。命数之差，皆依别牒。

据此诏令可见，孝文帝时，北魏国家可以依据"别牒"所规定的周边少数民族朝贡使臣的等级来确定不同种类的赏赐物品，自然是等次越高，获得的赏赐物品的种类越多。应该说，孝文帝实行的这种规定，实际是将国家依据国家官员的品级来确定赏赐物品差等的做法，推广到周边少数民族朝贡的使臣中，所以，也就有了"别牒"的特殊规定。也就是说，北魏国家依据"别牒"，向朝贡使臣实行的赏赐，实际是参照了向国家官员实行赏赐正牒的规定。

北魏国家的止牒，也称为牒。《魏书·昭成子孙·常山王遵传》："若德教有方，清白独著，宜以名闻，即加褒陟；若治绩无效，贪暴远闻，亦便示牒，登加贬退。"《魏书·孝明帝纪》载孝昌元年诏："可令第一品以下、五品以上，人各荐其所知，不限素身居职。必使精辩器艺，具注所能，然后依牒简擢，随才收叙。"很显然，北魏国家的牒很全面地记载了官员的活动。

其中有官员施政状况、任官品级、进升贬降的记载。《魏书·尉元传》载孝文帝太和十七年诏提道："所谓立身备于本末，行道著于终始，勋书玉牒，惠结民志者也。"在这一诏令中，将牒称为"玉牒"，并与勋书并提。很显然，记载国家官员活动的牒，是由玉制成，故称"玉牒"。由此可见，在玉牒中，记载很重要的内容是，不同品级官员建树的功劳。由于玉牒对官员任职情况记载详细，所以，也就能够成为确定获得赏赐物种类多少的依据。当然，由于赐授马匹是高规格赏赐，在玉牒中，自然应该特别规定。

综上可见，北魏国家赏赐马匹与其他赏赐一样，都受到职官品级的限制。也就是说，并不是全部任职的官员都能获得马匹赏赐。可以说，北魏国家仍然将职官五品界限作为官员取得特殊权益的标准。当然，对官员的赏赐，包括对马匹的赏赐，都要以此作为限定的依据。尤其是，孝文帝官制改革后，制定了前、后《职员令》，对职官的设置与品级规定更明确，因而，这种界限的划分也就更固定化。尽管前、后《职员令》按正、从品，规定职官的品级，可是，以职官五品为界限，仍然不变，只是有了正、从五品的区分。而且，北魏国家在能够获得赏赐官员的范围内，也使所任职官的品级，能够影响获得赏赐物的种类。因此，可以说，北魏国家实行的这种赏赐马匹的做法，实际是与国家的官本位体制相适应的。因此，可以明确，北魏国家依据官员职官品级划定马匹赏赐的范围，并在一定程度上，与赏赐种类相联系，实际也就将赏赐马匹，确定为只有五品以上官员才能够获得的一种特权。

三、马匹赏赐对维护国家统治的作用

如前所述，在北魏国家实行的赏赐中，马匹占有重要地位。因为北魏赐授马匹是一种高规格的赏赐，所以，皇帝就很重视利用这种赏赐为其统治服务。而北魏皇帝实行这种赏赐的目的，却是多样的，并不完全一致。

应该说，北魏皇帝利用赏赐马匹体现对受赏者的恩恤，就是经常采用的做法。在这些受赏赐者中，一些人是皇亲。《魏书·昭成子孙·秦明王翰传》："太祖告以世祖生，（拓跋）仪起拜而歌舞，遂对饮申旦。召群臣入，赐仪御马、御带、缣锦等。"《魏书·昭成子孙·秦明王翰传》："有双鸥飞鸣于上，太宗命左右射之，莫能中。鸥旋飞稍高，（拓跋）干自请射之，以二

箭下双鸥。太宗嘉之，赐御马、弓矢、金带一，以旌其能。"《魏书·道武七王·京兆王黎传》："乃封其子（元）亮平原郡开国公，食邑一千户。及拜，肃宗御南门临观，并赐御马、帛千匹。"拓跋仪、拓跋干、元亮被赏赐马匹，都是皇帝要以此表现对他们的恩宠。此外，一些外戚也因受宠幸而获得了这种赏赐。例如，胡国珍因"灵太后临朝，加侍中，封安定郡公，给甲第，赐帛、布、绵、谷、奴婢、车、马、牛甚厚"①。

北魏皇帝对一些官员，也实行这种赏赐。《魏书·宿石传》："（宿石）从幸苑内，游猎，石于高宗前走马，道峻，马倒殒绝，久之乃苏。由是御马得制。高宗嘉之，赐绵一百斤，帛五十匹，骏马一匹，改爵义阳子。"可见，宿石是因为取悦了明元帝而获得赏赐。可以说，官员受到皇帝的这种赏赐，并不是特例。诸如，于栗䃅由于修整道路，使道武帝欢心，"即赐其名马"②。李先受到明元帝赏识，"赐先绢五十匹、丝五十斤、杂彩五十匹、御马一匹"③。宦官仇洛齐因受到太武帝宠幸，"赐以奴马，引见"④。孝文帝满意于杨椿对地方的治理，"至磝碻，幸其州馆，又赐马二匹、缣千五百匹"⑤。毕众敬告老还乡，"文明太后、高祖引见于皇信堂，赐以酒馔，车一乘、马三匹、绢二百匹，劳遣之"⑥。这些事例说明，北魏皇帝对皇亲和受宠幸的官员实行这种马匹赏赐，不是要酬劳受赏者的功劳，而是要与他们进行情感联络，体现对他们的恩恤，进而也就能够更有效地笼络这些受赏赐者。

北魏皇帝还使马匹赏赐可以起到奖励官员所立功劳的作用。《魏书·道武帝纪》："簿其珍宝畜产，名马三十余万匹，牛羊四百余万头。班赐大臣各有差。"这是道武帝对全部参战官员的赏赐，其目的是要奖励建树功劳的全体官员。实际上，北魏官员建树军功、事功达到标准者，都能获得马匹赏赐。《魏书·昭成子孙·秦明王翰传》："（拓跋仪）又从征高车。仪别从西北破其别部。又从讨姚平，有功，赐以绢、布、绵、牛、马、羊等。"《魏书·

---

① 魏收：《魏书》卷八三下《外戚·胡国珍传》，第1833页。
② 魏收：《魏书》卷三一《于栗䃅传》，第735页。
③ 魏收：《魏书》卷三三《李先传》，第790页。
④ 魏收：《魏书》卷九四《阉官·仇洛齐传》，第2013页。
⑤ 魏收：《魏书》卷五八《杨播传》，第1285页。
⑥ 魏收：《魏书》卷六一《毕众敬传》，第1361页。

李顺传》:"徐州既平,诏遣兼黄门侍郎常景诣军慰劳,赐宪骅骝马一匹。"拓跋仪、李顺就是因有军功建树而获得马匹赏赐。当然,这种赏赐不是使所有立军功者都能获得。《魏书·安同传》:"太祖班赐功臣,同以使功居多,赐以妻妾及隶户三十,马二匹,羊五十口,加广武将军。"很显然,能够获得马匹赏赐,一般都是立有很高军功者。

北魏国家对建树事功者,也是如此。《魏书·高祐传》:"(高祐)以昔参定律令之勤,赐帛五百匹、粟五百石、马一匹。"《魏书·崔挺传》:"(崔挺)以参议律令,赐布帛八百匹、谷八百石、马牛各二。"《魏书·李彪传》:"(李彪)以参议律令之勤,赐帛五百匹、马一匹、牛二头。"高祐、崔挺、李彪都尽力制定律令,实际正是一种受重视的事功,因而,也就使他们能够获得马匹赏赐。而且,对取得多项事功者,获得的赏赐更丰厚。《魏书·高闾传》载孝文帝诏:"(高)闾昔在中禁,有定礼正乐之勋;作蕃于州,有廉清公干之美。自大军停轸,庶事咸丰,可谓国之老成,善始令终者也。每惟厥德,朕甚嘉焉。可赐帛五百匹、粟一千斛、马一匹、衣一袭,以褒厥勤。"据此诏令可知,高闾获得赏赐,正是对他"定礼正乐之勋""廉清公干之美"各项功劳的奖赏。

北魏国家更重视向建树特殊功劳者的赏赐。《魏书·成淹传》载孝文帝敕令:"朕以恒、代无运漕之路,故京邑民贫。今移都伊洛,欲通运四方,而黄河急浚,人皆难涉。我因有此行,必须乘流,所以开百姓之心。知卿至诚,而今者不得相纳。"显然,因为孝文帝很满意成淹能够保证黄河的通畅,所以,赏赐他"骅骝马一匹,衣冠一袭"[1],以此进行表彰。

由此可见,北魏皇帝对取得很高军功、事功的官员,多以赏赐马匹,"以旌其能"[2]。由于这种赏赐与官员的显赫功劳结合在一起,因而,也就能够保证这些官员尽力为国家政权服务,从而更有效地增强国家机器运转的效率。

北魏国家为加强对官员的管理,保证他们的施政更符合国家的需要,所以,也将赏赐马匹与吏治相结合。《魏书·源贺传》:"(源)贺上书谢。书

---

[1] 魏收:《魏书》卷七九《成淹传》,第1754页。
[2] 魏收:《魏书》卷一九中《景穆十二王中·任城王云传》,第463页。

奏，高宗顾谓左右曰：'以贺之忠诚，尚致其诬，不若是者，可无慎乎！'时考殿最，贺治为第一，赐衣马器物，班宣天下。"这一记载说明，受考核的官员能够获得赏赐马匹的标准要求很高，并不以考核达标为限，而是考核必须达到优异的标准，才符合赏赐的条件。除此之外，北魏国家对官员的考核，还包括评估"年劳"。所谓"年劳"就是国家对官员一年业绩的考核。《魏书·酷吏·高遵传》："（高遵）后与游明根、高闾、李冲人议律令，亲对御坐，时有陈奏。以积年之劳，赐粟、帛、牛、马。"这里提到的"积年之劳"，就是"年劳"的累积。如果"年劳"累积，达到规定的优异标准，也能成为获得赏赐的依据。由此来看，这种马匹的赏赐，显然是要表彰考核获得突出成绩的官员。

不仅如此，北魏国家对治理地方政绩特别优异的官员，也实行马匹赏赐。《魏书·道武七王·广平王连传》："（拓跋浑）后拜假节、都督平州诸军事、领护东夷校尉、镇东大将军、仪同三司、平州刺史，镇和龙。在州绥导有方，民夷悦之。徙凉州镇将、都督西戎诸军事、领护西域校尉，赐御马二匹。"《魏书·李孝伯传》："拜（李）祥为太守，加绥达将军。流民归之者万余家，劝课农桑，百姓安业。世祖嘉之，赐以衣马。"《魏书·李宝传》："（李韶）出为冀州刺史。清简爱民，甚收名誉，政绩之美，声冠当时。肃宗嘉之，就加散骑常侍，迁车骑大将军，赐剑佩、貂蝉各一具，骅骝马一匹，并衣服寝具。"显然，拓跋浑、李祥、李韶获得马匹赏赐，都是对他们治理地方取得优异政绩的奖赏。

北魏国家还将作风特别清廉的官员作为赏赐对象。《魏书·良吏·鹿生传》："（鹿寿兴）再为济南太守，有治称。显祖嘉其能，特征赴季秋马射，赐以骢马，加以青服，彰其廉洁。"可见，鹿寿兴被赏赐马匹，正是对他为官清廉的彰显。可以说，北魏国家一直重视实行这种做法。例如，灵太后下诏："（鹿）邕莅政清勤，善绥民俗。比经年俭，郡内饥馑，群庶嗷嗷，将就沟壑，而邕自出家粟，赈赐贫窭，民以获济。虽古之良守，何以尚兹。宜见沾锡，以垂奖劝。可赐龙厩马一区、衣一袭、被褥一具。班宣州镇，咸使闻知。"[①] 很显然，国家向廉吏赏赐马匹，不仅是对他们的褒奖，而且，试图督

---

① 魏收：《魏书》卷八八《良吏·路邕传》，第1903页。

促官员能够以清廉为荣,进而使廉洁为官可以形成风气。

北魏国家重视礼仪的建设与推行,所以,也将赏赐马匹与礼仪活动结合起来。《魏书·游明根传》:"其年,以司徒尉元为三老,明根为五更,行礼辟雍。……赐步挽一乘,给上卿之禄,供食之味,太官就第月送之。……后明根归广平,赐绢五百匹、安车一乘、马二匹、幄帐被褥。"这说明,孝文帝实行养老礼后,三老、五更都能获得特别的优待。可以说,游明根获得马匹赏赐,正是厚待五更的一种体现。当然,北魏国家为推行礼仪而实行马匹赏赐,不限于养老礼。《魏书·外戚·高肇传》:"(高扬)高祖初,与弟乘信及其乡人韩内、冀富等入国,拜厉威将军、河间子,乘信明威将军,俱待以客礼,赐奴婢、牛、马、彩帛。"北魏国家实行的客礼,是重要礼仪。客礼中的客,分为上、中、下客。据此可见,北魏国家对客礼中的客,也实行马匹赏赐,以此表明国家对推行客礼的重视。

总而言之,因为北魏国家将授予马匹作为高规格的赏赐,因此,就使这种赏赐具有特殊性,进而也就将这种赏赐与国家重要的施政活动密切结合在一起。北魏国家的马匹的赏赐,可以体现皇帝对皇亲及特殊地位官员的恩恤;能够显示对建树显赫军功、事功官员的特殊奖赏;可以突显考核中最优异、治理地方政绩极突出官员的荣誉;能够起到彰显作风清廉官员的表率作用;还能够表现对不同礼仪推行的高度重视。因此,这种马匹的赏赐不只是使官员获得物质利益和受到特殊优待,实际上,也与维护国家统治有密切的不可分离的关系。

(原载《云冈研究》2021年第3期)

北魏后期的"道"考略

北魏后期，也就是从宣武帝时期开始，国家在设置大使、征讨都督和行台职官时，也为这些职官规定了活动的区域。国家不仅使大使、征讨都督和行台与区域结合密切，并且，还将为这些职官规定的活动区域称为"道"。国家在"道"的设置上，既不同于行政州，也不同于都督区。实际上，"道"的设置是国家为实行军事征讨、监察和抚慰地方等活动而规定的区域。因而，对北魏后期，"道"的设置情况以及"道"具有的特点的探讨，既是研究北魏后期的地方区域，也是考察大使、征讨都督和行台的活动与区域结合特点不可或缺的内容。本文拟对北魏后期"道"的设置与大使、征讨都督和行台的任职、"道"设置的特征、州刺史和都督诸州军事与行台职的结合对"道"设置的影响诸问题做一些探讨。

一、"道"的设置与大使、征讨都督和行台的任职

北魏后期，由于国内局势的变化，国家在实行统治时，采取了一些不同于前期的措施。其中在各地方设置"道"，就是国家实施的一项重要措施。北魏国家设置的"道"，是为了适应军事、监察和慰问地方等活动的需要，因此，"道"的设置，不同于行政上的州、郡、县的设置，也不同于军事上的都督区的设置。实际上，"道"是与北魏国家所设置的大使、征讨都督和行台的活动密切联系的特殊区域。以下对北魏国家设置"道"与大使、征讨都督与行台结合的情况分别论列之。

（一）"道"的设置与大使的任职

北魏国家设置大使，已见于有关太武帝时期的记载。《魏书·甄琛传》："甄琛同郡张纂，字伯业……太祖平中山，入国。世祖时，拜中书侍郎。真

君元年，关右慰劳大使。"这说明，太武帝真君元年，就开始设置大使在关中从事慰问活动，并且，大使的活动是有明确的区域范围的。随着北魏国家统治的需要，国家授予大使的职责逐渐增多。大使除了具有慰问地方的职能外，国家还赋予大使从事监察地方、组织地方屯田和平抑粮价等活动的职责。至孝文帝统治时期，国家设置的大使不仅增多，并且，开始将对大使的任命与"道"的设置结合在一起。《魏书·陆俟传》："（太和八年），睿与陇西公元琛并持节为东西二道大使，褒善罚恶，声称闻于京师。"《魏书·李灵传》："高祖南伐，为行台郎。车驾还，拜太子步兵校尉。世宗初，转步兵校尉，兼散骑侍郎副卢昶东北道使。拜司空咨议，加中垒将军。"这些记载中提到的"东西二道大使""东北道使"都是大使活动与"道"结合在名称上的体现。与大使活动相联系的"道"，应该是北魏国家为大使规定的活动范围。《魏书·封懿传》："高祖初，大军南讨，琳参镇南军事。后为河南七州大使。还，拜中书侍郎……及改定百官，除司空长史。出为立忠将军、南青州刺史、兼散骑常侍、持节、西道大使。"从北魏两次任命封琳为大使的情况来看，大使的任职是与国家规定的活动地域联系在一起的。大使的活动地域可以明确地规定为行政州，也可以规定为"道"。因此，可以说，在孝文帝时期，与大使任职相联系的"道"，已经具有国家规定大使活动区域的意义。

  北魏后期，继续承袭孝文帝的做法，使大使的任职与为其活动所设置的"道"结合得更为密切。例如，宣武帝正始二年秋诏令："于忠以本官使持节、兼侍中，为西道大使，刺史、镇将贼罪显暴者，以状申闻守令已下，便即行决。"① 又如，宣武帝时下诏：以李崇"为使持节、兼侍中、东道大使，黜陟能否，著赏罚之称"②。至北魏末年，国家依然将"道"作为大使的监察区域。《魏书·庄帝纪》："（武泰元年）五月丁巳朔，加大将军尔朱荣北道大行台。以尚书右仆射元罗为东道大使，征东将军、光禄勋元欣副之，巡方黜陟，先行后闻。"即其事例。为说明问题，根据《魏书》中的记载，将北魏后期，国家在任命大使时设置"道"的情况列表如下：

---

① 魏收：《魏书》卷三一《于栗䃅传》，第742页。
② 魏收：《魏书》卷六六《李崇传》，第146页。

表1 北魏后期任命大使设"道"情况

序号	时间	大使任职者	"道"的名称	史料出处
1	宣武帝时	薛县宝	南道大使	《魏书》卷四四《薛野䐗传》
2	景明四年	元端	东南道大使	《魏书》卷二一上《献文六王上·高阳王雍传附元端传》
3	正始二年	于忠	西道大使	《魏书》卷三一《于栗䃗传附于忠传》
4	正始二年	李崇	东道大使	《魏书》卷六六《李崇传》
5	孝昌二年	李瑾	东北道吊慰大使	《魏书》卷四九《李灵传附李瑾传》
6	中兴元年	封隆之	北道大使	《魏书》卷一一《后废帝纪》
7	武泰元年	元罗	东道大使	《魏书》卷一〇《孝庄帝纪》
8	武泰元年	元欣	东道大使	《魏书》卷一〇《孝庄帝纪》
9	永安三年	李苗	西南道慰劳大使	《魏书》卷七一《李苗传》
10	永安三年	王鸳	北道大使	《魏书》卷七五《尔朱彦伯传》
11	永熙二年	樊子鹄	东道大使	《魏书》卷六六《崔亮传附崔光韶传》

由表1所示，北魏后期，国家规定的活动区域的"道"，与大使的任职联系密切。从宣武帝时期开始，到永熙二年，北魏国家在任命大使时，先后设置了南道、北道、西道、东道、西南道、东南道。这表明，在北魏不同的地方都有"道"的设置，以此来规定大使的活动。尽管北魏后期，国家还可以以行政州或者特定的区域来规定大使的活动区域，但是，以不同方位来命名的"道"作为大使活动的地域，已经占有很重要的地位。实际上，国家任命大使，使其在规定的"道"的范围内活动，这成为北魏国家规定大使活动区域的重要方式。

（二）"道"的设置与征讨都督的任职

北魏国家在征讨作战时，确立了设置征讨都督作为征讨军队统帅的制度。到北魏后期，国家更重视设置征讨都督统军作战。不过，国家在任命征讨都督时，一般要规定其活动的范围。北魏后期，国家除了以行政州或特定的区域来规定征讨都督的活动区域外，又开始设置"道"，使之与征讨都督的行动结合起来。《魏书·李宝传》："吕苟儿反于秦州，除抚军将军、西道都督、行秦州事。与右卫将军元丽率众讨之。事平，即真。玺书劳勉，复其先爵。"这一记载中提到李韶任西道都督，又"行秦州事"。显然，国家为征讨都督李韶所设的"西道"，是军事行动的区域范围。吕苟儿的反叛发生在正始三年，因此，可以说，早在宣武帝时，国家任命征讨都督，就将"道"的设置，作为规定征讨都督的军事行动范围。

下面根据《魏书》《北史》中的记载，将征讨都督的任命与"道"设置的情况列表说明：

表2　征讨都督任命与"道"设置情况

序号	时间	征讨都督任职者	道的名称	史料出处
1	正始三年	李韶	西道都督	《魏书》卷三九《李宝传附李韶传》
2	延昌三年	元遥	东道都督	《魏书》卷八《宣武帝纪》
3	神龟二年	伊盆生	西道都督	《魏书》卷四四《伊馛传附伊盆生传》
4	正光三年	崔暹	东道都督	《魏书》卷一八《太武五王·广阳王建闾传附广阳王深传》
5	正光三年	元深	北道大都督	《魏书》卷一八《太武五王·广阳王建闾传附广阳王深传》
6	正光五年	元继	大都督、节度西道诸军事	《北史》卷一六《京兆王黎传附京兆王继传》
7	正光五年	萧宝夤	西道行台、大都督	《魏书》卷九《孝明帝纪》《魏书》卷一九上《景穆十二王上·汝阴王天赐传附元修义传》
8	正光六年	崔彦伯	西道都督	《魏书》卷七三《崔彦伯传》
9	孝昌元年	元恒芝	西道都督	《魏书》卷九《孝明帝纪》
10	孝昌元年	元继	西道都督	《魏书》卷九《孝明帝纪》
11	孝昌初	杨昱	催西北道大都督	《魏书》卷五八《杨播传附杨昱传》
12	孝昌初	杨昱	东南道都督	《魏书》卷五八《杨播传附杨昱传》
13	武泰元年	郑先护	东道都督	《魏书》卷五六《郑羲传附郑先护传》
14	武泰元年	元天穆	大都督东北道诸军事	《魏书》卷一〇《孝庄帝纪》《魏故使持节侍中太宰丞相柱国大将军假黄钺都督十州诸军事雍州刺史武昭王墓志》
15	建义元年	尔朱彦伯	东道大都督	《魏书》卷七五《尔朱彦伯传》
16	建义二年	杨昱	南道大都督	《魏书》卷五八《杨播传附杨昱传》
17	永安初	贺拔岳	西道都督	《魏书》卷八〇《贺拔胜传附贺拔岳传》
18	普泰元年	尔朱彦伯	东道大都督	《魏书》卷七五《尔朱彦伯传》
19	永熙三年	娄昭	东道大都督	《北史》卷五四《娄昭传》

132

由表 2 所示情况可知，从正始三年至永熙三年，共 30 年中，北魏国家任命以征讨为职责并以不同方位的"道"来规定其军事活动区域范围的都督、大都督就达 19 人次之多。这些情况表明，北魏后期，国家设置"道"来规定征讨都督的活动区域，成为征讨都督任职的重要特点。

北魏国家为了有效地实现其军事目的，为征讨都督设置的"道"就有西道、东道、北道、南道、东北道、东南道、西北道，其分布面是很广的。这就是说，在北魏国家的不同方位，都可以设置"道"来规定征讨都督军事行动的区域范围。由此可见，北魏后期，国家使征讨都督的任职与不同方位的"道"的设置联系密切。实际上，二者的结合成为征讨都督军事行动范围的重要体现。

（三）"道"的设置与行台的任职

北魏后期，国家在军事行动中，开始广泛设置行台。行台是中央尚书台的派出机构。虽然在北魏前期，国家已经开始设置行台，但是，直到北魏后期，行台才成为国家在地方进行军事行动的重要指挥机构。在北魏后期，国家设置行台主要具有军事征讨、驻戍地方和代表国家意志出使的职能。北魏国家在设置行台时，也注意到规定行台行使权力的区域。《魏书·邓渊传》："（邓俨）后历尚书郎，除常山太守，转安南将军、光禄大夫、持节、兼尚书左丞、那州行台，又加抚军将军。"可见北魏国家能够以州来规定行台的活动区域。《魏书·封懿传》："（封伟伯）正光末，尚书仆射萧宝夤以为关西行台郎。"这就是说，"关西"这种泛指的地域，国家也可以作为行台活动地区的限定。

除此之外，北魏国家规定行台的活动地域范围，还将"道"的设置与行台的任职结合起来。以下将文献中有关北魏国家对行台的任职与"道"设置相结合的情况列表说明：

表 3　行台任职与"道"设置情况

序号	时间	行台的任职者	道的名称	史料出处
1	延昌年间	毕祖朽	兼尚书北道行台	《魏书》卷六一《毕众敬传附毕祖朽传》
2	永平四年	薛和	兼尚书左丞、西道行台	《魏书》卷四二《薛辩传附薛和传》

续表

序号	时间	行台的任职者	道的名称	史料出处
3	熙平中	杨机	兼尚书左丞、南道行台	《魏书》卷七七《杨机传》
4	神龟末	费穆	兼尚书左丞、西北道行台	《魏书》卷四四《费于传附费穆传》
5	正光年间	杨钧	北道行台	《魏书》卷五八《杨播传附杨钧传》
6	正光初	毕闻慰	东道行台	《魏书》卷六一《毕众敬传附毕闻慰传》
7	正光二年	张普惠	东道行台	《魏书》卷七八《张普惠传》
8	正光四年	元孚	兼尚书北道行台	《魏书》卷九《孝明帝纪》
9	正光五年	元修义	西道行台	《魏书》卷九《孝明帝纪》
10	正光五年	元顺	兼左仆射、西道行台	《魏书》卷二一上《献文六王上·北海王详传附元顺传》
11	正光五年	高元荣	兼尚书右丞，为西道行台	《魏书》卷八九《酷吏·高遵传附高元荣传》
12	正光中	张普惠	西道行台	《魏书》卷七八《张普惠传》
13	正光中	裴延俊	兼尚书，为西北道行台	《魏书》卷六九《裴延俊传》
14	正光末	薛修义	兼左仆射、西道行台	《北齐书》卷二〇《薛修义传》
15	正光末	元渊	东北道行台	《魏书》卷八五《文苑·温子升传》
16	孝昌初	崔楷	兼尚书北道行台	《魏书》卷五六《崔辩传附崔楷传》
17	孝昌初	崔孝芬	兼尚书南道行台	《魏书》卷五七《崔挺传附崔孝芬传》
18	孝昌二年	元邵	东道行台	《魏书》卷九《孝明帝纪》
19	孝昌三年	曹世表	东南道行台	《魏书》卷七二《曹世表传》
20	孝昌三年	元鉴	1. 兼尚书右仆射、北道行台 2. 北道大行台	《魏书》卷二〇《文成五王·安乐王长乐传附元鉴传》《魏书》卷二二《元忠宗人愍传》
21	孝昌中	李苗	西北道行台	《魏书》卷七一《李苗传》
22	武泰元年	穆建	北道行台	《魏书》卷二七《穆崇传附穆建传》

续表

序号	时间	行台的任职者	道的名称	史料出处
23	武泰元年	宋纪	北道行台	《魏书》卷六三《宋弁传附宋纪传》
24	武泰元年	尔朱荣	北道大行台	《魏书》卷一〇《孝庄帝纪》
25	武泰元年	长孙稚	兼尚书仆射、西道行台	《魏书》卷九《孝明帝纪》
26	武泰元年	元彧	东道行台	《魏书》卷一八《临淮王谭传附元彧传》
27	武泰元年	于晖	东南道行台	《魏书》卷八三下《外戚下·于劲传附于晖传》
28	建义元年	侯景	兼尚书仆射、南道大行台	《魏书》卷一一《前废帝纪》
29	建义元年	辛纂	兼尚书左丞、南道行台	《魏书》卷七七《辛雄传附辛纂传》
30	建义元年	尔朱仲远	兼尚书令、西道大行台	《魏书》卷一一《前废帝纪》
31	建义元年	高欢	东道大行台	《魏书》卷一一《前废帝纪》
32	建义元年	尔朱仲远	东道大行台	《魏书》卷一一《前废帝纪》
33	建义初	崔孝芬	兼尚书东道行台	《魏书》卷五七《崔挺传附崔孝芬传》
34	建义初	刘懿	兼尚书仆射西南道行台加开府	《魏故使持节侍中骠骑大将军太保太尉录尚书事都督冀定瀛殷并凉汾晋建郑肆十一州诸军事冀州刺史郑肆二州大中正第一酋长敷城县开国公刘君墓志铭》
35	永安二年	曹世表	兼尚书东道行台	《魏书》卷七二《曹世表传》
36	永安三年	杨昱	东道行台	《魏书》卷五八《杨播传附杨昱传》
37	永安三年	高道穆	兼尚书右仆射、南道大行台	《魏书》卷七七《杨机传》
38	永安三年	薛县尚	兼尚书北道行台	《魏书》卷一〇《孝庄帝纪》
39	永安三年	杨津	兼尚书令、北道大行台	《魏书》卷一〇《孝庄帝纪》
40	永安三年	元显恭	征西道行台	《魏书》卷一〇《孝庄帝纪》
41	永安三年	朱瑞	兼尚书左仆射为西道大行台	《魏书》卷八〇《朱瑞传》
42	永安三年	元显恭	兼尚书左仆射、西北道行台	《魏书》卷一九下《景穆十二王下·城阳王天寿传》

续 表

序号	时间	行台的任职者	道的名称	史料出处
43	永安三年	薛广	东南道行台左丞	《齐故荥阳太守薛君铭》
44	建明元年	尔朱度律	兼尚书令、东北道大行台	《魏书》卷七五《尔朱度律传》
45	中兴初	高慎	东南道行台尚书	《北齐书》卷二一《高乾传》
46	中兴二年	高盛	兼尚书仆射、北道行台	《魏书》卷一一《后废帝纪》
47	中兴二年	高隆之	兼尚书左仆射、北道行台	《魏书》卷一一《后废帝纪》
48	中兴二年	邸珍	东道行台仆射	《魏书》卷一一《后废帝纪》
49	普泰元年	崔孝芬	兼尚书南道行台	《魏书》卷五七《崔挺传附崔孝芬传》
50	普泰二年	贺拔岳	南道大行台尚书左仆射	《周书》卷一四《贺拔胜传》
51	永熙元年	樊子鹄	兼尚书左仆射、东南道大行台	《北史》卷四九《樊子鹄传》
52	永熙元年	元肃	东南道大行台	《魏书》卷一九下《景穆十二王下·南安王桢传附元肃传》
53	永熙三年	辛纂	兼尚书、南道行台	《魏书》卷七七《辛雄传附辛纂传》
54	永熙三年	贾显度	西道大行台	《魏书》卷八〇《贾显度传》

由上表所示可知，从宣武帝延昌年间开始，至孝武帝永熙三年，20多年的时间里，北魏国家在军事行动中，任命行台并使其与设置的不同方位"道"的结合，就有54次之多。不仅如此，正光五年，行台任职与"道"结合有3次；建义元年，行台任职与道结合有7次；永安三年，行台任职与"道"结合有8次；中兴二年，有3次。在这4个年份中，国家任命行台并使之与"道"结合的次数都不低于3次，最多可达到8次。这些情况说明，北魏后期，国家任命行台，并使之与"道"结合，不仅十分密切，并且，已经成为行台任职与地域结合的重要形式。如果将大使和征讨都督任职与行台任职的情况相比较，行台任职与"道"结合的次数比大使和征讨都督与"道"结合的次数的总和，还多25次。由此可见，在"道"与大使、征讨都督和行台结合的这种方式中，"道"与行台任职的结合是占主流位置的。因此，北魏后期，国家设置的"道"，实际上，成为行台职能得到发挥并起到重要作用的保证。

由表 3 反映的情况，不仅可以看出"道"的设置与行台任职结合的次数很多，并且，还可以看出，与行台结合的"道"所涉及的方位就有 8 处。这 8 处"道"，包括北道、南道、西道、东道、西北道、西南道、东北道、东南道。实际上，与行台任职结合的这些不同方位的"道"，正是北魏后期国家所设置的全部的"道"。因此，可以说，北魏国家使行台任职与"道"结合，在全境的不同地方都在实行。这样行台职官的设置和演变就对国家所设置的"道"的特征起到重要的影响。

当然，北魏后期，国家设置的"道"能够结合的职官，并不限于大使、征讨都督和行台。北魏国家在进行军事行动时，还多将一些其他的军事职官的设置与"道"相结合。这些职官中有军司，如《魏书·淳于诞传》："正光中，秦陇反叛。诏诞为西南道军司、假冠军将军、别将，从子午南出斜谷趣建安，与行台魏子建共参经略。"一些别将的任命也是如此。如《魏书·崔辨传》："（崔巨伦）仍为长史、北道别将。在州陷贼，敛恤亡存，为贼所义。"不过，这些军事职官的任职，并不是国家专门为其设置"道"，只是以"道"对其活动和权力行使的范围加以限定而已。因此，与大使、征讨都督和行台与"道"结合的情况还不完全相同。但是，这些情况说明，"道"的设置对北魏后期军事行动的影响是重大的。

总之，北魏后期，国家已经开始设置"道"，不过，"道"的设置不是独立进行的，而是将"道"的设置与大使、征讨都督和行台的任职密切结合起来。为了适应大使、征讨都督和行台的活动，国家按方位来设定"道"。当时，已经有北道、南道、西道、东道、西北道、西南道、东北道、东南道的设置。这些不同方位的"道"正是对大使、征讨都督和行台的活动范围的规定。实际上，"道"成为北魏后期国家对大使、征讨都督和行台的活动和权力行使限定的一种重要区域范围。

二、"道"的设置特征

如前所述，北魏后期，国家开始设置"道"，但是，"道"并不是独立的设置，而是与大使、征讨都督和行台的任职结合进行的。因此，"道"具有的特点就与大使、征讨都督和行台的活动有密切的联系。

魏晋南北朝史论稿

(一) 北魏后期国家设置的"道"是规定大使、征讨都督和行台活动的特殊区域

从北魏后期任命大使的情况来看，国家可以赋予其多方面的职责。

其一，国家可以使大使行使监察的权力。史载："正始二年秋，诏忠以本官使持节、兼侍中，为西道大使，刺史、镇将贼罪显暴者，以状申闻守令已下，便即行决。与抚军将军、尚书李崇分使二道。忠劾并州刺史高聪赃罪二百余条，论以大辟。还，除平西将军、华州刺史。"① 这说明，大使从事监察活动的范围是以"道"来规定的。于忠被任命为西道大使，显然，"西道"是大使于忠的监察区。

在北魏后期，以"道"规定大使的监察区，是国家确定大使行使监察权力范围经常采取的做法。如《魏书·李崇传》："诏以崇为使持节、兼侍中、东道大使，黜陟能否，著赏罚之称。"前引《魏书·庄帝纪》："(武泰元年) 五月丁巳朔，加大将军尔朱荣北道大行台。以尚书右仆射元罗为东道大使，征东将军、光禄勋元欣副之，巡方黜陟，先行后闻。"由于北魏国家所设置的"道"能够与大使的监察活动联系在一起，因此，"道"是大使行使监察权的区域，也就是一种监察区。

其二，北魏国家授予大使慰问的权力。史载："葛荣反于河北，所在残害，诏瑾持节兼吏部郎中、东北道吊慰大使。至冀州，值葛荣围逼，敕授瑾防城都督。"② 又云："于时萧衍巴西民何难尉等豪姓，相率请讨巴蜀之间，诏苗为通直散骑常侍、冠军将军、西南道慰劳大使。"③ 可见，由于大使只是具有慰劳的权力，因此，又称为"吊慰大使""慰劳大使"。这种大使与具有监察职责的大使行使的权力不同，但是，它们都以"道"作为活动区域。因此，对于慰劳大使来说，与其活动相联系的"道"，只是行使慰劳权力的区域范围。

其三，北魏国家赋予大使经营屯田的权力。史称："后朝廷有南讨计，发河北数州田兵，通缘淮戍兵合五万余人，广开屯田，八座奏绍为西道六州

---

① 魏收：《魏书》卷三一《于栗䃽传》，第 742 页。
② 魏收：《魏书》卷四九《李灵传》，第 1099 页。
③ 魏收：《魏书》卷七一《李苗传》，第 1596 页。

营田大使,加步兵校尉。绍勤于劝课,频岁大获。"① 据此可知,范绍担任的大使,只具有经营屯田的权力,因此,北魏国家为他规定"西道六州",正是他经营军事屯田的区域。

此外,北魏国家还赋予大使平抑地区粮价的权力、"处分军机"的权力等。这些大使行使权力,都是以"道"来规定区域范围的。不过,由于这些大使担负的职责不同于监察、慰劳和营田大使,因此,与他们的活动相结合的"道"的性质,显然不同于与监察、慰劳和营田大使活动相联系的"道"的性质。

由上述可知,由于北魏国家授予大使的权力具有多种性质,因此,与这些行使不同权力大使相联系的"道"的区域特征就是多方面的。总括来说,与大使活动相联系的"道",是北魏国家为行使不同权力的大使规定的实现其职责的特殊的区域范围。

北魏后期,征讨都督与国家设置的"道"联系密切。北魏国家将"道"与征讨都督职结合起来,正是对征讨都督所进行的军事活动的限定。《魏书·景穆十二王下·南安王桢传》称:"萧衍遣将军寇肥、梁,诏英使持节,加散骑常侍、征南将军、都督扬徐二道诸军事,率众十万讨之,所在皆以便宜从事。"这就是说,北魏国家可以赋予担任征讨都督者,在规定的"道"的区域范围内,有根据军事形势相机行事的权力。《魏书·太武五王·广阳王建闾传》:"正光四年及沃野镇人破六韩拔陵反叛,临淮王彧讨之,失利。诏深为北道大都督,受尚书令李崇节度。"《魏书·萧宝夤传》:"(正光)五年,萧衍遣其将裴邃、虞鸿等率众寇扬州,诏宝夤为使持节、散骑常侍、车骑大将军、都督徐州东道诸军事,率诸将讨之。"据此,北魏国家为征讨都督规定的"道",实际上,是划定征讨都督作战区域。由此可见,北魏国家为征讨都督规定的"道",正是要按"道"来确定征讨都督的权力行使以及军事征讨活动的区域范围。因此,与征讨都督相联系的"道",就是为征讨都督军事的活动所划定的一种特殊区域。

北魏后期,国家任命行台,使之与"道"的联系最多。实际上,与行台任职相联系的"道",是国家对行台活动区域范围的规定。《魏书·鹿悆传》:

---

① 魏收:《魏书》卷七九《范绍传》,第1756页。

"及东徐城民吕文欣杀刺史元大宾,南引贼众,屯栅曲术,诏悆使持节、散骑常侍、安东将军,为六州大使,与行台樊子鹄讨破之……还,拜镇东将军、金紫光禄大夫。寻诏为使持节、兼尚书左仆射、东南道三徐行台。"在这一记载中,行台鹿悆的行动范围以"东南道"与"三徐"并称,说明"东南道"与"三徐"所指区域范围是相同的。因此,北魏国家为行台规定的"道",显然是行台进行军事活动的区域。

具体说来,与行台相联系的"道",可以是国家允许行台进行军事讨伐的区域。所以《魏书·曹世表传》称:"(孝昌中)值萧衍将湛僧珍陷东豫州,州民刘获、郑辩反于州界,为之内应。朝廷以源子恭代世表为州,以世表为东南道行台,率元安平、元显伯、皇甫邓林等讨之。"这说明,东道行台曹世表可以对东豫州的反叛者实行讨伐。由此来看,"东道"的规定,正是行台曹世表可以进行军事活动的区域。

与行台相联系的"道",还是国家对行台行使军事指挥权的区域规定。《周书·辛庆之传》:"属尔朱氏作乱,魏孝庄帝令司空杨津为北道行台,节度山东诸军以讨之。"可见杨津以北道行台的身份,能够指挥山东诸军,因此,他所领的"北道"正是确定其军事指挥权的区域。与行台相联系的"道"不仅是行台行使军事指挥权的区域,也是行使征召军队权力的区域。《魏书·张普惠传》称:"先是,仇池武兴郡氐数反,西垂郡戍,租运久绝。诏普惠以本官为持节、西道行台。给秦、岐、泾、华、雍、豳、东秦七州兵武三万人,任其召发,送南秦、东益二州兵租,分付诸戍,其所部将统,听于关西牧守之中随机召遣,军资板印之属,悉以自随。普惠至南秦,停岐、泾、华、雍、豳、东秦六州兵武,召秦州兵武四千人,分配四统;令送租兵连营接栅,相继而进,运租车驴,随机输转。"可资为证。

北魏后期,国家设置行台,更重要的是,授予行台在军事上,能够具有"随机处分""随机召发"的权力。《魏书·庄帝纪》:"(永安三年),诏罢魏兰根行台,以后将军、定州刺史薛昙尚为使持节、兼尚书,为北道行台,随机召发。"《魏书·后废帝纪》:"(中兴二年),以车骑大将军、仪同三司、中军大都督高盛兼尚书仆射、北道行台,随机处分。"这两条记载提到,北魏国家固然可以授予行台行使"随机召发""随机处分"权力,但是,对这些行台都明确规定"道"的区域范围。这说明,北魏国家是在以"道"为限定的区域范围内,授予行台行使这种权力。换言之,行台要行使"随机召发""随机处分"的权力,是要在规定的"道"的区域范围内,才能够进行。由此可见,北魏后期,行台行使特别权力以及进行军事征讨和驻戍,多以"道"来确定区域范围。因此,与行台任职相联系的"道",实际上,是以军事活动为主要特征的区域。这种区域可以称之为特殊的行台区。

总之,北魏后期,由于国家使"道"的设置与大使、征讨都督和行台的任职联系密切,因此,北魏国家所设置的"道",是保证大使、征讨都督和行台行使权力和进行活动的特别区域。事实上,这个区域是国家对大使、征讨都督和行台的职权和活动加以限定的范围。

(二)北魏后期的"道"是临时设置的区域,其存续是与大使、征讨都督和行台的任职时间相联系的

当时国家设置的"道",不仅与大使、征讨都督和行台的任职相联系,并且,这些职官的任职时间也直接影响"道"的存在时间。就北魏国家设置大使的情况来看,其任职表现出明显的临时性。这种临时性表现为他们从事的监察和慰劳等事务,都是短期的活动。例如,镇南将军李崇"寻兼侍中、东道大使,黜陟能否,著赏罚之称。出除散骑常侍、征南将军、扬州刺史"[1]。又如西道大使于忠"劾并州刺史高聪赃罪二百余条,论以大辟。还,除平西将军、华州刺史"[2]。这说明,北魏国家授予大使的监察职责不是长期的,在完成国家赋予他的使命后,很快就改任为其他的官职。大使担任其他职责的情况也是如此。例如,杨侃"以本官使持节、兼尚书仆射,为关右慰劳大使。还朝,除侍中,加卫将军、右光禄大夫"[3]。可见,慰劳大使从事活动的时间,明显是短期的。

北魏国家设置的征讨都督的任职时间也不是长期的。《魏书·崔彦伯传》:"(永平二年)时莫折念生兄天生下陇东寇,征西将军元志为天生所擒,贼众甚盛,进屯黑水。诏延伯为使持节、征西将军、西道都督,与行台萧宝

---

[1] 李延寿:《北史》卷四三《李崇传》,中华书局,1974年,第1595页。
[2] 魏收:《魏书》卷三一《于栗䃼传》,第742页。
[3] 魏收:《魏书》卷五八《杨播传附杨侃传》,第1284页。

贪讨之……秦贼劲强，诸将所惮，朝廷初议遣将，咸云非延伯无以定之，果能克敌。授右卫将军。"又《北史·尉长命传》："（尉长命）参预齐神武起兵，破尔朱氏于韩陵，拜安南将军。樊子鹄据兖州反，除东南道大都督，与诸军讨平之。徙幽州刺史，督安、平二州。"这些记载说明，北魏国家任命的征讨都督只是为了进行讨伐作战设置的，当讨伐战争结束后，他们一般都转任其他官职。当然，也有的征讨都督依然担任原来官职。《魏书·郑羲传》："（郑先护）寻除前将军、广州刺史、假平南将军、当州都督。时妖贼刘举于濮阳起逆，诏先护以本官，为东道都督讨举平之，还镇。"即其事例。征讨都督任职的情况说明，国家任命征讨都督只是为了进行特定的讨伐作战，因此，征讨都督的任职只是与战争进行的状况相联系。而北魏时期的大多数战争持续的时间都不长久，因此，北魏国家也就没有必要确定使征讨都督长期任职的制度。

北魏后期，国家设置的行台是中央尚书台的派出机构。北魏国家设置行台的目的，是使其进行征讨作战、驻戍地方和出使他国。由于北魏国家授予行台可以"随机处分"的权力，因此，行台的设置很适应北魏后期战争形势的需要。但是，就行台的职官特征来看，它是作为尚书台的派出机构设置的，因此，行台是不能够长时间设置在地方的。史称："时萧衍义州刺史文僧明举城归顺，扬州刺史长孙稚遣别驾封寿入城固守，衍将裴邃、湛僧率众攻逼，诏普惠为持节、东道行台，摄军司赴援之。军始渡淮，而封寿已弃城单马而退。军罢还朝。"[1] 可为明证。

当然，还有一些行台，在征讨战争结束后，也就转任他职。例如，杨机"迁镇军将军、司州治中，转别驾。荆州蛮叛，兼尚书左丞、南道行台讨之。还，除中散大夫，复为别驾"[2]。又如薛和"又行正平、颍川二郡事，除通直散骑常侍。萧衍遣将张齐寇晋寿，诏和兼尚书左丞，为西道行台，节度都督傅竖眼诸军，大破齐军。正光初，除左将军、南青州刺史"[3]。行台的这种任职情况说明，北魏后期，国家设置的一些行台，是具有比较明显的临时

---

[1] 魏收：《魏书》卷七八《张普惠传》，第1741页。
[2] 魏收：《魏书》卷七七《杨机传》，第1706页。
[3] 魏收：《魏书》卷四二《薛辩传》，第945页。

北魏后期的"道"考略

性的。

当然，在正光年间的变乱后，特别是北魏末年，由于战事的频繁，使北魏国家不能不更多地设置行台来应付国内混乱局面。在这个过程中，行台的职官性质开始发生变化，显露出地方化的一些特征。行台职官性质的变化，自然对与其任职相联系的"道"产生影响。

由上述可知，由于北魏后期的大使、征讨都督和一些行台任职都具有临时性特征，因此，与这些职官相联系的"道"的设置，自然也就表现出临时性的特点。这就是说，北魏后期，北魏国家没有使"道"成为独立的区域，因此，"道"的存续时间完全是由大使、征讨都督和行台任职时间的长短来决定的。

（三）北魏后期的"道"的范围没有比较明确的规定

如前所述，北魏国家任命大使、征讨都督和行台，一般要规定他们活动的地域。与这些职官相联系的"道"，是北魏国家规定他们活动的一种区域。这种区域的范围，不是一种固定的规定。从与大使、征讨都督和行台相联系的"道"的设置情况来看，国家一般要根据其行动的目的来确定"道"的名称。关于这方面的特点，在北魏国家为一些大使设置的"道"情况中表现得比较明显。《魏书·献文六王上·高阳王雍传》："是时，萧衍遣将寇逼徐、扬，除端抚军将军、金紫光禄大夫、使持节、东南道大使，处分军机。贼平，拜镇军将军、兖州刺史。"可见，北魏国家将元端称为"东道大使"，只是规定了元端要处理的是徐、扬地区的军事事务，但没有十分明确地规定"东道"包括的具体区域范围。

北魏国家为征讨都督设置的"道"，也具有表明其进军目的的意义。史称"（永平二年）时莫折念生兄天生下陇东寇，征西将军元志为天生所擒，贼众甚盛，进屯黑水。诏延伯为使持节、征西将军、西道都督，与行台萧宝夤讨之"[1]。显然，将征讨都督崔彦伯称为西道都督，是要表明使他进行平定陇东叛乱的活动。为行台规定的"道"，同样也具有这方面的意义。《魏书·明帝纪》："（孝昌元年）徐州刺史元法僧据城反，害行台高谅，自称宋王，

---

[1] 魏收：《魏书》卷七三《崔彦伯传》，第1638页。

143

号年天启，遣其子景仲归于萧衍……诏镇军将军、临淮王彧，尚书李宪为都督，卫将军、国子祭酒、安丰王延明为东道行台，复仪同三司李崇官爵，为东道大都督，俱讨徐州。"可见，将元延明称为"东道"行台以及将李崇称为"东道"大都督，其意义是相同的，都要表明他们进军的目的是要平定徐州为中心地区的叛乱。

从为出使行台而设置的"道"的情况来看，所具有的目的性表现得尤其明显。《魏书·明帝纪》："（正光四年）以蠕蠕主阿那瑰率众犯塞，遣尚书左丞元孚兼尚书，为北道行台，持节喻之。"可见，这种"道"的规定，只是对行台出使方位的确定，区域范围是很不明显的。不过，需要指出的是，尽管与大使、征讨都督和行台的任职相联系而设置的"道"，只是国家要以此作为他们从事活动目的的表现，但是，从国家设定"道"的目的来看，与这些职官活动相联系的"道"，还是能够表现出他们的活动区域，但这种活动区域尚不具有明晰的界限，只是一个大致的范围。北魏后期，国家设置的"道"，不仅只是一个大概范围的划定，就是从国家设置的同一方位的"道"的情况来看，所包括的区域范围的差别也是很大的。以下以北道、南道、西道、东道的情况为例，对这些区域范围的变化做比较说明。

南道。史载："（孝昌初）诏加孝芬通直散骑常侍，以将军为荆州刺史，兼尚书南道行台，领军司，率诸将以援神俊，因代焉。"[①] 崔孝芬是以荆州刺史兼任南道行台的，因此，"南道"所指，显然主要是以荆州为主要的活动区域。可是，贺拔胜任南道行台，为其设置的"南道"却与崔孝芬的任职情况明显不同。《周书·贺拔胜传》："太昌初，以胜为领军将军，寻除侍中。孝武帝将图齐神武，以胜弟岳拥众关西，欲广其势援，乃拜胜为都督三荆、二郢、南襄、南雍七州诸军事，进位骠骑大将军、开府仪同三司、荆州刺史，加授南道大行台尚书左仆射。"这就是说，贺拔胜可以都督三荆、二郢、南襄、南雍七州之地，因而，他兼任南道行台的活动地域，自然可以在这七州的范围内。这要比崔孝芬任职所领"南道"的区域大得多。

北道。《魏书·文成五王·安乐王长乐传》："（元鉴）后除相州刺史、北

---

① 魏收：《魏书》卷五七《崔挺传》，第1267页。

讨大都督，讨葛荣。仍兼尚书右仆射、北道行台、尚书令，与都督裴衍共救信都。"元鉴以相州刺史兼任北道行台，自然相州是"北道"包括的主要区域。然而，在永安三年，北魏国家"以侍中、司空公，杨津为使持节、督并、肆、燕、恒、云、朔、显、汾、蔚九州诸军事、骠骑大将军、并州刺史、兼尚书令、北道大行台"①。这就是说，北道大行台杨津，可以控制的地区包括并、肆、燕、恒、云、朔、显、汾、蔚九州。杨津任行台所领"北道"的范围，显然与元鉴任职的情况明显不同。

西道。前引《魏书·李宝传》："吕苟儿反于秦州，（李韶）除抚军将军、西道都督、行秦州事。与右卫将军元丽率众讨之。事平，即真。"李韶任西道都督，又"行秦州事"，当然，为李韶所规定的"西道"，是以秦州为主要活动范围的。但在正光年间，国家任命张普惠为西道行台，"给秦、岐、泾、华、雍、豳、东秦七州兵武三万人，任其召发"。②可见，西道行台张普惠可以在秦、岐、泾、华、雍、豳、东秦七州范围内行使征兵的权力。北魏国家为行台张普惠设定的"西道"的区域，与李韶所领的"西道"存在明显的差别。

东道。《魏书·出帝纪》："（中兴二年）持节、征北将军、殷州刺史邸珍为徐州大都督、东道行台仆射，率将讨东徐州。"邸珍担任徐州大都督，又兼任东道行台仆射，说明北魏国家为邸珍规定的"东道"，是以徐州为主要区域的。可是，建义元年，北魏国家任命尔朱彦伯为"使持节、侍中、都督三徐二兖诸军事、骠骑大将军、开府仪同三司、徐州刺史、东道大都督、大行台"③。为尔朱彦伯所设置的"东道"，可以包括三徐二兖五州之地，与邸珍所领"东道"很不相同。

南道、北道、东道、西道设置的情况表明，北魏国家在不同时期所设置的同一方位"道"的区域范围是明显不同的。因此，可以说，北魏国家设置的与大使、征讨都督和行台相联系的"道"，只是对他们任职期间活动范围的规定，并没有使"道"形成固定的区域。

---

① 魏收：《魏书》卷一〇《庄帝纪》，第266页。
② 魏收：《魏书》卷七八《张普惠传》，第1741页。
③ 魏收：《魏书》卷七五《尔朱彦伯传附尔朱兆传》，第1667页。

概而言之，北魏后期，与大使、征讨都督和行台的任职相联系的"道"，是国家为他们设定的行使权力和活动的区域。但是，"道"这种区域的存在是与大使、征讨都督和行台的任职结合在一起的，"道"不能够作为一个独立的区域而存在。虽然北魏国家设置的"道"有了北道、南道、西道、东道、西北道、西南道、东北道、东南道的名称，但是，这些"道"，只是表示大使、征讨都督和行台活动区域的方位以及确定大使、征讨都督和行台的任职的活动范围。这些"道"所表现的，只是大概的区域，还没有形成固定、明确的范围。

三、州刺史与都督诸州军事兼任行台职对"道"设置的影响

一如前述，北魏后期国家设置的"道"是与大使、征讨都督和行台的任职密切结合的。就大使和征讨都督的情况来看，它们的任职特点至北魏灭亡时，基本没有改变。可是，行台的任职情况却不同于大使和征讨都督。由于北魏孝明帝正光四年，六镇起义爆发，北方的变乱，对于行台的任职产生很大的影响。为应付频繁的战事，北魏国家不仅在地方设置为数很多的行台，并且使一些行台的设置开始显现地方化的趋势。这些情况的出现，使北魏国家在任命一些行台承担征讨或驻戍职责后，就没有采取立即撤销行台设置的措施。《魏书·献文六王上·北海王详传》："（正光五年）贼帅宿勤明达、叱千骐骥等寇乱豳华诸州，乃复颢王爵，以本将军加使持节、假征西将军、都督华豳东秦诸军事、兼左仆射、西道行台，以讨明达。颢转战而前，频破贼众，解豳华之围，以功增封八百户，进号征西将军。又除尚书右仆射，持节、行台、都督如故。"《魏书·高崇传》："及尔朱荣之死也，帝召道穆付赦书，令宣于外……加卫将军、假车骑将军、大都督、兼尚书右仆射、南道大行台。又除车骑将军，余官如故。"这些记载说明，在正光年间变乱发生后，北魏国家使一些官员的行台职是可以长期兼任的。当北魏国家使刺史和都督诸州军事兼任行台职后，就使行台任职的长期化更为突出。不仅如此，州刺史和都督诸州军事兼任行台职，使行台设置地方化趋势也开始表现得更加明显，并对"道"的设置产生了重要的影响。为说明问题，将有关刺史兼任行台职并与"道"结合的事例列表如下：

表4 刺史兼任行台职与"道"结合情况

序号	时间	任职者	任刺史名称	任行台名称	史料出处
1	孝昌初	崔孝芬	荆州刺史	兼尚书南道行台	《魏书》卷五七《崔挺传附崔孝芬传》
2	孝昌二年	杨津	定州刺史	兼北道行台	《通鉴》卷一五一《梁纪七》普通七年
3	孝昌三年	元鉴	相州刺史	兼尚书右仆射、北道行台	《魏书》卷二〇《文成五王·安乐王长乐传附元鉴传》
4	武泰元年	穆建	行并州事	兼尚书、北道行台	《魏书》卷二七《穆崇传附穆建传》
5	武泰元年	长孙稚	雍州刺史	兼尚书仆射、西道行台	《魏书》卷九《孝明帝纪》
6	建义初	薛县尚	定州刺史	兼北道行台	《魏书》卷一〇《孝庄帝纪》
7	建义元年	尔朱彦伯	徐州刺史	东道大都督、大行台	《魏书》卷七五《尔朱彦伯传》
8	建义元年	高欢	冀州刺史	东道大行台	《魏书》卷一一《前废帝纪》
9	建义二年	曹世表	行豫州事	行台	《魏书》卷七二《曹世表传》
10	永安三年	元显恭	晋州刺史	西北道行台	《魏书》卷一九下《景穆十二王下·城阳王天寿传》
11	中兴初	高慎	沧州刺史	东南道行台尚书	《北齐书》卷二一《高乾传》
12	中兴二年	侯景	济州刺史	南道大行台	《魏书》卷一一《后废帝纪》
13	中兴二年	邸珍	殷州刺史	东南道大行台	《魏书》卷一一《后废帝纪》
14	普泰元年	崔孝芬	荆州刺史	兼尚书南道行台	《魏书》卷五七《崔挺传附崔孝芬传》
15	普泰元年	李憨	相州刺史	兼尚书西南道行台	《北齐书》卷二二《李元忠附李憨传》
16	太昌初	贺拔胜	荆州刺史	南道大行台尚书左仆射	《周书》卷一四《贺拔胜传》
17	永熙元年	元甫	青州刺史	东南道大行台	《魏书》卷一九下《景穆十二王下·南安王桢传附元肃传》
18	永熙三年	辛舞	行西荆州事	兼尚书、南道行台	《魏书》卷七七《辛雄传附辛集传》
19	永熙三年	贾显度	行徐州刺史	东道大行台	《魏书》卷八〇《贾显度传》

147

由表4所示情况可知，自孝昌年后，北魏国家以刺史兼任行台职，并且与"道"结合的情况就有19例。应该说，在正光年间变乱后的行台的任职中，所占的比例是比较高的。这自然是行台的任职趋于地方化的明显表现。正因为如此，刺史所兼任的行台与刺史的任职开始具有不可分的特点。《魏书·贾显度传》："（贾显度）出帝初，除尚书左仆射，寻加骠骑大将军、开府仪同三司、定州大中正。未几，以本官行徐州刺史、东道大行台。永熙三年五月，转雍州刺史、西道大行台。"可见，贾显度任徐州刺史，要兼任东道大行台改任雍州刺史后，又要兼任西道大行台。这就是说，北魏国家一般要使刺史兼任行台的任职状况基本保持不变。由于北魏国家使行台与刺史的任职密切结合，因而，就可以使刺史所领州作为兼任行台所领"道"的驻治州，也就是所领"道"的区域的主要部分。并且，由于刺史任职的固定性，也就使其兼任行台所领"道"也开始成为相对的固定区域。

不过，刺史兼职行台所领的"道"，是作为兼职行台的权力体现，因此，刺史兼职行台所领的"道"，与刺史所领州并没有合而为一，也就是说，行台所领的北道、南道、西道、东道、西北道、西南道、东南道、东北道并没有完全成为固定的区域。只是由于刺史兼任行台，使行台任职的时间延长，因此，行台所领"道"存在的时间也就随之延长了。

北魏末年，国家使都督诸州军事兼任行台职的情况也明显增多。关于都督诸州军事兼任行台职，并与"道"结合的事例如下表：

表5 都督诸州军事兼任行台与"道"结合情况

序号	年代	任职者	都督诸军事职	行台职	史料出处
1	正光五年	元颢	都督华豳东秦诸军事	兼左仆射、西道行台	《魏书》卷二一上《献文六王上·北海王详传附元颢传》
2	建义元年	尔朱彦伯	都督三徐二兖诸军事	东道大都督、大行台	《魏书》卷七五《尔朱彦伯传》
3	建义元年	尔朱仲远	都督东道诸军事	兼尚书令、东道大行台	《魏书》卷一一《前废帝纪》
4	建义元年	尔朱仲远	都督关中诸军事	兼尚书令、西道大行台	《魏书》卷一一《前废帝纪》
5	建义元年	尔朱智虎	都督冀州诸事	东道大行台	《魏书》卷一一《前废帝纪》

续 表

序号	年代	任职者	都督诸军事职	行台职	史料出处
6	建义三年	杨津	督并、肆、燕、恒、云、朔、汾、蔚九州诸军事	北道大行台	《魏书》卷一〇《孝庄帝纪》
7	永安三年	元显恭	都督晋、建、南汾三州诸军事	兼尚书左仆射，为征西道行台	《魏故使持节假车骑将军都督晋建南汾三州诸军事镇西将军晋州刺史大都督节度诸军事兼尚书左仆射西北道大行台平阳县开国子元君墓志》
8	普泰元年	崔孝芬	都督三荆诸军事	兼尚书南道行台	《魏书》卷五七《崔挺传附崔孝芬传》
9	普泰元年	李憨	都督相州诸军事	兼尚书西南道行台	《北齐书》卷二二《李元忠附李憨传》
10	太昌初	贺拔胜	都督三荆、二郢、南襄、南雍七州诸军事	加授南道大行台尚书左仆射	《周书》卷一四《贺拔胜传》
11	永熙元年	元肃	都督青胶光齐南青五州诸军事	东南道大行台	《魏故使持节中司徒公鲁郡王墓铭》《魏书》卷一九下《景穆十二王下·南安王桢传附元肃传》

由表 5 所示情况，北魏国家以都督诸州军事兼任行台职，多在建义年之后，这已经是北魏国家统治的末年。这种情况说明，北魏末年，由于都督诸州军事镇戍地方的职能已经降低，国家只有通过使都督诸州军事兼任行台来实现有效镇戍都督区的职责。

由表中情况还可知，都督诸州军事的都督区能够用兼职的行台的"道"来表现都督区的区域。尔朱仲远的都督区为"东道"都督区，而他兼任的行台则为"东道"大行台，正说明了这一点。这表明，到北魏末年，都督区的范围与行台所领的范围可以基本一致。由于这种情况的出现，实际上，在都督诸州军事兼任行台职时，就能够根据都督诸州军事的领州的范围确定兼职行台所领"道"的范围。

北魏国家设置的都督诸州军事，有领一州的，也有领三州的，以此象征都督诸州军事的等级。北魏国家使领有不同州的都督诸州军事都可以兼任行

149

台,这也就决定了,至北魏末年,行台所领"道",尽管可以与都督区的范围取得一致,可是,由于都督区的范围的不固定,因而,都督诸州军事兼任行台所领"道"的范围也很难成为比较固定的区域。这种特点可以从表5所列情况看出。

表中所列西道情况:正光五年,元颢可以都督华、幽、东秦诸军事兼任西道行台,因而,"西道"可以包括华、幽、东秦州。建义元年,尔朱仲远能够都督关中诸军事兼尚书令、西道大行台,则"西道"又可以包括全部关中地区。

表中所列南道情况:普泰元年,崔孝芬能够都督三荆诸军事兼任尚书南道行台,则"南道"可以是三荆地区。太昌初,贺拔胜都督三荆、二郢、南襄、南雍七州诸军事兼任南道大行台尚书左仆射。则"南道"又为三荆、二郢、南襄、南雍七州。这些情况表明,北魏国家在设置都督区的时候,都督区包括的范围是不固定的,因而,都督诸州军事兼任行台所领"道"的范围也就不是完全固定的。

自北魏正光年的变乱后,由于行台任职时间的延长、刺史与都督诸州军事兼任行台职,这使行台所领的"道",不再是短期的存在,并且,"道"的区域范围也比较明确。这都是由于刺史和都督诸州军事兼任行台职的结果。正因为如此,在刺史和都督诸州军事兼任行台的过程中,就形成了不稳定的行台区。

从正光年间变乱后的形势来看,北魏国家除了使刺史和都督诸州军事兼任行台职与"道"结合外,还使刺史和都督诸州军事兼任的行台职与州结合。《魏书·寇赞传》:"(寇胤之)建义中,出除冠军将军、东荆州刺史,兼尚书,为荆郢行台。"这是刺史兼任行台职与州结合的事例。《魏书·郑羲传》:"(郑先护)寻转征西将军、东雍州刺史、假车骑将军、当州都督,常侍如故。未之任,又转都督二豫、东雍三州诸军事、征东将军、豫州刺史,余官如故。又兼尚书右仆射、二豫郑颍四州行台。"则是都督诸州军事兼任行台职与州结合的事例。因此,行台职与州结合,也构成不稳定的行台区。这种不稳定的行台区与行台职与"道"构成的行台区的意义相同,只是行台职与州结合构成的行台区的区域更为明确。

然而,北魏末年,并不是国家设置的全部的"道"都成为不稳定的行台区。如前所述，直到北魏末年，国家一直设置大使和征讨都督，他们所领的"道"就只是这些职官监察、慰问和军事活动的限定范围。并且，直到北魏末年，国家在设置行台的时候，并不是使行台的任职全部与刺史和都督诸州军事结合起来。如尔朱天光"与定策立前废帝，又加开府仪同三司、兼尚书令、关西大行台"①。又如崔孝芬"建义初，太山太守羊侃据郡反，远引南贼围兖州。除孝芬散骑常侍、镇东将军、金紫光禄大夫，仍兼尚书东道行台，与大都督刁宣驰往救援"②。这些行台的任命只是为临时征讨和驻戍而设置的，因此，随着战役的结束，国家为其限定的区域也就撤销了，为这些行台规定活动区域与大使和征讨都督的规定的意义是相同的。

　　总而言之，北魏正光年间的变乱的发生，使刺史和都督诸州军事兼任行台职的情况增多。这种情况的出现，使他们兼任行台所领的区域，在时间上具有长期性，在控制的区域上具有了相对的稳定性。由此决定，使刺史和都督诸州军事兼任行台而成为可以"随机召发"的区域，与他们控制的行政州和军事镇戍区密切结合起来，因而，形成了比较特殊的不稳定的行台区。刺史和都督诸州军事兼任行台所领的"道"也成为这种特殊的区域。这种特殊的区域与一般大使和征讨都督所领的"道"具有了比较明显的差别。这种情况的出现，正是行台官职能向地方化演变造成的。至东魏、北齐时期，行台由中央官转化为地方官后，以"道"命名的行台区成为地方最高军政区划。而"道"具有的这种特征的出现，实际上，正是北魏末年行台职与"道"结合的区域性质发生变化的必然结果。

（原载《古代文明》2008 年第 1 期）

---

① 魏收：《魏书》卷七五《尔朱天光传》，第 1676 页。
② 李延寿：《北史》卷三二《崔挺传附崔孝芬传》，第 1173 页。

论北魏时期的开府仪同三司

北魏的开府仪同三司是国家设置的重要职官。但北魏的这一职官却是沿袭两晋的规定,并对两晋的这一职官,实行了变通的设置。也就是在开府仪同三司之外,又设置了仪同三司与开府。可以说,开府仪同三司是仪同三司与开府的合置,而仪同三司与开府则是开府仪同三司的分置。北魏的开府仪同三司、仪同三司、开府只作为规定范围内的将军号和职事官的加官。可是,加授开府仪同三司、仪同三司、开府的将军号与职事官就是与太师、太保、太傅、大司马、大将军、太尉、司徒、司空的地位相近的准公。但对北魏设置开府仪同三司问题,前人研究却并不多见。俞鹿年先生提及了北魏开府仪同三司、仪同三司、开府的设置。[①] 但他对北魏的这三职官的认识,却不深入,并存在偏差。因此,本文拟对北魏开府仪同三司、仪同三司、开府的设置与品级、加授的条件与方式以及职能诸问题做一些探讨,以就教于方家。

一、开府仪同三司、仪同三司、开府的设置与品级

北魏国家设置开府仪同三司,是延续两晋的做法,所以,考察北魏这一职官的特点需要提及两晋的规定。《晋书·职官志》:

> 开府仪同三司,汉官也。殇帝延平元年,邓骘为车骑将军,仪同三司;仪同之名,始自此也。及魏黄权以车骑将军开府仪同三司;开府之名,起于此也。骠骑、车骑、卫将军、伏波、抚军、都护、镇军、中

[①] 俞鹿年:《北魏职官制度考》,社会科学出版社,2008年,第50、246页。

军、四征、四镇、龙骧、典军、上军、辅国等大将军,左、右光禄、光禄三大夫,开府者皆为位从公。

虽然这一记载认为开府仪同三司为汉代职官,可是,汉代并无开府仪同三司的设置,实际这一职官是从西晋才开始设置的。不过,西晋的这一职官只可以作为加官,并不能单独授予这一官职。在这一记载中提到的骠骑、车骑、卫将军、伏波、抚军、都护、镇军、中军、四征、四镇、龙骧、典军、上军、辅国等大将军和左、右光禄、光禄三大夫,都能够加授开府仪同三司。其中加授开府仪同三司的诸将军,已经成为虚衔,只是将军号。① 而左、右光禄、光禄三大夫则是职事官。由此可见,两晋国家能够加授开府仪同三司的,并不是所有的将军号和职事官,而是有限定范围的。也就是说,将军号以辅国大将军为限;职事官则为左、右光禄、光禄三大夫。这些将军号与职事官加授开府仪同三司后,正如《晋书》卷二三《职官志》称:"诸公及开府位从公者,品秩第一。"这就是说,他们的官品和地位相当于最高品级的太宰、太傅、太保、太尉、司徒、司空、大司马、大将军,也称为"八公"。因此,加授开府仪同三司的将军号与职事官可以领取与"八公"相同的俸禄、获得相同的仪仗队,并且,开府的规模和僚佐官的品级,也都与"八公"相同,实际获得与"八公"相同的特权。应该说,两晋为规定范围内的将军号和职事官加授开府仪同三司,进而可以享有与"八公"相同的优待特权的做法,对南朝、北朝的职官制度都产生很大的影响。

从北魏的情况来看,在孝文帝官制改革前、后,都有开府仪同三司的设置。在孝文帝官制改革前,北魏国家的官制,实行"胡汉杂糅"的做法,既有汉官系统,也有鲜卑官系统。在北魏的汉官系统中,便设置了开府仪同三司。然而,在《魏书》记载中,出现开府仪同三司的设置,却不是在北魏建国初,而是在太武帝统治时期。《魏书·太武帝纪下》:"(太平真君三年)李宝遣使朝贡,以宝为镇西大将军、开府仪同三司、沙州牧,封敦煌公。"这是开府仪同三司设置的最早记载。这一记载也见于墓志铭。《魏故使持节假黄钺侍中太师领司徒都督中外诸军事彭城武宣王妃李氏墓志铭》:"亡祖讳

---

① 宫崎市定:《九品官人法研究》,韩昇译,中华书局,2008年,第186页。

宝，使持节、侍中、镇西大将军、开府仪同三司、并州刺史、燉煌宣公。"①这些记载说明，太武帝真君三年，为领有将军号者加授开府仪同三司已经有很明确的规定。可是，太武帝时期，对开府仪同三司的官称的规定，还不是很严格。《魏书·文成帝纪》："（兴安元年）仪同三司、敦煌公李宝薨。"《魏故假节龙骧将军豫州刺史李简子墓志铭》："亡祖宝，字怀素，仪同三司、燉煌宣公。"②《魏故使持节侍中假黄钺都督中外诸军事太师领司徒公彭城武宣王墓志铭》："（元勰）太妃长乐潘氏，祖猛，青州治中东莱广川妃陇西李氏，祖宝，仪同三司、燉煌宣公。"③可见《李简子墓志》《彭城宣武王墓志》都与《魏书·文成帝纪》的记载相同。这就是说，太武帝时期，开府仪同三司也可以称为仪同三司，二者并没有严格区分。这说明，太武帝时，在汉官系统中，开府仪同三司的设置，依然沿袭两晋的规定，还没有增加与其职能相近的加官。

然而，在太武帝之后，开府仪同三司与仪同三司不做区分的情况开始改变。《魏书·献文帝纪》："（皇兴三年）以上党公慕容白曜为都督青、齐、东徐三州诸军事、征南大将军、开府仪同三司、青州刺史，进爵济南王。"慕容白曜本传依然记作："（慕容白曜）以功拜使持节、都督青齐东徐州诸军事、开府仪同三司、青州刺史。"④《魏书·孝文帝纪上》："（承明元年）以太尉、安乐王长乐为定州刺史，京兆王子推为青州刺史，司空李䜣为徐州刺史，并开府仪同三司。"京兆王拓跋子推本传也记作：京兆王子推"高祖即位，拜侍中、本将军、开府仪同三司、青州刺史"⑤。可见在这些帝纪与列传的中，所记载的情况是一致的。这说明，北魏国家开始固定了开府仪同三司的官称。实际上，太武帝之后，已经有与开府仪同三司职能类似的加官的设置。《魏书·孝文帝纪上》："（延兴元年）以征东大将军、南安王桢为假节、都督凉州及西戎诸军事、领护西域校尉、仪同三司，镇凉州。"《魏书·景穆十二王下·南安王桢传》："（南安王桢）高祖即位，除凉州镇都大将，寻以

---

① 赵超：《汉魏南北朝墓志汇编》，天津人民出版社，2008年，第148页。
② 赵超：《汉魏南北朝墓志汇编》，第48页。
③ 赵超：《汉魏南北朝墓志汇编》，第55页。
④ 魏收：《魏书》卷五〇《慕容白曜传》，第1119页。
⑤ 魏收：《魏书》卷一九上《景穆十三王上·京兆王子推传》，第443页。

绥抚有能，加都督西戎诸军事、征西大将军、领护西域校尉、仪同三司、凉州刺史。"很显然，帝纪与本传记载的加官官称相同，都是仪同三司。这与太武帝时开府仪同三司与仪同三司不加区别而相互混用的情况完全不同。这透露出，尽管开府仪同三司与仪同三司都为加官，但却成为两个有区别的职官。

北魏前期，国家除了设置开府仪同三司、仪同三司，还设置了开府。《魏书·道武七王·河南王曜传》："（拓跋提）迁都督雍、秦、梁、益四州诸军事、征南大将军，开府、雍州刺史，镇长安。"《魏书·景穆十二王中·任城王云传》："（任城王云）除都督徐兖二州缘淮诸军事、征东大将军、开府、徐州刺史。"《魏书·王建传》："（王度）后出镇长安，假节，都督秦、泾、梁、益、雍五州诸军事，开府。"拓跋提、拓跋云、王度被加授的开府，都是在太武帝之后。这说明，北魏国家设置的开府，也是与开府仪同三司、仪同三司职能类似的加官。因此，可以明确，太武帝设置开府仪同三司之后，文成帝又设置了仪同三司与开府。由于这些职官都能作为将军号的加官，因此，也就出现开府仪同三司、仪同三司、开府并置的情况。

太和十五年，孝文帝"大定官品"①，开始改革官制，改变国家职官设置上的"胡汉杂糅"的状况，用汉官取代拓跋鲜卑职官，并重新设置了一些汉官。虽然孝文帝改变了一些汉官的设置，可是，开府仪同三司、仪同三司、开府的设置，却依然延续下来。如太和十九年，广陵王羽"为征东大将军、开府仪同三司、青州刺史"②。正始元年，广阳王元嘉"加仪同三司"③。广陵王羽"及五等开建，……除使持节、都督青齐光南青四州诸军事、征东大将军、开府、青州刺史"④。可是，孝文帝官制改后，制定的前、后《职员令》却只有仪同三司与诸开府的设置及品级的记载，却不见有开府仪同三司设置的规定。⑤ 也就是说，前、后《职员令》是将仪同三司与开府作为明确设置的职官。然而，在实际的实行上，北魏国家并没有停止授予开府仪同三

---

① 魏收：《魏书》卷七下《孝文帝纪下》，第168页。
② 魏收：《魏书》卷七下《孝文帝纪下》，第178-179页。
③ 魏收：《魏书》卷八《宣武帝纪》，第198页。
④ 魏收：《魏书》卷二一上《献文六王上·广陵王羽传》，第590页。
⑤ 魏收：《魏书》卷一一三《官氏志》，第2977、2994页。

司。如太和二十一年，前司空穆亮"为征北大将军、开府仪同三司、冀州刺史"①。景明元年，车骑将军王肃"加开府仪同三司"②。很显然，这些情况与前、后《职员令》的规定不同。由此可以看出：一是孝文帝官制改革后，在职官设置上，将开府仪同三司分置为仪同三司与开府两职官，因此这两职官都能单独加授。如正始元年，尚书令、广阳王元嘉"加仪同三司"③。元澄"除都督淮南诸军事、镇南大将军、开府、扬州刺史"④。二是孝文帝官制改革后，并没有将仪同三司与开府截然分开。实际上，在需要的时候，可以将两官结合在一起。《魏书·明帝纪》："（武泰元年）以北海王颢为骠骑大将军、开府仪同三司、相州刺史。"元颢所受开府仪同三司，就是仪同三司与开府的结合。北魏国家还可以在授予仪同三司之后，再加授开府。如魏兰根"太昌初，除仪同三司，寻加开府，封钜鹿县侯，邑七百户"⑤。贺拔岳"普泰初，都督二岐东秦三州诸军事、仪同三司、岐州刺史，寻加侍中，给后部鼓吹，仍诏开府"⑥。由此可见，孝文帝官制改革后，前、后《职员令》确定设置的仪同三司与开府，自然是延续北魏前期的做法。然而，不规定开府仪同三司的设置，实际只是形式上的做法。因此，可以说孝文帝官制改革后，开府仪同三司并没有取消，只是它成为仪同三司与开府相结合的加官，因而，也就以形式上改变的方式继续延续北魏前期设置的做法，即仪同三司与开府为分置的加官，而开府仪同三司则是合置的加官。

北魏国家设置开府仪同三司、仪同三司、开府，自然要为其规定品级，进而成为获得优待特权的依据。不过，由于文献中很少有对北魏前期职官品级的记载，所以，也就很难明确说明开府仪同三司、仪同三司、三司的品级。尽管如此，对北魏前期的这些加官的品级，还能够做一些推断。因为宫崎市定认为前《职员令》中的高层的官品大体沿袭了魏晋旧制。前《职员

---

① 魏收：《魏书》卷七下《孝文帝纪下》，第182页。
② 魏收：《魏书》卷八《宣武帝纪》，第192页。
③ 魏收：《魏书》卷八《宣武帝纪》，第198页。
④ 魏收：《魏书》卷一九中《景穆十三王中·任城王云传》，第570页。
⑤ 魏收、李百药：《北齐书》卷二三《魏兰根传》，中华书局，1984年，第570页。
⑥ 魏收：《魏书》卷八〇《贺拔胜传附贺拔岳传》，第1783页。

令》不过只是把当时实际执行的制度原封不动地综括其中。① 在孝文帝制定的前《职员令》规定仪同三司、诸开府为一品下。② 前《职员令》对仪同三司、诸开府的品级规定，应该是延续北魏前期的规定，似乎应该为献文帝以后确定的品级。因为将仪同三司与开府作为既与开府仪同三司有联系、又有区别的加官，正是从献文帝时开始的。并且，北魏前期的高层汉官系统，也多仿效晋制。在晋制规定中，加授开府仪同三司的将军号与职事官便"为位从公""品秩第一"。③ 已经视其品级与"八公"相同。在前《职员令》中规定为一品的职官有太师、太保、太傅、大司马、大将军、太尉、司徒、司空、都督中外诸军事、特进、骠骑将军、车骑将军、卫将军与仪同三司、诸开府。只是太师、太保、太傅、大司马、大将军、太尉、司徒、司空为一品上，而仪同三司、诸开府则为一品下。④ 很明显，三师、二大、三公与仪同三司、诸开府的品级只有上、下的区别。由此可以看出，北魏前期的开府仪同三司及分置的仪同三司、开府的品级，依然受到晋制的很大影响，以"为位从公""品秩第一"作为确定这些加官品级的依据。因此，可以说北魏前期及孝文帝制定后《职员令》之前，开府仪同三司及分置的仪同三司、开府的品级，应该与三师、二大、三公没有多少差别。

太和二十三年，孝文帝又制定后《职员令》。在后《职员令》中，对一些职官的品级做了调整。其目的就是，使北魏新的职官体制与实行的正、从品的官阶可以更好地结合，因此，就降低了一些前《职员令》规定的职官品级。对高品级的将军号而言，将原来一品下的骠骑、车骑、卫将军，都降为二品。⑤ 值得注意的是，后《职员令》对前《职员令》规定的从一品职官全部降低品级，并重新确定了从一品的职官。在后《职员令》中，从一品职官有：仪同三司、诸开府、都督中外诸军事。⑥ 而一品的职官只有太师、太保、

---

① 宫崎市定：《九品官人法研究》，韩昇译，第241—242页。
② 魏收：《魏书》卷一一三《官氏志》，第2977页。
③ 房玄龄等：《晋书》卷二四《职官志》，第726页。
④ 魏收：《魏书》卷一一三《官氏志》，第2977页。
⑤ 魏收：《魏书》卷一一三《官氏志》第2994页。
⑥ 魏收：《魏书》卷一一三《官氏志》，第2994页。

太傅、大司马、大将军、太尉、司徒、司空。① 很明显，后《职员令》的对一品、从一品职官的这种调整，一方面是要更突出三师、二大、三公的显赫地位；另一方面，将仪同三司、开府定为从一品。很明显，除都督中外诸军事之外，其他的职官被完全排除了，因而，也就使仪同三司、开府处于特殊的地位。应该说，后《职员令》的这种做法，正是要以正、从一品的规定，体现出加授仪同三司、开府，是与三师、二大、三公地位相近的，因而，这既体现了仪同三司、开府与三师、二大、三公的等次区分，也表明两加官依然以变通的方式包含"为位从公"的意义。由此可见，虽然后《职员令》将仪同三司、开府降至从一品，只是为了适应职官品级分为正、从品的需要，然而，它们仍然是地位仅次于三师、二大、三公的高品级职官，而且，品级的规定也更为明确化。当然，尚要指出的是，尽管前、后《职员令》没有规定开府仪同三司的品级，但由于这一职官是仪同三司与诸开府的合置，所以其品级，应该与仪同三司、开府没有差别。《隋书·百官志下》载：北齐开府仪同三司"为从一品"，应该是延续了北魏后期的品级规定。

　　总之，北魏开府仪同三司的设置，在太武帝时才见于文献记载。在开府仪同三司设置之初，也可以称为仪同三司，二者并没有区别。但是，文成帝以后，除了有开府仪同三司的设置，又增设仪同三司和开府。虽然这三个职官都作为加官而设置，但它们却是既有联系，又有区别的职官。孝文帝官制改革后，继续设置这种性质的加官，但在前、后《职员令》中，只有仪同三司与开府的设置。尽管如此，北魏国家却没有中止开府仪同三司的设置。可以说，开府仪同三司是仪同三司与开府的合置，而其分置则为仪同三司与开府。实际上，北魏前期，这些加官的品级，与三师、二大、三公相同，应当为一品。这种情况已经从前《职员令》的规定中透露出来。后《职员令》制定后，将开府仪同三司、仪同三司、开府规定为从一品，因而，在品级上，与三师、二大、三公有了差异。然而，北魏国家的这种规定，只是要使这些加官更适应正、从品官阶制，实际依然是与三师、二大、三公品级相近的体现显赫地位的准公。

---

① 魏收：《魏书》卷一一三《官氏志》，第2993—2994页。

二、开府仪同三司、仪同三司、开府的加授条件与方式

（一）加授开府仪同三司、仪同三司、开府的职官品级与身份

北魏国设置开府仪同三司、仪同三司、开府作为加官的目的，只是要使加授这些职官者取得活动仪式与开府置佐受优待的特权。应该说，被加授这些职官者具有与最高品级的三师、二大、三公相近的优待特权，因而，也就具有显赫的地位。正因如此，北魏国家对能够加授开府仪同三司、仪同三司、开府的职官，并不是没有条件规定的，实际上，可以加授这些职官者受到所任职官的品级以及他们身份的限定。

从北魏能够加授开府仪同三司、仪同三司、开府的职官看，可以分为将军号和职事官。但国家对这些将军号和职事官，都有下限品级的限制。检《魏书》记载，北魏前期，可以加授开府仪同三司、仪同三司、开府的将军号有：骠骑、车骑、卫将军和四征、四镇将军。不过，也有低于这些将军号的记载。《魏书·皮豹子传》："（皮豹子）出除使持节、侍中，都督秦雍荆梁四州诸军事、安西将军、开府仪同三司，进爵淮阳公，镇长安。寻加征西将军。"可见，虽然皮豹子是以安西将军的身份加授开府仪同三司的，可是，加授不久，他的将军号就晋升至征西将军。这说明，北魏前期，国家规定可以加授开府仪同三司的最低将军号，并不是四安将军（安南、安北、安东、安西将军），而应该高于四安将军，所以，皮豹子在加授开府仪同三司后，他的将军号提升至征西将军，正是为了要使其将军号达到授予加官的标准。前《职员令》规定，四征将军为从一品中、四镇将军为从一品下。[①] 前《职员令》的做法，应该延续了北魏前期的规定。这说明，北魏前期，从一品将军号应该是加授开府仪同三司、仪同三司、开府的最低标准。

孝文帝官制改革后，对加授开府仪同三司、仪同三司、开府的规定更明确。前《职员令》规定了诸开府僚佐官，但又特别规定了中军、镇军、抚军将军的僚佐官。[②] 前《职员令》做这种规定，实际要将中军、镇军、抚军将军作为能够加授开府仪同三司、仪同三司、开府的最低标准。前《职员令》

[①] 魏收：《魏书》卷一一三《官氏志》，第 2977—2978 页。

[②] 魏收：《魏书》卷一一三《官氏志》，第 2984 页。

将骠骑、车骑、卫将军规定为一品下，而将四征将军规定为从一品中；四镇、中军、镇军、抚军将军规定则为从一品下。① 也就是说，能够加授开府仪同三司、仪同三司、开府的将军号在品级上，分为两个层次：即骠骑、车骑、卫将军层次与四征、四镇、中军、镇军、抚军将军层次。对第一层次而言，加授开府仪同三司、仪同三司、开府只是要加重地位。而对第二层次而言，加授开府仪同三司、仪同三司、开府，则是要把将军号提高到一品，进而使其与三师、二大、三公的品级相同。

太和二十三年制定的后《职员令》对将军号的品级做了调整，规定骠骑、车骑、卫将军和四征将军为二品；四镇、中军、镇军、抚军将军为从二品。② 尽管后《职员令》降低了将军号的品级，但依然延续加授开府仪同三司、仪同三司、开府的最低将军号规定的标准。在墓志铭中有《魏故散骑常侍抚军将军金紫光禄大夫仪同三司车骑大将军司空公光兖雍三州刺史元公墓志铭》③，应当为建义元年所刻。④《魏书·庄帝纪》载："（武泰元年）中军将军、殿中尚书元谌为仪同三司、尚书左仆射，封魏郡王。"这些记载说明，后《职员令》依然使中军、镇军、抚军将军可以加授开府仪同三司、仪同三司、开府，因而，它们也就是能够授予这些加官的最低将军号，但只是在品级上，降为从二品。由此可见，孝文帝官制改革后，确定的以中军、镇军、抚军将军作为最低标准的加授规定，并没有因为将军号品级的变动而使加授标准发生变化。

北魏国家也能为一些职事官加授开府仪同三司、仪同三司、开府。统计《魏书》和墓志铭记载，从北魏前期至北魏末年，可以加授开府仪同三司、仪同三司、开府的职事官有：左右光禄大夫、光禄大夫、金紫光禄大夫、侍中、尚书令、尚书左、右仆射、中书监、左右卫将军、武卫将军。北魏国家为左右光禄大夫、光禄大夫、金紫光禄大夫加授开府仪同三司、仪同三司、

---

① 魏收：《魏书》卷一一三《官氏志》，第 2977 – 2978 页。
② 魏收：《魏书》卷一一三《官氏志》，第 2994 页。
③ 赵超：《汉魏南北朝墓志汇编》，第 227 页。
④ 《魏故散骑常侍抚军将军金紫光禄大夫仪同三司车骑大将军司空公光兖雍三州刺史元公墓志铭》："（元瞻）以建义元年四月十三日薨於位。……以其年七月六日窆于京西谷水之北皋。"则此墓志，应该于建义元年元瞻亡故后刻就。

开府，是仿照晋制的规定。但是，为门下省、尚书省、中书省长官和中央禁卫军的左、右卫将军、武卫将军加授这些职官，则是北魏国家采取的新做法。不过，北魏国家使这些职事官一般都领有将军号。《魏书·出帝纪》："（太昌元年）以车骑大将军、左光禄大夫李琰之为仪同三司。"《魏书·后废帝纪》："（建义二年）以侍中、车骑大将军、尚书左仆射孙腾为骠骑大将军、仪同三司。"显然担任左光禄大夫的李琰之和担任尚书左仆射的孙腾所受的仪同三司，都与他们所领的将军号有关系。对其他的职事官而言，也是如此。《魏书·景穆十二王下·安定王休传》："（元贵平）还除车骑将军，加散骑常侍，迁左卫将军、宗师，又迁车骑大将军、左光禄大夫、仪同三司。"《魏书·贺拔胜传》："（贺拔胜）普泰初，除右卫将军，进号车骑大将军、右光禄大夫、仪同三司。"很显然，元贵平、贺拔胜任禁卫军长官都领有将军号，因而，为他们加授仪同三司，自然与他们所领的将军号有关联。至于北魏地方的州刺史，一般都领有将军号，很少有单车刺史的设置。这些情况说明，北魏国家为一些职事官加授开府仪同三司、仪同三司、开府，实际受到职事官所领将军号的影响，可以说将军号的品级，正是为一些职事官授予这些加官的依据。

然而，北魏国家对没有将军号的职事官，也能加授开府仪同三司、仪同三司、开府，不过，这是很特殊的情况，实际只有中书监。《魏书·景穆十二王上·阳平王新成传》："（元钦）位中书监、尚书右仆射、仪同三司。"《魏书·明帝纪》："（熙平二年）特进、汝南王悦为中书监、仪同三司。"《魏书·外戚下·胡国珍传》："（胡国珍）寻进位中书监、仪同三司，侍中如故。"这就是说，元钦、元悦、胡国珍出任中书监，被加授仪同三司，都没有将军号。可是，北魏中书监却是高品级的职事官。前《职员令》规定为从一品中；后《职员令》规定为从二品。由此可以看出，中书监的品级与能够加拜开府仪同三司、仪同三司、开府将军号的下限品级相同。由此可见，北魏国家为职事官加授开府仪同三司、仪同三司、开府，一般需要领有从二品以上的将军号。当然，特殊情况下，也能为一些职事官直接授予这些加官，但职事官的品级，同样也不能低于从二品。因此，北魏国家加授开府仪同三司、仪同三司、开府，应该受到任职者的将军号和职事官品级的限制，尤其将军号的品级，对加授这些加官有重大的影响。实际上，孝文帝官制改革

161

后，前《职员令》规定的从一品下、后《职员令》规定的从二品以上的职官，才可以加授开府仪同三司、仪同三司、开府。可以说，这是北魏国家授予这些加官不可缺少的限制规定。

北魏对加授开府仪同三司、仪同三司、开府者的身份也有严格的限制。应该说能够被授予这些加官者，都是上层社会的显贵。在这些显贵中，最重要的是皇族。《魏书·献文帝纪》：“（和平六年）以淮南王他为镇西大将军、仪同三司，镇凉州。”《魏书·宣帝纪》：“（正始元年）尚书令、广阳王嘉加仪同三司。”可见，拓跋他、元嘉被加授仪同三司，与他们的皇族身份是相联系的。统计《魏书》、墓志铭记载，从北魏前期至北魏后期，皇族被加授开府仪同三司、仪同三司、开府的有：拓跋那、拓跋他、拓跋桢、拓跋天赐、拓跋长乐、拓跋子推、拓跋休、拓跋猛、拓跋浑、拓跋范、拓跋提、拓跋郁、拓跋云、拓跋良、元禧、元干、元羽、元雍、元勰、元嘉、元怀、元悦、元继、元叉、元延明、元徽、元渊、元恒芝、元略、元彧、元颢、元谌、元恭、元菩提、元祉、元鸷、元亶、元脩、元罗、元世俊、元佑、元深、元钦、元世俊、元贵平、元昶、元诱、元乂、元固、元彝、元瞻、元谭、元端、元毓、元周安，共55人。

北魏国家使一些与皇帝有亲缘关系的外戚也可以加授开府仪同三司、仪同三司、开府。如冯太后执政时，冯熙"于是除车骑大将军、开府、都督、洛州刺史，侍中、太师如故"[1]。统计《魏书》和墓志铭中记载，以外戚身份被授予这些加官的有：冯熙、李惠、胡国珍、李延寔、王度、杜超、皇甫集。甚至一些外戚之子也能被授予这些加官。如外戚李诞之子李崇"为骠骑将军、仪同三司"[2]。李延寔之子李彧"封东平郡公，位侍中、左光禄大夫、中书监、骠骑大将军、开府仪同三司、广州刺史"[3]。

北魏的一些鲜卑勋贵也是加授开府仪同三司、仪同三司、开府的重要对象。在这些鲜卑勋贵中，"其穆、陆、贺、刘、楼、于、嵇、尉八姓，皆太祖已降，勋著当世，位尽王公"[4]。也就是说，勋臣八姓在社会中，具有显赫

---

[1] 魏收：《魏书》卷八三上《外戚上·冯熙传》，第1819页。
[2] 魏收：《魏书》卷九《明帝纪》，第224页。
[3] 魏收：《魏书》卷八三下《外戚下·李延寔传》，第1837页。
[4] 魏收：《魏书》卷一一三《官氏志》，第3014页。

的身份地位，所以，多有被加授开府仪同三司、仪同三司、开府者。如穆亮"为征北大将军、开府仪同三司、冀州刺史"①。于忠"为仪同三司"②。尉景"为骠骑大将军、仪同三司"③。一些身份地位低于八姓贵族的鲜卑勋臣也可以被授予这些加官。如奚眷"世祖初，为中军、都曹尚书、复镇虎牢，赐爵南阳公，加使持节、侍中、都督豫洛二州河内诸军事、镇南将军、开府"④。封敕文"始光初，为中散，稍迁西部尚书。出为使持节、散骑常侍、镇西将军、开府、领护西夷校尉、秦益二州刺史"⑤。统计《魏书》和墓志铭记载，北魏前期至北魏后期加授开府仪同三司、仪同三司、开府的鲜卑勋贵有：穆建、穆亮、穆绍、于忠、尉眷、尉元、尉景、慕容白曜、长孙渴侯、长孙稚、费穆、费于、封敕文、罗结、万安国、奚眷、乙瑰，共17人。

虽然北魏国家主要依靠拓跋鲜卑贵族、勋臣进行统治，但并没有忽略对汉族士人的利用。在北魏建国之初，就将一些汉族士人吸纳到政权中。实际直至北魏后期，汉族士人都是拓跋鲜卑统治者的重要依靠力量。在这些汉族士人中，大多数是北方的世家大族，只是他们出身的门第高低存在差异。实际上，北魏统治者对一些出身世家大族的官员，也加授开府仪同三司、仪同三司、开府。《魏书·出帝纪》："（太昌元年）以车骑将军、左光禄大夫崔秉为骠骑大将军、仪同三司。"《魏书·崔挺传》："（崔孝芬）太昌初，兼殿中尚书。寻除车骑大将军、左光禄大夫，仍尚书。后加仪同三司、兼吏部尚书。"《魏书·前废帝纪》："（建义元年）九月丁丑，以侍中、骠骑将军卢同，骠骑大将军杜德，车骑大将军桥宁，并为仪同三司。"崔秉、崔孝芬就出身于博陵崔氏，卢同则出自范阳卢氏。显然在他们都出身北方最有影响的汉族世家大族家庭。可见，由于这些家族的特殊地位，就使他们拥有获任这些加官的身份条件。当然，门第次于崔、卢、郑、王氏家族的也可以加授这些加官。《魏书》和墓志铭记载，加授开府仪同三司、仪同三司、开府的汉族士人就有：李虔、李神俊、王肃、崔光、杨椿。这些人分别出自敦煌李氏、琅

---

① 魏收：《魏书》卷七下《孝文帝纪下》，第182页。
② 魏收：《魏书》卷九《明帝纪》，第227页。
③ 魏收：《魏书》卷一一《后废帝纪》，第280页。
④ 魏收：《魏书》卷三〇《奚眷传》，第722页。
⑤ 魏收：《魏书》卷五一《封敕文传》，第1135页。

琅王氏、清河崔氏、弘农杨氏。除了出自汉族世族者之外，较早归附北魏的北方汉人，已经被视为代人。诸如李䜣、皮豹子、崔亮、常景等人，也都能受任这些加官。

北魏国家对地位显赫的宦官，也可以加授开府仪同三司、仪同三司、开府。如宦官刘腾"迁卫将军、仪同三司，余官仍旧"①。因为北魏的宦官地位次于鲜卑贵族，但又高于汉族世族。② 所以，他们也具有受任这些加官的身份条件，因而，宦官被授予开府仪同三司、仪同三司、开府就不是特例。因此，《魏书》中，就还有宦官赵黑、封津被授予仪同三司的记载。③

当然，北魏国家对一些南朝降臣，也加授开府仪同三司等加官，但这只是一种汲引降臣的举措，因而，对他们身份的限制也就相对宽松。

由上述可见，北魏国家加授开府仪同三司、仪同三司、开府，很注重受加官者的身份。由于北魏社会上层，主要是鲜卑贵族和汉族世族，因而，具有这种特殊的身份，就成为加授开府仪同三司、仪同三司、开府的重要条件。并且，因为北魏拓跋鲜卑皇族、皇亲和勋贵是国家统治的主要依靠，所以，他们被授予这些加官的人数也就最多。由于在北魏政权中，一些汉族世族还起到重要的作用，因此，也就可以通过授予这些加官而加重他们的地位。也就是说，北魏国家使加授开府仪同三司、仪同三司、开府者，能够获得与三师、二大、三公的相近的优待特权，并且，由于国家官本位体制与身份的结合已经很固化，所以，受任这些加官者身份的限定，当然就是非常严格的。

然而，北魏末年，国家对加授开府仪同三司、仪同三司、开府的官员身份限制却开始减弱，一些身份低微者，也能受任这些加官。统计《魏书》记载，尔朱荣、尔朱兆、尔朱天光、尔朱世隆、尔朱智虎、尔朱弼、高欢、杜德、桥宁、高敖曹、孙腾、樊子鹄、斛斯椿、贾显度、贾显智、高隆之、李琰之、张琼、侯渊、念贤、司马子如、娄昭、李神、叱列延庆、贺拔胜、贺拔岳、侯莫陈悦、綦俊等人，都获得了开府仪同三司、仪同三司、开府的加

---

① 魏收：《魏书》卷九四《阉官·刘腾传》，第 2027 页。
② 陈连庆：《北魏宦官的出身及其社会地位》，载《中国古代史研究（上）》，吉林文史出版社，1991 年，第 606 页。
③ 魏收：《魏书》卷九四《阉官传》，第 2016 - 2033 页。

授。可以说这些人都是在北魏末年社会变乱中出现的豪强酋帅。应该说，促使这种情况出现，主要因为尔朱氏军事集团对北魏朝政的控制，进而需要以授予这些加官来提高这些豪强酋帅的地位。很显然，由于可以授予这些加官的对象开始改变，因而，也就使受任者的身份的约束也随之减弱。

（二）加授开府仪同三司、仪同三司、开府的方式

北魏国家为符合条件的将军和职事官加授开府仪同三司、仪同三司、开府，采取不是单一的，而是多种方式：

一是为领有将军号者加授开府仪同三司、仪同三司、开府，不限制将军号在规定的品级范围内的变动。也就是说，实行这种加授方式，就是改变原来所领将军号的称号，再加授这些加官。《魏书·明帝纪》："（孝昌三年）车骑将军、北海王颢为车骑大将军、仪同三司。"显然元颢加授仪同三司，他原来的将军号，加"大"，成为车骑大将军。后《职员令》规定车骑将军为二品。"车骑将军二将军加大者，位在都督中外之下。"[①] 这就是说，车骑将军与车骑大将军品级依然还是二品，只是改变了位序。《魏书·庄帝纪》："（建义元年）以征东将军、金紫光禄大夫李叔仁为车骑大将军、仪同三司，率众讨之。"后《职员令》规定，征东将军为二品；车骑大将军也为二品，二者品级相同。但车骑大将军在位序上，高于征东将军，所以加授仪同三司后，在位序上也高于原来的将军号。《魏书·庄帝纪》："（武泰元年）以镇军将军、金紫光禄大夫李虔为车骑大将军、仪同三司、特进。"后《职员令》规定，镇军将军为从二品；而车骑大将军则为二品。显然这是在提高将军号品级后，再加授这些加官。然而，需要看到的是，虽然授予这些加官时，所领将军号的称号出现变化，但是，这些变化的将军号，都在可以加授开府仪同三司、仪同三司、开府限定的范围之内，所以，并不影响授予这些加官。除此之外，领有将军号者加授开府仪同三司、仪同三司、开府，还能够与其他加官同时加授。《魏书·明帝纪》："（孝昌二年）以卫将军、东平王略为左光禄大夫、仪同三司。"显然授予元略的加官有左光禄大夫与仪同三司。应该说，北魏国家将开府仪同三司、仪同三司、开府与其他加官共同授予，也就更加重了受任加官者的地位。

---

① 魏收：《魏书》卷一一三《官氏志》，第 2994 页。

二是以转授的方式为领有将军号者加授仪同三司与开府。所谓仪同三司与开府的转授，就是这两个加官能够相互替代。《魏书·明帝纪》："（孝昌二年）以骠骑大将军、开府、齐王宝夤为仪同三司。"《魏书·前废帝纪》："（建义元年）以使持节、骠骑大将军、开府尔朱弼为仪同三司。"这说明，一些领有将军号者原来加授的开府，可以改授为仪同三司，并且，二者的转授，没有任何条件限制。而且，原来被加授仪同三司者，也能够改授为开府。如穆绍"乃授侍中、车骑大将军、仪同三司。未几，复以本号开府，为定州刺史"①。北魏国家可以采取这种方式的主要原因在于，仪同三司与开府在前、后《职员令》中的品级是相同的，所以，加授的这两个职官也就能够相互替代，但并不影响加重他们的地位。

三是仪同三司与开府能够结合在一起加授。由于仪同三司与开府为独立的职官，因此，北魏国家一般根据需要，将这两个职官分别加授。可是，为了更加重任职者的地位，也可以将仪同三司与开府结合在一起加授。如广陵王元羽"为征东大将军、开府仪同三司、青州刺史"②。长孙稚"为车骑大将军、开府仪同三司、雍州刺史、兼尚书仆射、西道行台"③。然而，北魏国家实行仪同三司与开府结合在一起的做法却不是固定、单一的。《魏书·李崇传》："（李崇）改除开府、相州刺史，侍中、将军、仪同并如故。"又《魏书·叱列延庆传》："（叱列延庆）迁散骑常侍、车骑将军、仪同三司，又进骠骑大将军、开府，余如故。"《魏故南秦州刺史司马使君之墓志铭》："（司马昇）为使持节都督郏州诸军事本将军郏州刺史，仪同开国如故。入以本秩为御史中尉。复兼尚书仆射西南道行台加开府，余如故。"④ 很显然，李崇、叱列延庆、司马昇先加授仪同三司后，又加授开府，也就与仪同三司结合而成为开府仪同三司。可以说，这种将仪同三司与开府结合的做法，与将两官同时结合进行加授所起到的作用是相同的。

此外，北魏国家还能以"假"的方式加授仪同三司与开府。所谓"假"

---

① 《侍中尚书令太保使持节都督冀相殷三州诸军事大将军冀州刺史司空穆公墓志铭》，载赵超《汉魏南北朝墓志汇编》，天津人民出版社，2008年，第283页。
② 魏收：《魏书》卷七下《孝文帝纪下》，第178-179页。
③ 魏收：《魏书》卷九《明帝纪》，第248页。
④ 赵超：《魏晋南北朝墓志汇编》，第336页。

授，就是临时授予官职。当然，加授这些加官的"假"授也是如此。《魏书·费于传》："（费于）迁使持节，加侍中、车骑将军、假仪同三司、前锋大都督。"《魏书·尔朱彦伯传》："（尔朱世隆）又除车骑将军、兼领军，俄授左光禄大夫、兼尚书右仆射，寻即真。元颢逼大梁，诏假仪同三司、前军都督，镇虎牢。"很明显，对领有将军者"假"授仪同三司，实际是与征讨作战相联系的。北魏国家为了征讨作战的需要，还将"假"授的这些加官，与授予新将军号同时进行。《魏书·萧宝夤传》："（萧宝夤）除使持节、都督雍泾岐南豳四州诸军事、征西将军、雍州刺史、假车骑大将军、开府，西讨大都督，自关以西，皆受节度。"很明显，萧宝夤的车骑大将军与开府，是同时被"假"授的。不过，北魏国家为领有将军号者"假"授仪同三司、开府，只适用于军事行动之时，所以，也就是一种特殊的做法。实际上，北魏国家为领有将军号者"假"授仪同三司与开府，显然是要在征讨作战时，加重军事统帅的地位，所以，"假"授的这些加官，在军事行动结束后，也就随之取消，因而，这种授予加官的做法，也具有很明显的临时性。

三、开府仪同三司、仪同三司、开府的职能

如前所述，北魏设置的开府仪同三司、仪同三司、开府是高品级职官。可是，这些职官却只能作为一些将军号与职事官的加官除授。正因如此，可以加授这些职官者，获得的不是实际的行政权，而是一种特殊的优待权。由于加授这些职官者能获得的这种特殊的优待权，所以这也正是这些加官所具有职能的明显体现。尤其是，北魏国家将开府仪同三司分置为仪同三司与开府之后，也就使这些加官的所具有的职能不仅出现区分，而且，也表现出一些独特性。

从北魏仪同三司的职能来看，主要体现在活动礼仪上具有优待特权。由于北魏仪同三司的礼仪规定与两晋的开府仪同三司的规定具有联系，因而，需要对两晋的规定做一些说明。

实际上，两晋设置开府仪同三司作为加官，就为受加官者不仅规定了俸禄、僚佐官的设置与"八公"相同，而且，也规定了相应的活动礼仪。《晋

书·职官志》称：加授开府仪同三司者，可以"给武贲二十人，持班剑"。这些持班剑的虎贲，实际正是他们出行的仪仗队。也就是他们仪仗队的规模，也与"八公"相同。当然，对加授开府仪同三司者不只限定仪仗队的人数，而且，还有其他的规定。《晋书·石苞传》："（石苞）武帝践阼，迁大司马，进封乐陵郡公，加侍中、羽葆、鼓吹。"又《晋书·恭帝纪》："（司马德文）又领徐州刺史，寻拜大司马，领司徒，加殊礼。义熙五年，置左右长史、司马、从事中郎四人，加羽葆、鼓吹。"这说明，两晋使"八公"出行的仪仗还有羽葆、鼓吹。当然，因为加授开府仪同三司者"为位从公"，所以，其仪仗队也应该有羽葆和鼓吹。

北魏国家继续延续晋制这些做法，所以对三师、二大、三公的活动仪式也做了持班剑人数、羽葆、鼓吹的规定。《魏书·穆崇传》："车驾入宫，（穆绍）寻授尚书令、司空公，进爵为王，给班剑四十人，仍加侍中。"穆崇获得持班剑四十人，比正常的二十人增加了一倍，显然是因受到优待而增多了人数。《魏书·出帝纪》："（永熙二年）以侍中、太保、司州牧、赵郡王谌为太尉公，加羽葆、鼓吹。"《魏书·景穆十二王下·城阳王长寿传》：司徒元徽"从庄帝北巡，及车驾还宫，以与谋之功，除侍中、大司马、太尉公，加羽葆、鼓吹"。元堪、元徽则是在原来仪仗的基础上，又增加了羽葆和鼓吹。由此可见，北魏国家对三师、二大、三公持班剑的人数及羽葆、鼓吹都有固定的规定。可是，为了优待一些三师、二大、三公，还能够依据情况做相应的变动。

北魏三师、二大、三公活动仪仗中的羽葆，就是车辇的装饰。但因车辇有区别，羽葆也不同，因而，又分为前、后部羽葆。仪仗中的鼓吹，则是出行的乐队，也有前、后部之分。鼓吹的作用在于，"案鼓吹之制，盖古之军声，献捷之乐，不常用也。有重位茂勋，乃得备作。……窃惟今者，加台司之仪，盖欲兼广威华"①。因此，《魏书·礼志四》称："但礼崇公卿出之仪，至有趋以采齐，行以肆夏，和鸾之声，佩玉之饰者，所以显槐鼎之至贵，彰宰辅之为重。"实际上，正是要以鼓吹之乐与羽葆之装饰，体现三师、二大、三公显赫的政治地位。也就是说，三师、二大、三公出行的持班剑人数、羽

---

① 魏收：《魏书》卷一〇八之四《礼志四》，第 2800-2801 页。

葆和鼓吹的规模，都是三师、二大、三公的特权中不可缺少的规定。

北魏国家为一些官员加授仪同三司，实际就是要使他们的活动仪式与三师、二大、三公相同。《通典·职官四》尚书省总论："其开府仪同三司，则礼数班秩皆如三公。"尽管这是对开府仪同三司的总论，但对北魏的仪同三司而言，也同样如此。《魏书·贺拔胜传附贺拔岳传》："（贺拔岳）普泰初，都督二岐东秦三州诸军事、仪同三司、岐州刺史，寻加侍中，给后部鼓吹，仍诏开府。"这里提到的后部鼓吹，应该是加授的仪仗。可见北魏国家对加授仪同三司的官员，除了正常的活动仪式规定外，还能够以增加仪仗的做法表示对他们的特殊优待。可是，对加授开府的官员，则与加授仪同三司的官员存在差别。《魏书·献文六王下·赵郡王干传》："（赵郡王干）除都督冀定瀛三州诸军事、征东大将军、冀州刺史，开府如故……后转特进、司州牧。……车驾南讨，诏干都督中外诸军事，给鼓吹一部。"很显然，加授开府的官员要获得三师、二大、三公的仪仗，就需要有皇帝的特别诏令。换言之，在正常情况下，加授开府的官员是不具有这种特权的。这些情况说明，北魏国家为官员加授仪同三司，主要就是使他们获得与三师、二大、三公的活动礼仪具有相同的优待特权，进而使他们特殊的身份和地位能够得到充分的体现。

对于北魏国家为官员加授开府而言，则表现为开府置佐的优待特权。这种情况在领有将军号者所设的军府的规模上，体现得尤为明显。实际就北魏的将军制度而言，在建国之初就开始实行。道武帝天兴元年，就"诏尚书吏部郎中邓渊典官制，立爵品"[1]，其中也包括对将军制度的制定。但是，北魏国家设置的将军，开始就是没有实职的虚衔军号，不过，在规定的品级范围之内，不同名号的将军还可以设置军府和僚佐官。至太武帝时，对这种规定更为明确。神䴥元年，太武帝"诏诸征镇大将依品开府，以置佐吏"[2]。也就是说，确定开府置佐的范围，要依据将军号的品级，因而，也就对开府置佐的权力做了可以把握的限定。太武帝神䴥三年，诏曰："昔太祖拨乱，制度草创，太宗因循，未遑改作，军国官属，至乃阙然。今诸征镇将军、王公仗

---

[1] 魏收：《魏书》卷二《道武帝纪》，第33页。
[2] 魏收：《魏书》卷一一三《官氏志》，第2977-2978页。

节边远者，听开府辟召，其次增置吏员。"① 据此诏令可知，太武帝使将军开府置佐是以四征、四镇将军为限的。太武帝规定四征、四镇将军的品级，因文献缺载，不很清楚。但在前《职员令》中，规定四征将军为从一品中、四镇为一品下。② 由此能够判定，太武帝对能够开府置佐的将军号的品级规定是很高的。太武帝做这样的规定，可以说对领有将军号者开府置佐做了比较严格的限制。

应该说，太武帝的这种规定并没有延续两晋的规定。从两晋的情况来看，当时确定将军号开府置佐，所依据的也是品级。《晋书·职官志》："三品将军秩中二千石者，……置长史、司马各一人，秩千石；主簿，功曹，门下都督，录事，兵铠士贼曹，营军、刺奸吏、帐下都督，功曹书佐门吏，门下书吏各一人。"两晋的三品将军，一般为重号将军。黄惠贤先生认为，两晋的重号将军以辅国将军为限。③ 也就是辅国将军以上的三品将军，才能开府置佐。由此可见，太武帝确定开府置佐的将军号的品级，实际要高于两晋的规定。

可以说，太武帝的这种规定影响了孝文帝官制改革。在前《职员令》中有中军、镇军、抚军将军长史、司马、正参军的设置。而中军、镇军、抚军将军被定为从一品下。④ 这说明，前《职员令》制定后，从一品的中军、镇军、抚军将军以上的将军，都可以开府置佐。不过，太和二十三年，孝文帝制定的后《职员令》开始将开府置佐的将军号品级降低，但却没有仿效晋制的规定。在后《职员令》中有："五品正、从将军长史、司马。""五品正、从将军录事、功曹、户曹、仓曹、中兵参军事。"⑤ 也就是说，后《职员令》制定后，从五品以上的将军号都可以开府置佐。后《职员令》确定从五品的最后一位将军号为虎威将军。显然，北魏后期，虎威将军以上的将军都能够设置军府和僚佐官。应该说，后《职员令》对能够开府置佐的将军号做这样的调整，也就与从五品以上为上层世族才可以出任的职官品级规定取得了一

---

① 魏收：《魏书》卷四上《太武帝纪上》，第76页。
② 魏收：《魏书》卷一一三《官氏志》，第2977-2978页。
③ 黄惠贤：《中国政治制度通史（四卷）》，人民出版社，1996年，第371页。
④ 魏收：《魏书》卷一一三《官氏志》，第2978页。
⑤ 魏收：《魏书》卷一一三《官氏志》，第3000页。

致。由于北魏后期开府置佐的将军号以从五品为限,所以,开府置佐也就不是特殊的优待。

其实,对加授开府的将军号来说,是以所属僚佐官的品级来体现优待的特权的。不过,由于文献记载阙如,对北魏前期加授开府的将军号所属僚佐官的情况,尚不清楚。孝文帝官制改革后,对可以加授开府的将军号已经很明确。前《职员令》规定有"中军、镇军、抚军长史"①。这不仅是这些将军号能够开府置佐的规定,实际也是可以加授开府的规定。后《职员令》延续前《职员令》的这种规定,也以中军、镇军、抚军将军作为可以授予开府加官的界限。如元勰"除使持节、都督南征诸军事、中军大将军、开府"②。尔朱文畅"超授散骑常侍、抚军将军。后除肆州刺史,仍本将军,加开府仪同三司"③。可是,后《职员令》规定中军、镇军、抚军将军却为从二品。这就是说,后《职员令》与前《职员令》不同,将可以授予开府的将军号降至从二品。

因为北魏国家确定加授开府的将军号的品级高于可以开府置佐的将军号的品级,因此,为抚军将军以上的将军号加授开府,就不是对开府置佐权限范围的限定,而是以规定僚佐官的品级来体现受优待的特权。后《职员令》有从一品将军号所属僚佐官的类别和品级规定。例如,"从第一品将军开府长史""从第一品将军开府司马"等。④然而,后《职员令》规定:骠骑、车骑、卫将军和四征将军为最高品级的将军号,但却都为二品,⑤并不是从一品将军号。很显然,从一品将军应该是加授开府后的将军号品级。因此,后《职员令》做这样的品级规定,不仅表明为将军号加授开府后,能够提高其品级,而且,也是获得开府置佐受优待特权的一种表现。

实际上,孝文帝官制改革后,不仅规定了从五品以上将军号设置僚佐官的类别和品级,而且,也规定了加授开府的将军号所属僚佐官的类别和品级。可是,前、后《职员令》对加授开府的将军号所属僚佐官的记载却并不

---

① 魏收:《魏书》卷一一三《官氏志》,第2984页。
② 魏收:《魏书》卷二一下《献文六王下·彭城王勰传》,第573页。
③ 魏收:《魏书》卷七四《尔朱荣传》,第1656页。
④ 魏收:《魏书》卷一一三《官氏志》,第2996页。
⑤ 魏收:《魏书》卷一一三《官氏志》,第2994页。

相同。前《职员令》只规定了能够加授开府的将军号的标准,但对将军号开府置佐的情况,却没有明确的规定。而后《职员令》对从五品至从一品将军设置僚佐官的类别和品级,则规定得很明确。为阐释问题,以下将从一品将军至从二品将军设置僚佐官的类别及品级列表说明:

表 1　从一品将军至从二品将军设置僚佐官类别及品级情况

将军号品级	从一品将军	二品将军	从二品将军
僚佐官类别及品级	长史四品	长史从四品	长史五品
	司马四品	司马从四品	司马五品
	咨议参军事从四品	咨议参军事五品	咨议参军从五品
	录事参军六品	录事参军从六品	录事参军从六品
	功曹六品	功曹从六品	功曹从六品
	记室六品	记室从六品	记室从六品
	仓曹六品	仓曹从六品	仓曹从六品
	户曹六品	户曹从六品	户曹从六品
	中兵参军事六品	中兵参军事从六品	中兵参军事从六品
	功曹史六品	功曹史从六品	功曹史从六品
	主簿从六品	主簿七品	主簿七品
	列曹参军事从六品	列曹参军事七品	列曹参军事七品
	列曹行参军七品	列曹行参军从七品	列曹行参军从七品
	长兼行参军从八品	行参军八品	行参军八品
	参军督护九品	参军督护从九品	长兼行参军从九品

依据表 1 统计,从一品将军与二品将军所属僚佐官类别相同;从二品将军设行参军,但不设参军督护,与从一品和二品将军不同。从一品将军与二品将军、从二品将军所设的相同的僚佐官的品级并不相同,从一品将军僚佐官的品级高于二品将军与从二品将军。其中,地位重要的长史、司马、咨议参军的品级,从一品将军最高;二品将军次之;从二品将军最低。由此可见,北魏后期,骠骑、车骑、卫、四征、四镇、中军、镇军、抚军将军加授开府后,便成为从一品将军,其僚佐官的品级,则高于原来将军号所属僚佐官的品级,进而也就明显体现出加授开府的领有将军号者地位的提高。

当然，还要指出的是，由于北魏后期，国家为无论中央，还是地方的职事官加授开府，一般都领有将军号，所以他们的僚佐官，应该是军府属官，所以，僚佐官的类别与品级，就应该依照从一品将军的规定。

概而言之，孝文帝官制改革后，北魏国家为一些将军号和职事官明确规定可以加授仪同三司和开府。虽然加授了仪同三司和开府的将军号和职事官都可以获得相同的品级，可是，获得的优待特权却有区别。正因如此，北魏国家在实际加授上，又将两官结合在一起，也就是加授开府仪同三司。可以说，加授开府仪同三司者，既有加授仪同三司者活动礼仪的优待，也能获得加授开府者设置僚佐官的特权，所以，加授开府仪同三司者的地位也就更为突出。因此，可以明确，加授开府仪同三司、仪同三司、开府，并不是使受加官者行使行政权力的增强，而是使其在活动礼仪与开府置佐上获得更多的优待特权。这正是北魏国家为规定范围内的将军号和职事官授予这些加官所具有的意义。

四、余　论

北魏国家设置开府仪同三司、仪同三司、开府作为加官，正是要使受加官者能够获得接近于三师、二大、三公地位的准公。然而，由于北魏设置太师、太保、太傅、太尉、司徒、司空、大司马、大将军，虽然是最高的一品官员，但是，诸公却没有太多的行政权，只能够享有最高的俸禄和受优待的礼遇，所以，三师、二大、三公是地位最高的受荣宠的官员。可是，由于诸公的设置受到员额的限制，因此，为了使更多的官员可以取得特别荣宠的优待，北魏国家就需要以设置这些加官的方式来实现这种目的，因而，也就延续了两晋的做法。然而，北魏国家并不是原封不动地沿袭两晋的做法，而是做了一些调整。

从这种加官的设置来看，北魏国家开始将开府仪同三司又分为仪同三司与开府，实际是三职官并置。但又可以将仪同三司与开府合置为开府仪同三司。孝文帝官制改革后，前、后《职员令》明确规定仪同三司与开府的品级相同。实际合置的开府仪同三司也与仪同三司、开府的品级没有差异。在前《职员令》中，为一品上；而在后《职员令》中，则为从一品。虽然开府仪同三司、仪同三司、开府品级低于三师、二大、三公，但却与三师、二大、三公接近。由于前、后《职员令》在官阶上实行正、从品的规定，所以，北魏国家以正、从品区别三师、二大、三公与开府仪同三司、仪同三司、开府的不同，也就更明确地表明这些加官所处的地位，进而也就以变通的方式体现出"为位从公"的意义。

因为北魏的将军号为虚衔，而且，国家对中央、地方的职事官，一般都加授将军号，所以，加授开府仪同三司、仪同三司、开府所依据的，主要是将军号的品级。孝文帝官制改革后，前《职员令》确定中军、镇军、抚军将军为可以加授开府仪同三司、仪同三司、开府的下限将军号。后《职员令》延续前《职员令》的规定，只是将中军、镇军、抚军将军规定为从二品。也就是依据后《职员令》，从二品以上的将军号，都能够加授开府仪同三司、仪同三司、开府，而且，加授这些加官后的将军号也就提高至从一品。

北魏国家加授开府仪同三司、仪同三司、开府，不仅以所领将军号的品级为标准，也对受加官者的身份有比较严格的限制。由于加授开府仪同三司、仪同三司、开府者的官品接近三师、二大、三公，因而，只有出自鲜卑皇族、皇亲与汉族世族的官员及具有相近地位的宦官才具有受任这些加官的条件。换言之，开府仪同三司、仪同三司、开府的除授的对象，主要是地位显赫的上层鲜卑贵戚和汉族世族，因而，能够加授开府仪同三司、仪同三司、开府，也就成为鲜卑皇族、皇亲、勋贵和汉族世族所具有的优越的社会地位的体现。当然，由于北魏末年社会变乱发生，尔朱氏军事集团实际控制北魏朝政，因而，加授开府仪同三司、仪同三司、开府的特权也就被他们攫夺。正因如此，北魏国家加授开府仪同三司、仪同三司、开府的身份限制，也因此而开始松弛。

北魏国家将开府仪同三司分置为仪同三司、开府的意图就在于，使两个加官分别起到不同的作用。加授仪同三司，是使受职者获得受优待的活动礼仪；加授开府，则使受职者可以提高僚佐官的品级，进而突显受到特别的优待。加授开府仪同三司能够将仪同三司与开府获得的优待合并在一起，因而，也就比加授仪同三司与开府获得的特权更多。

当然，还要看到，因为北魏国家使开府仪同三司、仪同三司、开府的加授予将军号紧密结合，并且，也能够与特进、左右光禄大夫一并作为加官授予领有将军号者,所以,不能不影响这些加官的性质。尤其是,北魏末年,"又欲收军人之意,加泛除授,皆以将军而兼散职,督将兵吏无虚号者。自此五等大夫,遂致猥滥,又无员限,天下贱之"[①]。也就是光禄大夫以下诸大夫的散官特征已经比较明显,所以,在武散官、文散官序列的逐渐完善的过程中,开府仪同三司也开始并入散官序列,至唐初,则转变成最高品级的文散官。可以说,北魏末年,加授开府仪同三司、仪同三司、开府出现的变化,已经逐渐呈现出向文散官演化的端绪。

(原载《人文杂志》2018年第7期)

---

① 魏收:《魏书》卷七五《尔朱彦伯传》,第1669页。

北魏特进考

北魏国家设置的特进是重要的职官。这一职官是仿照两晋的官制设置的，但是又适应北魏的国家制度做了一些变动。北魏国家设置特进的目的，是要使上层权贵阶层在任职上享有特别的优待，因而，受任这一职官，也就成为获得特殊身份与荣誉的体现。而且，北魏所设特进与东魏北齐对这一职官的设置是相联系的。而东魏北齐所设的特进，则是逐渐向文散官演变的重要环节。然而，对北魏特进职官设置的诸问题，却缺少系统的研究。因此，考察北魏特进的设置、职官性质、除授状况、受任群体，可以把握国家的特殊职官的设置与任职的特点，并且，对认识这一时期的特进在文散官形成过程中所产生的作用，都是很有意义的。

一、特进的设置及其品级的变动

北魏建国后，实行的职官制度表现出胡汉杂糅的特点。也就是说，北魏前期设置的职官制度是将拓跋鲜卑职官与汉官结合在一起的。所谓汉官，实际是仿照晋代的职官设置，因此，这些职官的官称、品级与晋代的规定是大体相同的。《魏书·道武帝纪》："初建台省，置百官，封公侯、将军、刺史、太守，尚书郎已下悉用文人。"正透露了北魏前期职官设置的这种情况。由此可以明确，因为在北魏前期的政权中，有一批为其服务的汉族士人，所以，也就能够很好地吸纳晋制的规定，并与拓跋鲜卑职官结合为统一的品级序列。由北魏前期职官设置的这种特点所决定，因而，在当时的职官序列中，也就不能排除特进的设置。然而，北魏国家初设特进之时，却与晋制略有差异。《魏书·官氏志》："（天兴）三年十月，置受恩、蒙养、长德、训士四官。受恩职比特进，无常员，有人则置，亲贵器望者为之。蒙养职比光禄大夫，无常员，取勤旧休闲者。长德职比中散大夫，无常员。训士职比谏议大夫，规讽时政，匡刺非违。又置仙人博士官，典煮炼百药。"这一记载说明，在道武帝天兴三年，开始设置受恩一职。而受恩职官，正是比照晋制中的特进设置的。而且，道武帝将受恩置于蒙养、长德、训士之前，显然其地位是很高的。可是，受恩、蒙养、长德、训士，却并不是独立的职官序列，仍然包含在拓跋鲜卑职官与汉官合一的职官序列中。这就是说，受恩这一职官，实际与特进并无区别，只是名称不同而已。《魏书·术艺·周澹传》："（周澹）为人多方术，尤善医药，为太医令。太宗尝苦风头眩，澹治得愈，由此见宠，位至特进，赐爵成德侯。"很显然，明元帝已经开始为受皇帝宠幸的有特殊技艺者除授特进。由此来看，受恩这一职官设置不久，也就改称为特进，成为与晋制规定相同的职官。因为特进被编制在拓跋鲜卑职官与汉官合一的品级序列中，所以，北魏国家也就使其与拓跋鲜卑职官发生联系。《魏书·闾大肥传》："（闾大肥）世祖初，复与奚斤出云中白道讨大檀，破之。还为内都大官。出除使持节、冀青二州刺史，假荥阳公。寻征还，位特进。复出为冀青二州刺史。"在这一记载提到闾大肥既能受任内都大官，也能获任特进，表明特进与拓跋鲜卑职官是可以相互迁转的。由于北魏的内都大官是掌管法律的拓跋鲜卑职官，并具有重要的地位，所以，也就可以看出，特进在北魏前期的胡汉杂糅的职官序列中，实际也具有特殊的重要地位。可是，北魏前期特进的品级，在文献却缺少记载。而且，由于北魏前期职官的品级制不是固定不变的，实际经历了由九品向十八品的演变的过程，所以，也就为判断特进的品级带来困难。不过，依据特进的除授、晋升情况，还能对其品级做一些推断。《魏书·太武帝纪上》："（神䴥四年）九月癸丑，车驾还宫。庚申，加太尉长孙嵩柱国大将军，特进、左光禄大夫崔浩为司徒，征西大将军长孙道生为司空。"可见，崔浩是以特进身份晋升为司徒的。这说明，北魏前期特进的地位是低于诸公的。这种情况透露出，北魏前期特进的品级，显然要在诸公之下。《晋书·职官志》："后定令，特进品秩第二，位次诸公，在开府骠骑上。"可见，在晋代官制的规定中，特进为二品，要低于诸公的品级。晋制对特进品级的这种规定，自然要影响北魏前期国家对这一职官品级的规定。

关于北魏初年的职官官阶规定，日本学者窪田庆文认为，当时的官阶实行的是九品制。① 可以说，北魏初年实行的官阶九品制，在太武帝时，还没有表现出被改变的迹象。既然如此，这种情况也就可以作为判断北魏前期特进品级规定的依据。而且，在这一时期，北魏国家仿照晋制，是将"三师、二大、三公"规定为最高品级的。因此，可以推断，至少在太武帝之前，特进的品级应该延续晋代的二品的规定。

不过，在孝文帝官制改革之前，北魏国家已经开始将九品制改为正、从品的十八品制。宫崎市定判定，前《职员令》中的高层的官品大体沿袭了魏晋旧制。前《职员令》不过只是把当时实际执行的制度原封不动地综括其中。② 如宫崎市定的推断不误，就能够依据前《职员令》的规定，透视出北魏前期实行十八品制之后的特进品级规定的一些迹象。

从前《职员令》的规定来看，一品上的职官有：太师、太保、太傅、大司马、大将军；一品中的职官有：太尉、司徒、司空；一品下的职官有：仪同三司、都督中外诸军事、特进、诸开府、骠骑将军、车骑将军、卫将军。③ 很明显，前《职员令》规定特进的位序，是在诸公之后。只是在它之前，增加了仪同三司和都督中外诸军事。可以说，前《职员令》规定特进的位序，基本延续了晋制。并且，由于前《职员令》实行的是十八品制，因而，特进的这种位序，并不是只受到晋制影响，实际上，也延续北魏前期所实行的规定。由此可以判断，在孝文帝官制改革前，实行正、从十八品级之时，大概与前《职员令》确定的品级相同，也就是一品下。由于北魏前期，国家所设职官没有俸禄，所以，特进与其他职官一样，其品级也只是象征任职者的地位。

太和十五年，孝文帝实行官制改革，"大定官品"④。孝文帝制定前《职员令》，规定了明确的官品。前《职员令》的特点在于：摈弃了拓跋鲜卑职官；并将官制改革前实行的汉官序列加以整顿，并按正、从十八品制规定职官的品级。

从孝文帝官制改革后特进设置的情况来看，一如前述，依然在诸公之

---

① 洼添庆文：《魏晋南北朝官僚制研究》，汲古书院，2003年，第107页。
② 宫崎市定：《九品官人法研究》，韩昇译，中华书局，2008年，第241—242页。
③ 魏收：《魏书》卷一一三《官氏志》，第2977页。
④ 魏收：《魏书》卷七下《孝文帝纪下》，第168页。

后，只是在它之前增加了仪同三司和都督中外诸军事。在特进之前增加都督中外诸军事，是由于北魏国家重视都督中外诸军事的设置，因而，也就需要突出其地位，所以，也就将其位序确定在特进之前。

对仪同三司而言，则是由于与开府仪同三司的特殊关系决定的。实际上，北魏的仪同三司是开府仪同三司的分置，它可以作为加官授予一些担任执事官和领有将军号者。而加授仪同三司的执事官和将军号，实际就成为地位低于诸公的"准公"。由于仪同三司、都督中外诸军事的这种特殊地位，所以，前《职员令》将这两个职官置于特进之前。

不过，需要提及的是，由于前《职员令》实行的是品级制与分阶制，也就是同一品级又分为上、中、下阶，所以，特进的品级规定又要适应这种上、中、下阶的规定。据前《职员令》，特进被定为一品下。而与特进同为一品下的职官有：仪同三司、都督中外诸军事、特进、诸开府、骠骑将军、车骑将军、卫将军。[①] 在这一品级和阶级序列中，都督中外诸军事为执事官；仪同三司、诸开府只能作为加官除授；骠骑将军、车骑将军、卫将军则是将军号。北魏国家将特进与这些不同性质的职官编为同一个品级序列，这与晋制的规定大体相同。也就是要体现出特进"位次诸公"的意义。可是，由于北魏国家将开府仪同三司分置为仪同三司与诸开府，因而，也就出现两种加官。而且，因为仪同三司、诸开府与特进编制在同一品级和阶级之中，所以，这与晋制所规定的这一职官"在开府骠骑上"[②] 的规定，也就不完全相同。尽管如此，前《职员令》规定特进的地位，与晋制相比，并没有品级上明显的变动，而且，也适应了北魏品级制与分阶制的规定。因此，可以说，前《职员令》将特进规定为一品下，自然提高了其品级。但是，要看到的是，特进由北魏前期仿照晋制规定为二品，但在前《职员令》中，却变动为一品下。应该说，这并不是完全对特进的位序重新编制而出现的结果，而是要适应前《职员令》实行正、从品制与分阶制的规定。也就是说，特进在前《职员令》中的品级规定，并没有完全背离"位次诸公"[③] 的原则，但也要与

---

① 魏收：《魏书》卷一一三《官氏志》，第2977页。
② 房玄龄等：《晋书》卷二四《职官志》，第727页。
③ 房玄龄等：《晋书》卷二四《职官志》，第727页。

前《职员令》规定的十八品制相适应，因而，做了必要的调整。

太和二十三年（499 年），孝文帝又编定后《职员令》。后《职员令》对北魏职官的序列与品级又做了重新的调整，因而，前《职员令》规定的特进品级，在后《职员令》制定后，又发生改变。从后《职员令》的品级制来看，依然实行正、从的十八品级制，但是，却取消了上、中、下阶制。因此，特进的位序与品级受到后《职员令》重新调整的职官序列以及新的正、从品级的影响。因此，阐释特进在后《职员令》中所处的位序及品级，也就需要说明后《职员令》规定的一品、从一品、二品职官的情况。

后《职员令》规定：一品职官有：太师、太保、太傅、大司马、大将军、太尉、司徒、司空；从一品职官有：仪同三司、都督中外诸军事、诸开府；二品职官有：太子太师、太子太傅、太子太保、特进、尚书令、骠骑将军、车骑将军、卫将军、四征将军、诸将军加大者、左右光禄大夫。[①] 应该说，在这一序列中，后《职员令》规定的职官位序与品级，已经与前《职员令》有很大的差别，而且，特进在后《职员令》所处的位序也有很大改变。其中明显的变化有三：一是后《职员令》将与特进品级相同的仪同三司、诸开府、都督中外诸军事提高为从一品。二是将特进降至二品，并与太子太师、太子太傅、太子太保、尚书令、左右光禄大夫执事官列为同一品级。三是增加了与特进同一品级的将军号。也就是在骠骑将军、车骑将军、卫将军之外，又增加了四征将军、诸大将军。很显然，在后《职员令》中，由于确定特进的品级低于仪同三司、诸开府和都督中外诸军事，并且，与执事官太子太师、太子太傅、太子太保、尚书令、左右光禄大夫划为二品，因而，前《职员令》确定的特进位序也就被改变。这就是说，孝文帝编定的后《职员令》对特进的位序和品级做了重新的设计，因而，也就与晋代官制的规定不完全相同。

然而，尽管后《职员令》在编制特进的位序上，采取了新的做法，可是，它依然还是被视为低于诸公的职官。其原因在于，后《职员令》开始将诸公分为层次，即有称为太师、太保、太傅、大司马、大将军、太尉、司徒、司空的"八公"职官；也有可以称为"准公"的职官。所谓"准公"，

[①] 魏收：《魏书》卷一一三《官氏志》，第 2993—2994 页。

就是为执事官和将军号加授开府仪同三司、仪同三司、开府，进而提高了职官品级，因而被视为低于"八公"，但地位却特殊的职官。由于这些"准公"的地位低于"三师、二大、三公"，所以，后《职员令》将其规定为从一品。并且，尽管都督中外诸军事地位重要，但地位却不及"三师、二大、三公"，因而，也被视为"准公"，而被划为从一品序列。很明显，后《职员令》采取正一品和从一品的做法，将"三师、二大、三公"与"准公"加以区分。由于实行这种做法，也就将特进与仪同三司、诸开府、都督中外诸军事在品级序列上做了区分，进而就更明确体现出"准公"的特殊地位。正因如此，后《职员令》中的特进，实际依然承袭传统的做法，将其作为低于诸公的职官，因而，也就需要将其与仪同三司、都督中外诸军事、诸开府在品级上分离，并低于这些职官。

因为在前《职员令》中，太子太师、太子太傅、太子太保、尚书令、左右光禄大夫这些执事官都为从一品，因而，将特进降低品级，就只能与这些执事官整合为同一个品级序列。不仅如此，在后《职员令》中，特进还与骠骑将军、车骑将军、卫将军一并由前《职员令》中的一品下降至二品，因而，也就与这些将军号划为同一个品级序列。可以说，后《职员令》的这种变动，明显受到晋代官品的影响。从晋代官品来看，"特进品秩第二"①，"骠骑已下及诸大将军不开府非持节都督者，品秩第二"②。这说明，后《职员令》将特进与骠骑以下将军号划为同一品级序列，显然是参照了晋代官品的规定。

由此可见，后《职员令》确定特进的品级，受到多重因素的影响。但是，主要的因素是，由于后《职员令》实行正、从品制，并依据正一品、从一品的规定，对"三师、二大、三公"与"准公"加以区别，所以，也必须使特进与诸公与"准公"的序列分离，并降低其品级。而且，由于前《职员令》对低于诸公的执事官做了比较合理的规定，因此，在品级序列上，不可能做大的变动，因此，特进只能与前《职员令》中规定为从一品的执事官划为同一品级序列。当然，与特进一并降至二品的还有骠骑将军、车骑将军、

---

① 房玄龄等：《晋书》卷二四《职官志》，第727页。
② 房玄龄等：《晋书》卷二四《职官志》，第728页。

卫将军。实际上，这是仿照晋官品规定而做出的变动，从而体现后《职员令》对特进品级的调整，应该是以晋制的品级规定为依据的。可以说，这也正是后《职员令》的规定，将特进的品级降低至二品的重要原因。

二、特进的除授方式

在孝文帝官职改革前、后，北魏的特进的除授具有一致之处。也就是说，除授特进，既可以作为加官加授，也能独立除授。实际上，这种做法与晋制没有差别。《晋书·职官志》：

> 特进，汉官也。二汉及魏晋以加官从本官车服，无吏卒。太仆羊琇逊位，拜特进，加散骑常侍，无余官，故给吏卒车服。其余加特进者，唯食其禄赐，位其班位而已，不别给特进吏卒车服，后定令。特进品秩第二，位次诸公，在开府骠骑上，冠进贤两梁，黑介帻，五时朝服，佩水苍玉，无章绶，食奉日四斛。

据此可以明确：晋代特进的除授，可以分为两种方式，即可以独立除授，也能作为加官加授。晋代将特进独立除授的事例多见。例如，李憙"迁尚书仆射，拜特进、光禄大夫，以年老逊位"[①]。刘耽"为尚书令，加侍中，不拜，改授特进、金紫光禄大夫"[②]。当然，晋代被独立除授特进者，多为一种优待。不过，晋代采取更多的做法，是为执事官和将军号加授特进。《晋书·李胤传》："（李胤）素羸，不宜久劳之，转拜侍中，加特进。俄迁尚书令，侍中、特进如故。"即为执事官加授特进。《晋书·王濬传》："（王濬）抚军大将军、开府仪同三司，加特进，散骑常侍、后军将军如故。"则是为领有将军号者加授特进。

北魏国家设置特进职官后，依然并行两种除授的做法。《魏书·刁雍传》："（刁雍）兴光二年，诏雍还都，拜特进，将军如故。"很显然，刁雍获

[①] 房玄龄等：《晋书》卷四一《李憙传》，第1190页。
[②] 房玄龄等：《晋书》卷六一《刘乔传》，第1676页。

任特进，是独立除授的。孝文帝官制改革后，特进的除授方式并没有改变。《魏书·孝文帝纪下》："以太傅、安定王休为大司马、特进。"《魏书·孝文帝纪下》："以特进、广陵王羽为征东大将军、开府仪同三司、青州刺史。"《魏书·献文六王上·赵郡王干传》"（赵郡王干）改封赵郡王，除都督冀定瀛三州诸军事、征东大将军、冀州刺史，开府如故。……后转特进、司州牧。"《魏书·献文六王上·广陵王羽传》："（广陵王羽）为大理，加卫将军，典决京师狱讼，微有声誉。迁特进、尚书左仆射，又为太子太保、录尚书事。"这些都是孝文帝官制改革后，特进被独立除授的事例。《魏书·源贺传》："（源怀）景明二年，征为尚书左仆射，加特进。"可见，宣武帝授与源怀特进，则是他所任尚书左仆射的加官。不过，与晋代的做法比较，北魏除授特进的做法，则更具有多样性。

从北魏孝文帝官制改革前、后的特进除授的情况来看，还采取了以下做法：

一是特进可以与其他执事官一并除授。《北史·文成五王·赵郡王干传》："（赵郡王干）除都督、冀州刺史，……后转特进、司州牧。"《北史·文成五王·广陵王羽传》："（广陵王羽）迁特进、尚书右仆射，又为太子太保、录尚书事。"显然，元干受任特进，一并除授的职官为司州牧；元羽受任特进则为尚书右仆射。而且，他们受任的特进，并不是加官，而是独立除授的职官。

二是一些执事官能迁转、晋升为特进，而特进也能够晋升为一些执事官。《魏书·献文六王上·赵郡王干传》："（赵郡王元干）迁洛，改封赵郡王，除都督冀定瀛三州诸军事、征东大将军、冀州刺史，开府如故；赐杂物五百段，又密赐黄金十斤。高祖亲饯于近郊，……后转特进、司州牧。"元干的官职变动，正在实行前《职员令》之时，因而，他就任执事官，又加授开府，其品级，在前《职员令》中规定中，应该为一品下；而特进的品级也为一品下。① 很显然，他转任特进后，职官的品级并没有变动。这说明，北魏国家可以使一些执事官不改变品级而迁转为特进。而且，北魏国家还使一些执事官可以晋升为特进。《魏故使持节侍中假黄钺太师丞相大将军都督中外诸军事录尚书事

---

① 魏收：《魏书》卷一一三《官氏志》，第2994页。

太尉公清河文献王之志铭》："（元晖）迁尚书仆射。旧庸熙载，彝伦攸穆。转特进、左光禄大夫、侍中、司空公、太子太师。"①据此墓志铭，元怿是由尚书仆射迁转为特进的。后《职员令》规定，尚书仆射为从二品，而特进则为二品。②也就是说，元怿改任特进后，其职官品级提高一品级。这种晋升为特进的情况并不是特例。《魏书·毛修之传》："（毛修之）以功拜吴兵将军，领步兵校尉。……又以修之收三堡功多，迁特进、抚军大将军、金紫光禄大夫，位次崔浩之下。"北魏前期步兵校尉的品级不详，但前《职员令》规定为从三品中。③《魏书·崔光传》："（崔）光还领著作，四月迁特进。……七月领国子祭酒。"著作为著作郎的略称。后《职员令》规定为从五品上阶。可见，低于特进品级的步兵校尉、著作郎都能晋升为特进。这说明，尽管北魏国家使一些执事官晋升为特进的品级并不相同，可是，符合条件者，晋升为这一职官，是没有明确的品级限制的。

北魏国家还使特进可以晋升为高于其品级的执事官。《魏书·太武帝纪上》："（神䴥四年）特进、左光禄大夫崔浩为司徒。"《北史·魏本纪·孝文帝纪》："（太和十六年）特进冯诞为司徒。"《魏书·前废帝纪》："（建义元年）特进、车骑大将军、沛郡王欣为太傅、司州牧，改封淮阳王。"《北史·魏本纪·节闵帝纪》："（普泰元年）以特进、清河王亶为太傅。"《魏故乐安王妃冯氏墓志铭》："（冯思政）后迁特进，为司徒公。侍中、都督如故。"④《大魏故侍中特进骠骑大将军尚书左仆射司州牧司空公钜平县开国侯元君之神铭》："（元钦）以病乞解，蒙授侍中特进左光禄大夫。未几，复除侍中司空公开国侯，食邑五百户。"⑤这些记载说明，北魏国家使受任特进者，能够继续晋升其他职官。但特进晋升的职官，一般为"三师、二大、三公"。也就是说，北魏国家使受任特进者，还能够晋升为最高品级的诸公，从而可以处于更为优越的地位。

三是受任特进，也可以加授将军号。北魏时期，国家为执事官加授将军

---

① 赵超：《汉魏南北朝墓志汇编》，天津古籍出版社，2008年，第111页。
② 魏收：《魏书》卷一一三《官氏志》，第2994页。
③ 魏收：《魏书》卷一一三《官氏志》，第2981页。
④ 赵超：《汉魏南北朝墓志汇编》，第156页。
⑤ 赵超：《汉魏南北朝墓志汇编》，第250页。

号是很普遍的情况。也就是说，北魏很少有任执事官者没有将军号的。受这种做法的影响，北魏任职特进，也能被加授将军号。《北史·毛脩之传》："（毛脩之）又以军功，迁特进、抚军大将军，位次崔浩下。"《魏书·甄琛传》："（甄琛）征为车骑将军、特进，又拜侍中。"《魏书·前废帝纪》："（建义元年）特进、车骑大将军、沛郡王欣为太傅、司州牧。……特进、车骑大将军、清河王亶为仪同三司。"《魏书·道武七王·京兆王黎传》："（元继）又除特进、骠骑将军，侍中、领军如故。"很显然，为受任特进者加授的将军号并不是特殊的做法，只是加授的将军号存在差异。可见，为特进加授将军号的做法，与执事官是相同的。

北魏国家除了为受任特进者直接加授将军号之外，还能延续领有所任执事官时的将军号。《魏书·刁雍传》："（刁雍）真君二年复授使持节、侍中、都督扬豫兖徐四州诸军事、征南将军、徐豫二州刺史。……兴光二年，诏雍还都，拜特进，将军如故。"显然，刁雍迁转为特进后所领的将军号，就是担任都督扬豫兖徐四州诸军事时的将军号。不仅如此，北魏国家还能为特进所领的将军号加授其他加官。《魏书·前废帝纪》"（建义元年）以车骑大将军、左光禄大夫高琛为特进、骠骑、开府仪同三司。"《魏书·李宝传》："（李虔）还京，除河南邑中正，迁镇军将军、金紫光禄大夫，孝庄初，授特进、车骑大将军、仪同三司，加散骑常侍。"很显然，特进高琛、李虔所领的骠骑将军、车骑大将军都分别加授了开府仪同三司、仪同三司。后《职员令》规定这些将军号加授开府仪同三司、仪同三司，其品级就能由二品进至从一品。由此可见，尽管为受任特进者所加将军号的品级不尽相同，存在差异，但是，加授将军号的目的，都是要加重这一职官的地位。

四是受任特进能够加授仪同三司。北魏国家将所设开府仪同三司、仪同三司，一般是作为将军号的加官。可是，北魏除授执事官，也开始实行这种做法。《魏书·孝明帝纪》："（熙平二年）以中书监、开府仪同三司胡国珍为司徒公，特进、汝南王悦为中书监、仪同三司。"可见中书监，既可以加授开府仪同三司，也能加授仪同三司。后《职员令》规定：中书监为从二品；而开府仪同三司、仪同三司则为从一品。① 这说明，执事官加授这些加官后，

---

① 魏收：《魏书》卷一一三《官氏志》，第 2994 页。

其品级要提升为从一品。由于受任特进者处于特殊地位，因而，也与这些执事官一样，也能加授仪同三司。例如，使持节、侍中、车骑大将军斛斯椿、侍中、卫将军元受，"并特进、仪同三司"①。应该说，北魏国家为受任特进者加授仪同三司，其意义与为执事官加授相同，也就是将特进的品级提升为从一品。

这些情况说明，特进可以与其他执事官一并任命；在迁转、晋升上，也与执事官相同。并且，特进也与执事官一样，可以加授将军号及仪同三司。这说明，北魏独立除授特进，所采取的做法，其实与执事官的除授，并无多少的差别。

如前所述，北魏的特进还可以作为加官除授。孝文帝官制改革前，多有为执事官加授特进的事例。例如，刘尼"征为殿中尚书，加侍中、特进"②。崔浩"始光中，进爵东郡公，拜太常卿。……加侍中，特进，抚军大将军，左光禄大夫，赏谋谟之功"③。孝文帝官制改革后，特进依然能够作为加官。《魏书·穆崇传》："（穆绍）又除卫大将军、左光禄大夫、中书监，复为侍中，领本邑中正。……及灵太后欲黜叉，犹豫未决，绍赞成之。以功加特进，……寻加仪同三司，领左右。"《魏书·源贺传》："（源怀）景明二年，征为尚书左仆射，加特进。"显然，为穆绍加授特进的执事官是侍中；为源怀加授特进的执事官则是尚书左仆射。后《职员令》规定：侍中为三品；尚书左仆射则为从二品。《魏书·外戚上·冯熙传》："（冯诞）又除诞仪曹尚书，知殿中事。及罢庶姓王，诞为侍中、都督中外诸军事、中军将军、特进，改封长乐郡公。"冯诞的执事官为侍中和都督中外诸军事。前《职员令》规定，都督中外诸军事为以一品下。④《侍中尚书令太保使持节都督冀相殷三州诸军事大将军冀州刺史司空穆公墓志铭》："（穆绍）以公民望朝右，安危注意，乃授侍中车骑大将军仪同三司。未几，复以本号开府，为定州刺史。辞疾不行，还除前任，加位特进。"⑤后《职员令》规定，上州刺史为三品；

---

① 魏收：《魏书》卷一一《前废帝纪》，第 76 页。
② 魏收：《魏书》卷三〇《刘尼传》，第 722 页。
③ 魏收：《魏书》卷三五《崔浩传》，第 818 页。
④ 魏收：《魏书》卷一三《官氏志》，第 2978 页。
⑤ 赵超：《汉魏南北朝墓志汇编》，第 283 页。

中州刺史为从三品；下州刺史四品。① 这说明，孝文帝官制改革后，加授特进的执事官的品级，没有统一的规定。不过，还需要指出的是，北魏国家使品级高于特进的职官，也能将其作为加官。《魏书·孝文帝纪下》：太傅、安定王元休"为大司马、特进"。《魏书·景穆十二王上·济阴王小新成传》："（元晖业）历位司空、太尉，加特进，领中书监，录尚书事。"大司马、太尉都是最高品级的诸公。北魏国家为这些职官加授特进，当然包含特殊意义，也就是要突显其特殊的地位。

北魏特进作为加官，还能够与其他职官结合加授。《魏书·尔朱荣传》："（尔朱菩提）孝庄初，以荣翼戴之勋，超授散骑常侍、平北将军、中书令。转太常卿。迁骠骑大将军、开府仪同三司，加侍中、特进。"可见，特进能与侍中结合，作为加官除授。当然，可以与特进结合作为加官除授的，尚不限于此。《魏故侍中使持节都督徐阳兖豫济五州诸军事骠骑大将军徐州刺史司空公兰陵郡开国公吴郡王铭》："（萧正表）亦既入朝，特蒙殊礼，即拜车骑大将军、侍中、特进、开府仪同三司、太子太保，甲仗一百人，班剑廿，加羽葆鼓吹一部，王公如故。"可以说，萧正表担任的职官，只有太子太保为执事官，而侍中、特进、开府仪同三司都是加官。很明显，北魏国家为萧正表加授这些职官，正是对他的一种特殊的礼遇。由此可见，北魏使特进作为加官，不仅可以单独加授，而且，还增加了与其他职官并授的做法，因而，也就更加重了受任加官者所获得的优待。

三、特进职官的性质

如前所述，北魏特进在除授方式上，与执事官是大体相同的。尽管如此，北魏特进在职官性质上，却与执事官并不完全相同。因为从特进始设时的特征来看，就不是执事官。《汉书·朱云传》："至成帝时，丞相故安昌侯张禹以帝师位特进，甚尊重。"可见，在汉成帝以前，已经有特进的设置。然而，西汉国家所设的特进，与一般执事官不同。《汉官仪》："诸侯功德优

---

① 魏收：《魏书》卷一一三《官氏志》，第 2995-2996 页。

盛，朝廷所敬异者，赐位特进，在三公下。"① 也就是西汉所设特进，在秩级上低于三公，并且，只授予"功德优盛"者，所以，这也就是一种荣誉职官。东汉时期，国家更加重了特进职官的这种特征。而且，东汉还将特进与奉朝请一并授予功臣。例如，李通"积二岁，乃听上大司空印绶，以特进奉朝请"②。所谓奉朝请，就是可以定期参与朝会的荣誉官。由于特进与奉朝请性质相近，所以，能够一并拜授，从而更明确体现授予官员的荣誉。并且，东汉国家还将拜授特进，限制在列侯的范围之内。例如，邓演"为南顿侯，位特进"③。贾复"以列侯就第，加位特进"④。正因如此，东汉有列侯爵位者，可以区分为"特进侯"与"侍祠侯"。⑤ 所谓"特进侯"，"中兴以来，唯以功德赐位特进者，次车骑将军"⑥。很显然，东汉受任特进，不仅是"功德优盛，朝廷所敬异者"，而且，还要有列侯爵位。也就是说，特进只是授予一些列侯的荣誉官，并能够享有特殊的地位和规定的俸禄。

晋代延续汉代特进设置的做法，可是，在除授特进上，取消了与任职者爵位的联系。《晋书·刘乔传》："（刘耽）为尚书令，加侍中，不拜，改授特进、金紫光禄大夫。"显然，刘耽是以尚书令的身份改授特进的，与其封爵是没有关系的。而且，晋代特进的除授方式，已经不同于汉代。除了独立除授之外，还可以作为加官除授。尽管出现两种除授方式，但无论独立除授的特进，还是作为加官除授的特进，都能够获得规定的俸禄和班位。正如《晋书·职官志》所言："唯食其禄赐，位其班位而已。"只是独立除授的特进，还能获得"吏卒车服"⑦。然而，独立除授的特进和作为加官的特进，都没有能够行使的权力。由此来看，晋代的特进还是继续保持了汉代荣誉官的特征，所以，这一职官的品级也就只能是获得规定的俸禄、班次和吏卒车服等次的依据。

---

① 范晔：《后汉书》卷四《和帝纪》李贤注引，中华书局，1965年，第171页。
② 范晔：《后汉书》卷一五《李通传》，第576页。
③ 范晔：《后汉书》卷一〇下《桓帝邓皇后纪》，第44页。
④ 范晔：《后汉书》卷一七《贾复传》，第667页。
⑤ 司马彪：《续汉书·舆服志下》，第3663页。
⑥ 司马彪：《续汉书·百官志五》，第3630页。
⑦ 房玄龄等：《晋书》卷二四《职官志》，第727页。

应该说，北魏国家设置的特进，仿效了晋代特进的职官特征。可是，在孝文帝官制改革前、后，特进的特征却略有差异。因为北魏前期没有实行俸禄制，所以，特进与其他职官一样，不能获得俸禄。在孝文帝官制改革后，职官的俸禄制已经实行，因而，受任特进者自然可以获取俸禄。《魏书·慕容白曜传》："三老可给上公之禄，五更可食元卿之俸。"据此记载，北魏职官的品级是能够获得俸禄数量的依据。也就是说，由于任职官员的品级不同，使"内外百官，受禄有差"①。而且，北魏的官员有执事官、将军号和加官的区分，因此，获得的俸禄则有"本官俸恤"②、将军号和加官俸禄的差别。尽管如此，实际所任执事官、将军号和加官都能一并获得俸禄。《魏书·献文六王下·彭城王勰传》："（元勰）开建五等，食邑二千户。转中书令，侍中如故。……勰表以一岁国秩、职俸、亲恤，以裨军国。"可见元勰的经济收益，主要是国秩和职俸。国秩是元勰受封王爵的食邑收入。而职俸则是元勰出任中书令、侍中的俸禄。元勰所任中书令为执事官，侍中则是加官。这就是说，元勰可以同时获得两官的俸禄。当然，对特进而言，也是如此。也就是说，不论特进是独立除授，还是作为加官除授，与晋制规定一样，都能获得俸禄。

那么，北魏特进能够获得多少俸禄？在文献中，没有明确记载。但是，孝文帝官制改革后，制定的前、后《职员令》对特进的品级规定是明确的。太和十六年，孝文帝实行的前《职员令》规定，特进为一品下；太和二十三年制定的后《职员令》则为二品。也就是说，孝文帝实行前《职员令》，受任特进者，可以获得一品下的俸禄。后《职员令》实行后，则能享有二品职官的俸禄。由于特进品级的变化，受任特进者俸禄的数量是有变化的。尽管如此，特进在前、后《职员令》的规定中，都为高品级官员。《魏书·献文六王上·高阳王雍传》："（元）雍兼太保，与兼太尉崔光摄行冠礼．诏雍乘车出入大司马门，进位丞相，给羽葆鼓吹，倍加班剑，余悉如故。……岁禄万余，粟至四万，伎侍盈房，诸子珰冕，荣贵之盛，昆弟莫及焉。"这里提到的"岁禄万余"，应该是帛万匹。也就是说，元雍所获的俸禄达到一年万

---

① 魏收：《魏书》卷七上《孝文帝纪上》，第154页。
② 魏收：《魏书》卷六八《甄琛传》，第1514页。

匹的数量。可是，这不是实际的俸禄。因为北魏只是以帛作为俸禄的计量单位，因为实际俸禄构成为帛、粟、钱。而且，元雍的一年俸禄数量，也不是他担任一个职官的所得，而是所任多个职官俸禄的总和。不过，由此透露出，北魏高品级官员获得俸禄是丰厚的。《隋书·百官志下》载北齐职官俸禄："官一品，每岁禄八百匹，二百匹为一秩。从一品，七百匹，一百七十五匹为一秩。二品，六百匹，一百五十匹为一秩。……禄率一分以帛，一分以粟，一分以钱。事繁者优一秩，平者守本秩。"北齐规定的不同品级职官的俸禄数量，应该与北魏后《职员令》实行后的俸禄数量规定有联系。换言之，北魏实行后《职员令》后，任职特进，应该获得一年六百匹的俸禄。当然，这六百匹，只是换算帛、粟、钱数量的计量单位。可以说，北魏特进享有的俸禄，应该是职官中的"厚禄"。因此，北魏受任特进者，无疑可以在经济上受到很大的优待。

北魏任职特进，也是获得班位的体现。前引《魏书·毛脩之传》："（毛脩之）以功拜吴兵将军，领步兵校尉。……又以脩之收三堡功多，迁特进、抚军大将军、金紫光禄大夫，位次崔浩之下。"很显然，由于北魏前期职官没有俸禄，受任特进，实际也就是赐予班位，所以，在文献记载中，也就特别强调"位"。

然而，在孝文帝官制改革后，实行的前、后《职员令》既规定品级，也规定了班位。前《职员令》规定：太师、太保、太傅、大司马、大将军、（一品上）太尉、司徒、司空、（一品中）仪同三司、都督中外诸军事、特进、诸开府、骠骑将军、车骑将军、卫将军。（一品下）可是，在这一序列中，特别提道：骠骑将军、车骑将军"二将军加大者，位在三司上"。卫将军"加大者，次仪同三司"[1]。可见，前《职员令》规定的序列，不仅是品级的规定，也是班位的规定。很显然，在前《职员令》中，特进的班位次于仪同三司、都督中外诸军事。但是，在晋代官制中，"第一品：公、诸位从公。……第二品：特进、骠骑、车骑、卫将军、诸大将军、诸持节都督"[2]。这里所说的"诸位从公者"，就是加授开府仪同三司的武官公与文官公。很

---

[1] 魏收：《魏书》卷一一三《官氏志》，第2977页。
[2] 杜佑：《通典》卷三七《职官一九》，中华书局，1984年，第209页。

显然，前《职员令》规定，在特进之前有仪同三司、都督中外诸军事以及骠骑、车骑大将军，也就是说，前《职员令》确定特进的班位，大体仿照晋代的规定。

太和二十三年制定的后《职员令》规定的序列：太师、太保、太傅、大司马、大将军、太尉、司徒、司空（一品）、仪同三司、都督中外诸军事、诸开府（从一品）、太子太师、太子太傅、太子太保、特进、尚书令、骠骑将军、车骑将军、卫将军、四征将军、诸将军加大者、左右光禄大夫（二品）。这就是说，后《职员令》对特进的班位做了很大的调整。很明显，在后《职员令》中，特进已经被置于诸开府、太子太师、太子太傅、太子太保之后。而且，骠骑将军、车骑将军，"二将军加大者，位在都督中外之下"。卫将军"加大者，位在太子太师之上"。四征将军"加大者，位次卫大将军"①。也就是说，骠骑大将军、车骑大将军、四征大将军的班位，都在特进之前。后《职员令》做这样的调整，实际是降低了特进的班位。尽管如此，但并没有改变特进的重要地位。因为北魏选任特进，依然"用人俱以旧德就闲者居之"②，实际上，依然是清流之士，才能担任的清官。

不过，受任特进，北魏前期，可以体现出特殊的班位。而孝文帝官制改革后，则能够获得丰厚的俸禄和特别的班位。可是，受任特进者，却并没有实际的权力。《魏书·献文六王上·广陵王羽传》："高祖又谓羽曰：'……汝之过失，已备积于前，不复能别叙。今黜汝录尚书、廷尉，但居特进、太保。'"这一记载说明，元羽所任的录尚书、廷尉，是有实际权力的执事官，而特进却与太保一样，只是荣誉官职，并无实际权力。正因如此，北魏国家对一些有过失的重臣，经常采取保留特进职位的做法，进而达到安抚的目的。也就是说，以保留特进，使其还享有荣誉地位，可是，原来职官的权力却被剥夺了。

北魏国家为了使一些受任特进者可以行使权力，因而，也就需要采取与执事官并授的做法。《魏书·外戚上·杜超传》："（杜）凤皇，袭超爵，加侍中、特进。"《魏书·献文六王上·赵郡王干传》："（赵郡王干）后转特进、

---

① 魏收：《魏书》卷一一三《官氏志》，第2977页。
② 魏征等：《隋书》卷二七《百官志中》，第752页。

司州牧。"《魏书·献文六王上·广陵王羽传》:"(广陵王羽)迁特进、尚书左仆射。"《北史·穆崇传》:"(穆绍)以功加特进、侍中。"这些记载中提到的侍中、司州牧、尚书仆射,都是执事官。可见,北魏国家将特进与执事官结合除授,并不是特殊做法,而是一种常制。由此可以看出,北魏国家采取这种做法的目的是,以特进职表明任职者的地位,而他们所任的执事官,则是规定他们可以行使的权力。由此来看,尽管北魏国家使特进能够与执事官一样除授,可是,还依然将受任这一职官作为获得荣誉地位的一种体现。

当然,还需要提及的是,北魏建国初,道武帝设置的汉官中,有不掌职事的职官。《魏书·官氏志》:"(天赐元年)又制散官五等:五品散官比三都尉,六品散官比议郎,七品散官比太中、中散、谏议三大夫,八品散官比郎中,九品散官比舍人。"可见,这类能够与执事官比照不掌职事的职官,被称为散官。然而,道武帝所设的散官并没有实行的记载。因此,北魏后期,又开始要重新设置散官。《魏书·献文六王上·高阳王雍传》:"世宗行考陟之法,雍表曰:窃惟三载考绩,百王通典。今任事上中者,三年升一阶;散官上第者,四载登一级。……既其以能进之朝伍,或任官外戍,远使绝域,催督逋悬,察检州镇,皆是散官,以充剧使。"这说明,至迟在宣武帝时,已经有散官的设置。很显然,这些散官的特点主要在于,只有品级规定,但却没有实际权力,只是在国家需要时,才能临时担任重要职务。

从北魏散官的品级来看,《魏书·郭祚传》载宣武帝诏曰:"考在上中者,得泛以前,有六年以上迁一阶,三年以上迁半阶,残年悉除。考在上下者,得泛以前,六年以上迁半阶,不满者除。其得泛以后考在上下者,三年迁一阶。散官从卢昶所奏。"这是关于对散官的考核和晋升的记载。由此可见,北魏散官晋升是以"阶"为标准的。这说明,北魏后期的散官,不仅规定品级,也实行"阶"制。应该说,散官的"阶"制,要仿效执事官的规定。从宣武帝实行的后《职员令》来看,并不是所有的职官都分"阶"。在后《职员令》中,只是将四品以下职官分为上阶、下阶。既然如此,实行"阶"制的散官品级,自然不会超过为执事官所做的规定。而且,如果从北魏初年散官的最高品级来看,北魏后期散官的品级,似应受到道武帝规定的影响。由于北魏后期散官的最高品级是有限定的,所以,也就不可能在四品以上的职官中,实行散官制。由此来看,尽管受任特进,可以获得品级、俸禄和班位,可是,这一职官还不是散官,只是体现身份与荣誉的特殊职官。

四、受任特进的群体限定

北魏是官本位社会。受任职官者不仅能够获得经济利益,也能体现出他们的政治地位。然而,由于北魏的职官有品级高低的差别,也有清官与浊官的区分,所以,对任职条件的要求,就不尽相同,进而也就造成了能够任职群体的身份差异。北魏官本位的这种状况,当然对特进的任职要有影响。因此,对北魏的特进而言,由于是高品级的清官,因而,能够担任这一职官,也就需要有特殊的条件。换言之,北魏国家对能够受任特进的社会群体,是有严格限定条件的。

当然,对能够受任特进者的范围限制,并不是从北魏开始的,实际从汉代设置特进就已经实行。胡广《汉制度》:"功德优盛,朝廷所敬异者,赐特进,在三公下,不在车骑下。"[①] 这正是汉代确定的能够受任特进的标准。应该说,这一标准对后世影响很大。虽然汉代以后,选任特进的标准有一些变动,但是,注重任职者的身份以及国家对其品德的认定,却并没有明显改变。《魏书·官氏志》载,道武帝设置受恩,比照特进,规定可以任职条件为"亲贵器望者"。所谓"亲",就是与皇帝有亲缘关系者;而"贵",则是指拓跋鲜卑和汉族显贵。也就是说,"亲贵"是对受任特进者,在身份上的限定。所谓"器望",则是国家对受任特进者的品德和才能的认定。可以说,道武帝确定的这个标准成为北魏国家选任特进的依据。

从北魏前期的情况来看,能够受任特进者的身份因素起到重要的作用。《魏书·外戚上·杜超传》:"(杜)凤皇,袭超爵,加侍中、特进。"《魏书·外戚上·冯熙传》:"(冯诞)及罢庶姓王,诞为侍中、都督中外诸军事、中军将军、特进,改封长乐郡公。"杜凤皇、冯诞都出身外戚家族,显然他们受任特进,与皇帝有亲缘关系是重要的条件。《魏书·刘尼传》:"(刘尼)征为殿中尚书,加侍中、特进。高宗末,迁司徒。"受任特进的刘尼身份,应该是拓跋鲜卑勋贵。《魏书·崔浩传》:"(崔)浩明识天文,好观星变。……

---

① 司马彪:《续汉书·百官志五》刘昭注引。

世祖每幸浩第，多问以异事。或仓卒不及束带，奉进蔬食，不暇精美。世祖为举匕箸，或立当而旋。其见宠爱如此。于是引浩出入卧内，加侍中，特进，抚军大将军，左光禄大夫，赏谋谟之功。"崔浩则是受太武帝宠信的清河一流汉族大族。很明显，刘尼、崔浩可以获得任职特进的重要条件，就是他们都为北魏社会中具有特殊身份的显贵。

北魏国家为汲引一些降臣，也为他们除授特进。《魏书·间大肥传》："（间大肥）世祖初，复与奚斤出云中白道讨大檀，破之。还为内都大官。出除使持节、冀青二州刺史，假荥阳公。寻征还，位特进。"间大肥出身于蠕蠕上层贵族，"太祖时，与其弟大埿倍颐率宗族归国。太祖善之，尚华阴公主。"也就是说，间大肥既出身于蠕蠕贵族，入魏后，又受到道武帝的宠爱，所以，也就有条件受任特进。《魏书·刁雍传》："（刁雍）世祖嘉之，真君二年复授使持节、侍中、都督扬豫兖徐四州诸军事、征南将军、徐豫二州刺史。……兴光二年，诏雍还都，拜特进，将军如故。"刁雍出身于渤海世家大族。他"泰常二年，姚泓灭，与司马休之等归国"[①]。降臣刁雍能够受任特进，显然与他的汉族大族身份有很大关系。

北魏前期，国家为一些有特殊的精湛技艺者加授特进，以此体现对他们的优待，也是一种重要的做法。例如，毛修之"能为南人饮食，手自煎调，多所适意。世祖亲待之。……又以修之收三堡功多，迁特进、抚军大将军、金紫光禄大夫，位次崔浩之下。"[②] 又如，周澹"为人多方术，尤善医药，为太医令。太宗尝苦风头眩，澹治得愈，由此见宠，位至特进"[③]。很显然，这些能够受任特进的有特殊技艺者，实际都是备受皇帝宠幸的官员，所以，他们受任这一官职，则应该属于特例。

由上述可见，北魏前期，受任特进者，无论北魏官员，还是南朝降臣，他们或者与皇帝有亲缘关系，或者出身于鲜卑勋臣、汉族大族以及其他少数民族贵族家庭。这说明，北魏前期，对被选任特进者的身份限定是很严格的。也就是说，除了要达到北魏规定的仕宦所必须具备的条件之外，还必须

---

① 魏收：《魏书》卷三八《刁雍传》，第865页。
② 魏收：《魏书》卷四三《毛修之传》，第960页。
③ 魏收：《魏书》卷九一《术艺·周澹传》，第1965页。

要符合国家确认的"亲贵"标准。所以,特进的任职,应该是上层显贵拥有的特权,因而,也就限制了受任这一职官的人数。

孝文帝官制改革后,依然延续北魏前期的做法,重视对受任特进者的身份限制。《魏书·道武七王·京兆王黎传》:"(元继)寻除侍中、领军将军,又除特进、骠骑将军,侍中、领军如故。"元继为道武帝三世孙,显然他受任特进是因为与道武帝有直系血缘联系。统计《魏书》《北史》、墓志铭记载,除授或加授特进的皇族有:元休、元干、元雍、元羽、元悦、元晖业、元受、元怿、元钦、元延明等人。很明显,北魏后期受任特进者,大多数为皇族。这说明,北魏国家除授特进,更注重受职者与皇帝有亲缘关系的身份。当然,对一些拓跋鲜卑贵族,仍然能够除授特进。《魏书·穆崇传》:"(穆绍)以功加特进,又拜其次子岩为给事中。寻加仪同三司,领左右。"孝文帝改革后,穆氏为鲜卑八大姓之一,社会地位很高。可见,穆绍能够被加授特进,是由于他出身于显赫的鲜卑贵族家庭。当然,对拓跋鲜卑人而言,能够获得特进职,并不只限于八大姓家族。《魏书·源贺传》:"(源怀)景明二年,征为尚书左仆射,加特进。"源怀先世为太武帝所赐姓,并被封陇西王。[①] 由于源氏因"赐姓"而成为鲜卑贵族,所以,其地位要低于"八姓",可是,其家族成员也能受任特进。这说明,孝文帝官制改革后,只要具有拓跋鲜卑贵族身份者,都能够成为受任特进的重要对象。

北魏后期,国家对汉族士人,也可以除授特进。《北史·序传》:"(李虔)孝庄初,授特进、车骑大将军、仪同三司、散骑常侍,又进号骠骑大将军、开府仪同三司。"李虔出自敦煌李氏大族。《魏书·崔光传》:"(崔光)四月迁特进。五月以奉迎肃宗之功,封光博平县开国公,食邑二千户。"崔光则出身清河崔氏大族。可见,与北魏前期一样,汉族士人受任特进,一般都要有世族家族的身份。

不过,还要提及的是,北魏后期,国家除授一些汉族降臣特进,也看重其家庭的社会地位。《魏书·萧正表传》:"(萧正表)武定七年正月,仍送子为质,据州内属。徐州刺史高归彦遣长史刘士荣驰赴之。事定,正表入朝,以勋封兰陵郡开国公、吴郡王,食邑五千户。寻除侍中、车骑将军、特进、

---

① 魏收:《魏书》卷四一《源贺传》,第 920 页。

195

太子太保、开府仪同三司，赏赍丰厚。"降臣萧正表是"萧衍弟临川王宣达子也"①，也就是萧梁朝的皇族。由于萧正表具有这种身份，他归降北魏后，也就受到特殊的优待。北魏国家为萧正表加授特进，正是这种特殊优待的做法的一种体现。很明显，孝文帝官制改革后，北魏国家除授特进，依然注重受任者的"亲贵"的身份。但是，与北魏前期不同的是，国家更注重为皇族出身者除授特进，因而，也就更显示出特进是身份高贵者所担任的职官。

北魏国家出于笼络的需要，对一些受宠幸的汉族士人也除授特进。《魏书·甄琛传》："（甄琛）征为车骑将军、特进，又拜侍中。以其衰老，诏赐御府杖，朝直杖以出入。"甄琛的出身家庭并不显赫，但是，从孝文帝时，便"大见亲宠，委以门下庶事，出参尚书，入厕帷幄"。②因此文献称"自高祖、世宗咸相知侍，肃宗以师傅之义而加礼焉"。③这种宠臣，一般被视为有"德"之臣，因此，除授特进，也就是对这些宠臣的一种褒奖。

然而，需要注意的是，由于北魏末年强臣控制朝政，因而，开始改变特进的一些除授条件。从当时控制北魏朝政的强臣的出身来看，都非贵戚家族出身。《魏书·尔朱荣传》："（尔朱菩提）孝庄初，以荣翼戴之勋，超授散骑常侍、平北将军、中书令。转太常卿。迁骠骑大将军、开府仪同三司，加侍中、特进。"尔朱菩提为尔朱荣长子。而尔朱荣其先世为"领民酋长"，实际为地方豪强酋帅。其子尔朱菩提能够获得特进的除授，显然是由于尔朱荣控制北魏朝政才能享有的优待。

因为北魏末年强臣控制朝政以及当时战争频频发生，都促使北魏国家对特进除授条件的改变。《北齐书·赵郡王琛传》："（高琛）寻拜骠骑大将军、特进、开府仪同三司、散骑常侍。"高琛在孝庄帝时，"既居禁卫，恭勤慎密，率先左右"④。显然，高琛能够特别受任特进，并没有受身份的限制。这说明，以"亲贵"为除授特进的条件的约束开始松弛。正因如此，东魏北齐对特进选任实行的做法，又进一步促使这一条件的变化。《隋书·百官志中》载北齐官制："特进，左右光禄，金紫、银青等光禄大夫，用人俱以旧德就

---

① 魏收：《魏书》卷五九《萧正表传》，第1321页。
② 魏收：《魏书》卷六八《甄琛传》，第1513—1514页。
③ 魏收：《魏书》卷六八《甄琛传》，第1516页。
④ 李百药：《北齐书》卷一三《赵郡王琛传》，中华书局，1972年，第169页。

闲者居之。"《齐职仪》："特进，以功德特进见之。"① 这里提到的"德"，正是可以任职者的现实表现，而不是延续家族的"亲贵"的地位。也就是说，对特进的除授，开始从以家族的"亲贵"作为任职的限定，逐渐转变为以士人的有"德"为条件。而北魏末年，由于除授特进条件限定的改变，也就促使东魏北齐进一步采取与北魏有很大不同的选任做法。因此，可以说，从北魏初年至北魏末年，受任特进的条件和标准，并不是固定不变的，而是逐渐表现出对身份限制的松弛，因而，也就使受任这一职官的群体也随之扩大。

五、结　语

北魏建国之初，实行胡汉杂糅的职官制度。而北魏国家所设的汉官，则是仿照晋代的官制设置的。北魏所设的特进属于汉官，所以，这一职官是以晋制为模式设置的。然而，由于北魏国家不同时期实行的官阶品级不同，也就促使特进品级的变动。在北魏前期实行九品制时，特进的品级，应该以晋制为依据。在孝文帝官制改革前，官阶开始实行十八品制时，前《职员令》规定特进为一品下，似应是这一时期品级规定的反映，并延续至孝文帝官制改革后。太和二十三年，制定的后《职员令》则将特进规定为二品，以此体现"位次诸公"的原则。

北魏的特进可以独立除授，也可以作为加官除授。从独立除授的特进来看，可以与其他执事官一并除授；可以晋升为高于其品级的执事官；可以加授将军号；也可以加授仪同三司。因此，特进与执事官的除授，并没有多少差别。从作为加官的特进来看，北魏国家为一些执事官加授这一职官，但对这些执事官的品级，没有统一的规定。北魏国家为这些执事官加授特进，是包含特殊意义的，也就是要突显任职者的特殊地位。

北魏所设特进，是能够体现身份与荣誉的特殊职官。这种职官性质是从汉代始设这一职官所具有的特征延续而来的。北魏前期，受任特进可以获得"次于诸公"的班位。北魏国家实行俸禄制后，则能够依据前、后《职员令》的品级规定获得相应的俸禄和班位。然而，受任特进者，却没有被赋予可以

---

① 宋昉：《太平御览》卷二四三引《齐职仪》，中华书局，1960年，第1150页。

行使的权力。北魏国家要使受任特进者获得权力，就需要再加任执事官。

北魏国家对受任特进的对象是有限制的。受任特进者，除了要达到北魏规定的仕宦所必须具备的条件之外，还必须要符合国家确认的标准。实际上，北魏国家一直使"亲贵器望者"，才能担任这一官职。因此，可以说，任职特进，应该是北魏社会中少数上层显贵拥有的特权。只是到北魏末年，由于地方豪强酋帅控制朝政以及内、外战争频仍，才使北魏国家放松了选任特进的条件。由于北魏末年对选任特进身份限制的松弛，进而也就为东魏北齐国家使特进向文散官逐渐演变创造了不能忽视的条件。

(原载《地域文化研究》2019年第5期)

论北魏的别将

北魏的别将是在孝文帝官制改革后开始设置的,既可以担任军事征讨和镇戍地方的军队的统帅,也可以担任这些统帅所属的将领。在当时的军事行动中,别将起到不可忽视的作用。目前学界只有少数学者注意到北魏别将的设置问题,① 但对别将的选任、任职与将军号等问题尚缺乏深入研究。本文拟对北魏别将的设置、选任及别将任职与将军号关系问题做一些考察,以期深化对北魏别将特征的认识,进而推动北魏军事制度研究的深入。

一、别将的设置

北魏太和十六年(492年),孝文帝实行官制改革,此前不曾设置的军事官职如别将、统军和军主等开始出现。可以说,别将的设置,对北魏军队的官制产生了很大影响。

关于别将设置的最早记载,见于《魏书·李灵传附李元茂传》:"(李元茂)太和八年袭爵。加建武将军,以宽雅著称。阙又例降。拜司徒司马,寻除振威将军、南征别将、彭城镇副将,民吏安之。"这里所说的"例降"即是"例降爵"。也就是,北魏太和十六年孝文帝实行爵位改革,降低原来有爵者的爵位等级,"制诸远属非太祖子孙及异姓为王,皆降为公,公为侯,侯为伯,子男仍旧,皆除将军之号"②。李元茂出任别将,正是北魏实行"例降爵"之时,即太和十六年孝文帝的爵位改革。而孝文帝"大定官品"③,开

---

① 俞鹿年:《北魏职官制度考》,社会科学文献出版社,2008年,第161页。
② 魏收:《魏书》卷七下《孝文帝纪下》,第169页。
③ 魏收:《魏书》卷七下《孝文帝纪下》,第168页。

始实行官制改革，则在北魏太和十五年（491年）十一月。可见，孝文帝的官制改革与爵位改革时间是接续的。因此，可以确认，别将的设置，应该是在孝文帝官制改革后才开始的。北魏太和十七年（493年），孝文帝南征，又在他统率的征讨军中任命刘藻"为征虏将军，督统军高聪等四军为东道别将"①。说明别将在此时已经成为北魏征讨军中的重要军事官职，并在后来成为北魏常设的职官。这在北魏的史料中多有记载，如宣武帝时，赵遐"持节、假平东将军为别将"②。孝明帝时，薛峦"为持节、光禄大夫、假安南将军、西道别将"③。至北魏末年，军队中别将的人数就更多了。

孝文帝改革官制，设置别将，是对北魏前期军事征讨和镇戍制度的改进。实际上，北魏前期，国家已经规定了明确的军事征讨和镇戍制度。从当时的军事征讨制度来看，不仅有皇帝亲征制度和征讨军的征集制度，还对征讨军统帅和随军将领做了规定。《魏书·景穆十二王下·乐陵王胡儿传》："高祖初，蠕蠕犯塞，以（拓跋）思誉为镇北大将军、北征大都将。"拓跋思誉所任大都将就是征讨军的统帅。《魏书·尉元传》："（尉元）为使持节、侍中、都督南征诸军事、征西大将军、大都将，余官如故，总率诸军以讨之。"这里提到的"都督南征诸军事"，就是总领全军的征讨都督。当时设置的征讨军统帅，除有大都将、征讨都督外，最多的是都将。例如，内都大官闾大肥"神瑞中，为都将，讨越勒部于跋那山，大破之"④。此外，还设置有都副将、子都将。不过这些将领都隶属于征讨军统帅。

从北魏前期国家镇戍制度来看，镇戍军将领的设置要比征讨军将领的设置复杂。北魏国家所设的这类职官可以分为两种：

一种为兼管军事和行政事务的职官。诸如都督诸军事、刺史、镇都大将、太守，都是这种性质的官员。其中镇都大将，《魏书·官氏志》称："旧制：缘边皆置镇都大将，统兵备御，与刺史同。"

另一种则属于专门掌管军事镇戍的职官。这些职官主要有镇都将、镇都副将。虽然孝文帝官制改革前，北魏设置的这些负责军事征讨和镇戍的官员

---

① 魏收：《魏书》卷七〇《刘藻传》，第1550页。
② 魏收：《魏书》卷五二《赵逸传附赵遐传》，第1147页。
③ 魏收：《魏书》卷六一《薛安都传附薛峦传》，第1355页。
④ 魏收：《魏书》卷三〇《闾大肥传》，第728页。

还适应当时军事行动需要,但北魏前期的军事征讨和镇戍制度仍有一些不完善之处。正因如此,孝文帝需要对军事官员的设置做出必要的改革。

孝文帝对军事职官的设置,采取了撤销、保留和增设三种做法。细缕史料可以明确,孝文帝官制改革后所设置的军队统帅比改革之前有所增加。《魏书·明帝纪》:"(熙平元年)以吏部尚书李平为镇军大将军、兼尚书右仆射,为行台,节度讨硖石诸军。"显然,李平是以行台的身份统率征讨军的,他所任的行台属于征讨行台。可是,征讨行台,却是在北魏前期所设的征讨都督、都将之外新增设的军事官职。孝文帝不仅改进军事征讨制度,而且还对地方镇戍制度也进行改善。一方面,继续设置都督诸军事和刺史领兵制度;另一方面,则设置别将。北魏国家使一些别将充当军队的统帅。如元融"假节、征虏将军、别将南讨,大摧贼众,还复梁城"①。又如北魏孝昌三年(527年)"夏四月,别将元斌之讨东郡,斩显德"②。而且,在别将担任征讨军队统帅时,还要加特别的称号。《魏书·崔亮传》:"肃宗末,荆蛮侵斥,以崔士泰为龙骧将军、征蛮别将。"崔士泰所任"征蛮别将",正是以"征蛮",表明军事征讨的对象。统计《魏书》《北齐书》《周书》中记载,以别将身份担任征讨军统帅的有刘藻、元谭、李虔、伊瓮生、宇文延、韦朏、辛祥、赵遐、崔模、崔孝直、薛峦、毕祖晖、崔士泰、裴庆孙、司马悦、裴衍、席法友、奚康生、贾智、郑孝穆、李世哲等21人。这些情况说明,北魏以别将担任征讨军统帅的做法并不是特例,而是为适应征战的需要经常采取的措施。

北魏设置的别将,固然可以担任征讨军统帅,但更多的是担任征讨军统帅的所属将领。孝文帝改革后,北魏经常任命的征讨军统帅为征讨都督。北魏后期,也任命征讨行台为征讨军的统帅。在这些征讨都督和行台统率的军队中,就有一些别将作为他们的属官。《魏书·崔挺传附崔孝炜传》:"(崔孝炜)为别将,隶都督李神轨讨平之。"《魏书·杨大眼传》:"(杨大眼)为太尉长史、持节、假平南将军、东征别将,隶都督元遥,遏御淮、肥。"这些别将在征讨都督统领的军队中占有重要地位。《魏书·邢峦传》:"时萧衍遣

---

① 魏收:《魏书》卷一九下《景穆十二王下·章武王太洛传附元融传》,第514页。
② 魏收:《魏书》卷九《孝明帝纪》,第247页。

兵侵轶徐兖、缘边镇戍相继陷没。朝廷忧之,乃以峦为使持节、都督东讨诸军事、安东将军,尚书如故。……峦遣统军樊鲁讨文玉,别将元恒攻固城,统军毕祖朽复破念等,兖州悉平。"说明在征讨都督的统率下,别将能够指挥一部分军队,担负某一方面的重要作战任务。

北魏后期,又在征讨都督之外,使别将能够单独统领一部分军队,配合征讨都督征战。《魏书·崔鉴传附崔仲哲传》:"(崔仲哲)及父秉于燕州被围,泣诉朝庭,遂除别将,与都督元谭赴援。"《魏书·崔延伯传》:"(崔延伯)为别将,与都督崔亮讨之。"这里提到的别将崔仲哲、崔延伯并不隶属于征讨都督,他们在征战中,主要是配合征讨都督统军作战。

此外,为强化别将在征战中的作用,还实行以别将兼职征讨都督的做法。例如,贺拔胜"恒州陷,归尔朱荣,转积射将军,为别将,又兼都督"①。豆卢宁"永安中,以别将随尔朱天光入关,加授都督"②。别将与征讨都督两职的结合,无疑强化了别将对征讨军的集中指挥。又《通鉴·梁纪七》载,普通七年(526年),"行台常景使别将崔仲哲屯军都关以邀之,仲哲战没,元谭军夜溃,魏以别将李琚代谭为都督。"说明有时因担任军队统帅的征讨都督征战失利,也能以别将代替其任职。所以,在征讨都督统领的军队中,别将所处的地位是很特殊的。

在征讨行台之下也设置别将。如李苗"与别将淳于诞俱出梁、益,隶行台魏子建"③。淳于诞"为西南道军司、假冠军将军、别将,从子午南出斜谷趣建安,与行台魏子建共参经略"④。这些别将在军事行动中,都要服从行台的指挥。由于战局复杂,为适应征战需要,有时也以别将协助行台作战。《周书·于谨传》:"(于谨)寻加别将。二年,梁将曹义宗据守穰城,数为边患。乃令谨与行台尚书辛纂率兵讨之。"说明别将能够与行台在国家指令下共同参与征战。《魏书·费于传》:"除(费)穆辅国将军、假征虏将军、兼尚书左丞、西北道行台,仍为别将,往讨之。"可见,别将也可兼任行台。实际这种做法,有利于强化对征讨军的集中指挥。在北魏,别将与行台两职

---

① 魏收:《魏书》卷八〇《贺拔胜传》,第1780页。
② 令狐德棻等:《周书》卷一九《豆卢宁传》,第309页。
③ 魏收:《魏书》卷七一《李苗传》,第1596页。
④ 魏收:《魏书》卷七一《淳于诞传》,第1593页。

位的结合方式是多样的。但多数情况下别将隶属于行台,也可协助行台作战,别将与行台之间实际具有相互协同的关系。

除了征讨都督与征讨行台外,别将还与其他职官联系密切。《魏书·道武七王·清河王绍传附元世遵传》:"诏加(元)世遵持节、都督荆州及河南诸军事、平南将军,加散骑常侍,余如故。遣洛州刺史伊瓮生,冠军将军、鲁阳太守崔模为别将,率步骑二万受世遵节度。"显然,别将崔模隶属于当时的征讨军统帅元世遵。《魏书·尉古真传》:"后蠕蠕遂执行台元孚,大掠北境。诏尚书令李崇讨之,庆宾别将隶崇,出塞而返。"可见以尚书令担任征讨军统帅时,在其下也设置了受其统领的别将。《魏书·杨播传附杨椿传》:"秦州羌吕苟儿、泾州屠各陈瞻等聚众反,诏椿为别将,隶安西将军元丽讨之。"其实,元丽领有安西将军号,并且是中央禁军的右卫将军。这说明右卫将军任征讨军统帅,也能以别将作为属官。

北魏还任命一些州刺史担任征讨军统帅,并设置隶属于他们的别将。例如,李焕"除辅国将军、梁州刺史。时武兴氏杨集起举兵作逆,令弟集义邀断白马戍。敕假焕平西将军,督别将石长乐、统军王佑等与军司苟金养俱讨之"[①]。李神"为别将,率扬州水军受刺史李崇节度"[②]。这些事例说明,北魏任命重要官员担任征讨军统帅,一般都需要设置别将协助他们开展军事行动。

除军事征讨外,北魏也在镇戍地方的官员之下设置别将,以协助他们防卫地方。当时地方官员主要是州刺史,即在州刺史下设置别将。《元弼墓志》:"(元弼)除龙骧将军、鄴州防城别将。"[③]《周书·泉企传》:"孝昌初,(泉企)又加龙骧将军、假节、防洛州别将,寻除上洛郡守。"北魏为所设的别将加上特别称号如"鄴州防城别将""防洛州别将"等,即是指明他们所要协防的具体的州。一些军镇也有别将的设置。《魏书·贾显度传》:"(贾显度)初为别将,防守薄骨律镇。"即贾显度为薄骨律镇的别将。

北魏设别将并不限于州和军镇,还有一些郡也设别将。《魏书·裴叔业

---

① 魏收:《魏书》卷三六《李顺传附李焕传》,第844页。
② 魏收:《魏书》卷七〇《李神传》,第1561页。
③ 赵超:《汉魏南北朝墓志汇编》,第279页。

203

传》:"冀州大乘贼起,(裴约)敕为别将,行勃海郡事。"可见别将裴约的主要职责是镇戍勃海郡。北魏国家为加强对郡的镇戍,还采取特殊措施。如《周书·裴侠传》:"(裴侠)魏孝庄嘉之,授轻车将军、东郡太守,带防城别将。"所谓"带防城别将",就是以郡太守身份兼任镇戍别将,其目的主要是统一行使郡的军事防卫指挥权,强化对郡的镇戍。北魏还在军事要地设有别将。《北齐书·李元忠传》:"(李愍)除奉车都尉,持节镇汁河,别将。汁河在邺之西北,重山之中,并、相二州交境。以葛荣南逼,故用愍镇之。"《北齐书·祖鸿勋传》:"(祖鸿勋)及葛荣南逼,出为防河别将,守滑台。"显然,别将李愍、祖鸿勋镇戍的地方,都属于军事防卫要地。北魏所设置的一些镇戍地方的别将,其主要职责是军事防卫。但这些别将并非与地方行政事务毫无关系。《魏书·裴延俊传》:"孝庄初,(裴延俊)为广州防蛮别将,行汉广郡事。"说明某些负责镇戍地方的别将,其职责不仅限于军事事务,也可兼理地方行政事务。

总之,北魏的别将是在孝文帝官制改革后才开始设置的,与国家的军事征讨和镇戍制度的变化有密切关系。可以说,设置别将正是为了适应孝文帝改革后的军事征讨和镇戍制度。从当时军事征讨制度来看,别将能够担任征讨军的统帅,也可充任征讨军统帅的下属将领。这就使征讨军统帅的选任更具合理性和灵活性。从北魏后期的地方镇戍制度来看,在都督诸军事、州刺史、军镇都将及郡太守等地方长官负责地方防卫的同时,还设有别将协助他们镇戍地方,这无疑加强了地方的军事镇戍力量。北魏别将的设置正是当时军事征讨和镇戍制度进一步完善的体现。

二、别将的选任

北魏国家为利于开展军事行动,很重视别将的选任,因而,规定了选任别将的条件,以此作为选任别将的依据。从当时情况来看,确定别将的选任对象与其担任职官的状况有很大关系。《魏书·薛安都传附薛峦传》:"肃宗以峦为持节、光禄大夫、假安南将军、西道别将,与伊瓮生等讨之。"可见,薛峦是以光禄大夫身份担任别将的。《魏书·道武七王·清河王绍传附元世遵传》:"遣洛州刺史伊瓮生,冠军将军、鲁阳太守崔模为别将,率步骑二万受世遵节度。"显然，崔模是以郡太守的身份充当别将的。《魏书·辛绍先传附辛祥传》："胡贼刘龙驹作逆华州，敕除祥华州安定王燮征虏府长史，仍为别将，与讨胡使薛和讨灭之。"所谓"征虏府长史"，即征虏将军府长史，为僚佐官。这说明僚佐官也能够被选拔为别将。可见，北魏确定别将的选拔对象，主要为现任职官。这些职官可以是中央官、地方官，也可以是僚佐官。还需要指出的是，这些官员被选拔为别将，其原来所任职官并没有被取消。《魏故雍州刺史南平王墓志铭》："（元昕）除给事黄门侍郎，将军、王如故。……乃授使持节、假平西将军，以本官为西□别将。"①《魏书·李宝传附李虔传》："事平，（李虔）转长乐太守。延昌初，冀州大乘贼起，令虔以本官为别将，与都督元遥讨平之。"这说明，北魏选任的别将，其原来所任职官被视为本官，别将是其兼职官。

实际上，能被选为别将的职官，其品级是有限定范围的。统计《魏书》《北齐书》《周书》和墓志铭中记载，并依据后《职员令》的职官品级规定，可以明确，担任别将所任的中央实职官及品级情况：太仆（三品）、武卫将军（从三品）、太中大夫（从三品）、骁骑将军（四品）、游击将军（四品）、宗正少卿（四品）、给事黄门侍郎（四品）、中散大夫（四品）、谏议大夫（从四品）、左军将军（从四品）、尚书左丞（从四品）、员外散骑常侍（五品）、奉车都尉（从五品）、羽林监（六品）、冗从仆射（六品）。由上述情况可以看出，北魏从中央职官中选任别将，规定其职官的最高品级为三品，最低为六品。

统计《魏书》《北齐书》《周书》和墓志铭中记载，担任别将的地方职官有：益州刺史、扬州刺史、幽州刺史、并州刺史、鲁阳太守、长乐太守、荥阳太守、东汉阳太守、鲁阳太守、平阳太守、丹阳太守、东郡太守。孝文帝官制改革后，将刺史区分为上州、中州、下州三等次，将郡太守区分为上郡、中郡、下郡三等次。后《职员令》规定：上州刺史为三品；中州刺史为从三品；下州刺史为四品；上郡太守为四品；中郡太守为五品；下郡太守为六品。②北魏区分州、郡等次的依据是各州、郡所掌握的户口数，但由于这

---

① 赵超：《汉魏南北朝墓志汇编》，第217页。
② 魏收：《魏书》卷一一三《官氏志》，第2995-2999页。

些户口数失载，所以我们现在很难判断各州、郡的具体等次。尽管如此，可以确定，北魏担任别将的州、郡长官，也是有品级限定的。也就是说，最低品级应该为六品。但到北魏末年，也有低于六品的地方官担任别将的，不过这种情况并不多见，应该为特殊情况。

统计《魏书》《北齐书》《周书》和墓志铭中的记载，依据后《职员令》规定的品级，可以确定担任别将的僚佐官及其品级情况：司徒司马（四品）、司空司马（四品）、太尉长史（四品）、汝南王开府行参军（五品）、抚军府长史（五品）、汝南王开府掾（从五品）、开府掾属（从五品）、司徒主簿（六品）。这说明，能担任别将的僚佐官，其最低品级也为六品。

由上述可知，北魏可以从中央职官、地方职官和僚佐官中选任别将，但对担任别将的官员的品级是有限制的。一般情况下，出任别将的官员，其最低品级为六品。之所以如此，与六品以上官员所处的特殊地位有关。正如日本史学家宫崎市定所言，九品官人法贵族化运作后，贵族子弟一概从六品官起家，所以，六品以上和七品以下之间产生了很大的断层。[1] 可以说，职官六品成为衡量社会地位的重要分界线，因此，最低品级为六品的别将，实际上，是具有较高的社会地位的。

不过，到北魏后期，战事频仍，国家也会在必要时打破职官品级的限制来选任别将。《北齐书·祖鸿勋传》："（祖鸿勋）敕除奉朝请。……及葛荣南逼，出为防河别将，守滑台。"后《职员令》规定，奉朝请为从七品。[2] 可见，北魏后期出现了六品以下的中央职官担任别将的事例。《周书·泉企传》："（泉企）年十二，乡人皇平、陈合等三百余人诣州请企为县令。……寻以母忧去职，县中父老复表请殷勤，诏许之。起复本任，加讨寇将军。孝昌初，又加龙骧将军、假节、防洛州别将。"后《职员令》规定，上县令为六品，中县令为七品，下县令为八品。[3] 泉企是以县令身份担任别将的，不排除他的职官品级在六品以下。《魏书·崔鉴传附崔仲哲传》："（崔仲哲）辟司徒行参军。假宁朔将军、统军，从广阳王渊北讨，击柔玄贼，破之，赐爵

---

[1] 宫崎市定：《九品官人法研究》，韩昇译，第330页。
[2] 魏收：《魏书》卷一一三《官氏志》，第3001页。
[3] 魏收：《魏书》卷一一三《官氏志》，第2999－3001页。

安平县男。及父秉于燕州被围，泣诉朝庭，遂除别将，与都督元谭赴援。"后《职员令》规定，司徒行参军为七品。① 由此可见，北魏末年，在中央、地方和僚佐官中，六品以下官员担任别将的情况的确存在。不过，这种情况并不多见，应该是北魏为应对特殊情况采取的特殊措施。

在上述比较固定的任职条件之外，北魏还采取了一些变通的做法选任别将。主要表现在以下三方面：

一是从只有虚职官和没有被列入品级序列的职官中选任别将。《北齐书·李元忠传》载，李憨出任"武骑常侍、假节、别将，镇邺城东郭"。武骑常侍一职，在后《职员令》中不见记载，应该是没有被列入当时品级序列中的职官。《北齐书·叱列平传》："孝昌末，拔陵反叛，茹茹余众入寇马邑，（叱列）平以统军属，有战功，补别将。"统军为孝文帝官制改革后设置的职官，也没有被列入当时职官品级序列中。《北齐书·斛律金传》："（斛律金）乃统所部万户诣云州请降，即授第二领民酋长。……（尔朱）荣表金为别将，累迁都督。"北魏的领民酋长原为统领少数民族部落的官员，但在北魏末年，领民酋长已经成为虚号。② 这些做法出现在战争频仍的北魏末年，当时国家为了征战需要，对担任别将的职官品级的规定已经不很严格，职官品级对别将选任的限制开始松动。

二是选任一些失去官职者为别将。这些失去官职者，有些是在统治阶级内部斗争中被夺取官位者。例如，别将李孝怡曾为元叉同党，被灵太后"除名为民"③，也有因失职被免官者。如别将崔模曾"焚襄阳邑郭而还。坐不克，免官"④，但大多数则是为亡故父母守丧尽孝而去官离职者。如别将裴衍曾"遭母忧解任"⑤，尽管可以选拔这些失去官职者为别将，但同样受到他们曾担任的职官品级的限制。例如，李孝怡曾任魏郡太守；宇文延担任过员外散骑常侍；裴衍则任过河内太守。显然，选拔失去官职者为别将的条件就在于，他们曾经担任的职官品级都要在规定的六品以上。

---

① 魏收：《魏书》卷一一三《官氏志》，第2000页。
② 俞鹿年：《北魏职官制度考》，第330页。
③ 魏收《魏书》卷三六《李顺传附李孝怡传》，第847页。
④ 魏收：《魏书》卷五六《崔辨传附崔模传》，第1252页。
⑤ 魏收：《魏书》卷七一《裴叔业传》，第1575页。

三是选任一些无官职者担任别将。《魏书·贾显度传》:"(贾显度)形貌伟壮,有志气。初为别将,防守薄骨律镇。"贾显度担任别将前,并无任官的经历。这种情况在孝昌、正光变乱发生前,是很少出现的。在变乱发生后,以无任官经历者担任别将的人数明显增多。这与北魏末年战争频仍有很大关系。当然,这种情况的发生也有一些其他的特殊因素。

其一,北魏末年出现一些有实力的地方军事集团,他们假借国家名义选拔别将。例如,可朱浑元"遂奔尔朱荣,以为别将,隶天光征关中"①。李弼"少有大志,臂力过人。……魏永安元年,尔朱天光辟为别将,从天光西讨,破赤水蜀"②。达奚武随贺拔岳"征关石,引为别将,武遂委心事之"③。这些别将都是由地方军事势力选任的,上任后自然也要忠于选任者。

其二,选任别将开始与战功联系在一起。《周书·念贤传》:"(念贤)为儿童时,在学中读书,有善相者过学,诸生竞诣之,贤独不往。……少遭父忧,居丧有孝称。后以破卫可孤功,除别将。"显然,一些无任官经历者因立有军功,也能够被选任为别将。在北魏末年,这种事例并不少见。诸如,史宁"少以军功,拜别将"④。这说明,北魏末年,已经开始将建立军功作为选任别将的重要条件,无任官经历者可以通过建立军功成为别将。由于选任别将的条件发生变化,北魏末年能够担任别将的人选范围随之扩大。

北魏对选任别将的方式也有明确规定,主要表现在对别将任命权的严格控制上。《魏书·景穆十二王下·章武王太洛传附元融传》:"(元融)除骁骑将军。萧衍遣将寇逼淮阳,梁城陷没。诏融假节、征虏将军、别将南讨。"《魏书·献文六王上·赵郡王干传附元谭传》:"(元谭)历太仆、宗正少卿,加冠军将军。元法僧外叛,诏谭为持节、假左将军、别将以讨之。"《魏书·裴叔业传》:"冀州大乘贼起,敕(裴约)为别将,行勃海郡事。"这些事例说明,任命别将担负征战,或镇戍地方的职责,实际都是由皇帝通过诏令最后确定的。不仅如此,任命隶属于征讨军统帅的别将,也是通过皇帝颁布诏令加以宣示。如《魏书·尉古真传》:"元法僧之外叛,萧衍遣其豫章王萧综

---

① 李百药:《北齐书》卷二七《可朱浑元传》,第376页。
② 令狐德棻等:《周书》卷一五《李弼传》,第239页。
③ 令狐德棻等:《周书》卷一九《达奚武传》,第303页。
④ 令狐德棻等:《周书》卷二八《史宁传》,第465页。

镇徐州，又诏庆宾为别将，隶安丰王延明讨之。"《魏书·杨播传附杨椿传》："秦州羌吕苟儿、泾州屠各陈瞻等聚众反，诏椿为别将，隶安西将军元丽讨之。"这种任命别将的方式，体现了北魏国家对别将的最终任命权的高度重视。

国家军队的统帅也可以向朝廷举荐别将。《魏书·李顺传附李孝怡传》："后安乐王鉴镇邺，起孝怡为别将。"《魏书·崔辩传附崔模传》："及萧宝夤讨关陇，引模为西征别将，屡有战功。"这些记载中提到的"起""引"，即是军队统帅向朝廷举荐别将。这说明，当时军队的统帅有向国家推荐适当人选担任别将的权利。《北齐书·李元忠传》："（李）愍遂归家，安乐王元鉴为北道大行台，至邺，以贼众盛强，未得前。遣使征愍，表授武骑常侍、假节、别将，镇邺城东郭。"说明军队统帅向皇帝举荐别将，一般是通过上表的方式实现的。

北魏末年，由于一些地方军事势力坐大，与此同时，皇权开始衰落，别将的任命权也逐渐转移到这些地方军事势力手中。《周书·李弼传》："魏永安元年，尔朱天光辟（李）弼为别将，从天光西讨，破赤水蜀。"《周书·达奚武传》："（达奚）武少倜傥，好驰射，为贺拔岳所知。岳征关石，引为别将。"很显然，这些别将的任职，实际都是由地方军事势力决定的。不过，这些地方军事势力虽然掌控了别将的任命权，但他们依然要在形式上表现出对任命程序的遵循。《北齐书·斛律金传》："（斛律）金与兄平二人脱身归尔朱荣。荣表金为别将，累迁都督。"可见在任命别将时，已经控制朝政的尔朱荣还要通过上表举荐，以此达到选任别将的目的。

综上可见，北魏很重视别将的选任。孝文帝官制改革后，北魏实行了从现任官员中选任别将的措施，其担任别将的官员的最低品级限定为六品。但为了适应战争需要，北魏采取了一些在限定范围以外选任别将的特殊举措。北魏国家重视掌握别将的任命权。可以说，别将的任职都通过皇帝下诏的形式，最后加以确认。北魏国家为了强化对将领的统领与指挥，一些军队统帅有上表举荐别将的权利。然而，至北魏末年，皇权衰落，中央的控制力明显减弱，因而，使不在规定的品级序列中的职官及无任官经历者，被选任为别将的人数越来越多。一些地方军事势力也开始掌控别将的任命权，他们统领的军队中的别将，也就由隶属关系转变为他们的追随者，进而要完全依照他们的意志行事。

三、别将的任职与将军号

北魏选任别将,注意所任实职官的情况,但也没有忽略作为戎秩的将军号。固然,北魏承袭晋代制度,使将军号成为虚衔。可是,领有将军号的官员还可以领取俸禄,并在规定的品级范围内开府和设置僚佐。正因为如此,选任别将时也就注意为他们加拜将军号。应该说,被选任为别将的官员,在成为别将之前,所领将军号的情况各不相同。有的已领有将军号。例如,伊瓫生"后除安西将军、光禄大夫。又为抚军将军、太仆卿、假镇西将军、西道别将,每战频捷"①。崔孝直"寻为员外散骑侍郎、宣威将军,仍以本官入领直后。转宁远将军、汝南王开府掾,领直寝。……诏孝直假征虏将军、别将,总羽林二千骑,与孝芬俱行"②。有的官员则没有将军号。如崔士泰"历给事中、司空从事中郎、谏议大夫、司空司马。肃宗末,荆蛮侵斥,以士泰为龙骧将军、征蛮别将"③。有的既无任官经历,也没有将军号。如念贤"少遭父忧,居丧有孝称。后以破卫可孤功,除别将"④。正因为在被任命为别将之前,这些官员所领将军号的情况各不相同、差别明显,所以,加拜将军号的做法也不尽相同。当时大多数被任命为别将者,同时都领有将军号。诸如,宇文延"孝昌中,授假节、建威将军、西道别将,赴援关陇,有战功"⑤。源延伯"为谏议大夫。假冠军将军、别将,随子雍北讨"⑥。不过,在被任命的别将中,还有一些没有被加拜将军号者。例如,崔巨伦"以世宗挽郎,除冀州镇北府墨曹参军、太尉记室参军。叔楷为殷州,巨伦仍为长史、北道别将"⑦。这种情况在宣武帝时并不多见。至北魏末年,担任别将却

---

① 魏收:《魏书》卷四四《伊馛传附伊瓫生传》,第991页。
② 魏收:《魏书》卷五七《崔挺传附崔孝直传》,第1270页。
③ 魏收:《魏书》卷六六《崔亮传》,第1481页。
④ 令狐德棻等:《周书》卷一四《念贤传》,第226页。
⑤ 魏书:《魏书》卷四四《宇文福传附宇文延传》,第1002页。
⑥ 魏收:《魏书》卷四一《源贺传附源延伯传》,第932页。
⑦ 魏收:《魏书》卷五六《崔辩传附崔巨伦传》,第1251页。

没有被加拜将军号的人数增多。诸如，潘乐"随尔朱荣，为别将讨元显"①。厍狄回洛"初事尔朱荣为统军，预立庄帝，转为别将"②。祖鸿勋"及葛荣南逼，出为防河别将，守滑台"③。虽然北魏的将军号是没有实职的虚衔，却是具有较高社会地位的象征。由此来看，北魏末年，一些别将没有被加拜将军号，这从侧面反映了此时别将的地位开始下降。当然，这种情况的出现只反映了一种社会发展趋势，并不是所有的别将都不被加拜将军号。实际上北魏为别将加拜将军号的方式有三种：

一是从官员中选任别将，可以保留原来的将军号。《魏书·李神传》："（李神）迁征虏将军、骁骑将军、直阁将军。萧衍将军赵祖悦率众据硖石，神为别将，率扬州水军受刺史李崇节度，与都督崔亮、行台仆射李平等攻硖石，克之，进平北将军、太中大夫。"李神卸任别将后，他的将军号可以晋升，说明他是以原来所领的征虏将军号出任别将的。

二是为担任别将者重新加拜将军号。《魏书·贾显度传》："（贾智）除伏波将军、冗从仆射，领直斋。萧衍将夏侯夔攻郢州，以智为龙骧将军、别将讨之。"《魏书·李崇传》："（李世哲）自司徒中兵参军，超为征虏将军、骁骑将军。寻迁后将军，为三关别将，讨群蛮，大破之。"显然，北魏国家为担任别将的贾智、李世哲所加的将军号，与他们原来所领将军号不同。可见，他们被选任为别将后，原来所领的将军号被改变，并被加拜了新的将军号。

三是以"假"授的方式加拜将军号，这是最普遍的一种方式。应该说，"假"授将军号，与正式加拜将军号不同，只是临时授予将军号。例如，崔元珍"正光末，山胡作逆，除平阳太守。假右将军，为别将以讨之"④。萧宝夤"为使持节、假安南将军、别将，长驱往赴，受卢昶节度"⑤。实际上，北魏国家为别将加拜的将军号，是正式授予与"假"授两种方式并用的。统计《魏书》《北齐书》《周书》和墓志铭中记载，北魏国家为别将以正式授予和"假"授方式加拜将军号的有：元谭、元昞、源延伯、伊瓮生、费穆、赵遐、

---

① 李百药：《北齐书》卷一五《潘乐传》，第201页。
② 李百药：《北齐书》卷一九《厍狄回洛传》，第254页。
③ 李百药：《北齐书》卷四五《祖鸿勋传》，第605页。
④ 魏收：《魏书》卷五七《崔挺传附崔元珍传》，第2773页。
⑤ 魏收：《魏书》卷五九《萧宝夤传》，第1315页。

崔巨伦、崔孝直、崔元珍、萧宝夤、薛峦、毕祖晖、裴衍、席法友、淳于诞、奚康生、杨大眼、薛脩义，共18人。很明显，为选任的别将加拜将军号，应该是北魏经常采取的措施。

北魏任命别将，无论是正式授予还是"假"授将军号，其授予的将军号的品级是有严格限定的。北魏后期所设的将军号中，大将军为一品，是最高品级。偏将军、裨将军为从九品，是最低品级。①很显然，别将所领将军号的品级是高低不同的。官员领有将军号的不同反映了地位的差别，尤其是，所领将军号品级的差异，还会直接影响他们开府置佐的权利。后《职员令》载：五品正从将军长史、司马；五品正从将军录事、功曹、户曹、仓曹；五品正从将军主簿、列曹行参军；五品正从将军列曹行参军。②由此可见，北魏将可以开军府、设置僚佐的将军号的品级下限规定为从五品。也就是说，领有从五品以上的将军号才能够开军府、设置僚佐。正因为如此，北魏国家为别将加拜将军号时，自然要重视其品级状况。统计《魏书》《北齐书》《周书》和墓志铭中记载，并以后《职员令》为依据，可以明确，正式授予，或"假"授别将的将军号及其品级情况为：镇东将军（从二品）、镇西将军（从二品）、平西将军（三品）、平东将军（三品）、平南将军（三品）、冠军将军（从三品）、征虏将军（从三品）、前将军（从三品）、后将军（从三品）、左将军（从三品）、右将军（从三品）、安南将军（三品）、安西将军（三品）、安北将军（三品）、龙骧将军（从三品）、镇远将军（四品）、镇远将军（四品）、建威将军（从四品）、振威将军（从四品）、宁朔将军（从四品）。统计情况表明，北魏正式授予，或"假"授别将的将军号的最高品级为从二品，最低品级为从四品。可见，北魏为一些别将加拜将军号，是给予他们在军队中开军府、设置僚佐的权利，并且要造成领有将军号的别将与无将军号的别将在地位上的差别，进而区分他们的军事统领权和指挥权的差异。这也正是北魏国家为一些别将加拜将军号的一个重要目的。

当然，还需要指出的是，北魏国家为一些别将"假"授将军号，实际还包含特殊的目的。如前所述，一些别将领有将军号，表明他们已经具有开府

---

① 魏收：《魏书》卷一一三《官氏志》，第2994、3003页。
② 魏收：《魏书》卷一一三《官氏志》，第3000-3002页。

置佐的权利。可是，北魏国家还要为一些别将"假"授将军号。所以实行这种做法，是要表明依据别将"假"授将军号的品级而设置的军府与僚佐官，实际上只是临时的。这些军府与僚佐官，只存在于别将掌管军事征讨和镇戍的任职期间，并不具有长期性。因此，北魏国家为别将"假"授将军号的目的是明确的。可以说，"假"授将军号，可以提高别将的地位，因而更有利于他们统军征战。

四、余 论

北魏孝文帝官制改革后，北魏开始设置别将。应该说，别将的设置是为了更好地适应当时军事征讨和镇戍地方的需要。正因如此，除别将外，北魏还同时设置了统军和军主等官职。别将与统军、军主的差别在于，别将可以担任征讨军统帅和镇戍地方的长官。而统军、军主在军事征讨和镇戍地方时，只能充任隶属于军队统帅的将领。《北齐书·薛脩义传》："（薛）循义为统军。时有诏，能募得三千人者用为别将。于是循义还河东，仍历平阳、弘农诸郡，合得七千余人，即假安北将军、西道别将。"薛循的经历说明，别将统率军队的人数多于统军。尽管别将的地位要高于统军、军主，但他们同样都是国家为军事征讨和镇戍地方所设置的将领，其任职不具有长期性。因此，孝文帝官制改革后制定的前、后《职员令》并没有将这些官员列入规定的品级序列中。这是别将任职的重要特点。

西魏、北周时期，宇文泰实行官制改革，别将设置的特点开始发生变化。《周书·卢辨传》载，正六命职官有：镇远、建中等将军，谏议、诫议等大夫，别将，开府长史、司马、司录，户一万以上郡守，大呼药。很明显，别将此时已经成为固定设置的职官。西魏、北周的别将与北魏的别将一样，仍保留着军事官员的特征，但前者已经与统领府兵联系在一起。由此可见，别将的设置，经历了由北魏时期的非长期任职向西魏、北周长期和固定任职的转变。这一演变轨迹表明，西魏、北周正是在对北魏末年别将的无序设置进行整顿的基础上，对别将采取了重新定位的措施，从而也就使北魏别将原有的特征随之而改变，并成为纳入国家职官品级序列中的职官。

(原载《军事历史研究》2016 年第 3 期)

北魏时期统军考

北魏统军是孝文帝改革后开始设置的军事职官。当时国家设置统军，是要适应军事征讨和地方镇戍的需要。关于北魏统军的设置，严耕望、俞鹿年先生提及这一问题，[①] 但是，他们都没有做深入的讨论。因此，本文拟对北魏统军的设置、统军选任的条件和方式、统军的任职与将军号诸问题做一些考证，希望能够对北魏统军特点的认识有所裨益。

一、统军的设置

北魏国家为了适应军事行动的需要，在对军队士兵的统领上，实行设置统军的做法。然而，统军这一职官的设置，并不是在北魏建国后，就开始设置的。细缕《魏书》中的记载，在孝文帝改革前，并没有见到有关统军设置的事例。实际上，在文献中，最早关于统军设置的有三条记载。《魏书·韩秀传附韩务传》：

> （韩务）初为中散，稍迁太子翊军校尉。时高祖南征，行梁州刺史杨灵珍谋叛。以务为统军，受都督李崇节度以讨灵珍。

《魏书·景穆十二王中·南安王桢传附元英传》：

[①] 俞鹿年：《北魏职官制度考》，社会科学文献出版社，2008年，第161－162页；严耕望：《中国地方行政制度史（乙部）——魏晋南北朝地方行政制度史》，台北"中央研究院"历史语言研究所专刊之四十五B，第577－578页。

> 高祖南伐，英为梁汉别道都将。……英率骑一千，倍道赴救。未至，贼已退还。英恐其入城，别遣统军元拔以随其后，英徼其前，合击之，尽俘其众。

《魏故使持节平北将军恒州刺史行唐伯元使君墓志铭》：

> 及大军南伐，师指义阳，复假君龙骧将军、大将军司马。……及銮驾亲戎，问罪南服，鼓鞞之思，允属伊人，复以安远将军为右军统军，司马如故。①

在这些记载中，都提到在北魏军队中出现统军设置，是在孝文帝率军南征之时。关于孝文帝南征一事，在《魏书》中记载明确。《魏书·孝文帝纪下》："（太和十七年）车驾发京师南伐，步骑百余万。"这就是说，北魏国家开始设置统军的确切时间，应该为太和十七年。而在这一年，由孝文帝实行的一系列改革中，已经涉及官制。正如《魏书·孝文帝纪下》："（太和十七年）十有一月丁卯，迁七庙神主于新庙。乙亥，大定官品。"并且，还"远依往籍，近采时宜，作《职员令》二十一卷"②。很显然，孝文帝实行的官制改革，使北魏国家的职官设置得到进一步的完善。由此来看，太和十七年，北魏国家开始在军队中设置统军，应该与孝文帝官制改革有很大的关系。那么，孝文帝为什么要在官制改革时设置统军？应该说，孝文帝是要通过设置统军，而使国家的军事征讨和镇戍体制更为合理。换言之，北魏国家设置统军，实际是与改善军事征讨和镇戍体制联系在一起的。

其实，在孝文帝改革前，也就是北魏前期，北魏国家在军事征讨和镇戍上，已经有严格的规定。从当时的军事征讨来看，不仅有皇帝亲征的制度，还有征讨军统帅和随军将领的设置以及征讨军队的调集制度。就北魏前期征讨军的统帅设置而言，国家的规定是明确的。《魏书·景穆十二王下·乐陵王胡儿传》："（拓跋思誉）高祖初，蠕蠕犯塞，以思誉为镇北大将军、北征

---

① 赵超：《汉魏南北朝墓志汇编》，第45页。
② 魏收：《魏书》卷七下《孝文帝纪下》，第174页。

大都将。"可见，北魏国家可以设置大都将来统帅征讨军。《魏书·尉元传》："（尉元）征为使持节、侍中、都督南征诸军事、征西大将军、大都将，余官如故，总率诸军以讨之。"这里提到的都督南征诸军事，就是可以总领全军的征讨都督。不过，北魏国家为了加重征讨都督的地位，还要为它加上大都将的官称。在国家征讨军队统帅的设置上，除了大都将、征讨都督之外，设置最多的是都将。例如，间大肥"神瑞中，为都将，讨越勒部于跋那山，大破之"①。来大千"经略布置，甚得事宜。后吐京胡反，以大千为都将讨平之"②。薛胤"除悬瓠镇将。萧赜遣将寇边，诏胤为都将，与穆亮等拒于淮上"③。寇臻"高祖初，母忧未阕，以恒农大盗张烦等贼害良善，征为都将，与荆州刺史公孙初头等追蹑之"④。很明显，北魏国家设置都将统领征讨军队，应该是很经常的做法。北魏国家不仅设置都将直接统领征讨军队，而且，在皇帝亲征时也有都将的设置。例如，长孙石洛"世祖初，为羽林郎，稍迁散骑常侍。从征赫连昌，为都将"⑤。薛瑾"真君元年，征还京师，除内都坐大官。五年，为都将，从驾北讨"⑥。由此可见，虽然在皇帝亲征时，都将不能做征讨军队的统帅，可是，在征讨军队中的地位却是很高的。

北魏国家不仅为征讨军队设置总领全军的统帅，也设置受统帅统领的将领。《魏书·薛野腊传》："（太和）四年，徐州民桓和等叛逆，屯于五固。诏虎子为南征都副将，与尉元等讨平之。"《魏书·尉元传》："（尉元）元又表曰：……臣欲自出击之，以运粮未接，又恐新民生变，遣子都将于沓千、刘龙驹等步骑五千，将往赴击。"这些记载中所说的都副将、子都将，实际都是能够受征讨军队统帅统领的军事官员。

由上述可见，北魏前期，北魏国家为了适应征讨作战的需要，为征讨军队设置了大都将、征讨都督、都将、都副将、子都将。这些官员都是军事官员。在这些官员中，征讨都督、大都将、都将可以作为征讨军队的统帅；都

---

① 魏收：《魏书》卷三〇《间大肥传》，第728页。
② 魏收：《魏书》卷三〇《来大千传》，第725页。
③ 魏收：《魏书》卷四二《薛辩传》，第943页。
④ 魏收：《魏书》卷四二《寇赞传》，第948页。
⑤ 魏收：《魏书》卷二六《长孙肥传》，第654页。
⑥ 魏收：《魏书》卷四二《薛辩传》，第942页。

副将、子都将则是受征讨军统帅统领的军事将领。尽管这些职官在征讨军队所处的地位不同，可是，它们却有一致之处，即都是北魏国家为军事征讨专门设置的职官。这些职官的设置，具有不固定性。因为在征讨作战结束后，这些职官并不能连续任职，其中大多数都转任其他职官。

从北魏前期国家镇戍情况来看，要比征讨军队的职官设置复杂。在北魏国家所设的这类职官中，可以分为两类。一类为军事和行政事务兼管的职官。北魏国家设置的都督诸军事、刺史、镇都大将、太守，都是这种性质的官员。其中镇都大将，正如《魏书·官氏志》称："旧制：缘边皆置镇都大将，统兵备御，与刺史同。"另一类则属专门掌管军事镇戍的职官。这些职官主要有：镇都将、镇都副将。例如，长孙敦"位北镇都将"[1]，长孙陈"复出为北镇都将"[2]，穆颛"出为北镇都将"[3]，见于记载的还有：平原镇都将[4]、长安镇都将[5]、东阳镇都将[6]、西治都将[7]、统万镇都将[8]、柔玄镇都将[9]。显然，在军镇中设置镇都将是很普遍的，而且，镇都将还在军镇中掌管重要军事事务。镇都副将也是为军镇设置的军事官员。如王慧龙"真君元年，拜使持节、宁南将军、虎牢镇都副将。"[10] 只是镇都副将的地位要低于镇都将。可以说，北魏前期，国家对掌管军镇镇戍的军事官员的设置是很完备的。

北魏前期，国家不仅重视军镇军事官员的设置，实际对都督区、州和郡也有专门军事官员的设置。《魏书·裴骏传》："（裴修）以妇父李欣事，出为张掖子都大将。张掖境接胡夷，前后数致寇掠，修明设烽侯，以方略御之。"

---

[1] 魏收：《魏书》卷二五《长孙嵩》，第645页。
[2] 魏收：《魏书》卷二六《长孙肥传》，第654页。
[3] 魏收：《魏书》卷二七《穆崇传》，第675页。
[4] 魏收：《魏书》卷三〇《吕洛拔传》，第732页。
[5] 魏收：《魏书》卷三九《李宝传》，第891页。
[6] 魏收：《魏书》卷四〇《陆俟传》，第907页。
[7] 魏收：《魏书》卷四一《源贺传》，第923页。
[8] 魏收：《魏书》卷五〇《尉元传》，第1113页。
[9] 魏收：《魏书》卷七三《奚康生传》，第1629页。
[10] 魏收：《魏书》卷三八《王慧龙传》，第877页。

北魏前期，张掖不是军镇，而是行政郡。这说明，在当时的郡中也有专管军事行动的官员。至于都督区、行政州中的专管军事的官员设置情况，由于记载缺乏，不易详考。不过，尚有一些线索可寻。《魏书·官氏志》："诸部落大人之后，而皇始已来，官不及前，列而有三世为中散、监已上，外为太守、子都，品登子男者为族。若本非大人，而皇始已来，三世有令已上，外为副将、子都、太守，品登侯已上者，亦为族。"可见，孝文帝改革，为了定族姓，将北魏前期外任的副将、子都将视为与当时郡太守的地位相当。由此可以推断，这些副将、子都将除了可以为征讨军队设置外，似在都督区、行政州中，也应该有设置。由此来看，北魏前期，在国家不同的地方镇戍体制中，都有专门掌管军事的官员的设置。

北魏前期，国家为军事征讨和镇戍地方设置专门的军事官员的做法，当然要影响孝文帝的改革。从孝文帝改革后的国家军事征讨和镇戍体制来看，可以说，基本承袭了前期的规定，但孝文帝也对这种体制做了一些改变。在改革后的北魏国家组成的征讨军队的统帅中，除了有征讨都督、都将之外，还增加了新的职官。《魏书·景穆十二王下·章武王太洛传附元融传》："（元融）世宗初，复先爵，除骁骑将军。萧衍遣将寇逼淮阳，梁城陷没。诏融假节、征虏将军、别将南讨，大摧贼众，还复梁城。"又《魏书·献文六王上·赵郡王干传附元谭传》："（元谭）肃宗初，入为直阁将军。历太仆、宗正少卿，加冠军将军。元法僧外叛，诏谭为持节、假左将军、别将以讨之。"就是说，北魏国家可以在征讨军队中设置别将总领全军。至北魏后期，在当时国家征讨军队中，又增设了新的统帅。《魏书·明帝纪》："（熙平元年）以吏部尚书李平为镇军大将军、兼尚书右仆射，为行台，节度讨硖石诸军。"显然，李平是以行台的身份统率征讨军队的。他所任的行台，应该属于征讨行台。由此可见，孝文帝改革以后，与北魏前期相比，可以担任征讨军队统帅的职官明显增多了。

北魏国家为了适应这种变化，当然要对征讨军队统帅所统领的将领做必要的改变。实际上，孝文帝改革后，在征讨军队中设置统军，正是要适应征讨军队组成的变化状况。《魏书·李宝传附李佐传》："车驾征宛邺，复起（李）佐，假平远将军、统军。"又《魏书·李顺传附李焕传》："（李焕）除辅国将军、梁州刺史。时武兴氐杨集起举兵作逆，令弟集义邀断白马戍。敕假焕平西将军,督别将石长乐、统军王佑等与军司苟金养俱讨之,大破集起军。"很明显,在这些征讨军队中设置的统军,都是受军队统帅指挥的将领。因此,可以说,征讨军队中的统军,正是隶属于军队统帅的僚佐官,因而,表现出明显的隶属性。而且,在征讨军队中,统军的这种隶属性是没有选择的。也就是说,不同的征讨军统帅,都能够使统军成为所属将领。《魏书·景穆十二王中·南安王桢传附元英传》:"寻诏英使持节、假镇南将军、都督征义阳诸军事,率众南讨。……衍将马仙琕率众万余,来掩英营。英命诸军伪北诱之,既至平地,统军傅永等三军击之,贼便奔退。……英勒诸将,随便分击,又破之,复斩贼将陈秀之。统军王买奴别破东岭之阵,斩首五百。"这里提到的统军傅永、王买奴,显然,都受征讨都督元英统辖。在《魏书》中所见受征讨都督统辖的统军还有:韩务、高颢、杨众爱、氾洪雅、刘思祖、叔孙头、慕容拒。这种情况说明,在征讨都督任统帅的军队中,统军不仅是重要的僚佐,而且,在所属僚佐中还占有重要的地位。

北魏后期,在当时国家组成的征讨军队中,以征讨行台任统帅的情况明显增多。在以征讨行台为统帅的军队中,也有统军的设置。如李苗"为统军,与别将淳于诞俱出梁、益,隶行台魏子建。"① 这些隶属于行台的统军,当然要在行台的统领下领兵作战。可是,这些统军还需要登录征讨军将士的功勋。卢同上奏说:"斩首成一阶已上,即令给券。一纸之上,当中大书起行台、统军位号,勋人甲乙。"② 这就是说,征讨军队将士所立的功勋,需要行台、统军共同签署,才能够被认定。由此可以看出,统军在征讨行台为统帅的军队中,是居于很特殊的位置。

在北魏国家组成的征讨军队中,也可以选派别将担任统帅。别将与统军一样,都是孝文帝改革后,才开始设置的军事官员。《北齐书·库狄回洛传》:"(库狄回洛)初事尔朱荣为统军,预立庄帝,转为别将。"这说明,别将的地位要高于统军。由于别将与统军在等次上存在差异,所以,在国家组成的征讨军队中,二者所起处的地位也就不相同。《魏书·刘藻传》:"太和中,改镇为岐州,以藻为岐州刺史。转秦州刺史。……后车驾南伐,以藻为

---

① 魏收:《魏书》卷七一《李苗传》。
② 魏收:《魏书》卷七六《卢同传》。

征虏将军,督统军高聪等四军为东道别将。"可见,刘藻在孝文帝亲征时,任东道别将,正是一路征讨军队的统帅。由刘藻的这种地位所决定,因而,他可以统领统军。也就是说,在以别将为统帅的征讨军队中,统军可以与别将建立隶属关系。不过,需要说明的是,别将与统军具有隶属关系,只有在别将为统帅的征讨军队中,才能够体现出来。而在北魏国家正常设置的别将与统军,实际并没有这种关系。《魏书·邢峦传》:"(邢峦)为使持节、都督东讨诸军事、安东将军,尚书如故。……峦遣统军樊鲁讨文玉,别将元恒攻固城,统军毕祖朽复破念等,兖州悉平。"说明在以征讨都督为统帅的征讨军队中,别将与统军一样,都是军队统帅的僚佐,要接受统帅的指令。这种情况说明,别将与统军设置的明显差别是,别将在需要时,可以被选派为征讨军队的统帅,而统军只能在征讨军队中,作为隶属于军队统帅的僚佐。

孝文帝改革后,北魏国家组成征讨军队还沿袭了改革前的做法,继续选派都将做征讨军队的统帅。如宇文福"寻以高车叛,命加征北将军、北征都将,追讨之"①。作为征讨军队统帅的都将也可以有僚佐的设置。《魏书·景穆十二王中·南安王桢传附元英传》:"高祖南伐,英为梁汉别道都将。……英率骑一千,倍道赴救。未至,贼已退还。英恐其入城,别遣统军元拔以随其后,英徼其前,合击之,尽俘其众。"可见,在孝文帝亲征时,元英以别将的身份被任命为一路征讨军队的统帅。显然,在他所统领的军队中,可以设置统军作为隶属的僚佐。

此外,北魏国家还能够使国家禁卫军的将领直接统帅征讨军队。《魏书·杨大眼传》:"世宗以大眼为武卫将军、假平南将军、持节,都督统军曹敬、邴虬、樊鲁等诸军,讨茂先等,大破之,斩衍辅国将军王花、龙骧将军申天化,俘馘七千有余。"杨大眼所任武卫将军,正是北魏国家禁卫军将领。显然,在他统帅的征讨军队中,也可以设置受他管辖的统军。

综上可见,孝文帝改革后,北魏国家设置专掌军事的统军,并使这些统军成为国家组成的征讨军队中的重要将领。北魏国家所以为征讨军队设置统军,主要是保证征讨军队统帅对僚佐官的需要。因为孝文帝改革后征讨军队的统帅体制发生了较大的变化,征讨军队的统帅可以是征讨都督、征讨行

---

① 魏收:《魏书》卷四四《宇文福传》,第 1000—1001 页。

台、都将、别将以及禁卫军的将领,因而,要保证征讨军队在组成上的稳定,也就需要有比较固定的僚佐官系统。北魏国家为征讨军队设置统军,正是要使僚佐官系统可以有比较稳定的构成。因此,可以说,北魏国家设置统军,也就将征讨军队的僚佐官的设置更为制度化。

孝文帝改革后,北魏国家不仅改进军事征讨制度,而且,还使地方镇戍制度也不断完善。这种镇戍制度包括都督诸军事的设置和刺史领兵制度的完善。北魏国家不仅进一步加强地方长官在镇戍中的主导作用,并且,还设置隶属于地方长官的专门军事属官。在这些专门的军事属官中就有统军。

其实,当时统军的设置与都督诸军事和刺史都有关系。就北魏的都督诸军事的设置而言,在前《职员令》中有都督三州诸军事、都督一州诸军事。他们的职责是掌管三州或一州以上的军事防卫,因此,也就需要有军事僚佐的设置。《北齐书·薛脩义传》:"(薛脩义)正光末,天下兵起,颢为征西将军,都督华、豳、东秦诸军事,兼左仆射、西道行台,以脩义为统军。"薛脩义所任统军,当然是受都督诸军事管辖的僚佐。都督诸军事管辖的统军还可以由其他僚佐兼任。《魏书·傅竖眼传》:"(傅竖眼)寻假镇军将军、都督梁西益巴三州诸军事。萧衍遣其北梁州长史锡休儒、司马鱼和、上庸太守姜平洛等十军,率众三万,入寇直城。竖眼遣敬绍总众赴之,倍道而进,至直城,而贼袭据直口。敬绍以贼断归路,督兼统军高彻、吴和等与贼决战,大破之。"可见,虽然高彻、吴和都为统军,可是,因为他们还有其他的都督诸军事僚佐官的身份,所以,也就特别称为"兼统军"。应该说,都督诸军事所辖这些统军,是统领都督区军队的重要将领,所以,在负责都督区的防卫上所处的地位是不能忽视的。

从北魏国家所设刺史来看,他们一般都领有将军号。特别是孝文帝改革后,刺史所领将军号的品级序列更明确。实际上,当时刺史加领将军号成为领兵和设置军府和僚佐的标志。由于刺史加领将军号,因此,其僚佐分为州府僚佐和牟府僚佐。由于统军为军事官员,所以,应该与军府有关。严耕望先生就将北魏统军划为军府僚属。[①] 以史实证之,严氏看法不误。《魏书·韩

---

① 严耕望:《中国地方行政制度史(乙部)——魏晋南北朝地方行政制度史》,第577-578页。

麒麟传》:"(太和)二十一年,车驾南伐,显宗为右军府长史,征虏将军、统军。"可见,韩显宗所任统军,正是由右将军府长史兼任的。由于统军为军府僚佐,所以,对刺史管辖的行政州的防卫起到重要作用。例如,元嵩"转安南将军、扬州刺史。萧衍湘州刺史杨公则率众二万,屯军洛口,姜庆真领卒五千,据于首陂;又遣其左军将军骞小眼,军主何天祚、张俊兴等率众七千,攻围陆城。嵩乃遣统军封迈、王会等步骑八千讨之"①。李崇"出除散骑常侍、征南将军、扬州刺史。……萧衍霍州司马田休等率众寇建安,崇遣统军李神击走之"②。傅竖眼"为右将军、益州刺史,……又遣统军傅昙表等大破衍宁朔将军王光昭于阴平"③。很明显,统军作为刺史军府的僚佐,是协助刺史镇戍州区重要依靠。然而,还要说明的是,孝文帝改革后,将大部分军镇改为行政州。可是,在北部缘边还设置军镇。在军镇长官所统领的僚佐中,还有统军的设置。《周书·常善传》:"(常安成)魏正光末,茹茹寇边,以统军从镇将慕容胜与战,大破之。"说明统军也是协助军镇长官负责镇戍的重要军事属官。

总之,北魏统军是在孝文帝改革后开始设置的。在当时国家组成的征讨军队中,要设置统军协助征讨军队统帅统率军队,实际它是隶属这些统帅的重要僚佐官。在由都督诸军事、州刺史、军镇长官构成的镇戍体制中,也有统军的设置。所设的统军,正是这些镇戍长官的僚佐。由于这些统军专门负责军事行动,所以,在地方的镇戍中,自然负有不可忽视的职责。

二、统军选任的条件和方式

(一) 选任统军的条件

北魏统军是国家为军事征讨和镇戍地方而设置的军事官员。北魏国家对这种军事官员的选任是有条件的。统计北魏国家选任统军相关记载,可以担任统军的受选者的身份,实际可以分为三种情况:

---

① 魏收:《魏书》卷一九中《景穆十二王中·任城王云传附元嵩传》,第487页。
② 魏收:《魏书》卷六六《李崇传》,第1470页。
③ 魏收:《魏书》卷七〇《傅竖眼传》,第1559页。

一类为担当职官者。《魏书·源贺传附源延伯传》："（源延伯）初为司空参军事。时南秦民吴富反叛，诏以河间王琛为都督，延伯叔父子恭为军司。延伯为统军，随子恭西讨，战必先锋。"就是说，在源延伯被选任统军前，曾担任司空参军事。应该说，北魏国家从现任职官中选任统军，并不是特例，而是经常采用的做法。统计《魏书》《北齐书》《周书》中的记载，被选拔为统军的职官有：太子翊军校尉、司徒行参军、尚书郎、员外散骑常侍、录事参军、步兵校尉、治书侍御史、羽林监、建德太守、第一领民酋长、卫府都督、奉朝请。在这些被选任为统军的官员中，其品级是高低不同的。《魏书·刘芳传》："（刘思祖）高祖末入朝，历羽林监，梁、沛二郡太守，员外常侍。屡为统军南征，累著功捷。"这里提到的员外常侍，即为员外散骑常侍。后《职员令》规定为五品。这应该是被选为统军的品级最高的现任官员。而被选任统军的品级最低的官员为奉朝请。例如，崔融为"奉朝请。尚书令高肇出讨巴蜀，引为统军"①。侯植"正光中，起家奉朝请。寻而天下丧乱，群盗蜂起，植乃散家财，率募勇敢讨贼。以功拜统军，迁清河郡守"②。奉朝请，在后《职员令》规定为从七品。

不过，需要提到的是，出任统军的第一领民酋长、卫府都督，与以上有品级规定的官员不同。《北齐书·叱列平传》："（叱列平）袭第一领民酋长，临江伯。孝昌末，拔陵反叛，茹茹余众入寇马邑，平以统军属。"北魏末年，领民酋长之职已经成为虚号。直到北齐时，才被定为比视官。③《周书·高琳传》："（高琳）魏正光初，起家卫府都督。从元天将讨邢杲，破梁将军沈庆之，以功转统军。"所谓卫府都督，也就是卫将军府都督。严耕望先生将其划为与统军一类的军府僚佐。④因此，以这种身份出任统军，也就被视为转任。实际上，这两种职官的共同点，就是都没有列入前、后《职员令》中，因此，是没有品级规定的官员。这些情况说明，北魏国家从现任职官中选任统军，并不注重官员的品级。

---

① 魏收：《魏书》卷五七《崔挺传》，第 1275 页。
② 令狐德棻等：《周书》卷二九《侯植传》，第 505 页。
③ 俞鹿年：《北魏职官制度考》，第 330 页。
④ 严耕望：《中国地方行政制度史（乙部）——魏晋南北朝地方行政制度史》，第 577-578 页。

此外，北魏国家将任职官员以从五品为界限，分为特权官员和一般官员。可是，北魏国家选任的统军既有从五品以上的官员，也有从五品以下的官员。这就是说，北魏国家规定的区分官员层次的从五品界限，在选任统军时，一般是不受这一界限约束的。

二类为曾任职官，但被废黜官职者。《魏书·宇文福传》："（宇文福）寻以高车叛，命加征北将军、北征都将，追讨之。军败被黜。景明初，乃起拜平远将军、南征统军。"就是说，北魏国家对被废黜官职者，可以通过任命为统军而被重新启用。应该说，这种做法并不是特例，《魏书》中记载的这种情况并不少见。例如，李佐"坐徙瀛州为民。车驾征宛邺，复起佐，假平远将军、统军"①。崔游"坐徙秦州，久而得还。大将军高肇西征，引为统军"②。裴仲规"弃官奔赴，以违制免。久之，中山王英征义阳，引为统军，奏复本资"③。由此可见，被废黜官员，也是北魏国家选任统军的重要来源。正因如此，一些被废黜官员重新被叙用，担任统军也就成为他们重返官场的重要途径。

三类为无任官经历者。《魏书·伊馛传》："（伊盆生）初为统军，累有战功，遂为名将。"《魏书·郑羲传》："（郑尚）壮健有将略。屡为统军，东西征讨。"这两条记载中提到的伊盆生、郑尚都没有担任过职官，可是，他们都被选为统军。这说明，北魏国家并不限制从无任官经历者中实行选任的做法。不过，需要注意的是，伊盆生为代人勋臣之后。孝文帝定族姓之后，当为鲜卑大族。而郑尚则为汉族著姓郑氏家族成员。这就是说，北魏国家从无任官经历者中选任统军，在开始时，是注意门第的。可是，由于北魏正光、孝昌年间变乱之后，战事频仍，因此，对统领军队的统军的需求也就随之增多，所以，也就放松了选任统军在门第上的限制。在选任条件上，更看重的是，实际作战的能力。例如，胡小虎"少有武气。正光末，为统军于晋寿"④。库狄回洛"少有武力，仪貌魁伟。初事尔朱荣为统军"⑤。范舍乐

---

① 魏收：《魏书》卷三九《李宝传附李佐传》，第894页。
② 魏收：《魏书》卷五七《崔挺传》，第1276页。
③ 魏收：《魏书》卷六九《裴延俊传》，第1533页。
④ 魏收：《魏书》卷八七《节义·胡小虎传》，第1895页。
⑤ 李百药：《北齐书》卷一九《库狄回洛传》，第254页。

"有武艺，筋力绝人。魏末，从崔暹、李崇等征讨有功，授统军"①。这说明，北魏末年，国家从无任官经历者选任统军，应该是将军事素质置于首位的。当时国家所以采取这种做法，当然是为了适应战争频频发生的形势的需要。

上述情况说明，北魏国家在选任统军时，注意被选任者的身份，所以，也就是需要从现任官员和有任官经历者中选择适合的人员。选任统军的这种做法，正是取决于北魏国家的官本位体制。可是，统军又是专门的军事官员，需要具有统军作战的能力，所以，北魏国家又不对担任统军者的任官经历做严格的限定。也就是说，可以在无任官经历者中选拔统军。这正是由统军为军事僚佐官的特征所决定的。因为统军的这种特征，就使北魏国家将受选者的军事素质置于首位，至于受选者的身份则只是次要因素。

（二）选任统军的方式

北魏国家设置统军，一是要使统军作为征讨军队统帅的僚佐；二是要作为镇戍地方长官的僚佐。由于统军的这种僚佐官的性质，也就决定了国家在任命统军时采取的方式。《魏书·源贺传附源延伯传》："（源）延伯，初为司空参军事。时南秦民吴富反叛，诏以河间王琛为都督，延伯叔父子恭为军司，延伯为统军，随子恭西讨，战必先锋。"这说明，北魏国家任命征讨军的统军与征讨都督一样，都是通过诏令直接任命的。在北魏镇戍体制中的统军也是如此。严耕望先生认为，府佐则须中央任命。② 统军作为地方军府僚佐的一种，自然也是要由中央任命的。所以在《魏书》中有北魏皇帝下诏，以李苗"为统军"③及以傅永"为统军"④的记载。这些情况说明，北魏国家任命统军，采取下诏的方式，正是一种常规的制度。

除此之外，北魏国家在对镇戍军府统军的任命上，并不只限于采取诏令的方式。《魏书·崔玄伯传附崔模传》："（崔祖螭）粗武有气力。刺史元罗板为兼统军，率众讨海贼。"这里提到的"板"，即是板授，也就是不需皇帝敕令，而能够代皇帝任命。北魏国家以这种方式任命统军，也是重要的做法。《周书·

---

① 李百药：《北齐书》卷二〇《慕容俨传附范舍乐传》，第282页。
② 严耕望：《中国地方行政制度史（乙部）——魏晋南北朝地方行政制度史》，第153页。
③ 魏收：《魏书》卷七一《李苗传》，第1596页。
④ 魏收：《魏书》卷七〇《傅永传》，第1552页。

权景宣传》:"魏正光末,贼帅宿勤明达围逼豳州,刺史毕晖补(郭)贤统军,与之拒守。"《周书·叱罗协传》:"及魏末,六镇搔扰,客于冀州。冀州为葛荣所围,刺史以(叱罗)协为统军,委以守御。"《周书·宇文贵传》:"正光末,破六汗拔陵围夏州,刺史源子雍婴城固守,以(赵)贵为统军救之。"这些记载中提到的刺史对统军的任命,实际都是板授。虽然这种板授表现为刺史代表皇帝行事,实际刺史的意志在统军的任命上,所起到的作用却是很重要的。

不过,还需要指出的是,由于统军是军事征讨军队统帅和镇戍地方长官的僚佐,所以,在任命统军上,是需要这些统帅和长官表达他们的意见的。《魏书·崔挺传》:"(崔)游坐徙秦州,久而得还。大将军高肇西征,引为统军。"这里所说的"引为统军",并不是军事统帅对统军的任命,而是向国家荐举合适的统军人选。对镇戍地方的长官来说,实际也有荐举统军的权力。《魏书·扬播传》:"(杨侃)释褐太尉、汝南王悦骑兵参军。扬州刺史长孙稚请为录事参军。萧衍豫州刺史,裴邃治合肥城,规相掩袭。……邃后竟袭寿春,入罗城而退。遂列营于黎浆、梁城,日夕钞掠,稚乃奏侃为统军。"这就是说,刺史荐举担任统军的人选,是任命统军的重要环节。就被举荐为统军的身份而言,这些被举荐者大多数是统帅和长官的僚佐。《魏书·高祐传》:"(高颢)出为冀州别驾,未之任,属刺史元愉据州反,世宗遣尚书李平为都督,率众讨之。平以颢彼州领袖,乃引为录事参军,仍领统军,军机取舍,多与参决。"可见,高颢被荐举为统军,正是因为他具有录事参军的身份。可以说,时人对选任统军的举荐环节是很重视的。正如袁翻上书说:"愚谓自今已后,荆、扬、徐、豫、梁、益诸蕃,及所统郡县、府佐、统军至于戍主,皆令朝臣王公已下各举所知,必选其才,不拘阶级。"① 因此,可以明确,这种荐举的做法,是北魏国家选任有才能者担任统军的重要保证。

北魏国家除了通过正常的程序选拔统军之外,还实行一些特殊的做法。《魏书·杨大眼传》:"时高祖自代将南伐,令尚书李冲典选征官,(杨)大眼征求焉。……未几,迁为统军。"《周书·韦孝宽传》:"(韦孝宽)弱冠,属萧宝夤作乱关右,乃诣阙,请为军前驱。朝廷嘉之,即拜统军。"很显然,杨大眼、韦孝宽都是通过自荐而被选为统军的。不过,这种自荐的方式,只

---

① 魏收:《魏书》卷六九《袁翻传》,第 1539 页。

是为了应付战争的需要才实行的，因而，并不是固定的规定。

综上所述，尽管统军属于征讨军队统帅和镇戍长官的军事僚佐官，可是，对它最终的任命却是通过皇帝的诏令和皇帝授权的板授实现的。这表明，北魏国家对统军的任命已经形成固定的程序，以此保证统军的任职具有合法性。北魏国家为了保证能够选拔合适的人员担任统军，因此，也赋予征讨军统帅和地方镇戍长官具有荐举统军的权力。但这种荐举权只是选拔统军的一个环节，并不能最后决定统军的任职。由于北魏国家对统军的选拔形成严格、完备的制度，所以，也就使选拔出的统军能够在征讨作战和镇戍防卫上，发挥出积极重要的作用。

三、统军的任职与将军号

北魏国家实行的官本位体制，包括将军制度。但是，北魏国家所设的将军已经虚化。因此《魏书·淳于诞传》："（淳于）诞不愿先受荣爵，乃固让实官，止参戎号。"也就是说，将军号只是象征等级地位的戎号。为了体现任职官员的荣誉，北魏国家多为他们加授将军号。但北魏国家为官员加授将军号，主要限于主官，除了特殊情况，很少为僚佐官加授将军号。然而，北魏国家对所设的统军，则与一般的情况既有相同的，也有不同的方面。就相同方面而言，主要表现在为镇戍地方而设置的统军上。实际这类统军都属于军府僚佐。严耕望先生将统军划为都将系统的僚佐。既然如此，所以统军也就与军府诸曹类僚佐一样，一般都不加授将军号。统计《魏书》《北齐书》和《周书》记载，担任统军没有加授将军号的有：源延伯、韩务、伊盆生、刘思祖、郑尚、高颢、崔融、崔游、杨侃、裴仲规、傅永、傅竖眼、裴承祖、淳于诞、奚康生、杨大眼、尔朱度律、胡小虎、厙狄回洛、张保洛、叱列平、牒舍乐、范舍乐、宇文泰、叱罗协、贺拔度拔、侯莫陈顺、梁椿、郭贤、高琳、侯植、韦孝宽、李穆，共33人。在这些无将军号的统军中，大部分都为军府僚佐。如叱罗协"六镇搔扰，客于冀州。冀州为葛荣所围，刺史以协为统军，委以守御"①。当然，其中还有一些统军不属于军府僚佐，而

---

① 令狐德棻等：《周书》卷一一《晋荡公护传附叱罗协传》，第177页。

是征讨军队统帅的僚佐。如韩务"为统军,受都督李崇节度以讨灵珍"①,也没有加授将军号。这说明,北魏国家对作为征讨军队统帅的僚佐,也实行不加授将军号的做法。不过,应该指出的是,这只是比较特殊的情况。因为北魏国家对征讨军队中的统军与将军号的关系上,采取了与军府统军不相同的做法。

实际上,北魏国家对大多数征讨军队中的统军实行了加授将军号的措施。《魏故使持节都督河凉二州诸军事卫大将军河州刺史宁国伯乞伏君墓志》:"君讳宝,字菩萨,金城郡榆中县人也。……蕞尔西戎,蠢焉东向,侵凌关塞,摇荡边居。帝乃赫怒,言思薄罚。便为统军,假号宁朔。"②墓志铭中所说的宁朔,就是宁朔将军。这就是说,因乞伏宝担任了统军,也就为他加授了宁朔将军号。为任统军者加授将军号的情况,也见之于文献记载。如《魏书·傅永传》:"中山王英之征义阳,(傅)永为宁朔将军、统军,当长围遏其南门。"当然,这些领有将军号的统军,都是征讨军队统帅的僚佐。例如,房敬宝"奉朝请、征北中兵参军、北征统军、宁远将军,每有战功"③。宇文福"景明初,乃起拜平远将军、南征统军"④。而且,在征讨作战中,立有军功而晋升为统军者,也可以加授将军号。如贺拔胜"以功拜统军,加伏波将军"⑤。这些情况说明,北魏国家为了使参与征讨作战的统军在战争中尽力作战,需要通过为他们加授将军号来加重他们的地位。正因如此,北魏国家为参与征讨作战的统军,不仅可以为他们加授正式的将军号,还可以假授将军号。《魏书·李宝传附李佐传》:"车驾征宛邺,复起佐,假平远将军、统军。"《魏书·崔鉴传》:"(崔仲哲)常以将略自许。辟司徒行参军。假宁朔将军、统军,从广阳王渊北讨,击柔玄贼,破之。"《魏书·李孝伯传》:"(李玚)随萧宝夤西征,以玚为统军,假宁远将军。"《魏书·毕众敬传附毕祖朽传》:"以祖朽为统军,假宁朔将军,隶邢峦讨之。"这些记载中提到的"假"就是"假授"。假授的将军号,也称为假将军号。这种将军号与正式的

---

① 魏收:《魏书》卷四二《韩秀传附韩务传》,第953页。
② 赵超:《汉魏南北朝墓志汇编》,第304页。
③ 魏收:《魏书》卷四三《房法寿传》,第972页。
④ 魏收:《魏书》卷四四《宇文福传》,第1001页。
⑤ 令狐德棻等:《周书》卷一四《贺拔胜传》,第216页。

将军号不同，只是临时授予的将军号。北魏国家所以要为参与征讨作战的统军假授将军号，当然与正式加授将军号的目的相同，也是要以此加重他们的地位。因为北魏国家实行正式和假授两种方式，所以，也就可以保证参与征讨作战的大多数统军都可以领有将军号。由此可见，北魏国家很重视为参与征讨作战的统军加授将军号，因而，这种做法也就成为统军参战的重要特点。

当然，北魏国家为参与征讨作战的统军授予将军号，除了加重他们的地位之外，还有更重要的目的。统计《魏书》《北齐书》《周书》和墓志铭中的记载，并以后《职员令》为依据，可以发现，以正式和假授方式授予的将军号及其品级为：征虏将军（从三品）、宁朔将军（从四品）、平远将军（从四品）、宁远将军（五品）、伏波将军（从五品）。尽管这些将军号的品级高低不同，但是，北魏国家为统军所加将军号，显然在品级上是有限定的。因为后《职员令》规定从五品以下的将军号还有：宣威将军、明威将军（以上六品）、襄威将军、厉威将军（以上从六品）、威烈将军、威寇将军、威虏将军、威戎将军、威武将军、武毅将军、武奋将军、积弩将军、积射将军、讨寇将军、讨虏将军、讨难将军、讨夷将军（以上七品）、荡寇将军、荡虏将军、荡难将军、荡逆将军、强弩将军（以上从七品）、殄寇将军、殄虏将军、殄难将军（以上八品）、扫寇将军、扫虏将军、扫难将军、扫逆将军、厉武将军、厉锋将军、虎牙将军、虎奋将军（以上从八品）、旷野将军、横野将军（以上九品）、偏将军、裨将军（以上从九品）。很显然，北魏国家对在征讨军队中设置的统军是不加授这些将军号的。也就是说，为统军所加的将军号品级，是没有低于从五品的。北魏国家所以要对征讨军队中的统军所领将军号的品级加以限定，实际上，这与开府置佐有很大的关系。

关于北魏将军开府置佐的情况，见于后《职员令》。后《职员令》记载："五品正从将军长史司马。""五品正从将军录事、功曹、户曹、仓曹、中兵参军事。""五品正从将军主簿、列曹参军事。""五品正从将军列曹行参军。"这就是说，北魏国家使能够开府置佐的将军号的品级下限规定为从五品。而北魏国家为统军正式和假授的将军号的品级，都在从五品以上，显然，这是与要实现使统军能够开府置佐的目的联系在一起的。由于北魏国家实行了这种做法，自然也就使这些僚佐能够协助征讨军队的统军更有效地管理他们所统领的军队。

四、余 论

北魏孝文帝改革，对国家军事征讨和镇戍体制也有变动。北魏国家设置的统军正是为了适应这种变动的需要才出现的，因而，与北魏前期的军事官员的设置有很大的差异。然而，需要看到的是，在北魏国家的征讨和镇戍体制中，统军的设置并不是单一的，同时设置的还有别将、军主。实际上，别将、统军、军主三种统领军队的将领存在等次的差别。但更重要的是，别将、统军、军主的差别在于，能够统领军队人数多少的不同。但这些官员的一致性还是明显的，他们都是协助征讨军队统帅和镇戍地方长官掌管军队的官员。

从统军的情况来看，北魏国家在军事征讨和镇戍地方设置统军的目的，是要保证更有效地取得征讨作战的优势和提高防卫地方的军事实力。正是出于这种目的，北魏国家使统军作为征讨军队和镇戍地方的僚佐官，并大力选任这一职官。应该说，北魏国家设置统军，对军事征讨和防卫地方所起到的作用是不能忽视的。可是，在孝文帝改革后，制定的前、后《职员令》中，都没有统军的记录，更不要说对统军有品级规定了。所以出现这种情况，主要与统军这一职官的性质有很大的关系。无疑北魏国家设置统军是出于军事行动的需要，然而，这种专为军事行动设置的职官，在任职上，并不具有长期性，特别是，为军事征讨设置的统军，一般在征讨作战结束后，也就撤销了。而北魏国家则依据相应的情况使它转任其他官职。另外，北魏国家设置统军，只是要适应战争的需要，因而，并没有员额的限制。很明显，统军的这种设置情况与国家固定的职官设置是不相同的。正因如此，前、后《职员令》也就不可能将统军列入固定的职官品级序列之中。

然而，统军的设置，一方面是为了征讨作战；另一方面则是为了镇戍地方。

就征讨作战而言，北魏国家设置统军最多的，是在宣武帝至北魏末年这一时期。而在北齐、北周时期，在国家的征讨军队中，已经不见有统军的设置。这就是说，北齐、北周的军事征讨体制已经与北魏后期不同，发生较大的变化,所以,统军也就从军事征讨体制中被撤销了。与军事征讨的情况不同,北魏国家在镇戍体制中所设的统军却有另外的演变轨迹。诚如严耕望先生所言,在掌管镇戍的军府僚佐中有统军,并将它划为都将僚佐。并以此与诸曹僚佐相区别。原因就在于,诸曹僚佐大部分都见之于后《职员令》,因而,它们是固定的职官设置,属于国家品级序列内的职官。可是,军府的都将僚佐和诸曹僚佐的这种区别却不能长期存在。一则由于镇戍不同于征讨作战,都将僚佐设置不可能只是短期的设置。二则虽然都将僚佐与诸曹僚佐存在差别,但是,都同为军府的僚佐官,因而,在职责上也是可以相互渗透和影响的。统军作为军府僚佐中的重要官员,自然也要随之产生变化。这种变化的最显著的标志,就是至北周时,当时国家开始将统军纳入品级序列中。正如《周书·卢辩传》称:统军为正五命官员。在隋代的职官品级序列中,则规定统军为从八品。① 显然,与北周的做法有相承的关系。统军的地位所以出现这种变化,当然原因是多方面的。不过,可以明确,北魏后期,统军作为军府的僚佐,应该是从无品级规定的官员,向品级序列内的官员转变的开始。应该说,正是北魏末年动荡局面的出现,突显了统军的作用,因而,也就为其位置的提升带来了重要的变化契机。

(原载《北朝研究》2018 年第 8 辑)

---

① 魏征等:《隋书》卷二八《百官志下》,第 788 页。

北魏赠授都督诸军事考

北魏建国后，开始设置都督诸军事。由于在军事镇戍上，都督诸军事起到重要作用，所以成为北魏国家的重要职官。由于这一职官具有重要性，所以，北魏国家也将都督诸军事作为赠官赐授给亡故的官员。可以说，北魏前期，国家开始将都督诸军事赠授亡故官员，但这种赠授事例却并不多见。直到孝文帝官制改革后，不仅受赠都督诸军事的官员人数增多，赠授的做法也有了明确的规定，而且，亡故官员受赠都督诸军事也成为一种殊荣。然而，对赠授都督诸军事问题，前人的研究并不多见，因此，本文拟对此问题做一些考察，希望有益加深对北魏赠官制度的认识。

一、以都督诸军事为赠官措施的实施

考察北魏国家实行以都督诸军事作为赠官的措施，需要提及当时的赠官规定。所谓赠官，就是国家为亡故官员赠授的职官，以此表现皇帝对他们的恩恤，进而展现他们亡故后所享有的荣誉。可以说，北魏国家为亡故官员赐授赠官，在建国后就开始实行。《魏书·许谦传》："（许谦）皇始元年卒官，时年六十三。赠平东将军、左光禄大夫、幽州刺史。"《魏书·刘尼传》：刘尼父刘娄"冠军将军，卒，赠并州刺史"。这些都是道武帝赐授亡故官员赠官的记载。由此可见，北魏建国后，为亡故官员赐授赠官已经成为丧葬活动的重要措施。

自道武帝确立赠官规定后，北魏各代皇帝都将这一规定作为追念亡故官员的重要内容。不过，由于亡故官员生前所任职官有高低的差别，并且，建树的业绩也存在大小的不同，所以，也就决定国家赐授赠官的多少与品级的高低。就北魏国家赐授赠官的情况而言，亡故官员获得的赠官存在较大差别，大体可以分为三种情况：

一是赠授一职官。《魏书·张衮传》："（张衮）后数日卒，年七十二。后世祖追录旧勋，遣大鸿胪即墓，策赠太保。"显然，张衮亡故后，只获得赠授太保一官的优待。应该说，北魏国家赠授亡故官员一个职官，是重要的做法。从赠授职官的种类来看，可以是中央职官。例如，崔玄伯"病笃，太宗遣侍中宜都公穆观就受遗言，更遣侍臣问疾，一夜数返。及卒，下诏痛惜，赠司空"①。初古拔"暴病卒，年五十八，赠左光禄大夫"②。司空、左光禄大夫，都是中央职事职官。除职事官之外，也可以是将军号。例如，段进"遂为贼杀。世祖愍之，追赠安北将军"③。亡故官员受赠的职官，不限于中央职官，还有地方职官。例如，袁式"天安二年卒。赠豫州刺史"④。长孙吴儿"高祖初，为中散、武川镇将。太和初卒，赠恒州刺史"⑤。因此，可以明确，北魏国家为亡故官员赠授的职官，可以是中央、地方职事官，也可以是将军号。

二是将职官与爵位一并赠授。《魏书·长孙肥传》："（长孙陈）高宗即位，进爵吴郡公，加安东将军。兴光二年卒。赠散骑常侍、吴郡王"也就是说，长孙陈受赠的职官为散骑常侍，受赠的爵位为吴郡王。这说明，北魏国家可以将职官与爵位结合在一起赠授亡故官员。可以说，在北魏前期，这种情况并不是特例。例如，尉地干"甚见亲爱，参军国大谋。世祖将征平凉，试冲车以攻冢，地干为索所冒，折胁而卒。世祖亲往临抚，哭之甚恸。赠中领军将军、燕郡公"⑥。贺延"初以功臣子拜侍御中散，赐爵武城子，西治都将。卒，赠凉州刺史、广武侯"⑦。北魏前期，国家所以将职官与爵位结合在一起赠授给亡故官员，因为当时职官与爵位分属两个品级序列，因而，采取职官与爵位并赠的做法，就能体现授予亡故者更多的优遇。

① 魏收：《魏书》卷二四《崔玄伯传》，第 623 页。
② 魏收：《魏书》卷四二《薛辩传》，第 942 页。
③ 魏收：《魏书》卷八七《节义·段进传》，第 1890 页。
④ 魏收：《魏书》卷三八《袁式传》，第 881 页。
⑤ 魏收：《魏书》卷二六《长孙肥传》，第 655 页。
⑥ 魏收：《魏书》卷二六《尉古真传》，第 659 页。
⑦ 魏收：《魏书》卷四一《贺源传》，第 923 页。

三是赠授多个职官。《魏书·崔玄伯传》:"(崔剖)诣京师,未至,病卒。高宗以剖诚著先朝,赠散骑常侍、镇西将军、凉州刺史。"很明显,崔剖亡故后,受赠三个职官。其中,散骑常侍,为中央职事官;镇西将军,为将军号;凉州刺史,则为地方职事官。北魏时期,担任职官的多少,与任职者的地位与荣誉有密切关系。也就是说,官员所任职官越多,则其地位和荣誉越高。北魏国家为亡故官员赐授赠官,也仿效这种做法。例如,王睿是受皇帝宠幸的重臣,死后,"高祖、文明太后亲临哀恸,赐温明秘器,宕昌公王遇监护丧事。赠卫大将军、太宰、并州牧"①。薛野䐗任太州刺史"在治有声。卒,年六十一。赠散骑常侍、大将军、并州刺史"②。由此可见,能够获得多个赠官的亡故官员,与他们生前的地位和业绩有很大关系。很明显,这些受赠多个职官的亡故官员,他们或者受到皇帝宠幸,或者取得值得称道的政绩,因而,也就需要以多官并赠方式,体现他们获得皇帝很高的优遇。

北魏国家采取的这些做法,在太和十六年,孝文帝官制改革后,做了一些改变。其中改变的明显表现有三方面:其一,弱化了官、爵并赠的做法。也就是说,由于孝文帝实行官、爵品级合一的措施,因而,职官与爵位并赠,对亡故官员的优待,已经表现得不很明显,所以,也就很少采取这种做法。其二,将郡太守纳入赠官。例如,崔伯骥"为京兆王愉法曹参军。愉反,伯骥不从,见害,诏赠东海太守"③。因此,孝文帝官制改革后,亡故官员受赠地方职官,已经不限于州刺史,也有郡太守。其三,推广以都督诸军事为赠官的做法。《魏书·外戚上·冯熙传》:"(冯熙)薨于代。车驾在淮南,留台表闻,还至徐州乃举哀。……皇后诣代都赴哭,太子恂亦赴代哭吊。将葬,赠假黄钺、侍中、都督十州诸军事、大司马、太尉,冀州刺史。"冯熙获赠都督十州诸军事,在太和十九年。这说明,孝文帝推行以都督诸军事为赠官的做法,已经成为赐授亡故官员职官的重要规定。应该说,孝文帝官制改革后,将都督诸军事作为重要赠官是有重要的原因的。

一是孝文帝官制改革后,将都督诸军事的设置进一步完善化。实际上,

---

① 魏收:《魏书》卷九三《恩幸·王睿传》,第1990页。
② 魏收:《魏书》卷四四《薛野䐗传》,第996页。
③ 魏收:《魏书》卷二四《崔玄伯传附崔道固传》,第633页。

北魏国家设置都督诸军事，是从道武帝统治时期开始的。《魏书·莫提传》："（莫提）多智有才用。初为幢将，领禁兵。太祖之征慕容宝也，宝夜来犯营，军人惊骇。遂有亡还京师者，言官军败于柏肆，京师不安。……以功拜平远将军，赐爵扶柳公，进号左将军，改为高邑公。出除中山太守，督司州之山东七郡事。"道武帝任莫提都司州之山东七郡事与道武帝征慕容宝在同一年。《资治通鉴·晋纪三十一》将道武帝征慕容宝之事，系于隆安元年，即北魏皇始元年。这应该是北魏设置都督诸军事的最早记载。明元帝延续道武帝的做法，继续设置都督诸军事。至太武帝时，任命都督诸军事者不仅人数增多，而且，还使一些州刺史、都大将兼任都督诸军事。例如，叔孙建"除平原镇大将，封丹阳王，加征南大将军、都督冀青徐济四州诸军事"①。拓跋他"从征于悬瓠，破之。拜使持节、都督雍秦二州诸军事、镇西大将军、开府仪同三司、雍州刺史，镇长安。绥抚秦土，得民夷之心"②。也就是说，太武帝使州刺史，或都大将兼任都督诸军事，成为镇戍地方的重要做法。并且，太武帝还大力推广了这种镇戍地方的模式。诸如，刁雍"真君二年复授使持节、侍中、都督扬豫兖徐四州诸军事、征南将军、徐豫二州刺史"③。司马天助"拜侍中、都督青徐兖三州诸军事、征东将军、青兖二州刺史"④。可见，都督诸军事的任职受到国家很高的重视，并使其在国家所设职官中，占有重要的地位。正因为如此，孝文帝官制改革，就将规定都督诸军事的品级作为重要内容。

在孝文帝制定的前《职员令》中，不仅将都督诸军事编入国家职官品级序列中，而且，还规定都督府州诸军事为从一品上、都督三州诸军事为二品上、都督一州诸军事为从二品上。⑤ 在后《职员令》中，虽然没有都督诸军事的品级规定，似乎可以判定，后《职员令》继续延续前《职员令》的规定，只是在品级上，略有变通。因此，可以说，孝文帝这些规定，不仅明确了都督诸军事在国家职官序列中处于很高地位，并且，还将都督诸军事依据

---

① 魏收：《魏书》卷二九《叔孙建传》，第 705 页。
② 魏收：《魏书》卷一六《道武七王·阳平王熙传》，第 391 页。
③ 魏收：《魏书》卷三八《刁雍传》，第 866－867 页。
④ 魏收：《魏书》卷三七《司马天助传》，第 863 页。
⑤ 魏收：《魏书》卷一一三《官氏志》，第 2978－2979 页。

所辖州的数量分成不同等次。由于孝文帝对都督诸军事的设置采取进一步完善化的措施,也就为亡故官员赠授这一职官有了可以把握的标准。

二是孝文帝以都督诸军事作为赠官,是以北魏前期的做法为基础的。实际上,北魏国家为亡故官员赠授都督诸军事,不是从孝文帝官制改革后,才开始实行的。《魏书·司马楚之传》:"(司马楚之)寻拜假节、侍中、镇西大将军、开府仪同三司、云中镇大将、朔州刺史,王如故。在边二十余年,以清俭著闻。和平五年薨,时年七十五。高宗悼惜之,赠都督梁益秦宁四州诸军事、征南大将军、领护西戎校尉、扬州刺史。"依据这一记载,可以明确,文成帝时,北魏国家开始为亡故官员赠授都督诸军事,并且,赠授都督诸军事不是授予一职官,而是与将军号、州刺史结合在一起的。《魏书·道武七王·河南王曜传》:"(拓跋平原)迁都督雍、秦、梁、益四州诸军事、征南大将军,开府、雍州刺史,镇长安。太和十一年薨,赠以本官。"这一记载提到拓跋平原亡故后,是以"本官"作为赠官的。所谓"本官"正是拓跋平原生前所任的职事官。也就是说,都督雍、秦、梁、益四州诸军事与雍州刺史都属于拓跋平原的"本官"。由此来看,北魏前期,已经开始实行以"本官"为赠官的做法。然而,需要看到的是,实际这种做法,只是表现出一种趋势,也就是赠授都督诸军事需要与州刺史结合,但是,并不必都要以亡故者生前所任的都督诸军事与州刺史为赠官。

可是,北魏前期,以都督诸军事与州刺史结合,赠授亡故官员的事例并不多见,也没有被推广。尽管如此,应该说,实行的这种做法,为进一步推行以都督诸军事为赠官的做法,有了可以遵循的模式。例如,奚康生"灵太后反政,赠都督冀瀛沧三州诸军事、骠骑大将军、司空公、冀州刺史"①。裴延俊"庄帝初,于河阴遇害。赠都督雍岐豳三州诸军事、仪同三司、本将军、雍州刺史"②。因此,可以说,孝文帝官制改革后的赠授都督诸军事的规定,正是以北魏前期的做法为基础而发展起来的,并形成了一种固定的模式。

应该说,孝文帝官制改革后,使赠授都督诸军事的做法,得到推广,因

---

① 魏收:《魏书》卷七三《奚康生传》,第1633页。
② 魏收:《魏书》卷六九《裴延俊传》,第1533页。

而，受赠都督诸军事的亡故官员人数明显增多。诸如：宣武帝时，寇治"寻迁金紫光禄大夫。是时，蛮反于三鵶，治为都督追讨，战没。赠持节、都督雍华岐三州诸军事、卫大将军、七兵尚书、雍州刺史。"① 统计《魏书》、墓志铭记载，获赠都督诸军事的亡故官员还有：高偃、元泰安、孙标。

孝明帝时，元熙受"赠使持节、都督冀定瀛相幽五州诸军事、大将军、太尉公、冀州刺史"②。据《魏书》、墓志铭记载，受赠都督诸军事的亡故官员有：元融、元熙、薛怀景、奚康生、高琨、元诱、元纂、元景献、元寿安、元昕、元彝、元端。

孝庄帝时，元继"永安二年薨，赠假黄钺、都督雍、华、泾、邠、秦、岐、河、梁、益九州诸军事、大将军、录尚书、大丞相、雍州刺史"③。统计《魏书》、墓志铭记载，受赠都督诸军事的亡故官员有：元继、李虔、裴延俊、李苗、尔朱世承、元湛、王叡、尔朱绍、尔朱袭、元天穆、元顼、元恭。

孝武帝时，元凝"除持节、安东将军、兖州刺史，转济州刺史，仍本将军。永熙二年薨，赠持节、都督沧瀛冀三州诸军事、骠骑大将军、冀州刺史"④。统计《魏书》、墓志铭记载，受赠都督诸军事的亡故官员有：元忻之、元凝、元爽、元怡、元永平、元颢、元宽、穆绍、李郁、郑先护、崔模、杨椿、杨昱、杨顺、杨辩、杨仲宣、杨测、杨津、杨逸、崔士泰、高谧、高树生、高带、高仁、高慎、高徽、高干、卢同、辛纂、高道穆、孙绍、李延寔、董徵、刘灵助、元肃、乞伏宝、石育、元赞远、长孙子泽。

上述情况说明，孝文帝官制改革后，北魏国家已经将为亡故官员赠授都督诸军事作为赐予他们的一种殊荣。

总之，北魏国家以都督诸军事为赠官，在文成帝时，已见于文献记载，并实行了以都督诸军事与州刺史相结合方式进行赠授。尽管北魏前期，受赠都督诸军事的亡故官员人数很少，还没有形成固定的规定，可是，却为孝文帝官制改革后赠授这一职官创造了应该遵循的模式。可以说，孝文帝正是以

---

① 魏收：《魏书》卷四二《寇赞传》，第948页。
② 魏收：《魏书》卷一九下《景穆十二王下·南安王桢传》，第505页。
③ 魏收：《魏书》卷一六《道武七王·京兆王黎传》，第403页。
④ 魏收：《魏书》卷一九下《景穆十二王下·章武王太洛传》，第515页。

北魏前期赠授都督诸军事的做法为基础，进一步推广了这一职官的赠授，从而使这种赠授成为追念亡故官员的重要优待措施。

二、赠授都督诸军事的规定

孝文帝官制改革后，为亡故官员赠授都督诸军事已经形成完善的措施。可以说，北魏国家在确定赠授对象、实行赠授方式和表现赠授等次上，都有明确的规定。

（一）赠授都督诸军事对象的限定

可以说，北魏国家为亡故官员赐授赠官，受到他们生前所任职官品级的限制。也就是说，不是所有亡故官员都能获得赠官。当然，对受赠都督诸军事的亡故官员，也是如此，因而，需要对获得这一赠官者的生前担任职官情况做必要的说明。检《魏书》、墓志铭记载，并依据后《职员令》，列受赠者生前所任中央和地方职官及品级两表如下：

表1　亡故官员生前任中央职官受赠都督诸军事表

受赠者	受赠者生前担任职官	所任职官品级	史料出处
元继	太师、司州牧	太师：一品 司州牧：三品	《魏书》卷一六《道武七王·京兆王黎传》
杨椿	太保	一品	《魏书》卷五八《杨播传》
杨津	司空	一品	《魏书》卷五八《杨播传》
冯熙	太师	一品	《魏书》卷八三上《外戚上·冯熙传》
高肇	司徒	一品	《魏书》卷八三下《外戚下·高肇传》
元融	左光禄大夫	二品	《魏书》卷一九下《景穆十二王下·城阳王长寿传》
元融	左光禄大夫	二品	《魏书》卷一九下《景穆十二王下·城阳王长寿传》
元融	左光禄大夫	二品	《魏书》卷一九下《景穆十二王下·城阳王长寿传》
元瑱	左光禄大夫	二品	《魏书》卷二一上《献文六王上·北海王详传》

续　表

受赠者	受赠者生前担任职官	所任职官品级	史料出处
卢同	左光禄大夫	二品	《魏书》卷七六《卢同传》
孙绍	右光禄大夫	二品	《魏书》卷七八《高绍传》
杨昱	右光禄大夫	二品	《魏书》卷五八《杨播传》
李虔	特进	二品	《魏书》卷三九《李宝传》
冯诞	太子太师	二品	《魏书》卷八三上《外戚上·冯熙传》
穆韶	金紫光禄大夫	从二品	《魏书》卷二七《穆崇传》
元爽	金紫光禄大夫	从二品	《魏书》卷一六《道武七王·京兆王黎传》
元治	金紫光禄大夫	从二品	《魏故使持节卫将军荆河雍四州刺史七兵尚书寇使君之墓志》
王诵	金紫光禄大夫	从二品	《魏故使持节侍中司空尚书左仆射骠骑大将军徐州刺史王公墓志铭》
长孙子泽	金紫光禄大夫	从二品	《魏故使持节、都督雍州诸军事车骑将军雍州刺史江陵县开国男长孙使君墓志铭》
寇治	金紫光禄大夫	从二品	《魏书》卷四二《寇赞传》
元顼	尚书左仆射	从二品	《魏故使持节侍中太尉公尚书令骠骑大将军都督雍华岐三州诸军事雍州刺史东海王墓志铭》
高道穆	尚书右仆射	从二品	《魏书》卷七七《高崇传》
元宽	侍中	三品	《魏书》卷二一下《献文六王下·彭城王勰传》
崔模	光禄大夫	三品	《魏书》五六《崔辨传》
郑先护	左卫将军	三品	《魏书》卷五六《郑羲传》
奚康生	右卫将军	三品	《魏书》卷七三《奚康生传》
董徵	光禄大夫	三品	《魏书》卷八四《儒林·董徵传》
元天穆	侍中	三品	《魏故使持节侍中太宰丞相柱国大将军假黄钺都督十州诸军事雍州刺史武昭王墓志》
乞伏宝	大鸿胪	三品	《魏故使持节都督河凉二州诸军事卫大将军河州刺史宁国伯乞伏君墓志》
尔朱世承	御史中尉	从三品	《魏书》卷七五《尔朱彦伯传》
李苗	步兵校尉	从三品中（前）	《魏书》卷七一《李苗传》
崔士泰	司空司马	四品	《魏书》卷六六《崔亮传》

续　表

受赠者	受赠者生前担任职官	所任职官品级	史料出处
李郁	给事黄门侍郎	四品	《魏书》卷五三《李孝伯传》
元彝	通直散骑常侍	从四品	《魏故使持节都督青州诸军事车骑大将军仪同三司青州刺史任城王之墓志铭》
杨顺	北中郎将	从四品	《魏书》卷五八《杨播传》
元湛	通直散骑常侍	从四品	《魏故使持节征东将军仪同三司都督青州诸军事青州刺史元使君墓》
尔朱袭	员外散骑常侍	五品	《魏故使持节车骑大将军仪同三司都督定州诸军事定州刺史万年县开国伯尔朱君之墓志铭》
高徽	员外散骑常侍	五品	《魏书》卷三二《高湖传》
高慎	员外散骑侍郎	七品	《魏书》卷三二《高湖传》

表2　亡故官员生前任地方职官受赠都督诸军事表

受赠者	受赠者生前担任职官	所任职官品级	史料出处
元熙	相州刺史	三品—四品	《魏书》卷一九下《景穆十二王下·南安王桢传》
元凝	济州刺史	三品—四品	《魏书》卷一九下《景穆十二王下·章武王太洛传》
元永平	南州刺史	三品—四品	《魏书》卷一九下《景穆十二王下·章武王太洛传》
元颢	相州刺史	三品—四品	《魏书》卷二一上《献文六王上·北海王详传》
穆绍	青州刺史	三品—四品	《魏书》卷二七《穆崇传》
李宪	扬州刺史	三品—四品	《魏书》卷三六《李顺传》
崔楷	殷州刺史	三品—四品	《魏书》五六《崔辨传》
杨顺	冀州刺史	三品—四品	《魏书》卷五八《杨播传》
杨逸	南秦州刺史	三品—四品	《魏书》卷五八《杨播传》
裴延俊	幽州刺史	三品—四品	《魏书》卷六九《裴延俊》
辛纂	西荆州刺史	三品—四品	《魏书》卷七七《辛雄传》
刘灵助	幽州刺史	三品—四品	《魏书》卷九一《术艺·刘灵助传》

续 表

受赠者	受赠者生前担任职官	所任职官品级	史料出处
元寿安	雍州刺史	三品—四品	《魏故使持节侍中司空公都督冀瀛沧三州诸军事领冀州刺史元公墓志铭》
元昕	秦州刺史	三品—四品	《魏故使持节都督青州诸军事车骑大将军仪同三司青州刺史任城王之墓志铭》
元端	兖州刺史	三品—四品	《魏故使持节仪同三司都督相州诸军事车骑大将军相州刺史元公墓志铭》
元延明	雍州刺史	三品—四品	《魏故侍中太保特进使持节都督雍华岐三州诸军事大将军雍州刺史安丰王谥曰文宣元王墓志铭》
元恭	东荆州刺史	三品—四品	《魏故使持节假车骑将军都督晋建南汾三州诸军事镇西将军晋州刺史大都督节度诸军事兼尚书左仆射西北道大行台、平阳县开国子元君墓志》
元肃	青州刺史	三品—四品	《魏故使持节都督河凉二州诸军事卫大将军河州刺史宁国伯乞伏君墓志》
高带	金城太守	四品—六品	《魏书》卷三二《高湖传》
高干	白水太守	四品—六品	《魏书》卷三二《高湖传》
杨仲宣	正平太守	四品—六品	《魏书》卷五八《杨播传》
薛怀景	河东太守	四品—六品	《魏书》卷六一《薛安都传》
元袭	河东太守	四品—六品	《元袭墓志》
元赞	东魏郡太守	四品—六品	《魏故使持节都督齐州诸军事平南将军齐州刺史广川县开国侯元使君墓志铭》
高仁	河州别驾	六品（？）	《魏书》卷三二《高湖传》
高树生	大都督	？	《魏书》卷三二《高湖传》

依据表1统计，可以明确，亡故的中央职官受赠都督诸军事的最高品级为一品，最低品级为七品。可是，表中所示，受赠都督诸军事的最低职官品级，应该是特殊的规定。《魏书·高湖传》："（高慎）初除侍御史，拜奉朝请、员外散骑侍郎。与叔徽俱使西域，还至河州，遇贼攻围，城陷，见害。太昌初，赠使持节、都督冀沧二州诸军事、征东将军、冀州刺史。"可见，高慎受赠都督冀沧二州诸军事，是在太昌初年追赠的。在这一时期，高欢军事集团已经控制了孝武帝，进而把持了北魏朝政。因此，为高慎追赠都督诸军事，是高欢要优待高氏家族成员意志的体现。换言之，高慎生前曾任七品

241

魏晋南北朝史论稿

员外散骑侍郎而受赠都督诸军事,应该属于特殊的赠授,所以,任职七品职官,也就不是北魏国家规定的下限赠授品级。

依据表1所示,生前任五品的员外散骑常侍尔朱袭、高徽都受赠都督诸军事。可以说,尔朱袭、高徽受赠的生前任官品级,应该是国家的下限规定。因为北魏国家,一直将职官五品级作为优待的界限。北魏天赐元年,就规定"初置六谒官,准古六卿,其秩五品"①。《魏书·孝文帝纪下》载太和十八年诏:"各令当曹考其优劣,为三等。六品以下,尚书重问;五品以上,朕将亲与公卿论其善恶。"《魏书·礼志一》载太和十九年诏:"知太和庙已就,神仪灵主,宜时奉宁。……百官奉迁,宜可省之。但令朝官四品已上,侍官五品已上及宗室奉迎。"《魏书·孝明帝纪》载孝昌元年诏:"可令第一品以下、五品以上,人各荐其所知,不限素身居职。"显然,五品以上官员受到诸多的优待,也具有多方面的特权。由于赠官的赐授,也属于优待官员的措施,所以,也应该以此为下限标准。当然,受赠都督诸军事也不会例外。

依据表2统计,北魏国家可以赠授一些亡故的州刺史、郡太守都督诸军事。然而,需要指出的是,孝文帝官制改革后,依据州、郡户口和人口多少的差别,将州刺史分为上、中、下三等;也将郡太守分为上、中、下三等。后《职员令》规定,上州刺史为三品;中州刺史为从三品;下州刺史为四品;上郡太守为四品;中郡太守为五品;下郡太守为六品。从赠授州刺史的品级规定来看,与中央职官下限规定,是大体相同的。可是,郡太守的品级却存在差异,因为下郡太守的下限品级为六品。这就涉及北魏国家是否也将亡故的下郡太守包括在可以赠授都督诸军事范围之内?因此,对这一问题需要做一些辨析。

可以说,孝文帝官制改革后,对上、中、下郡,都有规定户口和人口的标准。可是,上、中、下郡户口和人口数的区分标准,却缺少记载,所以,很难判断上、中、下郡的区分。尽管如此,可以推断,北魏国家向亡故地方官员赠授都督诸军事的下限品级规定,应该不会与中央职官有太大的差别。这主要因为北魏国家对郡太守的优待,有明确的规定界线。《魏书·节义·孙道登传》:孙道登为盗贼所杀,"二州表其节义,道登等并赐五品郡、五等

---

① 魏收:《魏书》卷一一三《官氏志》,第2973页。

子爵，听子弟承袭。遣使诣所在吊祭"。《魏书·孝庄帝纪》载永安二年诏："又诏上党百年以下、九十以上板三品郡，八十以上四品郡，七十以上五品郡。"这些记载都提到"五品郡"，也就是中郡的品级。这些事例说明，任职五品的郡太守，也就达到受优待的标准。可以说，六品的下郡太守与五品的中郡太守的地位，是有明显差别的。很明显，下郡太守是不在受优待的范围之内的。由此来看，北魏国家确定为亡故地方官员赠授都督诸军事，应该与中央职官相同，都以所任五品职事官为下限标准。

此外，从表2中，还可以看出，高仁、高树生受赠都督诸军事的情况。《魏书·高湖传》："（高仁）正光中，卒于河州别驾。太昌初，赠使持节、侍中、都督青齐济三州诸军事、仪同三司、青州刺史。"也就是说，高仁生受赠都督诸军事，是因为他生前曾担任河州别驾。关于州别驾的品级，后《职员令》没有规定。但《隋书·百官志中》载北齐官制，"三等上州别驾从事史，……为六品。……三等中州别驾从事史……为从第六品。……三等下州别驾从事史，……为第七品。"北齐对州的规定，是在北魏区分三州规定的基础上，又进行了划分，所以，州府僚佐官的设置，也应该与北魏后期有联系。如果此判断不误，北魏后期，从上州别驾品级来看，似乎最高不会超过六品。因此，可以说，在太昌初年，高仁受赠都督诸军事，应该是高欢控制北魏朝政后，以追赠的方式，对他的优待，并不是由他生前所任职官所决定的。高树生则在"孝昌初……授以大都督，令率劲勇，镇捍旧蕃。二年卒，时年五十五。太昌初，追赠使持节、都督冀相沧瀛殷定六州诸军事、大将军、太师、录尚书事、冀州刺史"[1]。高树生所任大都督，只是为参与战事而临时授予的官职，并且，大都督并没有列入后《职员令》的职官序列中，所以，他也是因受高欢的优待而受赠都督诸军事的。

由此可见，北魏国家确定赠授都督诸军事的对象，一般要依据亡故官员生前所任职事官的品级。可以说，亡故的中央职事官、地方职事官，受赠都督诸军事，他们生前所任职事官的上限品级，是没有限制的。而生前所任职事官的下限品级，应该为五品级。在受赠的郡太守中，六品的下郡太守，应该不在规定的品级范围之内。

---

[1] 魏收：《魏书》卷三二《高湖传》，第752页。

北魏国家确定赠授都督诸军事对象，依据生前所任职事官的规定品级，应该是必须的条件，但是，还受到官员生前业绩的影响。《魏书·节义·石祖兴传》："（石祖兴）后拜宁陵令，卒。吏部尚书李韶奏其节义，请加赠谥，以奖来者，灵太后令如所奏。"也就是说，为亡故官员赐授赠官，可以起到"以奖来者"的作用。由此可见，对亡故官员生前业绩进行评价，也应该是受赠都督诸军事不可缺少的重要条件。

（二）赠授都督诸军事方式的确定

可是说，孝文帝官制改革后，为亡故官员赠授都督诸军事，采取了多官并赠的做法。《魏书·穆崇传附穆绍传》："（穆绍）员外散骑侍郎、代郡太守、征东将军、金紫光禄大夫。卒，赠使持节、都督冀相殷三州诸军事、骠骑大将军、冀州刺史。"《魏故使持节车骑大将军仪同三司都督秦雍二州诸军事雍州刺史恭惠元公之墓志铭》："（元诱）以正光元年九月三日薨於岐州，春秋卅七。……诏追赠使持节、车骑大将军、仪同三司、都督秦雍二州诸军事、雍州刺史。"①依据《魏书》、墓志铭的记载，可以看出，赠授都督诸军事，一般都与州刺史结合在一起。如前所述，这种与州刺史结合在一起的赠授模式，在北魏前期就开始实行了。而在孝文帝官制改革后，延续这种模式，并且，进一步固定化。

实际上，孝文帝官制改革后，继续实行都督诸军事与州刺史结合的赠授方式，也与这一职官发展为地方化职官有很大关系。《魏书·景穆十二王·任城王云传》："（元澄）除都督淮南诸军事、镇南大将军、开府、扬州刺史。"《魏书·陆俟传附陆睿传》："（陆睿）后除使持节、都督恒肆朔三州诸军事、本将军、恒州刺史，行尚书令。"这些记载说明，北魏后期，都督诸军事的任职，是与担任州刺史是不能分离的。正因如此，北魏国家是将都督诸军事作为州刺史的兼任职授予的。严耕望先生认为，晋、宋时期，刺史之任有不领兵者，称为单车刺史；有领兵者；有领兵且加都督者；凡三等级。②可以说，北魏国家授予都督诸军事的做法，仿照了晋、宋朝的做法。也就是

---

① 赵超：《汉魏南北朝墓志汇编》，第171页。
② 严耕望：《中国古代地方行政制度史（乙部）——魏晋南北朝地方行政制度（上）》，第112页。

说，州刺史兼任都督诸军事成为治理地方的最高等次。由于北魏国家任命都督诸军事具有这种特点，所以，也就影响了为亡故官员赠授这一职官的方式。

当然，还要指出的是，北魏国家很少任命不领兵的单车刺史，绝大多数刺史都是要领兵的。而刺史领兵，就要加拜将军号。州刺史兼任都督诸军事，也就更是如此了。《魏故持节都督恒州诸军事安北将军恒州刺史安平县元公之墓志铭》："（元纂）正光之始，有兴不建，於是事去峥嵘，寻与祸并。朝廷追愍，赠持节督恒州诸军事、安北将军、恒州刺史。"①《魏书·景穆十二王·任城王云传》："（元澄）除都督淮南诸军事、镇南大将军、开府、扬州刺史。"这些记载说明，北魏国家授予都督诸军事，实际与州刺史和将军号是一体化的。这种一体化的任职方式，是要适应通过军府的设置，进而有效地管理地方军队的需要。很显然，州刺史兼任都督诸军事与将军号是不能分离的，所以，赠授亡故官员都督诸军事，自然也就不能舍弃将军号。例如，李宪"永熙中，赠使持节、侍中、都督定冀相殷四州诸军事、骠骑大将军、仪同三司、尚书令、定州刺史"②。李虔"永安三年冬薨，年七十四。赠侍中、都督冀定瀛三州诸军事、骠骑大将军、太尉公、冀州刺史"③。很显然，赠授亡故官员都督诸军事，也是与将军号结合在一起的。可是说，由于都督诸军事的任职是与州刺史和将军号是一体化的，所以，也就决定赠授这一职官，不能与州刺史和将军号的分离，必须要实行多个职官并赠的方式。

（三）以辖州数量的差别作为受赠都督诸军事者享有不同优待的标准

应该说，北魏国家设置都督诸军事，对所辖州的数量，是没有固定的规定的。《魏书·道武七王·广平王连传》："（拓跋连）后拜假节、都督平州诸军事、领护东夷校尉、镇东大将军、仪同三司、平州刺史，镇和龙。"可见，所设都督诸军事能以一州为都督区。《魏书·源贺传附源子恭传》："（源子恭）寻授散骑侍郎、都督三州诸军事、本将军、假车骑大将军、行台仆射、荆州刺史。"说明所设都督诸军事也能以三州为都督区。可以说，所设都督诸军事辖州的数量与等次高低有密切关系。

---

① 赵超：《汉魏南北朝墓志汇编》，第175页。
② 魏收：《魏书》卷三六《李顺传》，第835—836页。
③ 魏收：《魏书》卷三九《李宝传》，第890页。

魏晋南北朝史论稿

　　如前所述，太和十六年，孝文帝将都督诸军事纳入国家职官品级序列，并依据其辖州的数量确定其品级。前《职员令》规定：都督府州诸军事为从一品上；都督三州诸军事为二品上；都督一州诸军事为从二品下。① 由于对都督诸军事做了品级规定，所以，也就确定这一职官品级高低的标准。然而，由于镇戍地方情况的不同，北魏国家并不是完全按规定的标准任命都督诸军事。因为北魏国家所设的一些都督诸军事辖州数量超过三州的事例很多。例如，皮豹子"寻除都督秦、雍、荆、梁、益五州诸军事，进号征西大将军，开府、仇池镇将"②。尔朱荣"复进号征东将军、右卫将军、假车骑将军、都督并肆汾广恒云六州诸军事"③。彭城王元勰"为使持节、侍中、都督冀定幽瀛营安平七州诸军事、骠骑大将军、开府、定州刺史"④。杨津"为都督并肆燕恒云朔显汾蔚九州军事、骠骑大将军、兼尚书令、北道大行台、并州刺史"⑤。尔朱兆"寻加都督十州诸军事，世袭并州刺史"⑥。由于北魏国家使都督诸军事辖州数量是不固定的，因此，在向一些亡故官员赠授都督诸军事，也只是以这一职官的品级规定为参考。

　　从孝文帝官制改革后赠授都督诸军事的情况来看，实际上，可以分为两种情况：

　　一是按北魏国家规定的都督诸军事的品级进行赠授。《魏书·尔朱彦伯传》："（尔朱世隆）寻为元颢所擒，害杀之。庄帝还宫，赠使持节、都督冀州诸军事、骠骑大将军、司徒、冀州刺史。"《魏故持节都督秦州诸军事平西将军秦州刺史孝王墓志并铭》："有诏赠（元宝月）持节、都督秦州诸军事、平西将军、秦州刺史。"⑦ 这些记载说明，尔朱世隆、元保月亡故后，他们都受赠都督一州诸军事。前《职员令》规定为从二品下。因此，这是在国家职官品级规定范围内的赠授。统计《魏书》、墓志铭中的记载，北魏后期，受

---

① 魏收：《魏书》卷一一三《官氏志》，第 2978—2979 页。
② 魏收：《魏书》卷五一《皮豹子传》，第 1130 页。
③ 魏收：《魏书》卷七四《尔朱荣传》，第 1645 页。
④ 魏收：《魏书》卷二一下《献文六王下·彭城王勰传》，第 577—578 页。
⑤ 魏收：《魏书》卷五八《杨播传附杨津传》，第 1299 页。
⑥ 魏收：《魏书》卷七五《尔朱兆传》，第 1664 页。
⑦ 赵超：《汉魏南北朝墓志汇编》，第 177 页。

赠都督一州诸军事的有：元恭、元彝、元端、元湛、元袭、元馗、元赞远、王诵、长孙子泽。很显然，受赠都督一州诸军事的亡故官员，并不在少数。

北魏国家还赠授都督三州诸军事。《魏书·道武七王·京兆王黎传》："（元爽）解褐秘书郎，稍迁给黄门侍郎、金紫光禄大夫。永熙二年卒。赠使持节、都督泾岐秦三州诸军事、卫将军、尚书左仆射、秦州刺史。"《魏书·景穆十二王下·城阳王长寿传》："（元融）赠侍中、都督雍、华、岐三州诸军事、本将军、司空、雍州刺史。"据前《职员令》的规定，都督三州诸军事为二品上。因此，这也是依据国家的品级规定进行的赠授。统计《魏书》、墓志铭记载，北魏国家赠授都督三州诸军事的亡故官员有：元融、元爽、元凝、元永平、元瑱、元宽、穆韶、高带、高仁、高慎、李虔、寇治、崔模、崔楷、杨津、薛怀景、裴延俊、奚康生、卢同、孙绍、董徵、刘灵助、元寿安、元昕、元绍、元延明、元顼。可见，受赠都督三州诸军事的人数也是很多的。这些情况说明，北魏国家依据品级的规定，是赠授都督诸军事是重要的做法。因为实行这种做法，能够展示受赠的亡故官员在官本位体制中具有的地位，进而清楚地展现他们获得的特殊优待。

二是不受北魏国家规定的品级限制，只依据都督诸军事辖州数量进行赠授。可以说，北魏国家以这种方式赠授都督诸军事，也是重要的做法。《魏书·道武七王·阳平王熙传》："（元忻之）以死王事，追赠使持节、都督定殷二州诸军事、骠骑大将军、司空公、定州刺史。"这是北魏国家以都督二州诸军事赠授亡故官员的记载。由于北魏国家并没有规定都督二州诸军事的品级，所以，这是一种在国家品级规定外的赠授。然而，这种赠授并不是特殊的做法。统计《魏书》、墓志铭记载，受赠都督二州诸军事的亡故官员有：元诱、元肃、元忻之、元怡、高慎、高干、杨昱、杨顺、杨辩、杨仲宣、杨测、杨逸、崔士泰、辛纂、高道穆。可以说，以这种方式赠授亡故官员，应该是国家经常采用的做法。

当然，依据都督诸军事辖州数量进行赠授，不限于都督二州诸军事，还有都督四州、五州诸军事。例如，元颢"出帝初，赠使持节、侍中、都督冀、定、相、殷四州诸军事、骠骑大将军、大司马、冀州刺史"[①]。元熙受

---

① 魏收：《魏书》卷二一上《献文六王上·北海王详传》，第565页。

"赠使持节、大将军、太尉公、都督冀定相瀛幽五州诸军事、冀州刺史"[①]。捡《魏书》、墓志铭记载，北魏后期，受赠都督四州诸军事者有：元颢、李宪、郑先护、杨椿、李苗、元继。受赠都督五州诸军事者有：元熙、高谧、高徽、李郁、高琨。

除此之外，赠授都督六州、九州、十州诸军事的事例，也见之于《魏书》记载。例如，高树生"太昌初，追赠使持节、都督冀相沧瀛殷定六州诸军事、大将军、太师、录尚书事、冀州刺史"[②]。元继"永安二年薨，赠假黄钺、都督雍、华、泾、邠、秦、岐、河、梁、益九州诸军事、大将军、录尚书、大丞相、雍州刺史"[③]。冯熙"将葬，赠假黄钺、侍中、都督十州诸军事、大司马、太尉，冀州刺史"[④]。然而，受赠这些都督诸军事的人数很少。也就是说，北魏国家很少赠授辖六州以上的都督诸军事。

这些情况说明，北魏国家能够依据都督诸军事的品级进行赠授，可是，也能不受都督诸军事的品级限制进行赠授。尽管二者存在一些差别，然而，却有共同之处，即都是依据都督诸军事的辖州数量作为赠授的标准。也就是说，赠授都督诸军事的辖州数量决定受赠者获得的等次。即都督诸军事辖州数量越多，受赠的等次越高。因此，可以明确，受赠都督诸军事的亡故官员所享有的荣誉是有差别的。而这种差别，正由受赠的这一职官的辖州数量来体现的。

综上可见，孝文帝官制改革后，完善了赠授都督诸军事的规定。可以说，亡故官员受赠都督诸军事，一般生前要担任五品以上的职事官，并要有可称道的政绩。在赠授方式上，则实行多个职官并赠的做法，实际采取了都督诸军事、州刺史与将军号相结合的模式。而且，亡故官员，可以依据受赠都督诸军事辖州数量，区分不同的等次，辖州数量越多，则等次越高，进而体现受赠者获得荣誉的差异。

---

① 赵超：《汉魏南北朝墓志汇编》，第170页。
② 魏收：《魏书》卷三二《高湖传》，第752页。
③ 魏收：《魏书》卷一六《道武七王·京兆王黎传》，第403页。
④ 魏收：《魏书》卷八三上《外戚上·冯熙传》，第1820页。

三、尔朱氏、高欢军事集团控制下的北魏政权对都督州军事的赠授

北魏末年，国家朝政先后为尔朱氏军事集团和高欢军事集团控制。这种局面的出现，是从尔朱荣率军进入洛阳，并操控孝庄帝开始的。尔朱荣被诛后，尔朱兆、尔朱天光、尔朱仲远、尔朱世隆继续控制北魏朝政。而在与尔朱氏的对抗中，高欢军事势力越来越强，他控制了孝武帝，进而操纵了北魏朝政。由于这些军事集团对北魏朝政的控制，所以，对赠授都督诸军事的做法，也就产生了很大影响。

从尔朱氏军事集团控制朝政时期来看，受赠都督诸军事者共有十一人。可是，在这些受赠者中，一些人为尔朱氏家族成员，诸如，尔朱世隆、尔朱绍、尔朱袭。《魏书·尔朱世隆传》称："（尔朱世隆）寻为元颢所擒，脔杀之。庄帝还宫，赠使持节、都督冀州诸军事、骠骑大将军、司徒、冀州刺史。"还有一些人，则是尔朱氏的亲信。诸如，元天穆等人。《魏书·神元平文诸帝子孙·孤孙度传》：元天穆与尔朱荣"情寄特甚。荣常以兄礼事之，而尔朱世隆等虽荣子侄，位遇已重，畏惮天穆，俯仰承迎。"所以，他亡故后，被"追赠侍中丞相都督十州诸军事柱国大将军假黄钺雍州刺史"①。尔朱氏军事集团采取的这种赠授的做法，正是要以此优待他们的亲族与亲信，进而有利于他们对北魏朝政的控制。可以说，由于这些受赠都督诸军事者与尔朱氏军事集团有亲缘关系以及特殊的从属关系，因而，就使北魏国家赠授都督诸军事的规定很难有效地对他们加以限制。

高欢军事集团控制北魏朝政后，继续效法和发展尔朱氏集团的做法。他为了体现对亡故高氏家族成员的优待，大力推行追赠都督诸军事的做法。例如，高谧"延兴二年九月卒，时年四十五。太昌初，追赠使持节、侍中、都督青徐齐济兖五州诸军事、骠骑大将军、太尉公，青州刺史"②。高树生，孝昌二年卒，"太昌初，追赠使持节、都督冀相沧瀛殷定六州诸军事、大将军、

---

① 赵超：《汉魏南北朝墓志汇编》，第278页。
② 魏收：《魏书》卷三二《高湖传》，第752页。

太师、录尚书事、冀州刺史"①、高欢追赠的亡故高氏家族成员还有：高带、高仁、高慎、高徽、高干。

　　高欢赠授高氏家族成员都督诸军事，不受国家规定的约束。表现最明显的就是，取消对赠授者生前所任职官的下限品级的限制。《魏书·高湖传》："（高慎）有器尚。初除侍御史，拜奉朝请、员外散骑侍郎。……太昌初，赠使持节、都督冀沧二州诸军事、征东将军、冀州刺史。"后《职员令》规定，散骑侍郎的品级为七品上阶。《魏书·高湖传》："（高仁）正光中，卒于河州别驾。太昌初，赠使持节、侍中、都督青齐济三州诸军事、仪同三司、青州刺史。"高仁所任河州别驾，最高品级应当为六品。很明显，高慎、高仁生前所任职官品级，都不在北魏国家规定的品级范围之内。很明显，高欢不受北魏国家的品级规定，为亡故高氏成员追赠都督诸军事，正是要优待高氏亲族，从而进一步提高高氏家族的特殊社会地位。

　　高欢对投靠和为他尽忠的官员，也赠授都督诸军事。《魏书·辛雄传》："（辛纂）永熙三年，除使持节、河内太守。齐献武王赴洛，兵集城下，纂出城谒王曰：'纂受诏于此，本有御防。大王忠贞王室，扶奖颠危，纂敢不匍匐。……'为贼所擒，遂害之。赠都督定殷二州诸军事、骠骑大将军、尚书左仆射、司徒公、定州刺史。"很显然，辛纂死后，被赠授都督诸军事，是因为他不仅投靠高欢，并尽心地拥戴高欢。不仅如此，一些能以占卜术预测高欢获胜者，在亡故后，也能获得都督诸军事的赠授。例如，善占卜的刘灵助"永熙二年，赠使持节、散骑常侍、都督幽瀛冀三州诸军事、骠骑大将军、尚书左仆射、开府仪同三司、幽州刺史"②。很明显，高欢采取这种做法，正是为了吸引更多的官员为他服务。

　　当然，高欢还采取提高被尔朱氏迫害致死的官员赠官的规格的做法。其中，重要的做法，就是扩大都督诸军事的赠授。《魏书·杨播传》："（杨椿）普泰元年七月，为尔朱天光所害，年七十七，时人莫不冤痛之。太昌初，赠都督冀定殷相四州诸军事、太师、丞相、冀州刺史。"《魏书·杨播传》："（杨昱）后归乡里，亦为天光所害。太昌初，赠都督瀛定二州诸军事、骠骑

---

① 魏收：《魏书》卷三二《高湖传》，第752页。
② 魏收：《魏书》卷九一《术艺·刘灵助传》，第1960页。

大将军、司空公、定州刺史。"很明显，杨椿、杨昱能够受赠都督诸军事，正是由于他们是被尔朱天光杀害的官员。统计《魏书》记载，在杨氏家族中，还有杨顺、杨仲宣、杨测、杨津、杨辩、杨逸，也都在任官时，因为被尔朱氏加害，受到追赠都督诸军事的优待。

除了杨氏家族被害者之外，高欢还为其他被尔朱氏加害的官员赠授都督诸军事。例如，郑先护"前废帝初，（尔朱）仲远遣人招诱之，既出而害焉。出帝时，赠持节、都督青齐济兖四州诸军事、骠骑大将军、仪同三司、青州刺史"[1]。崔士泰"建义初，遇害于河阴。赠都督青兖二州诸军事、镇东将军、青州刺史"[2]。高道穆因忠于前朝，为尔朱世隆所害，"太昌中，赠使持节、都督雍秦二州诸军事、车骑大将军、仪同三司、雍州刺史"[3]。李延寔为尔朱世隆所害，"出帝初，归葬洛阳。赠使持节、侍中、太师、太尉公、录尚书事、都督、雍州刺史"[4]。很显然，高欢是要利用这种赠授，能够笼络更多的官员为他服务，从而进一步扩大他军事集团的势力。

总而言之，尔朱氏、高欢军事集团把持北魏朝政后，赐授都督诸军事已经不受国家规定的限制。他们将亡故的亲族与亲信官员作为重要的赐授对象。这样，也就将赠授都督诸军事与他施政的目的结合在一起。可以说，他们为亡故亲族赠授这一职官，是要提升家族的社会地位。他们为委身投靠的亡故官员赠授这一职官，则能有效地笼络国家官员为他们服务，进而增强军事集团的势力。特别是，高欢为尔朱氏迫害致死的官员追赠这一职官，则能更有力地打击尔朱氏军事集团，吸引更多的官员尽心为他服务，从而更有利于控制北魏的朝政。当然，高欢实行的这些赠授都督诸军事的做法，不仅有利于军事集团势力的壮大，而且，还深刻地影响了东魏北齐的赠官制度。应该说，东魏北齐将赠授都督诸军事作为赐予亡故官员很高荣誉的举措，实际正是在高欢控制北魏朝政后，所实行的赠授做法的延续。

（原载《地域文化研究》2022年1期）

---

[1] 魏收：《魏书》卷五六《郑羲传》，第1248页。
[2] 魏收：《魏书》卷六六《崔亮传》，第1481页。
[3] 魏收：《魏书》卷七七《高崇传》，第1718页。
[4] 魏收：《魏书》卷八三下《外戚下·李延寔传》，第1837页。

东魏北齐开府仪同三司考

在东魏北齐国家的职官中，设有开府仪同三司。所设的这一职官沿袭北魏的做法，可以授予一些将军号和职事官作为加官，以此加重任职官员的地位。东魏北齐时期，开府仪同三司还可以作为独立职官授予，并开始显露出文散官的一些特征。而且，开府仪同三司又是仪同三司与开府两职官的合置。这两个职官具有与开府仪同三司一些相同的特征，实际是这一职官的分置。然而，至北齐时，它们的等次开始低于开府仪同三司，因而，考察开府仪同三司的职官特征，当然也就涉及仪同三司与开府。可以说，对东魏北齐的开府仪同三司及仪同三司、开府的诸问题，前人尚没有做充分的研究，所以，本文拟对东魏北齐开府仪同三司、仪同三司、开府的设置与职能以及开府仪同三司、仪同三司向文散官演变问题做一些探讨，以就教于方家。

一、开府仪同三司、仪同三司、开府的设置与品级

东魏北齐设置开府仪同三司、仪同三司、开府是延续北魏后期的做法。因此，需要提及北魏后期这些职官的设置。可以说，北魏后期设置仪同三司、开府，在太和二十三年制定的后《职员令》有明确规定。[①] 其实，在后《职员令》规定之外，北魏国家还设置开府仪同三司。如景明元年，车骑将军王肃"加开府仪同三司"[②]。武泰元年，北海王元颢"为骠骑大将军、开府仪同三司、相州刺史"[③]。也就是说，在后《职员令》中对开府仪同三司不做

---

① 魏收：《魏书》卷一一三《官氏志》，第2994页。
② 魏收：《魏书》卷八《世宗纪》，第192页。
③ 魏收：《魏书》卷九《肃宗纪》，第248页。

规定，是因为将这一职官分置为仪同三司与开府的缘故。因为从北魏后期开府仪同三司的授予情况看，开府仪同三司，实际正是仪同三司与开府的合置。所以，在《魏书》中，多有仪同三司结合开府而为开府仪同三司的记载。如贺拔岳"普泰初，都督二岐东秦三州诸军事、仪同三司、岐州刺史，寻加侍中，给后部鼓吹，仍诏开府"①。北魏后期对开府仪同三司、仪同三司、开府的设置的做法，实际依然为东魏所延续。

　　从东魏的统治情况来看，虽然实际最高权力为高欢、高澄所控制，但是并没有明显改变北魏后期的职官制度，因而，开府仪同三司、仪同三司、开府的设置情况，也是如此。《北齐书·库狄盛传》："（库狄盛）初为高祖亲信都督，除伏波将军，每从征讨。以功封行唐县伯。复累加安北将军，幽州刺史，加中军将军，为豫州镇城都督。以勋旧进爵为公，世宗减封二百户，以增其邑。除征西大将军、开府仪同三司、朔州刺史。"很显然，库狄盛被授予开府仪同三司是在高澄控制东魏朝政之时。《北齐书·文宣帝纪》："（高洋）幼时师事范阳卢景裕，默识过人，景裕不能测也。天平二年，授散骑常侍、骠骑大将军、仪同三司、左光禄大夫、太原郡开国公。"《北齐书·王怀传》："（王怀）天平中，除使持节、广州军事。……又从高祖袭克西夏州。还，为大都督，镇下馆，除仪同三司。"高洋、王怀被授予仪同三司，都是在孝静帝在位时。《北齐书·慕容绍宗传》："（慕容绍宗）侯景反叛，命绍宗为东南道行台，加开府，转封燕郡公，与韩轨等诣瑕丘，以图进趣。"侯景反叛东魏在武定四年（546年）。慕容绍宗被授予开府，显然正是在孝静帝统治时期。由此可见，东魏时期，开府仪同三司、仪同三司、开府设置都具有加官的特征。而且，东魏的开府仪同三司也有仪同三司与开府合置的特点。《北齐书·清河王越传》："（清河王越）母山氏，封为郡君，授女侍中，入侍皇后。时尔朱兆犹据并州，高祖将讨之，令岳留镇京师，迁骠骑大将军、仪同三司。天平二年，除侍中、六州军事都督，寻加开府。"《北齐书·步大汗萨传》："（步大汗萨）元象中，行燕州，累迁临川领民大都督。赐爵长广伯，时茹茹寇钞，屡为边害，高祖抚纳之，遣萨将命。还，拜仪同三司。……又加车骑将军、开府，进封行唐县公，减勃海三百户以增其封。"可见高越、

---

① 魏收：《魏书》卷八〇《贺拔胜传附贺拔岳传》，第1783页。

步大汗萨都是先受任仪同三司,又加任开府的。由于他们受任仪同三司后,又加开府,所以其加官也就成为开府仪同三司。这说明,东魏国家设置的仪同三司、开府既是独立的职官,但又能够结合在一起成为开府仪同三司。很显然,东魏的开府仪同三司、仪同三司、开府的设置,与北魏后期的做法,并没有多少区别。

北齐禅代东魏后,对开府仪同三司、仪同三司、开府的设置开始出现一些变动。《隋书·百官志中》记载的北齐官制规定中,只有开府仪同三司与仪同三司的设置,而没有开府设置。显然与北魏后《职员令》规定已经不同。因此,在北齐职官的实际除授中,多见任命开府仪同三司、仪同三司的事例。如平阳靖翼王高淹"天保初,进爵为王,历位尚书令、开府仪同三司、司空、太尉"①。又如"始平王彦德、城阳王彦基、定阳王彦康、汝南王彦忠与汝南同受封,并加仪同三司"②。尽管北齐职官序列规定中,没有开府的设置,可是,这一职官却并没有被取消。《北齐书·高祖十一王·彭城景思王浟传》:"(彭城景思王高浟)子宝德嗣,位开府,兼尚书左仆射。"这说明,开府还可以作为象征身份的职官被任命,说明这一职官在北齐还继续设置。

然而,北齐国家为何不将开府的设置列入国家职官的序列中呢?应该说,这与北齐国家对东魏开府仪同三司、仪同三司、开府设置的改造有很大关系。实际上,北齐国家已经将开府仪同三司、仪同三司、开府的均等设置,改变为有差等的设置。《齐故特进韩公之墓志》:"(韩裔)还除骠骑将军、仪同三司、临泾县开国公、故城大都督。天保元年,除开府仪同三司,别封康城县开国子。"③《齐故西阳王徐君志铭》:"(徐之才)大齐天保元年,除侍中,余官如故。……六年迁仪同三司。……河清三年,进开府仪同三司。"④ 这些记载说明,北齐的开府仪同三司已经成为高于仪同三司的设置。《北齐书·范舍乐传》:"(厍狄伏连)世宗辅政,迁武卫将军。天保初,仪同三司。四年,除郑州刺史,寻加开府。"《北齐书·皮景和传》:"(皮景和)

---

① 李百药:《北齐书》卷一〇《高祖十一王·平阳靖翼王淹传》,第123页。
② 李百药:《北齐书》卷一二《孝昭六王·始平王彦德传》,第159页。
③ 赵超:《汉魏南北朝墓志汇编》,第436页。
④ 赵超:《汉魏南北朝墓志汇编》,第457页。

大宁元年，除仪同三司、散骑常侍、武卫大将军，寻加开府。"《北齐书》卷四一《鲜于世荣传》："（鲜于世荣）皇建中，除仪同三司、武卫将军。天统二年，加开府，又除郑州刺史。"这些事例说明，北齐国家对开府的任命，只是使受任仪同三司者转任为开府仪同三司的一种举措。所以，这种做法不过是，"三公下次有仪同三司，加开府者，亦置长史已下官属"①。由此可见，北齐的开府加授拥有仪同三司者，也就成为增加僚佐官的一种象征。换言之，北齐的开府已经不具有设置僚佐官的职能，只有与仪同三司结合才能设置僚佐官，所以，开府只对仪同三司起到补充作用。如崔劼"重为度支尚书，仪同三司，食文登县干。寻除中书令。加开府，待诏文林馆"②。阳休之"寻除吏部尚书，食阳武县干，除仪同三司，又加开府"③。很显然，这种情况与北魏后期授予开府，要授予最高的开府置佐的权力已大不相同。因此，将北齐的开府与开府仪同三司、仪同三司比较，其附加性表现得很明显，也就是成为附属的职官，因此，不仅是低于仪同三司的设置，而且，职官的性质也产生一些变化。此外，北齐国家也开始将开府作为一种荣誉和获得利益的象征，因而，在任官职者中，竟有"开府千余"④的记载，很明显，被加授这一官职的人数众多。由这些情况所决定，实际开府就只是一种虚职。正因为开府职能的虚化，因而，也就表现出与开府仪同三司、仪同三司有很大差异。很明显，北齐国家不将开府列入国家职官序列中，应该与这一职官象征荣誉和获得利益特征的增强有很密切的关系。当然，由于梁、陈朝只设开府仪同三司，同两晋相同；而宇文泰官制改革，只设置开府仪同三司、仪同三司作为勋官。应该说，南朝梁、陈和西魏北周的这种做法，对北齐不将开府一职列入职官序列也会产生影响。

东魏北齐国家对开府仪同三司、仪同三司、开府的职官品级，也有明确的规定。但是，要说明这些职官的品级情况，要提及东魏北齐的官品。可以说，东魏北齐的职官品级，既有沿袭北魏后期的规定，也有改变的做法。但改变最多的是北齐的职官品级规定。

---

① 魏征等：《隋书》卷二七《百官志中》，第751页。
② 李百药：《北齐书》卷四二《崔劼传》，第558页。
③ 李百药：《北齐书》卷四二《阳休之传》，第563页。
④ 李百药：《北齐书》卷八《幼主纪》，第112页。

对开府仪同三司、仪同三司、开府而言，实际上，虽然东魏与北齐都设置了这三个职官，可是，东魏与北齐对开府仪同三司、仪同三司、开府在品级规定上，却并不相同。从东魏对开府仪同三司、仪同三司、开府的品级来看，应该说，承袭了北魏后期的规定。后《职员令》规定：仪同三司、诸开府为从一品。① 虽然没有规定开府仪同三司的品级，但是，由于开府仪同三司是仪同三司与开府的合置，所以，也应该与仪同三司、开府的品级相同。因为北魏后《职员令》中有从一品将军的规定。② 北魏的从一品将军，是领有将军号者在加授开府仪同三司后，才使品级提升至从一品，因此，可以确定开府仪同三司，应该为从一品。很显然，北魏后期对开府仪同三司、仪同三司、开府在品级上做这种规定，与北魏设置这些职官没有差等的做法，是一致的。北魏后期确定的开府仪同三司、仪同三司、开府的品级，实际影响了东魏国家对这些职官的品级规定。

可是，北齐国家却改变了东魏国家对开府仪同三司、仪同三司、开府的品级规定。《隋书·百官志中》载北齐官制：开府仪同三司为从一品；仪同三司则为第二品。并且，在北齐的职官序列中，不规定开府的品级。北齐国家只使开府仪同三司为从一品，而将仪同三司降至二品，是要表现开府仪同三司与仪同三司的差等。因为北齐的开府仪同三司与太师、太傅、太保、大司马、大将军、太尉、司徒、司空设置的僚佐官相差不多，只是"减记室、仓、城局、田、水、铠、士等七曹，各一人"③。以此体现开府仪同三司与位列一品的三师、二大、三公的差别。可是，仪同三司却在重要僚佐官的设置上，与开府仪同三司不同。也就是说，仪同三司所设重要的僚佐官与三师、二大、三公差别明显，因而，只能使这一职官的品级低于开府仪同三司。可以说，北齐国家规定开府仪同三司与仪同三司品级上的差别，就是要适应这两个职官已出现等次差别的需要。

至于北齐国家不将开府置于职官的品级序列中，则与开府为象征荣誉的职官特性的增强有关。如前所述，由于东魏承袭北魏后期的规定，使加授开

---

①　魏收：《魏书》卷一一三《官氏志》，第2994页。
②　魏收：《魏书》卷一一三《官氏志》，第2994页。
③　魏征等：《隋书》卷二七《百官志中》，第751页。

府者还能开府置佐，所以，开府能够与仪同三司划为同一品级。然而，北齐国家则取消了加授开府所具有的开府置佐的职能，因而，开府只是一种具有象征性的虚职，与开府仪同三司、仪同三司所起的作用也就存在比较明显的差别，所以，也就将这一职官排除在北齐的职官品级序列之外。

总之，东魏北齐国家都设置开府仪同三司、仪同三司、开府。但是，东魏设置的这些职官是承袭北魏后期的做法；而北齐设置的这些职官，则出现一些改变。北齐的开府仪同三司、仪同三司还能够开府置佐，但开府的这种职能则被消减。这是北齐国家对官制所做的一项改革。由于东魏与北齐的开府仪同三司、仪同三司、开府设置上的差异，也就决定东魏与北齐对这些职官品级规定的不同。实际上，东魏的开府仪同三司、仪同三司、开府的品级，依然与北魏后期相同，都为从一品。而北齐国家为了体现开府仪同三司、仪同三司的差等，因而，将开府仪同三司规定为从一品；将仪同三司规定为二品。并且，由于开府更多的是象征荣誉和获得利益的职官，因此，也就将其排除在职官品级序列之外。可以说，北齐的开府仪同三司、仪同三司、开府在品级规定上的这种变化，实际正是国家改变这些职官的设置，在品级规定上的一种体现。

二、开府仪同三司、仪同三司、开府的加官职能

东魏北齐国家可以将开府仪同三司、仪同三司、开府作为加官授任。这种措施既有沿袭北魏后期的做法，也有改变的做法。然而，由于东魏北齐国家加授这些职官，是与提高任职者的地位结合在一起的，所以，加授这些职官，也就不限于一种方式，而具有多样性。

（一）作为将军号的加官而授任

将开府仪同三司作为将军号的加官授职，从西晋就开始实行。史载，西晋开始设置开府仪同三司之时，就规定"骠骑、车骑、卫将军、伏波、抚军、都护、镇军、中军、四征、四镇、龙骧、典军、上军、辅国等大将军"[1]，可以加授这一职官。领有这些将军号者加授这一职官，被称为"武官

---

[1] 房玄龄等：《晋书》卷二四《职官志》，第726页。

公"。他们的身份"皆为位从公。"① 北魏建国后,承袭两晋的做法。只是在开府仪同三司之外,又设置了仪同三司、开府两职官。但是,不同于两晋的是,北魏前《职员令》规定,可以加授开府仪同三司、仪同三司、开府的,只限于中军、镇军、抚军将军以上的将军号。② 北魏后期的规定则更明确,以从二品将军号作为加授开府仪同三司、仪同三司、开府的最低品级。③

此外,北魏后期,领有将军号者加授开府仪同三司、仪同三司、开府,只能成为从一品将军,而太师、太傅、太保、大司马、大将军、太尉、司徒、司空却为一品,所以,加授这些职官的将军号已经不是"武官公"。这也是北魏为领有将军号者加授开府仪同三司、仪同三司、开府,与两晋的不同之处。尽管如此,北魏国家加授开府仪同三司、仪同三司、开府的主要对象,依然是领有中军、镇军、抚军将军以上的将军号者。

北魏国家实行的这种做法,对东魏北齐国家还有较大的影响。实际为领有将军号者加授开府仪同三司、仪同三司、开府,也采取限制将军号品级的做法。《北齐书·赵郡王琛传》:"(高叡)出为定州刺史,加抚军将军、六州大都督,时年十七。……(天保)三年,加仪同三司。"这说明,东魏北齐国家也将抚军将军作为能够授予开府仪同三司、仪同三司、开府的最低限定标准。

应该说,东魏国家在将军号的限定范围内,继续对领有将军号者加授开府仪同三司、仪同三司、开府。《北齐书·厍狄盛传》:"(厍狄盛)以勋旧进爵为公,世宗减封二百户,以增其邑。除征西大将军、开府仪同三司、朔州刺史。"厍狄盛所任的开府仪同三司,显然是他所领征西大将军的加官。《北齐书·薛脩义传》:"(薛脩义)天平中,除卫将军、南中郎将,带汲郡太守,顿兵、淮阳、东郡、黎阳五郡都督。迁东徐州。元象初,拜仪同。"这一记载中的仪同,也就是仪同三司。可见,薛脩义所受任的仪同三司,也是他所领卫将军的加官。

北齐禅代东魏后,对一些领有将军号者加授开府仪同三司、仪同三司、

---

① 房玄龄等:《晋书》卷二四《职官志》,第726页。
② 魏收:《魏书》卷一一三《官氏志》,第2978页。
③ 魏收:《魏书》卷一一三《官氏志》,第2994页。

开府的情况还存在。《北齐书·暴显传》："（暴显）天保元年，加卫大将军，刺史如故。……五年，授仪同三司。"暴显所任仪同三司，应该为他所领卫大将军号的加官。由于北齐国家依然使一些将军号能够与开府仪同三司、仪同三司结合在一起，所以，将军号也就能够与这些加官一并加授任官者。如张亮"天保初，授光禄勋，加骠骑大将军、仪同三司，别封安定县男"①。王琳"其部下将帅悉听以行，乃除琳骠骑大将军、开府仪同三司、扬州刺史"②。高清"拜通直散骑常侍、加平西将军，封章武郡开国公，食邑二千户。久之转骠骑大将军、开府仪同三司"③。在北齐官品规定中，开府仪同三司为从一品；仪同三司则为二品。④而将军号的最高品级为二品。因此，骠骑将军加开府仪同三司，在北齐应该为从一品将军；而加仪同三司，则品级不变，只是加重了地位。可以说以将军号与开府仪同三司、仪同三司结合作为加官，更提高了受加官者的身份地位。

不过，与北魏后期不同的是，尽管开府还可以作为领有将军号者的加官，可是，一般需要以加授仪同三司为前提条件。《北齐书·清河王越传》："（高越）迁骠骑大将军、仪同三司。天平二年，除侍中、六州军事都督，寻加开府。"《北齐书·步大汗萨传》："（步大汗萨）还，拜仪同三司。出为五城大都督。镇河阳。又加车骑将军、开府，进封行唐县公，减勃海三百户以增其封。"很显然，加授开府，是与领有将军号者已经加授的仪同三司联系在一起的。也就是说，东魏北齐国家很少将开府单独作为将军号的加官。

（二）作为职事官的加官

西晋国家设置开府仪同三司，也能够作为职事官的加官。但是，对可以加授开府仪同三司的职事官有明确的规定，只限于左、右光禄大夫、光禄大夫。⑤左、右光禄大夫、光禄大夫加授开府仪同三司后，"为文官公"⑥，与"八公"的品级相同。北魏国家依然承袭左、右光禄大夫、光禄大夫可以加

---

① 李百药：《北齐书》卷二五《张亮传》，第361页。
② 李百药：《北齐书》卷三二《王琳传》，第434页。
③ 赵超：《汉魏晋南北朝墓志汇编》，第408页。
④ 魏征等：《隋书》卷二七《百官志中》，第765页。
⑤ 房玄龄等：《晋书》卷二四《职官志》，第726页。
⑥ 房玄龄等：《晋书》卷二四《职官志》，第726页。

授开府仪同三司、仪同三司、开府的做法，可是，又将为职事官加授这些加官的范围扩大。实际上，中央尚书省、中书省、门下省的长官、中央禁卫军长官以及地方刺史都能加授开府仪同三司、仪同三司、开府。然而，由于北魏国家使这些职官都领有将军号，所以，为这些职事官加授的开府仪同三司、仪同三司、开府也就表现为与他们所领将军号的结合。

东魏北齐国家继续延续北魏的做法，使一些职事官能够将开府仪同三司、仪同三司、开府作为加官。《北齐书·崔季舒传》："（崔季舒）俄兼尚书左仆射、仪同三司，大被恩遇。"《北齐书·崔劼传》："（崔劼）寻除中书令。加开府，待诏文林馆，监撰新书。"《北齐书·斛律羌举传》："（斛律孝卿）频历显职。武平末，侍中、开府仪同三司，封义宁王，知内省事，典外兵、骑兵机密。"《北齐书·祖珽传》："（祖珽）由是拜秘书监，加仪同三司，大被亲宠。"这些记载说明，东魏北齐的尚书仆射、中书令、侍中、秘书监，也就是尚书省长官、中书省长官、门下省长官、秘书省长官都可以加授开府仪同三司、仪同三司、开府。而且，还使尚书省的列曹尚书也可以加授这些加官。如阳休之"寻除吏部尚书，食阳武县干，除仪同三司，又加开府"①。赫连悦"又除都官尚书，寻加开府"②。封述"天统元年，迁度支尚书。三年，转五兵尚书，加仪同三司"③。东魏北齐国家使九卿也能够加授这些加官。如高季式"除卫尉卿。……以前后功加仪同三司"④。王晞"武平初，迁大鸿胪，加仪同三司"⑤。除此之外，东魏北齐国家也使中央禁卫军长官可以加授这些加官。如斛律光"寻兼左卫将军，进爵为伯。齐受禅，加开府仪同三司"⑥。刘悦"又除武卫大将军。……事平之后，加开府仪同三司"⑦。

不过，需要看到的是，因为东魏北齐国家将军号开始表现出散官的倾

---

① 李百药：《北齐书》卷四二《阳休之传》，第563页。
② 赵超：《汉魏南北朝墓志汇编》，第462页。
③ 李百药：《北齐书》卷四三《封述传》，第573页。
④ 李百药：《北齐书》卷二一《高乾传》，第297页。
⑤ 李百药：《北齐书》卷三一《王昕传》，第422页。
⑥ 李百药：《北齐书》卷一七《斛律金传》，第222-223页。
⑦ 赵超：《汉魏南北朝墓志汇编》，第446页。

向，所以对职事官加授将军号的做法逐渐松弛，因而，加授开府仪同三司、仪同三司、开府就成为与职事官的直接结合，并且还是经常的做法。捡《北齐书》、墓志铭记载，能够加授开府仪同三司、仪同三司、开府的中央最低的职官为九卿和列曹尚书。在北齐官品规定中，九卿和列曹尚书都为三品。因此，可以确定，东魏北齐国家确定中央职事官可以被授予这些加官的，应该以三品为限定界限。然而，为了特殊奖励一些官员，也能放松这一界限的限制。《北齐书·儒林·马敬德传》："（马敬德）武平初，犹以师傅之恩，超拜国子祭酒，加仪同三司、金紫光禄大夫。"马敬德所任国子祭酒，为从三品。① 但他被加授仪同三司、金紫光禄大夫，却由于他曾经做过帝师。很显然，这种加授，应该是皇帝的一种恩赐。

一如前述，北齐国家开始使开府仪同三司与仪同三司有了品级的差异，并且，开府被排除在品级序列之外。然而，北齐国家加授这些加官，却并不受本官品级的影响。《北齐书·元景安传》："（元景安）又转都官尚书，加仪同三司。"《北齐书·段荣传》："（段孝言）寻以其兄故，征拜都官尚书，食阳城郡干，仍加开府。"可见，本官为相同的列曹尚书，但所授的加官，既可以为仪同三司，也可以为开府。实际为其他的职官授予这些加官，也是如此。所以出现这种情况，主要因为这些加官的授予与任职官员的功劳以及皇帝赐予他们的恩惠，是结合在一起的。如高季世被授予仪同三司，是"以前后功"②。崔季舒被授予仪同三司，则是因为"大被恩遇"③。特别是北齐末年，对仪同三司、开府的加授，完全取决于皇帝的好恶。正如《北齐书·恩倖传》所言："于后主之朝，有陈德信等数十人，并肆其奸佞，败政虐人，古今未有。多授开府，牢止仪同，亦有加光禄大夫，金章紫绶者。多带侍中、中常侍，此二职乃数十人，又皆封王、开府。"很明显，为任职官员加授开府仪同三司、仪同三司、开府，实际完全是由皇帝的意志决定的，他们本官的品级对授予这些加官的等次是没有多少影响的。正因如此，为职事官加授开府仪同三司、仪同三司、开府，更多体现的是，是赋予他们荣誉，所

---

① 魏征等：《隋书》卷二七《百官志中》，第765-766页。
② 李百药：《北齐书》卷二一《高乾传》，第297页。
③ 李百药：《北齐书》卷二九《崔季舒传》，第512页。

以，开府也就可以与开府仪同三司、仪同三司一样，作为这些职事官的加官。

综上可见，东魏北齐国家依然承袭北魏后期的做法，能够将开府仪同三司、仪同三司、开府作为将军号和职事官的加官。对将军号而言，继续延续北魏后期规定，以抚军将军作为可以授予这些加官的下限标准。但对职事官而言，则与将军号不同，能够加授开府仪同三司、仪同三司、开府的职官增多，实际三品以上的任职官员都可以被授予这些加官。北齐禅代东魏后，开始将开府仪同三司、仪同三司、开府分为三个等次。北齐国家只对限定范围内的将军号加授开府仪同三司、仪同三司。而为将军号加授开府，只有与仪同三司结合才能实行。主要原因在于，为领有将军号者加授这些加官，还会影响开府置佐权力的实行。可是，为职事官加授开府仪同三司、仪同三司、开府等次，则不取决他们任职的品级，实际受加官的等次，主要是由皇帝的意志决定的，因此，为职事官授予这些加官，更多的是，要体现荣誉的赐授，因而，也就疏离了与开府置佐职能的联系。

三、开府仪同三司、仪同三司职官性质的演变

东魏北齐是开府仪同三司、仪同三司职官性质演变为散官的重要时期。可以说，在北魏末年，已经出现不将开府仪同三司作为加官除授的情况。《魏书·官氏志》："普泰初，以尔朱世隆为仪同三司，位次上公。"《魏书·尔朱彦伯传附尔朱世隆传》："（尔朱世隆）及至长子，与度律等共推长广王晔为主，晔以世隆为开府仪同三司、尚书令、乐平郡王，加太傅，行司州牧，增邑五千户。"实际尔朱世隆所受的开府仪同三司并不是加官，只是作为次于上公的独立职官。东魏国家依然延续这种做法。《北齐书·王怀传》："（王怀）又从高祖袭克西夏州。还，为大都督，镇下馆，除仪同三司。"《北齐书·张纂传》："（张纂）入为太子少傅。……授仪同三司，监筑长城大使，领步骑数千镇防北境。"显然王怀、张纂被授予的仪同三司，都不是加官。当然，在东魏，国家授予的开府仪同三司、仪同三司大多数还都是加官。因此，可以明确，东魏国家将开府仪同三司、仪同三司不作为加官授职，只是

很少出现的特殊的情况。

北齐禅代东魏后，国家不仅调整了开府仪同三司与仪同三司的品级，还将开府仪同三司、仪同三司、开府分为三等次，而且，在这些职官的除授上，也做了重要的改革。《齐故开府仪同三司中书监征□县开国侯尧公墓志铭》："（尧峻）褒绩酬庸，除开府仪同三司。"①《北齐书·段荣传附段韶传》："（段德衡）武平末，开府仪同三司，隆化时，济州刺史。"《北齐书·司马子如传》："（司马膺之）至武平中，犹不堪朝谒，就家拜仪同三司。"尧峻、段德衡所任开府仪同三司、司马膺之所任仪同三司，显然都不是加官，而是独立的职官。

然而，北齐国家对开府则与开府仪同三司、仪同三司不同。《北齐书·叱列平传》："（叱列平）天保初，授兖州刺史，寻加开府，别封临洮县子。"《北齐书·赵起传》："（赵起）河清二年，征还晋阳。三年，又加祠部尚书、开府。"很显然，北齐国家依然还将开府作为加官除授，也就是说，开府作为独立职官授职的情况并没有出现。

实际上，北齐国家独立授予开府仪同三司、仪同三司的事例，并不在少数。统计《北齐书》《北史》、墓志铭记载有：高演、高清、高湛、高淯、高绍德、高绍仁、高彦德、高彦基、高彦康、高彦忠、元旭、贺拔仁、刘洪徽、韩祖念、徐显秀、高孝珩、徐之才、唐邕、赵彦深、尉破胡、长孙洪略、贺拔伏恩、封辅相、慕容钟葵、窦孝敬、娄子彦、库狄敬伏、段荣、段德衡、段德堪、段孝言、崔士顺、斛律羡、斛律武都、斛律须达、斛律世雄、斛律平、斛律凤珍、司马膺之、尉贵和、刘世清、慕容建中、叱列长义、库狄伏连、高道豁、张纂、王纮、平鉴、元坦、元晖业、李诵、郑述祖、崔昂、杨愔、唐君明、皮景和、皮信、许惇、司马遵业、封子绘、赵道德、韩裔、尧峻、娄睿、云荣、库狄洛，共66人。由于史料的限制，虽然统计数字不是北齐国家将开府仪同三司、仪同三司作为独立职官授予的全部人数，但却反映了一种趋势。也就是说，北齐国家不将开府仪同三司、仪同三司作为加官授予，已经是经常性的做法。因此，这种情况也就多见于《北

---

① 赵超：《汉魏南北朝墓志汇编》，第438页。

齐书》《北史》、墓志铭中的记载。《北齐书·段荣传》："（段荣）累迁仪同三司、度支尚书、清都尹。"《北齐书·崔季舒传》："（崔季舒）累拜度支尚书、开府仪同三司。……出为西兖州刺史。"《北齐书》卷一七《斛律金传》："（斛律武都）历位特进，太子太保；开府仪同三司、梁兖二州刺史。"可见段荣所任仪同三司，崔季舒、斛律武都所任开府仪同三司都不是加官，而与他们所任的其他职官的独立性相同。

因为北齐国家经常将开府仪同三司、仪同三司作为独立的职官授予，所以，也采取假授的做法。所谓"假授"也就是临时授予职官。由于对开府仪同三司、仪同三司实行假授，所以，它们也就成为假官。其中，以仪同三司为多。如鲜于子贞"武平末假仪同三司"①。刘悦"朱骖数舞，斑条弦振，入为假仪同三司"②。这种假仪同三司与北齐其他的假官一样，都是临时授予的职官，因此，北齐国家可以将假仪同三司改授为仪同三司。如张景仁"迁假仪同三司、银青光禄大夫，食恒山县干。……进位仪同三司，寻加开府"③。崔昂"寻徙太常卿，假仪同三司，复除仪同三司"④。云荣"又除假仪同三司、岐州刺史。……又除仪同三司、平原县开国公"⑤。很明显，假仪同三司与仪同三司既有区别，也有联系，也就是假仪同三司，一般可以进升至仪同三司。由于北齐国家能够将开府仪同三司、仪同三司作为假官，因此，这些职官的独立性，也就表现得更为明显。

由于开府仪同三司、仪同三司可以单独除授，并且，二者品级也不同，所以，北齐国家也就使仪同三司能够晋升为开府仪同三司。如天保六年，徐之才"迁仪同三司。……河清三年，进开府仪同三司"⑥。北齐的仪同三司与开府仪同三司的这种晋升关系，表现出作为加官的开府仪同三司、仪同三司与它们为独立职官是很不同的。

---

① 李百药：《北齐书》卷四一《鲜于世荣传》，第539页。
② 赵超：《汉魏南北朝墓志汇编》，第446页。
③ 李百药：《北齐书》卷四四《儒林·张景仁传》，第591页。
④ 赵超：《汉魏南北朝墓志汇编》，第433页。
⑤ 赵超：《汉魏南北朝墓志汇编》，第465页。
⑥ 赵超：《汉魏南北朝墓志汇编》，第457页。

北齐国家还使开府仪同三司、仪同三司与一些职事官具有晋升、转任关系。对开府仪同三司而言，在北齐官品中，确定为从一品。而品级在开府仪同三司之上的则有太师、太傅、太保、大司马、大将军、太尉、司徒、司空。[1] 北齐国家能够使一些受任开府仪同三司者晋升为一品职官。《北齐书·文宣帝纪》："（天保八年）开府仪同三司贺拔仁为太保。"《北齐书·后主纪》："（天统二年）开府仪同三司韩祖念为司徒。"《北齐书·后主纪》："（天统四年）开府仪同三司徐显秀为司空。"《齐故假黄钺右丞相东安娄王墓志之铭》："（娄睿）复为开府仪同三司，迁司空公，转司徒公，换太尉公。"很显然，开府仪同三司进升三师、二大、三公，应该是北齐国家经常采取的做法。

北魏国家还使一些受任开府仪同三司者转任低于原品级的职官。《北齐书·后主纪》："（天统四年）开府仪同三司、广宁王孝珩为尚书令。"《北齐书·斛律羌举传》："（斛律孝卿）武平末，侍中、开府仪同三司，封义宁王。……后主至济州，以孝卿为尚书令。"北齐官品规定尚书令为二品。[2]《北齐书·后主纪》："（武定元年）三月辛酉，以开府仪同三司徐之才为尚书左仆射。"《北齐书·后主纪》："（武定元年）诏以开府仪同三司唐邕为尚书右仆射。"《北齐书·废帝纪》："（乾明元年）以开府仪同三司刘洪徽为尚书右仆射。"北齐官品规定尚书左、右仆射为从二品。尚书令、尚书左、右仆射都是尚书省长官，为国家中枢职官。由此来看，受任开府仪同三司者转任尚书令、尚书仆射，虽然在官品上，低于原来品级，但却是由荣誉官转任为国家中枢的职事官。这说明，受任开府仪同三司者向职事官转任，显然不受原来职官品级的限制。

对北齐受任仪同三司者而言，也可以转任职事官。《北齐书·魏收传》："（魏收）除仪同三司。帝在宴席，口敕以为中书监，命中书郎李愔于树下造诏。"《齐故西阳王徐君志铭》：徐之才"六年迁仪同三司。七年转中书监"。北齐官品规定，中书监为从二品。[3]《北齐书·封隆之传》："（封子绘）加仪

---

[1] 魏征等：《隋书》卷二七《百官志中》，第765页。
[2] 魏征等：《隋书》卷二七《百官志中》，第765页。
[3] 魏征等：《隋书》卷二七《百官志中》，第765页。

同三司。……还为七兵尚书,转祠部尚书。"七兵尚书、祠部尚书,都为三品。可是,仪同三司则为二品。① 可见,受任仪同三司者转任重要的职事官,其官品都高于这些职事官的品级。并且,仪同三司与职事官的品级也没有接续的关系。《北齐书·段荣传》:"(段孝言)累迁仪同三司、度支尚书、清都尹。"北齐官品规定,度支尚书、清都尹都为三品。② 而仪同三司则为二品。这种情况出现,说明仪同三司与度支尚书、清都尹,应该为不同性质的职官。可见,仪同三司转任地位重要的职事官,也不受职官品级的约束。

由上述可知,北齐国家使开府仪同三司、仪同三司能够转任中央重要的职事官。可是,这两个职官转任职事官,其官品都高于所任职官。这说明,北魏国家使受任开府仪同三司、仪同三司者获得的只是一种地位和荣誉,并不能行使实际的权力。如果国家需要受任这些职官者处理具体事务,就需要有特别的规定。《北齐书·张纂传》:"(张纂)授仪同三司,监筑长城大使,领步骑数千镇防北境。"显然张纂可以监筑长城、镇防北境,都是由北齐国家特别指令的,并不是他所任的仪同三司职责。由此可以明确,开府仪同三司、仪同三司开始显露出散官的一些特征。因为开府仪同三司、仪同三司已经与职事官的性质不同,所以,也就不需要它们与职事官在品级上衔接,因而,转任职事官后,低于原来所任开府仪同三司、仪同三司的品级,也就不能视为降低职官品级的任职。

北齐国家还将开府仪同三司、仪同三司与特进联系起来。《北齐书·斛律金传》:"(斛律武都)历位特进、太子太保、开府仪同三司、梁兖二州刺史。"斛律武都所任特进、开府仪同三司为荣誉官;太子太保、梁兖二州刺史则为职事官。在荣誉官序列中,特进为二品,开府仪同三司则为从一品。③ 高廓也与斛律武都大体相同的任官经历,"位特进、开府仪同三司、定州刺史。"④ 并且,北齐还将特进与开府仪同三司结合起来除授。《北齐书·元坦传》:"(元坦)齐天保初准例降爵,封新丰县公,除特进、开府仪同三司。"

---

① 魏征等:《隋书》卷二七《百官志中》,第765页。
② 魏征等:《隋书》卷二七《百官志中》,第765页。
③ 魏征等:《隋书》卷二七《百官志中》,第765页。
④ 李百药:《北齐书》卷一二《武成十二王·齐安王廓传》,第164页。

《北齐书·元晖业传》:"（元晖业）齐初，降封美阳县公，开府仪同三司、特进。"北齐禅代东魏后，虽然元坦、元晖业被降王爵，但却同时被授予开府仪同三司与特进。北齐国家采取这种两职官结合的做法，当然是要更加重他们的地位和荣誉。由此可以看出，开府仪同三司与特进都是体现荣誉的职官。《北齐书·阳休之传》:"（阳休之）武平元年，除中书监，寻以本官兼尚书右仆射。二年，加左光禄大夫，兼中书监。三年，加特进。五年，正中书监，余并如故。"从阳休之历官过程来看，显然左光禄大夫、特进为一序列；中书监、尚书右仆射为一序列。实际上，在北魏后期，光禄大夫已经具有散官特征。① 由此可见，特进与左、右光禄大夫一样，都具有散官的性质。由于开府仪同三司与特进可以转任，并且，也可以与特进结合并授，因此，开府仪同三司的散官特征就开始显露出来。

北齐国家还使开府仪同三司与不同品级的光禄大夫发生联系。《齐西阳王徐君志铭》:"（徐之才）乾明元年，征金紫光禄大夫，俄转左光禄大夫。……河清三年，进开府仪同三司。"《北齐书·高祖十一王·上党刚肃王涣传》:"（上党刚肃王涣）位金紫光禄大夫、开府仪同三司。"《北齐书·许惇传》:"（许惇）世祖践祚，领御史中丞，为胶州刺史。……历太子少保、少师、光禄大夫、开府仪同三司、尚书右仆射、持进。"北齐官品规定：左、右光禄大夫为二品；金紫光禄大夫为从二品；银青光禄大夫，即光禄大夫为三品。② 很明显，任左、右光禄大夫、金紫光禄大夫、光禄大夫者，都可以晋升为开府仪同三司。开府仪同三司与不同品级的光禄大夫所具有的这种联系，正是由它的散官特征决定的。

虽然开府仪同三司、仪同三司开始具有散官的特征，可是，它们还可以作为一些将军号与职事官的加官。这种加官不是文散官，只是延续北魏后期的做法，即受加官者，其将军号，或者职事官的品级，由此而提高。并且，从北齐的职官规定看，开府仪同三司、仪同三司与特进、左、右光禄大夫、金紫光禄大夫、光禄大夫一样，都与职事官编制在同一品级序列中。北齐职

---

① 窪田庆文：《北魏的"光禄大夫"》，《魏晋南北朝官僚制研究》，赵立新等译，台大出版中心，2015年，第121页。

② 魏征等：《隋书》卷二七《百官志中》，第765页。

官序列的这种编制，基本延续了北魏的后《职员令》规定，只是对少数职官的品级做了变动。然而，由于北齐的开府仪同三司、仪同三司、特进、光禄大夫"加文武官之德声者，并不理事"①的特征显露得越来越明显，因此，北齐已经有职事官与散官的区分。《北齐书·后主纪》："（天统三年）太上皇帝诏京官执事、散官三品已上各举三人，五品已上各举二人。"《隋书·礼仪志二》："河清定令，四时祭庙褅祭及元日庙庭，并设庭燎二所。王及五等开国，执事官、散官从三品已上，皆祀五世。五等散品及执事官、散官正三品已下从五品已上，祭三世。"可见北齐不仅将职官分为职事官与散官，而且，还使散官与职事官在选举与礼仪活动中的地位相同。

隋禅代北周后，隋文帝对职官做了改革，除了职事官之外，又设置了勋官，并且，"又有特进、左、右光禄大夫、金紫光禄大夫、银青光禄大夫、朝议大夫、朝散大夫、并为散官"②。也就是对文散官的序列做了调整。可是，隋文帝却延续北周的规定，将开府仪同三司等同于开府仪同大将军，列为勋官序列，为四品散实官。③ 所以，隋朝开始规定的文散官序列没有开府仪同三司，显然是要避免与勋官序列所设职官的重叠。直至唐初"改上开府仪同三司为上轻车都尉，开府仪同三司为轻车都尉，仪同三司为骑都尉"④，才能够将开府仪同三司列为文散官序列，并将文散官规定为十七品。而开府仪同三司为从一品⑤，也就是文散官的最高品级，但仪同三司却从文散官序列中被排除了，当然，这是为了要适应文散官的品级规定需要而采取的变动措施。由此可见，北齐时期，开府仪同三司的散官特征已有比较明显的显露，又经过隋代对北周、北齐职官的调动与整合，直到唐朝初年，才使开府仪同三司成为品级最高的文散官。应该说，在开府仪同三司向散官演变过程中，北齐的官制改革，显然占据不能忽视的重要环节。

---

① 魏征等：《隋书》卷二八《百官志下》，第781页。
② 魏征等：《隋书》卷二八《百官志下》，第781页。
③ 杜佑：《通典》卷三四《职官十六》，中华书局，1984年，第193页。
④ 刘昫等：《旧唐书》卷四二《职官志一》，中华书局，1975年，第1784页。
⑤ 刘昫等：《旧唐书》卷四二《职官志一》，第1784页。

四、结　语

东魏北齐延续北魏后期的做法，继续设置开府仪同三司、仪同三司、开府。但是，东魏与北齐在这些职官的设置上，却存在不同之处。东魏的开府仪同三司、仪同三司、开府，与北魏后期一样，并没有等次的区分。然而，由于北齐实行了官制改革，就使开府仪同三司、仪同三司、开府分为三等次，并且，开府也开始成为荣誉和附加性的职官。因为东魏的开府仪同三司、仪同三司、开府设置的这种特点，也就使东魏的这些职官品级与北魏后期相同，都为从一品。而北齐为适应开府仪同三司、仪同三司的等次差别，因此，将开府仪同三司规定为从一品；仪同三司则为二品。而由于开府职官性质发生变化，所以，也就被排除在北齐的职官品级序列之外。

东魏北齐的开府仪同三司、仪同三司、开府，还可以作为将军号的加官。为将军号加授这些职官，是以抚军将军为最低限定的品级标准。东魏国家为领有将军号者加授开府仪同三司、仪同三司、开府可以提高原来将军号的品级。不过，尽管北齐国家使一些领有将军号者还可以加授这些职官，但加授开府则必须以拥有仪同三司为前提条件，所以加授开府仪同三司、仪同三司，也可以保证将军号品级的提升，而加授开府，则只作为荣誉的象征。当然，东魏北齐国家还使尚书省长官、中书省长官、门下省长官、秘书省长官、中央禁卫军长官能够加授开府仪同三司、仪同三司、开府。但是，由于东魏北齐将军号表现出的武散官的特征，所以，东魏北齐职事官与将军号的联系也随之松弛，因而，为这些职事官加授开府仪同三司、仪同三司、开府，就与北魏后期的这些职官与职事官所领将军号的结合不同，实际是与这些职事官的直接结合，因而，也就更加重了获得这些加官的职事官的身份和地位。

东魏北齐是开府仪同三司、仪同三司向散官转变的重要时期。东魏已经零星出现将开府仪同三司、仪同三司作为独立职官除授的情况。至北齐时期，将开府仪同三司、仪同三司作为独立职官任命，已经是国家经常采取的做法。仪同三司与开府仪同三司开始具有晋升关系，而且，开府仪同三司、仪同三司也能够晋升、转任为重要的职事官，因而，这两个职官的散官特征比较明显地显露出来。正因如此，开府仪同三司、仪同三司与散官特征明显的特进、左光禄大夫、右光禄大夫、金紫光禄大夫、光禄大夫也都能够相互转任。隋禅代北周后，吸纳了一些北齐的职官规定，并规定了散官制。这些做法为将开府仪同三司划为文散官打下基础。至唐初，国家统治者进一步整顿隋代的勋官与散官的设置，进而也将开府仪同三司规定为最高品级的文散官，并为了适应品级规定的需要而取消了仪同三司。因此，可以明确，在开府仪同三司、仪同三司向散官演变的过程中，北齐的官制改革，应该起到不可忽视的作用。

（原载《北朝研究》2018年第9辑）

东魏北齐特进考

东魏北齐的特进，是国家设置的重要职官。这一职官的设置，是延续北魏的做法。实际上，东魏北齐的特进只是一种荣誉官。但是，这一职官可以作为加官除授，也能比照执事官除授。而且，由于东魏北齐国家以任职官员具有的"功德"作为授任特进的依据，因而，使任职特进的群体受"亲贵"身份条件的约束明显减弱，进而也就为这一职官向散官转化创造了条件。然而，前人对东魏北齐特进职官特征的系统研究，尚不多见。因此，本文拟对东魏北齐特进的性质与品级、特进的除授与转任以及受任特进的群体诸问题做一些探讨，希望有益于对东魏北齐职官制度研究的深化。

一、特进职官的性质与品级

（一）特进职官的性质

东魏建国后，继续设置特进职官。但是，所设特进的性质，都是延续孝文帝职官改革后的规定。北齐禅代东魏后，虽然进行了职官改革，可是，特进职官的性质与东魏并无差别。因此，要说明东魏北齐特进的性质，就要提及北魏孝文帝官制改革后对特进的规定。

从北魏所设特进的性质来看，应该说，这一职官与执事官不同。实际上，北魏的特进是仿照晋制设置的。而两晋设置的特进性质，则受到汉代的影响。《汉官仪》："诸侯功德优盛，朝廷所敬异者，赐位特进，在二公下。"[1]也就是说，汉代所设特进，在秩级上低于三公，并无实权，并且，只能授予"功德优盛"者，所以，这一职官就是一种荣誉职官。

---

[1] 范晔：《后汉书》卷四《和帝纪》李贤注引，中华书局，1965年，第171页。

晋代则延续汉代特进设置的做法，但在除授方式上，已经不同于汉代。除了独立除授之外，还可以作为加官除授。如李胤"素羸，不宜久劳之，转拜侍中，加特进"①。可是，无论独立除授特进，还是作为加官除授特进，它都不具有可以行使的权力。正如《晋书·职官志》所言："唯食其禄赐，位其班位而已。"这就是说，晋代的特进依然保持了汉代荣誉官的特征，而为其规定的职官品级也就只能是获得规定的俸禄、班次的依据。晋代所设特进的这些特征，应该说，为北魏国家所仿效。特别是，孝文帝官制改革后，受任特进者能够获得丰厚的俸禄和特别的班位。可是，这些受任者，却并没有实际的权力。《魏书·献文六王上·广陵王羽传》："高祖又谓羽曰：'……汝之过失，已备积于前，不复能别叙。今黜汝录尚书、廷尉，但居特进、太保。'"这一记载说明，元羽所任的录尚书、廷尉，是有实际权力的执事官，而特进却与太保一样，是一种荣誉官职，只表明任职者具有特殊的地位。

东魏北齐所设特进，延续孝文帝官制改革后的规定。正如《隋书·百官志中》称："后齐制官，多循后魏。……特进，左右光禄，金紫、银青等光禄大夫，用人俱以旧德就闲者居之。"可以说，东魏北齐的特进仍然是一种荣誉职官。而且，从东魏北齐国家除授特进的做法上，也能看出这种荣誉官的一些特点。

如下文要详细说明的，东魏北齐国家多将特进作为一些执事官的加官除授。《北齐书·杨愔传附可朱浑天和传》："（可朱浑天和）累迁领军大将军，开府。济南王即位，加特进改博陵公。"《北齐书·祖珽传》："（祖珽）由是拜尚书左仆射，监国史，加特进。"这些官员受任的特进，都是加官。但他们受任特进，并不是要增强他们的权力，只是能够提高他们职官的品级与班位，并且，能够依据特进的品级而获得俸禄。

特别是，东魏北齐的特进可以与执事官一并除授。《北齐书·王琳传》："（王琳）除沧州刺史，后以琳为特进、侍中。"《北齐书·赵彦深传》："（赵彦深）迁尚书令，为特进，封宜阳王。"《北齐书·皮景和传》："（皮景和）后除特进、中领军，封广汉郡开国公。"王琳、赵彦深、皮景和分别受任的侍中、尚书令、中领军都是执事官，具有能够行使的规定权力。而他们受任

---

① 房玄龄等：《晋书》卷四四《李胤传》，第1254页。

的特进虽然不是加官，但与他们所任执事官并不相同，没有可以行使权力的规定。可是，东魏北齐国家将特进与一些职事官并授，却有重要的目的。《北齐书·邢邵传》："（邢邵）累迁太常卿、中书监，摄国子祭酒。是时朝臣多守一职，带领二官甚少，邵顿居三职，并是文学之首，当世荣之。"据此可见，东魏北齐除授职官，一般只授一个官职。而授予两职官，或两个以上的官职，就是给予受任者很高荣誉。因此，可以说，特进与执事官并授，更体现出这一职官可以为任职者增加荣誉。由此来看，东魏北齐国家将特进比照执事官并授时，不仅使受任者获得双重的俸禄，也因获得双重官职而取得更荣耀的地位。这应该是东魏北齐特进的除授所具有的特殊作用。

北齐禅代东魏后，对元氏诸王实行了"准例降爵"措施。但对贬降王爵的元氏诸王却采取另一种优待做法。《北齐书·元坦传》："（元）坦历司徒、太尉、太傅，加侍中、太师、录尚书事、宗正、司州牧。……齐天保初准例降爵，封新丰县公，除特进、开府仪同三司。"《北齐书·元晖业传》："（元晖业）齐初，降封美阳县公，开府仪同三司、特进。"很显然，对降爵的元氏诸王，一般都授予特进职。这种做法表明，北齐国家要以特进官职取代他们原来领有的王爵，进而也就受到相应的优待，并且，使被降爵的元氏诸王还能够保持较高的地位。不过，这些元氏诸王受任特进后，"无所交通，居常闲暇"[①]。很显然，这些降爵的元氏诸王受任的特进，也只是一种荣誉的体现。

（二）特进职官的品级

东魏北齐特进的职官品级，基本是延续北魏孝文帝官制改革后的规定。可是，孝文帝先后制定了前《职员令》和后《职员令》。在前《职员令》中，规定特进为一品下。在从一品序列中，特进之前只有仪同三司和都督中外诸军事。可以说，前《职员令》规定特进的地位，与晋制相比，并没有品级上的明显变动，而且，也适应了北魏职官的品级制与分阶制的规定。这种规定正是要仿照两晋官制规定，因而，体现了特进具有"位次诸公"的意义。也就是说，特进成为地位低于诸公的"准公"。

太和二十三年（499 年），孝文帝又编定后《职员令》。后《职员令》对

---

① 李百药：《北齐书》卷二八《元晖业传》，第 387 页。

273

魏晋南北朝史论稿

北魏职官的序列与品级又做了重新的调整，因而，前《职员令》规定的特进品级，在后《职员令》制定后，又发生改变。后《职员令》所载特进的品级，在职官序列中的情况如下：

    一品：太师、太傅、太保、大司马、大将军、太尉、司徒、司空。①
    从一品：仪同三司、都督中外诸军事、诸开府。②
    二品：太子太师、太子太傅、太子太保、特进、尚书令、骠骑将军、车骑将军、卫将军、四征将军、诸将军加大者、左右光禄大夫。③

后《职员令》对特进品级与位序做这种安排，明显改造了前《职员令》的规定。后《职员令》却对特进品级所做的调整，明显的变化有三：一是后《职员令》将与特进品级相同的仪同三司、诸开府、都督中外诸军事提高为从一品。二是将特进降至二品，并与太子太师、太子太傅、太子太保、尚书令、左右光禄大夫执事官列为同一品级。三是将与特进同一品级的将军号划为同一品级序列。也就是在骠骑将军、车骑将军、卫将军之外，又增加了四征将军、诸大将军。很显然，在后《职员令》中，由于确定特进的品级低于仪同三司、诸开府和都督中外诸军事，并且，与执事官太子太师、太子太傅、太子太保、尚书令、左右光禄大夫划为二品。这就是说，孝文帝编定的后《职员令》对特进的品级做了重新的设计，因而，也就与晋代官制的规定不完全相同。

  尽管后《职员令》在编制特进的品级上，采取了新的做法，可是，它依然还是被视为低于诸公的职官。其原因在于，后《职员令》开始将诸公分为层次，即有称为太师、太保、太傅、大司马、大将军、太尉、司徒、司空的"八公"职官；也有可以称为"准公"的职官。所谓"准公"，就是为执事官和将军号加授开府仪同三司、仪同三司、开府，进而提高了职官品级，因而它们被视为地位低于"八公"的"准公"。由于这些"准公"的地位低于

---

① 魏收：《魏书》卷一一三《官氏志》，第2977页。
② 魏收：《魏书》卷一一三《官氏志》，第2977页。
③ 魏收：《魏书》卷一一三《官氏志》，第2979页。

"三师、二大、三公"诸公,所以,后《职员令》将其规定为从一品。由于后《职员令》将诸公分为"公"与"准公"两层次,所以,就要将特进降至二品。而且,还要提及的是,因为在前《职员令》中,太子太师、太子太傅、太子太保、尚书令、左右光禄大夫这些执事官都为从一品,因而,将特进降低品级,就只能与这些执事官整合为同一个品级序列。不仅如此,在后《职员令》中,特进还与骠骑将军、车骑将军、卫将军一并由前《职员令》中的一品下降至二品,因而,也就与这些将军号划为同一个品级序列。可以说,后《职员令》对特进的品级做这种规定,并没有背离两晋官制确定的原则。《晋书·职官志》称:"特进品秩第二。""骠骑已下及诸大将军不开府非持节都督者,品秩第二。"由此可见,后《职员令》确定特进的品级,受到多重因素的影响。但是,主要的因素是,由于后《职员令》实行正、从品制,并依据正一品、从一品的规定,对"三师、二大、三公"与"准公"加以区别,所以,也必须使特进与诸公与"准公"的序列分离,并降低其品级。然而,还要提及的是,由于前《职员令》对低于诸公的执事官做了比较合理的规定,因此,在品级序列上,不可能做大的变动,因此,特进只能与前《职员令》中规定为从一品的执事官划为同一品级序列。应该说,后《职员令》对特进的这种规定,直接影响东魏北齐所设特进的品级。

北齐禅代东魏后,开始进行官制改革。但是,北齐的官制改革,更多的是延续北魏后《职员令》规定,并没有对职官设置做太多的变动。当然,对特进的品级规定,也是如此。依据《隋书·百官志中》,将特进的品级移录如下:

> 三师、王、二大、大司马、大将军。三公,为第一品。
> 开府仪同三司、开国郡公,为从一品。
> 仪同三司,太子三师,特进,尚书令,骠骑、车骑将军,二将军加大者,在开国郡公下。卫将军,加大者,在太子太师上。四征将军,加大者,次卫大将军。左右光禄大夫,散郡公,开国县公,为第二品。

在这一记载中,王、开国郡公、散郡公、开国县公为爵位,对其品级,本文不做讨论。就北齐的特进设置而言,与后《职员令》规定比较,特进的品级没有变动，只是班位稍有变化。因为在太子三师、特进之前，增加了仪同三司。可以说，北齐的特进依然将特进与执事官太子太师、太子太傅、太子太保、尚书令、左右光禄大夫及骠骑将军、车骑将军、卫将军等将军号，并与荣誉官仪同三司划在同一品级序列中。

北齐官制改革后，特进品级不变的原因，主要是需要继续使其保持居于"准公"之后的位置，所以，并没有受到开府仪同三司、仪同三司、开府品级变化的影响。可以说，北齐官制改革后，职官品级变化最大的是开府仪同三司、仪同三司、开府。在北齐的职官品级规定中，开府仪同三司为从一品；仪同三司则降至二品。而开府则被排除在职官品级序列之外。实际上，北齐时期，开府仪同三司、仪同三司、开府依然可以作为加官授予任职官员。例如，斛律光"寻兼左卫将军，进爵为伯。齐受禅，加开府仪同三司"①。叱列平"武定初，除廓州刺史。五年，加仪同三司。②"封隆之"元象初，除冀州刺史，寻加开府"③。尽管在北齐，依然还实行加授开府仪同三司、仪同三司、开府的做法，可是，加授的这三个职官的意义，已经有很大的不同。

北齐的执事官加授开府仪同三司，地位可以提至从一品，也就成为"准公"。执事官加授仪同三司，地位提至二品。执事官加授开府，只是一种荣誉的体现。很明显，北齐的这种变动与北魏后期的情况明显不同。也就是说，任职官员加授开府仪同三司、仪同三司、开府所获得地位和利益存在明显差别。

不仅如此，开府仪同三司可以作为独立职官除授。例如，太原工高绍德"天保末，为开府仪同三司"④。平阳靖翼王高淹"天保初，进爵为王，历位尚书令、开府仪同三司、司空、太尉"⑤。仪同三司也是如此。例如，阳斐"抗表致仕，优诏不许。顷之，拜仪同三司"⑥。刘逊"与周朝议论往复，斟

---

① 李百药：《北齐书》卷一七《斛律金传附斛律光传》，第223页。
② 李百药：《北齐书》卷二〇《叱利平传》，第278页。
③ 李百药：《北齐书》卷二一《封隆之传》，第303页。
④ 李百药：《北齐书》卷一二《文宣四王·太原王绍德传》，第156页。
⑤ 李百药：《北齐书》卷一〇《高祖十一王·平阳靖翼王淹传》，第133页。
⑥ 李百药：《北齐书》卷四二《阳斐传》，第554页。

酌古今，事多合礼，仪兼文辞可观，甚得名誉。使还，拜仪同三司"[1]。无论是作为加官，还是作为独立职官除授，开府仪同三司都是居于"准公"地位。不过，应该看到的是，北齐实行官制改革，对开府仪同三司、仪同三司、开府做这样明确的区分，不仅要表明职官的不同品级，更要限定获得"准公"者的范围。换言之，只有加授开府仪同三司的官员，才能够被视为从一品的"准公"。很显然，北齐国家做这样的限定，就使上层显贵获得"准公"的人数大为减少，因而，也就更明显地体现出这些人的优越地位。应该说，在北齐官品中，将仪同三司降至二品，也包含缩小"准公"范围的意义。然而，尽管出现这种变动，可是，并没有影响特进的品级。由此可见，北齐官制改革后，特进的品级并没有因为对开府仪同三司、仪同三司品级的重新规定而发生变化。特进依然延续后《职员令》的二品级的规定，其地位仅低于"诸公""准公"。因此，北齐的特进，依然是体现荣誉的重要职官。

二、特进的除授与迁转

（一）东魏北齐特进的除授

如前所述，东魏北齐的特进可以作为执事官的加官除授。可以说，这些执事官能够是中央官，也可以是地方官。《北齐书·祖珽传》："（祖珽）由是拜尚书左仆射，监国史，加特进，入文林馆。"尚书左仆射就是中央职官。《北齐书·斛律金传附斛律羡传》："（斛律羡）诏加行台仆射。……（天统）三年，加位特进。"行台仆射则是地方职官。从中央职官加授特进的情况来看，除了为其直接加授特进之外，还可以为一些加授开府仪同三司的职官继续加授特进。例如，"天元弟天和以道元勋重，尚东平长公主，赐爵宜安乡男。文宣受禅，加驸马都尉，位开府仪同三司，封成皋郡公。济南即位，加特进，改封博陵郡公"[2]。可以说，中央执事官与地方执事官加授特进的规定的相同之处就在于，都受到职官品级的限定。

从中央执事官情况来看，统计《北齐书》《北史》、墓志铭中的记载有：

---

[1] 李百药：《北齐书》卷四五《文苑·刘逖传》，第615页。
[2] 李延寿：《北史》卷五三《可朱浑元传》，第1901页。

尚书令、尚书左仆射、尚书右仆射、中书监、领军大将军、侍中、中护军。还有驸马都尉加开府仪同三司。

《隋书·百官志中》明确记载北齐中央执事官品级。其中尚书令二品、领军大将军从二品、尚书右仆射从二品、尚书左仆射从二品、中书监从二品、侍中三品、中护军三品。可见中央执事官能够加授特进，其职官品级，一般要在三品以上。此外，由于驸马都尉加授了开府仪同三司，因而，驸马都尉也就由从五品提升为从一品，所以，也能加授特进。这些事例说明，东魏北齐国家为中央职事官加授特进的下限品级，应该为三品。北齐对中央执事官加授特进的品级限定与北魏后期的规定是有联系的。《魏书·穆崇传》："（穆绍）又除卫大将军、左光禄大夫、中书监，复为侍中，领本邑中正。……及灵太后欲黜叉，犹豫未决，绍赞成之。以功加特进。"这是北魏后期可以加授特进的最低品级执事官的记载。后《职员令》规定：侍中为三品。很明显，北齐为中央执事官加授特进的品级限定，应该是延续了北魏后期的规定。

东魏北齐国家为地方执事官加授特进，也在品级上，受到严格的限制。细缕《北齐书》《北史》、墓志铭中的记载，北齐国家能够为地方执事官直接加授特进的职官的事例，并不多见。《北齐书·斛律金传附斛律羡传》："（斛律羡）诏加行台仆射。……（天统）三年，加位特进。"可见，只有行台仆射能够直接加授特进。而北齐地方政区已经是行台区（道）、州、郡、县四级组织。显然行台仆射是地方行台区的最高长官。但是，文献中，对行台仆射的品级，并无明确的记载。《隋书·百官志中》称："行台，在令无文、其官置令，仆射、其尚书丞郎，皆随权制而置员焉。其文未详。"尽管如此，北齐却仍将行台区视为尚书省派驻地方的机构，所以，行台仆射的品级，应该与中央的尚书仆射不会有太大的差别。

从地方州刺史的情况来看，则与行台长官不同。在《北史》《北齐书》、墓志铭中，不见有东魏北齐国家直接为刺史加授特进的记载。一般刺史领有加官才能被加授特进。《齐故假黄钺右丞相东安娄王墓志之铭》："（娄睿）除骠骑大将军，封受得县开国侯领军将军，迁使持节瀛州刺史、开府仪同三司，加特进，食常山郡干。"[1]《北史·齐宗室诸王下·齐安王廓字仁弘传》：

---

[1] 赵超：《汉魏晋南北朝墓志汇编》，天津古籍出版社，第441页。

"齐安王廓字仁弘，武成第四子也。性长者，无过行，位特进，开府仪同三司、定州刺史。"这些记载说明，州刺史被加任开府仪同三司后，才能再加授特进。北齐官制规定，执事官加授开府仪同三司，则为从一品，①已经被视为"准公"。也就是说，只有成为"准公"的刺史，才有可能被加授特进。

东魏北齐国家还能够将特进独立除授。例如，元坦"寻起为特进，出为冀州刺史"②。斛律平"废帝即位，拜特进，食沧州乐陵郡干"③。实际上，东魏北齐国家将特进独立除授已经成为重要的做法，因而，有多种不同的称谓。《北齐书·慕容俨传》："（慕容俨）十年，诏除扬州行台。……天统二年，除特进。"《北齐书·斛律金传附斛律平传》："（斛律平）废帝即位，拜特进，食沧州乐陵郡干。"《北齐书·邢邵传》："（邢邵）累迁太常卿、中书监，摄国子祭酒。……及文宣皇帝崩，凶礼多见讯访，敕撰哀策。后授特进，卒。"《北齐书·王琳传》："（王琳）除沧州刺史，后以琳为特进、侍中。"这些记载中提到的"除""拜""授""为"，都是对特进的独立除授。由此可见，东魏北齐国家将特进独立除授，与任命执事官的做法，显然是没有区别的。

由于东魏北齐采取这种做法，所以，也就出现将特进与执事官一并除授的做法。《北齐书·王琳传》："（王琳）除沧州刺史，后以琳为特进、侍中。"《太平御览》卷九五一引《梁书》："王琳败后，入齐，为特进、侍中。"《太平御览》卷九七五引《北齐书》："后主武平中，特进、侍中崔季舒宅中池内，莲茎皆作胡人面，仍着鲜卑帽，俄而季舒见煞。"这里提到的侍中，不是荣誉官，而是执事官。《隋书·百官志中》："门下省，掌献纳谏正，及司进御之职。""特进，……为第三品。"居门下省之首。东魏北齐国家采取这种除授方式，当然特进还被视为荣誉官职。然而，按东魏北齐的规定，这种并授是要造成任职官员兼任两个以上官职的结果，因而，也就更显示了他们具有荣耀的地位。

除此之外，东魏北齐国家还将特进与将军号一并除授。《北齐书·杨愔

---

① 魏征等：《隋书》卷二七《百官志中》，第765页。
② 李百药：《北齐书》卷二八《元坦传》，第384页。
③ 李百药：《北齐书》卷一七《斛律金传附斛律平传》，第229页。

传》:"(杨愔)又拜特进、骠骑大将军。"《北齐书·暴显传》:"(暴显)复除朔州刺史,秩满归。天统元年,加特进、骠骑大将军。"这些记载说明,可以与特进并授的将军号,只有骠骑大将军。因此,可以说,这是一种特别的规定。这种一并除授的做法,还有另外的记载方式。《北史·循吏·张华原传》:"(张华)后除相府右长史,迁骠骑大将军、特进。"可见,这种并授的做法,与执事官并授的意义不同。因为特进具有荣誉官的特征,而骠骑大将军则为军号,所以,二者的并授的意义相同,都是荣誉的象征。不过,北齐官制规定:"仪同三司,太子三师,特进,尚书令,骠骑、车骑将军,二将军加大者,在开国郡公下。"北齐官制改革后,依然实行官爵一体化的品级与班位的规定。而开国郡公规定为从一品,所以使特进与骠骑大将军并授的目的当然是要提高任职者的地位,并增加获取俸禄的数量。

东魏北齐国家除授特进,还能为其授予加官。《北齐书·元坦传》:"(元坦)齐天保初准例降爵,封新丰县公,除特进、开府仪同三司。"《北齐书·斛律金传》:"(斛律金)……十年,除特进、开府仪同三司。"显然,元坦、斛律金被除授特进之时,又为他们加授了开府仪同三司。可以说,这种加授的做法,与执事官是相同的。也就是说,任职特进者,由此提高了品级与班位。

当然,尚要指出的是,东魏北齐的特进能够作为起家官除授。《北齐书·文襄六王·渔阳王绍信传》:"渔阳王绍信,文襄第六子也。历特进、开府、中领军、护军、青州刺史。"《北齐书·文宣四王·齐安王廓传》:"齐安王廓,字仁弘,武成第四子也。性长者,无过行。位特进、开府、仪同三司、定州刺史。"《北齐书·斛律金传附斛律光传》:"(斛律)光有四子。长子武都,历位特进、太子太保、开府仪同三司、梁兖二州刺史。"在北齐官制中,特进为二品。显然,高绍信、高廓、斛律武都以特进作为起家官,品级是很高的。但是,特进作为起家官,只是一种荣誉官。而且,从这些以特进为起家官者的身份上来看,高绍信、高廓为同姓王;而斛律武都则为异姓王。从他们任官职经历上看,都是先任荣誉官,再迁转为执事官。因此,可以明确,北齐能够以特进作为起家官的,只是少数具有诸王爵位者的特权,因此,也就一种特殊的做法。

由上述可见,东魏北齐国家将特进作为独立职官除授的做法表现出多样性。但是，从这些不同的除授做法中透露出，东魏北齐所设特进具有二重性：一方面还保持荣誉官的特征；另一方面则体现出可以与执事官相比照的特征。

（二）东魏北齐特进的迁转

据《北齐书》《北史》、墓志铭的记载，受任特进者的迁转可以分二种情况：一为由特进迁转为执事官；二为由特进迁转为荣誉官。从由特进迁转为执事官的情况来看，可以说，情况不尽相同。下面将相关记载移录如下：

《北史·齐本纪·文宣帝纪》："（天保元年）乙酉，以特进元绍为尚书左仆射。"

《北史·齐本纪·文宣帝纪》："（武平三年）特进许季良为左仆射。"

《北齐书·祖珽传》："（祖珽）武平末，历特进、侍中、中书令。"

《北史·皮景和传》："皮景和，琅邪下邳人也。……武平中，诏狱多令中黄门等监之，恒令景和案复，据理执正，由是过无枉滥。后除特进，封广汉郡公，迁领军将军。"

由这些记载可知，由特进迁转的执事官有：尚书左、右仆射、侍中、领军将军。据北齐官品规定：尚书仆射为从二品、领军将军为从二品、侍中则为三品。[①] 由此可以看出，特进迁转为中央执事官是有上、下限品级的限制的。也就是这些执事官的品级，上限不能超过二品级，下限则不能低于三品级。而从下限品级来看，实际与为中央执事官加授特进的品级是相同的。

从特进迁转为地方执事官来看，也有明确的规定。《北史·文成五王·咸阳王禧传》："（元坦）寻起为特进，出为冀州刺史。"《北齐书·慕容俨传》：（慕容俨）"天统二年，除特进。四年十月，又别封猗氏县公，并赐金银酒钟各一枚、胡马一匹。五年四月，进爵为义安王。武平元年，出为光州刺史。"《太平御览》卷二五八引《北史》曰："齐渔阳王绍信，文襄第六子，历特进、青州刺史。"这些记载说明，任特进者可以出任地方执事官。但是，特进迁转的地方执事官，只有州刺史。北齐禅代东魏后，已经明确规定有上

[①] 魏征等：《隋书》卷二七《百官志中》，第765页。

上、上中、上下、中上、中中、中下、下上、下中、下下州刺史的区分。所以，由于州的大小不同，使不同州的刺史品级也不同。北齐官品规定：三等上州刺史为三品。① 北齐不可能使特进出任地方执事官能够高于中央执事官的品级，所以，出任的刺史，也只能是三等上州刺史。

应该说，北齐国家将特进迁转为执事官做这样的限定，可以看出，由于特进与执事官同在一个职官品级序列中，所以，二者的联系是不能割裂的。可是，特进只是没有权力的荣誉官，因而，要迁转为中央、地方的执事官，也只能实行降低品级的做法，进而体现二者的差别。

北齐禅代东魏后，使特进可以迁转为其他的荣誉官。《北史·齐宗室诸王下·齐安王廓字仁弘传》："齐安王廓字仁弘，武成第四子也。性长者，无过行，位特进，开府仪同三司，定州刺史。"《北史·斛律金传》："（斛律光）长子武都，位特进，开府仪同三司，梁兖二州刺史，所在唯事聚敛。"显然，北齐特进可以迁转为开府仪同三司。北齐的开府仪同三司的性质，已经与后《职员令》的规定出现一些差别。也就是说，开府仪同三司不仅是可以作为提升职官品级的加官，也是可以独立除授的荣誉官。《北齐书·高祖十一王·彭城景思王浟传》：彭城景思王高浟"俄拜司空，兼尚书令。济南嗣位，除开府仪同三司、尚书令、领大宗正卿。"《北齐书·斛律金传附斛律平传》："（斛律平）显祖受禅，别封羡阳侯。行兖州刺史，以渎货除名，后除开府仪同三司。"很显然，高浟、斛律平受任的开府仪同三司，都不是加官，而是荣誉官。齐官品规定：开府仪同三司为从一品。② 由此可见，北齐特进迁转为开府仪同三司，显然其品级就由二品晋升为从一品。也就是说，特进迁转为另一荣誉官，明显与迁转执事官不同，其品级是要提高的。由此来看，北齐国家使特进的迁转，可以明显分为荣誉官与执事官两个不同的情况，并依据这两个不同的情况来决定迁转后的职官品级是提升，还是降低。

然而，还要指出的是，北齐还使特进可以迁转为开府。例如，渔阳王高绍信"历特进、开府、中领军、护军、青州刺史"③。宣陈后父山提"本高氏

---

① 魏征等：《隋书》卷二七《百官志中》，第 765 页。
② 魏征等：《隋书》卷二七《百官志中》，第 765 页。
③ 李延寿：《北史》卷五二《齐宗室诸王下·渔阳王绍信传》，第 1883 页。

之隶。仕齐，官至特进、开府、东兖州刺史、谢阳王"①。可是，开府在北齐官制改革后，已经被排除在职官的品级序列之外，成为没有品级的荣誉官。尽管如此，北齐国家使特进能够迁转为开府，是以这种特殊的荣誉官为过渡，进而与执事官联系在一起。这种情况的出现，更明显地体现出特进的迁转，已经显现出荣誉官与执事官有序列上区分的迹象。

总之，特进作为加官除授，主要体现出其荣誉官的特征。并且，由于东魏北齐国家将可以加授特进的任职官者的品级下限规定为三品级，所以，这种加授也就成为少数任官者提高地位的一种特权。而特进的独立除授，尽管与特进作为加官除授，略有不同，可是，依然主要体现为荣誉官，因此，这种独立的除授，只是比照执事官的授任做法，实际与执事官还是存在较大的区别。当然，受任的特进还可以迁转，但是，既能迁转为荣誉官，也能迁转为执事官。迁转为荣誉官，其品级得到提升；而迁转为执事官则要降低品级。这种情况表明，北齐国家使特进及其他荣誉官，开始呈现出与执事官序列的不同的迹象，因而，也就蕴含这两个序列分离的趋势。

三、任职特进的群体

考察东魏北齐受任特进的群体，需要联系这一职官性质、品级及其除授的特点。如前所述，东魏北齐国家所设的特进是荣誉职官。但是，这种荣誉职官的品级规定是明确的。就特进的品级而言，东魏的特进，延续了北魏后《职员令》的规定。而北齐官制改革后，特进的品级也与后《职员令》的规定相同。实际东魏北齐的特进是二品级职官，仅低于从一品的"准公"。从特进的授任来看，它能够作为加官除授，也可以比照执事官来除授。而且，对受任特进的官员下限品级规定为三品。也就是说，在三品级范围的现任职官，才有可能受任特进。这应该是受任特进的重要前提条件。

当然，东魏北齐国家对受任特进者，除了受到任职条件的限制之外，还与任职者的身份有密切关系。从受任特进者的身份来看，已经与北魏孝文帝改革后确定的身份条件规定出现变化。应该说，北魏孝文帝改革后，对受任

---

① 令狐德棻等：《周书》卷九《宣帝陈皇后传》，第147页。

特进者的身份要求是严格的。正如《魏书·官氏志》所言,可以受任特进的,必须是"亲贵器望者"。所谓"亲",就是与皇帝有亲缘关系者;而"贵",则是拓跋鲜卑勋贵与汉族世族。换言之,只有北魏的皇族、拓跋鲜卑勋贵与汉族世家大族可以受任特进。

然而,北魏末年的变乱,改变了受任特进的身份限制。由于北魏末年,强臣控制了国家朝政,而且,当时战争频繁发生,都促使北魏国家对除授特进身份条件的改变。《北齐书·赵郡王琛传》:"(高琛)寻拜骠骑大将军、特进、开府仪同三司、散骑常侍。"高琛出身渤海高氏,并非世族家族。可以说,高琛能受任特进,与他在孝庄帝时,"既居禁卫,恭勤慎密,率先左右"① 的地位,有很大关系。也就是说,高琛受任特进职,是取决于他的现实地位,并没有受到身份条件的限制。这说明,北魏末年的社会动荡,促使以"亲贵"作为除授特进的限制条件,已经开始松弛。因为北魏末年除授特进的条件的变化,当然,就要对东魏北齐的规定产生重大影响。

应该说,东魏北齐受任特进身份约束的弱化,首先是与社会上层构成的变动有密切关系。实际上,东魏北齐社会上层构成的变动,从北魏末年已经开始出现。也就是说,北魏末年的动乱,改变了孝文帝改革要构建的社会阶层模式。而这种社会构成模式的主要特点就是,要确立鲜卑勋贵与汉族世家大族在上层社会的主导地位。可以说,孝文帝为实现这一点,采取了三项重要措施:一是以汉族世家大族为样板,促进鲜卑贵族、勋臣向世族化改变。二是使改为汉姓的鲜卑贵族、勋臣继续在职官的任职上保持优越性。三是放宽汉族世家大族担任重要职官的限制。可以说,孝文帝最终目的,是要实现拓跋鲜卑勋贵、汉族世家大族对社会占主导地位的统治模式。然而,孝文帝的这种意图经历宣武帝、孝明帝前期的运作,只是使鲜卑贵族、勋臣向汉族世家大族的方向转化,但是,这种转化远远没有完成,因而,依然还保留原来的鲜卑贵族、勋贵的固有的一些特征。由此来看,北魏后期社会上层的构成的主要特点,还是拓跋鲜卑贵族、勋贵与汉族世族处于支配的地位。可是,北魏末年的动乱,完全打乱了北魏后期社会上层的构成。最明显的就是,一些下层汉族豪强与少数民族酋帅的地位开始上升。由于这种变化,也

---

① 李百药:《北齐书》卷一三《赵郡王琛传》,第169页。

就影响了东魏北齐社会上层的构成。这种构成的重要特点就是，对社会上层的身份确定，不只是看重家族的地位，而且，更注重任职官员对现实权力的把控。也就是说，任职官员在国家政权中把握的权力状况，直接影响他们的地位。吕春盛认为，北齐政权的基础为：六镇南下的鲜卑或北族镇民与山东地区的豪族为主要人物。① 很显然，北齐国家政权的统治状况，与孝文帝改革后的情况差别很大，已经不是以鲜卑贵族、勋贵与汉族世族为主导，而是由实际掌握权力的高级官僚来决定。

由于社会上层构成的这种变化，当然，要对东魏北齐除授特进的身份限制条件产生重大影响。这就是说，东魏北齐国家需要改变北魏除授特进的身份约束。《齐职仪》："特进，以功德特进见之。"《隋书·百官志中》载北齐官制："特进，左右光禄，金紫、银青等光禄大夫，用人俱以旧德就闲者居之。"这就是说，东魏北齐除授特进，更看重的是，任职者所具有的"功"和"德"。

实际上，东魏北齐为官员授任特进，更多的是与他们立有功劳有关。《北齐书·斛律金附斛律光传》：斛律光，天保九年，"又率众取周绛川、白马、浍文、翼城等四戍。除朔州刺史。十年，除特进、开府仪同三司"。显然，斛律光被除授特进，是因为他立有军功。《北齐书·邢邵传》："（邢邵）及文宣皇帝崩，凶礼多见讯访，敕撰哀策。后授特进。"可见，邢邵受任特进，则是因他有撰写哀策之功。《北齐书·孙搴传》："（孙搴）寻除左光禄大夫，常领主簿。世宗初欲之邺，总知朝政，高祖以其年少，未许。搴为致言，乃果行。恃此自乞特进，世宗但加散骑常侍。"由此透露出，当时官员能够获任特进，对他们是有规定标准的，不达到标准也就不能受任特进。这些事例说明，东魏北齐任职官员的"功"和"德"，实际成为除授特进的主要依据。统计《北齐书》《北史》、墓志铭记载，国家官员因立有军功、事功，或受到皇帝宠幸而受任特进的就有：段孝言、斛律光、斛律武都、斛律羡、斛律平、厍狄盛、慕容俨、可朱浑天和、邢邵、魏收、赵彦深、崔季舒、祖珽、白建、暴显、皮景和、阳休之、许惇、韩凤、厍狄洛、韩裔、王

---

① 吕春盛：《北齐政治史研究——北齐衰亡原因考察》，台北：文津出版社，2004年，第44页。

悦、徐之才、王琳，共二十四人。很明显，东魏北齐官员因立功，或被褒奖，而受任特进的人数已经很多。应该说，这类官员已经成为受任特进的主要群体。

可是，统计《魏书》《北史》、墓志铭记载，北魏后期受任特进者主要有：元休、元干、元雍、元羽、元悦、元晖业、元受、元怿、元钦、元延明等人。他们都是皇帝的直系子孙。当然，对一些拓跋鲜卑贵族、勋贵与汉族世族，也能够除授特进。但是，他们受任特进的人数很少。很明显，北魏后期受任特进者，大多数为皇族。这说明，北魏后期国家除授特进，主要是与皇帝有亲缘关系者。与北魏后期的这种情况比较，可以看出，东魏北齐受任特进的主要群体，显然已经很少受到"亲贵"观念的束缚。

不过，需要看到的是，东魏北齐国家以"亲贵"为标准而除授特进的影响并没有完全消失。从东魏情况来看，受任特进的，有一些元氏诸王。史载，元坦"以王归第。寻起为特进，出为冀州刺史，专复聚敛。……齐天保初准例降爵，封新丰县公，除特进、开府仪同三司"①。元晖业"历位司空、太尉，加特进，领中书监，录尚书事。……齐初，降封美阳县公，开府仪同三司、特进"。可见，元坦、元晖业在东魏因拥有王爵，因此，被授任特进。在北齐国家对元氏诸王实行"准例降爵"措施后，虽然他们已经失去王爵，但仍然能够保留特进职。可是，东魏国家不是使全部元氏诸王都能受任特进。《北齐书》中记载元斌、元孝友、元韶，都是元氏诸王。然而，他们都没有被授任特进。也就是说，在东魏的诸王群体中，受任特进的人数并不多见。因此，可以说，在东魏具有诸王身份，只是具有任职的条件，并不是都能够获得特进官职。

北齐禅代东魏后，高氏诸王也可以受任特进。例如，彭城景思王高浟，"后加特进，兼司空、太尉，州牧如故"②。渔阳王高绍信，"历特进、开府、中领军、护军、青州刺史"③。齐安王高廓，"位特进、开府、仪同三司、定州刺史"④。可是，北齐国家也并不是使全部高氏诸王都能受任特进。因此，

---

① 李百药：《北齐书》卷二八《元坦传》，第384页。
② 李百药：《北齐书》卷一〇《高祖十一王·彭城景思王浟传》，第134页。
③ 李百药：《北齐书》卷一一《文襄六王·渔阳王绍信》，第151页。
④ 李百药：《北齐书》卷一二《武成十二王·齐安王廓传》，第164页。

可以说，这些受任特进的高氏诸王，不过是受到北齐国家对他们的特殊优待。

由此可见，东魏北齐的官员因"亲贵"而受任特进者，已经明显减少。也就是说，东魏北齐特进的除授，已经基本削弱了"亲贵"身份条件的限制。取代这种限制的则是，东魏北齐国家对任职官员的"功德"的评价，开始成为除授特进的主要依据。由于实行这种做法，也就使除授特进，成为对任职官员的奖励。可以说，东魏北齐受任特进的主要群体，就是获得皇帝褒奖的现任职官。由于受任特进群体出现这种明显的变化，当然，对这一职官性质变动所起到的影响作用也就不能低估。

四、余　论

隋文帝杨坚取代北周成为开国皇帝，便"改周之六官，其所制名，多依前代之法"[①]。也就是实行了官制的改革。隋文帝的改革，不仅将执事官的官名恢复汉晋之称，并且，开始设置散官。《隋书·百官志下》称："又有特进、左右光禄大夫、金紫光禄大夫、银青光禄大夫、朝议大夫、朝散大夫、并为散官，以加文武官之德声者，并不理事。"实际已经使执事官与散官分为两个职官序列。而在隋代的散官序列中，特进居于首位。而且，隋代的散官序列的职官的主要特征就是"无职务者"[②]。当然，特进也是如此。

隋代特进能够成为"不理事"的散官，正是以原来具有的荣誉官特征为基础的。而特进能够成为隋代散官之首，则取决于这一职官在北齐职官中所处的重要地位。实际上，东魏北齐对特进的性质、品级、除授和转任方式的规定以及受任群体的变化，都为这一职官转化为散官创造了条件。可以说，东魏北齐特进具有的这些特征，实际已经透露了这一职官向散官演变的明显迹象。

（原载《河北学刊》2021年第2期）

---

① 魏征等：《隋书》卷二八《百官志下》，第773页。
② 魏征等：《隋书》卷二八《百官志下》，第781页。

东魏北齐时期的"道"探讨

东魏北齐时期,国家承袭北魏后期的做法,设置"道"作为区域范围的规定。虽然东魏北齐的"道"是承袭北魏后期的做法,可是,与北魏后期的设置情况比较,出现了一些比较明显的改变。"道"开始由不固定的设置,转变为固定的设置;"道"也由与多种官职结合的设置,发展为只与地方化的稳定的行台的结合。实际上,东魏北齐时期"道"的设置正处于这种演变的历史过程之中。不过,从总体的发展趋势来看,"道"的设置与地方化的稳定行台区设置的意义渐趋一致,因此,东魏北齐时期的"道"开始成为国家的最高的军政合一的地方区划。在国家军事和行政活动中,"道"的设置占有着重要的地位。所以本文拟在考察这一时期与多种职官结合的"道"的设置基础上,对"道"的演变及其与地方化的稳定行台结合的特征做一些探讨。

一、"道"的设置与征讨都督的任职

东魏北齐时期,国家进行征讨作战,依然设置征讨都督作为征讨军的统帅。不过,征讨都督的称号与北魏时期不同,有了专门的名称。《北齐书·任延敬传》:

> 魏武帝入关,荆蛮不顺,以延敬为持节南道大都督,讨平之。天平初,得拜侍中。时范阳人卢仲延率河北流人反于杨夏,西兖州民田龙聚众应之,以延敬为大都督、东道军司,率都州元整、叱列陀等讨之。

在这一记载中提到任延敬担任的"南道大都督"和"大都督",实际上,都担负征讨的职责,因而,大都督正是统帅征讨军队的征讨都督的称号。东魏北齐国家不仅设置大都督作为征讨军的统帅,并且,还将大都督的军事活动与"道"的设置结合起来。下面根据《北齐书》中的记载,将东魏北齐国家任命的大都督及其与"道"结合的情况列表说明之:

表1 东魏北齐任命大都督及其与"道"结合情况

年代	任职者	征讨都督称号	"道"的名称	史料出处
天平初	任延敬	南道大都督	南道	《北齐书》卷一九《任延敬传》
天平初	高昂	西南道大都督	西南道	《北齐书》卷二一《高乾传附高昂传》
元象初	莫多娄贷文	南道大都督	南道	《北齐书》卷一九《莫多娄贷文传》
武定元年	高岳	西南道大都督	西南道	《北齐书》卷一三《清河王岳传》
天保初年	潘乐	南道大都督	南道	《北齐书》卷一五《潘乐传》
天保三年	高岳	南道大都督	南道	《北齐书》卷四《文宣帝纪》
天保三年	潘相乐	东南道大都督	东南道	《北齐书》卷四《文宣帝纪》

由表1所示可知,从东魏建国初年,至北齐天保年间,国家不仅设置大都督作为征讨军的统帅,并且,还以"道"作为大都督的行动区域的规定。在表中所列东魏北齐国家设置大都督的八例军事活动中,为大都督设定的军事活动区域就有:南道、西南道和东南道。显然,大都督的活动与"道"的设置是密切联系的。

东魏北齐国家以"道"的设置作为大都督的军事行动的区域规定,自然是承袭北魏后期的做法。然而,自东魏建立后,由于行台设置逐渐向地方化发展,进而,使其所领"道"也开始逐渐固定,因此,"道"的稳定区域特征也日益明显。在这个过程中,与大都督的军事活动相联系的"道",是独立的军事区域呢?还是与地方化行台所领的"道"是同一区域呢?这需要结合东魏北齐时期大都督设置的具体情况来说明。

事实上,东魏北齐时期,最早的地方化的稳定行台区出现于孝静帝元象年间。《北齐书·薛修义传》:元象初,高欢嘉奖薛修义"就拜晋州刺史、南汾、东雍、陕西州行台,赏帛千匹。循义在州,擒西魏所署正平太守段荣显"。薛修义以行台身份统辖的晋州、南汾、东雍、陕西州,正是地方化的稳定行台区。尽管这一时期地方化的稳定行台区的设置开始出现,但是在各地方还是处于稳定的相对固定区域与不稳定区域的设置相互交错存在的状况之中,因此,这种形势也就决定了国家为大都督规定的"道"的设置状况。

先看大都督所领南道情况。东魏北齐国家在天平初、元象初、天保初和天保三年,都设置过南道大都督。可是,大都督在不同时期所领南道的情况却不相同。从东魏建国初大都督的设置情况来看,前引《北齐书·任延敬传》:"魏武帝入关,荆蛮不顺,以延敬为持节南道大都督,讨平之。"显然,东魏建国初,为大都督规定的南道,与北魏末年的情况相同,只是为军事征讨而临时做出的军事活动区域的限定,因而,随着征讨作战的结束,为大都督规定的"道"也就自然取消了。

元象元年之后,东魏国家南部地区的形势复杂,因此,国家为大都督设置规定的"道"与这一地区行台所领"道"的设置出现复杂的交错的情况。《北齐书·莫多娄贷文传》:元象初,东魏国家除莫多娄贷文"车骑大将军、仪同、南道大都督,与行台侯景攻独孤如愿于金墉城"。可见东魏建国初年,与西魏在洛阳一带争夺激烈,因此,国家为大都督莫多贷文规定的南道,应该以洛阳一带为主要活动区域。而在天平三年,东魏国家"以定州刺史侯景兼尚书右仆射、南道行台,节度诸军南讨"①。侯景所任行台只是临时的征讨行台,因此,为他军事行动规定的南道,自然属于临时设置。在这一点上与莫多贷文规定的南道是相同的。尽管东魏国家为侯景和莫多娄贷文都规定南道作为他们军事活动的区域,但是,对侯景来说,南道是临时行台活动区;对莫多娄贷文来说,南道则是大都督的军事行动区。只是由于侯景和莫多娄贷文都在洛阳一带征伐作战,南道的规定范围应该是相同的,但是,南道区域规定的意义却存在差别。

武定五年,侯景据河南反,东魏南部地区成为国家军队与侯景叛军作战的区域。天保初,文宣帝诏潘乐"又为南道大都督,讨侯景。乐发石鳖,南度百余里,至梁泾州。泾州旧在石梁,侯景改为怀州,乐获其地,仍立泾州"②。可见,大都督潘乐可以率军队进军抵达石梁,他率领军队的活动范围

---

① 魏收:《魏书》卷一二《孝静帝纪》,第300页。
② 李百药:《北齐书》卷一五《潘乐传》,第201页。

是很广阔的。北齐国家对潘乐规定的南道，只是大概的区域限定，并不是很明确的区域范围。

侯景叛乱平定后，北齐国家在南部设置了稳定的行台区。如张亮"都督颍等十一州诸军事，兼行台殿中尚书，转都督二豫、扬、颍等八州军事、征西大将军、豫州刺史、尚书右仆射、西南道行台。攻梁江夏、颍阳等七城皆下之"①。这是在侯景占据的河南大行台区撤销后，北齐国家在南部设置的地方化的稳定行台区。可是，这一行台区并没有取代为大都督规定的"道"的设置。天保三年（552年），北齐国家，"以司州牧清河王岳为使持节、南道大都督，司徒潘相乐为使持节、东南道大都督，及行台辛术率众南伐"②。这说明，北齐国家使高岳任南道大都督仍然可以行使临时征伐的职责，因此，为高岳规定的南道与西南道行台区不仅区域范围不同，也具有特殊的军事上的意义。

上述情况表明，东魏北齐国家为大都督规定的南道的设置，依然是大都督军事行动的区域范围的限定。这种南道没有固定的范围，只与大都督的军事行动相联系，因而表现出临时的军事活动区的特征。它与东魏北齐国家在这一地方设置临时行台区和地方化的稳定行台区的联系并不明确，也就是说，行台区的设置对它没有产生明显的影响。因此，应该说南道的设置只是一种临时的独立的军事活动区域。

东魏北齐国家为了大都督的活动，还规定了西南道的设置。为大都督规定的西南道，在文献记载中，见于天平初年和武定元年。关于天平初年西南道大都督的设置，《北齐书·高乾传附高昂传》："时高祖方有事关陇，以昂为西南道大都督，径趣商洛。"很明显，东魏建国初年，国家使高昂任西南道大都督，是为了对西魏进行军事征讨，因此，为大都督高昂规定的西南道，自然是临时的军事活动区。这与北魏后期以"道"为征讨都督规定军事活动范围是相同的。

武定元年（543年），东魏国家除清河王高岳"晋州刺史、西南道大都

---

① 李百药：《北齐书》卷二五《张亮传》，第361页。
② 李百药：《北齐书》卷四《文宣帝纪》，第56页。

291

督，得绥边之称"①。这就是说，为军事征讨又一次设置了西南道大都督。而这次为大都督规定的西南道与东魏建国初的设置情况存在一些差别。从"道"名称看，也可以称为西道。《北齐书·高市贵传》："（高市贵）元象中，从高祖破周文帝于邙山。重除晋州刺史、西道军司，率众击怀州逆贼潘集。"高市贵以晋州刺史兼职与高岳任职的情况相同，因此，西南道与西道设置的意义应该相差不多。从"道"范围来看，当与地方化的稳定的西道行台区有一致之处。

地方化的稳定的西道行台区是东魏国家在西部地区设置较早的军政区。《北齐书·慕容绍宗传》："元象初，西魏将独孤如愿据洛州，梁颍之间寇盗锋起。高祖命绍宗率兵赴武牢，与行台刘贵等平之。……后为晋州刺史、西道大行台。"这就是说，元象初年，西道行台区已经是地方化的稳定的行台区，并以晋州作为驻治州。由这种形势所决定，西道行台区的存在自然要对为大都督规定的"道"产生影响。况且，武定元年东魏国家使清河王高岳出任的西南道大都督是以晋州刺史兼任的，因此，为大都督规定的西南道的设置，在一定程度上，要以西道行台区的区域范围作参照。这种情况说明，尽管西道行台区是地方化的稳定的军政区，而为大都督规定的"道"是临时的设置的军事活动区，但是，应该说两个不同"道"的设置区域出现了参照的关系。

入齐之后，国家在天保三年（552年）才有东南道大都督的设置。《北齐书·文宣帝纪》："（天保三年）三月戊子，以司州牧清河王岳为使持节、南道大都督，司徒潘相乐为使持节、东南道大都督，及行台辛术率众南伐。……夏四月壬申，东南道行台辛术于广陵送传国玺。"可见东南道大都督的设置是以征伐南朝为目的的，并且，北齐国家设置东南道大都督使其与东南道行台一起进行征伐行动。因此，为大都督潘相乐规定的东南道，就不能不受到东南道行台区的区域范围的影响。

东南道行台区设置，在东魏兴和四年（542年）见于记载。《北齐书·慕容绍宗传》："（兴和四年）侯景反叛，命绍宗为东南道行台，……与韩轨等诣瑕丘，以图进趣。"武定八年（550年），北齐国家又任命辛术为"东南道

---

① 李百药：《北齐书》卷一三《清河王岳传》，第175页。

行台尚书,封江夏县男,与高岳等破侯景,擒萧明"①。在辛术担任东南道行台尚书时,东南道行台区已经是地方化的稳定的军政区。因此,在为大都督潘相乐规定东南道活动区域时,是不能不顾及东南道行台区的存在。不仅如此,北齐国家使大都督潘相乐与东南道行台辛术承担共同的军事征讨行动,自然要使他们有共同的军事行动区域。

综上可见,东魏北齐为大都督设置的"道",依然是他们从事军事征讨活动的区域规定,因此,这种"道"的设置是与大都督的任职密切联系在一起的。由为大都督规定的"道"的设置特点所决定,这种"道"只是临时的军事活动区域。不过,东魏北齐时期,地方化的稳定行台区正在形成,因此,自然要对大都督所领"道"的区域产生一些影响。可是,在东魏北齐国家的南部、西部和东南部,地方化的稳定行台区的存在状况存在差异,因而,对大都督所领"道"的设置的影响并不相同。西道行台区和东南道行台区的存在可以成为国家为大都督规定"道"的区域范围的参照。而在国家南部地方,由于形势的复杂,稳定行台区的存在对大都督所领"道"影响并不明显。尽管东魏北齐国家为大都督规定"道"的设置或多或少顾及地方化稳定行台区的存在,但是,大都督所领"道"只是临时的军事活动区,它与地方化的稳定行台区是不同的,因此,这两种"道"不仅存在特征不同,也在发挥的作用上具有明显的差异。

此外,还需要指出的是,东魏北齐国家设置大都督,并且为其规定必要的活动区域,但是,随着东魏北齐行台制度的发展,使东魏北齐的军事征讨制度也发生变化。在天保三年以后,已经不见北齐国家任命大都督的记载。事实上,北齐国家任命征讨军统帅,开始实行直接从中央职官和地方行台和刺史中选任的制度。由于东魏北齐军事征讨制度的改变,为大都督设置"道"来规定军事活动区域的做法自然就取消了,因此,在这个过程中,"道"所具有的为征讨都督规定临时活动区域的职能也随之消失了。这也正是"道"设置上的一个重要变化。

---

① 李百药:《北齐书》卷三八《辛术传》,第501页。

二、"道"的设置与行台的任职

东魏北齐时期,国家设置行台,已经是比较普遍的情况。当时国家所设的行台主要可以分为三种类别:一是临时设置的行台;二是特殊设置的行台;三是地方化的稳定行台。尽管东魏北齐行台的设置情况存在差别,但是国家设置的行台都与"道"的规定有联系。

(一)临时行台的任职与"道"的设置

东魏北齐国家设置临时的行台主要是为了进行军事征伐和驻戍地方。在地方化的稳定行台的设置占主流趋势后,东魏北齐国家还设置临时的行台以保证军事行动的需要,并且,还以"道"作为临时行台活动区域的规定。例如,《北齐书·张纂传》:"世宗嗣位,侯景作乱颍川,招引西魏。以(张)纂为南道行台,与诸将率讨之。还,除瀛州刺史。"又如《北齐书·王峻传》:"(河清元年)车驾幸洛阳,以悬瓠为周人所据,复诏峻为南道行台,与娄睿率军南讨。……仍乃使慰辑永、郢二州。四年春,还京师。"文献记载中,关于临时行台与"道"结合的事例较多,因此列表说明如下:

表2 临时行台与"道"结合情况

时间	任职者	行台名称	道的设置	史料出处
天平初	孙腾	南道行台	南道	《北齐书》卷一八《孙腾传》
天平二年	元晏	东南道行台	东南道	《魏书》卷一二《孝静帝纪》
天平三年	侯景	南道行台	南道	《魏书》卷一二《孝静纪》
天平四年	段荣	山东大行台	山东	《北齐书》卷一六《段传》
元象元年	侯景	西道大行台	西道	《魏书》卷一二《孝静帝纪》、《通鉴》卷一五七《梁纪十三》大同三年
兴和年间	司马子如	北道行台	北道	《北齐书》卷一八《司马子如传》
武定初	薛修义	西南道行台	西南道	《北齐书》卷二〇《薛修义传》
武定四年	张纂	南道行台	南道	《北齐书》卷二五《张纂传》
武定五年	慕容绍宗	南道行台	南道	《北齐书》卷二〇《慕容绍宗传》
天保五年	高岳	西南道大行台	西南道	《北齐书》卷一三《清河王岳传》
天保六年	陆法和	西南道大行台	西南道	《北齐书》卷四《文宣帝纪》
河清元年	王峻	南道行台	南道	《北齐书》卷二五《王峻传》

表2中所列情况说明,东魏北齐国家为征讨、驻戍而设置的临时行台都有活动区域的规定。除一例是用"山东"作为临时行台活动区域的名称外,其余都是用"道"来加以命名的。因此,可以说以"道"作为临时行台活动区域的规定,在东魏北齐是主要的方式。

东魏北齐国家设置临时行台,除了很少一部分驻戍地方外,大多数是为征讨作战设置的。《北齐书·孙腾传》:"(孙腾)天平初,入为尚书左仆射,……兼司空、尚书令。时西魏遣将寇南兖,诏腾为南道行台,率诸将讨之。……失利而还。又除司徒。"这说明,征讨行台在征伐作战结束后,国家为他们所加的行台职也就取消了。由临时行台的这种任职特点所决定,官员卸任行台职的同时,为其规定的"道"也就随之取消了。因此,为临时行台规定的"道",只是临时的区域设置,它与地方化的稳定行台区的设置,是完全不同的。

(二) 特殊行台与"道"的设置

所谓特殊行台,一是并州行台;二是河南道行台。并州行台是为东魏政权的把持者高欢所设,而河南道行台则为侯景所控制。因此,这两处行台区不同于地方化的稳定行台区,其设置都有特别的目的。从并州行台区来看,《北齐书·赵郡王琛传》:"高祖将谋内讨,以晋阳根本,召琛留掌后事,以为并、肆、汾大行台仆射,领六州九酋长大都督,其相府政事琛悉决之。"赵郡王高琛任并州大行台仆射,显然只是作为高欢的代理行事。后来,高欢子高澄继任,"天平元年,加使持节、尚书令、大行台、并州刺史"①。入齐后,并州大行台区改称为并州尚书省。由于并州大行台区是高氏的根据地,是他们发展势力的基础,具有特殊位置,因此,并州大行台区并不称为"道",改称为并州尚书省,就更显示这一地区的特殊意义。

河南道行台区,不同于并州大行台区,开始只是作为一个行台区设置,但是,后来这个行台区为侯景地方军事集团所控制。《南史·贼臣·侯景传》:

(高)欢之败于沙苑,景谓欢曰:"宇文泰恃于战胜,今必致怠,请以数千劲骑至关中取之。"欢以告其妃娄氏,曰:"彼若得泰,亦将不

---

① 李百药:《北齐书》卷三《文襄帝纪》,第31页。

归。得泰失景，于事奚益？"欢乃止。后为河南道大行台，位司徒。又言于欢曰："恨不得泰，请兵三万，横行天下，要须济江缚取萧衍老公，以作太平寺主。"欢壮其言，使拥兵十万，专制河南，杖任若己之半体。

《通鉴·梁纪十四》将此事系于大同八年，也就是东魏孝静帝兴和四年。直到武定六年（548年），河南道大行台区才被废置，只存在了七年时间。严耕望先生考证，河南道大行台区所辖州，最少六州，最多十州。[①] 但是，在武定五年（547年）正月，高欢病故后，"司徒侯景据河南反，颍州刺史司马世云以城应之"[②]。侯景占据的河南道大行台区，成为叛乱的地区。因此，使这一行台区的设置具有了特殊性。不过，这一行台区的具体设置情况，与地方化的稳定行台区的设置多有相同之处，所以东魏国家将这一行台区称为河南道。可是，由于侯景凭借这一行台区，"专制河南"，因此，河南道与东魏国家设置的稳定行台区存在的意义是很不相同的。

（三）地方化的稳定行台的任职与"道"的设置

东魏北齐时期，开始出现地方化的稳定行台的设置。所谓地方化的稳定行台，是由北魏后期尚书省的派出机构，开始转化为地方化的长官；国家为行台规定的治理地区基本固定化；行台长官任职表现出连续化，也就是旧长官卸任，一般有新长官接任。东魏北齐时期，这种地方化的稳定行台的设置，成为国家控制地方的一种重要方式。实际上，东魏北齐地方化的稳定行台的设置，逐渐取代了都督诸州军事的设置，稳定的行台区逐渐取代了都督区。从东魏初年到北齐隆化元年（576年），国家陆续设置的这种行台区，共有九处。以下按地方化的稳定行台的设置在文献记载中最早出现的时间为序，对各行台的名称情况分别说明。

西道行台。元象元年（538年），慕容绍宗"后为晋州刺史、西道大行台"[③]。又将其称之为南汾、东雍、陕西州行台。《北齐书·薛修义传》："（元象初）高祖甚嘉之，就拜晋州刺史、南汾、东雍、陕西州行台，赏帛千匹。"

[①] 严耕望：《中国地方行政制度史（乙部下册）》，台北"中央研究院"历史语言研究所专刊之四十五B，1990年，第810页。

[②] 李百药：《北齐书》卷三《文襄帝纪》，第32页。

[③] 李百药：《北齐书》卷二〇《慕容绍宗传》，第274页。

是其证。它又被称为晋州道行台。武平末,尉标任"晋州道行台尚书仆射、晋州刺史"①。《通鉴·陈纪六》太建七年:"先是,晋州行台左丞张延㒞公直勤敏,储偫有备,百姓安业。疆场无虞。"可见晋州道行台又可以简称为晋州行台。

西南道行台。在侯景叛乱后设置。张亮出任"征西大将军、豫州刺史、尚书右仆射、西南道行台"②。显然,西南道是以豫州为驻治州的行台区。史载,武成初,王士良"出为豫州道行台,豫州刺史"③。又天统四年(568年),元景安"除豫州道行台仆射、豫州刺史,加开府仪同三司"④。说明西南道行台又可称为豫州道行台。

东南道行台。《隋书·地理志下》:"彭城郡,旧置徐州,后齐置东南道行台,后周立总管府。"又《北齐书·辛术传》:"武定八年,侯景叛,除东南道行台尚书,……迁东徐州刺史,为淮南经略。"说明这一行台区是以东南道来命名的。《北齐书·段荣传附段韶传》:武平末,段懿任"徐州行台左仆射、徐州刺史"。则东南道行台又可称为徐州行台。

东北道行台。《北齐书·高祖十一王·冯翊王润传》:"(冯翊王高润)历位东北道大行台、右仆射、都督、定州刺史。"显然,东北道行台是以定州为驻治州的。北魏末年,以定州为驻治州的行台区称为河北行台,或者北道行台。《魏书·孝庄帝纪》:"(永安三年)诏罢魏兰根行台,以后将军、定州刺史薛昙尚为使持节、兼尚书,为北道行台,随机召发。"即其事例。不过由于疆域的变化,至北齐后期,东北道已经不是以定州为驻治州的行台区的名称,而是以幽州为驻治州的行台区。因此,东北道所指行台区在东魏、北齐时期是变化的。

扬州道行台。《北齐书·卢潜传》:"肃宗作相,以潜为扬州道行台左丞。"显然扬州道为这一行台的名称。这一区域又可称寿阳道行台区。《北齐书·阳斐传》:"仍诏斐监筑长城,作罢,行南谯州事。加通直散骑常侍,寿阳道行台左丞。"扬州治寿阳,因此寿阳道是以行台区的驻治地来命名的。

---

① 李百药:《北齐书》卷一九《张保洛传附尉标传》,第258页。
② 李百药:《北齐书》卷二五《张亮传》,第361页。
③ 令狐德棻等:《周书》卷三六《王士良传》,第638页。
④ 李百药:《北齐书》卷四一《元景安传》,第543页。

朔州道行台。《北齐书·上洛王思宗传附高思好传》："（高）累迁尚书令、朔州道行台、朔州刺史、开府、南安王，甚得边朔人心。"朔州道显然以朔州为驻治州。《北齐书·后主纪》："（武平五年二月）车驾至自晋阳。朔州行台、南安王思好反。"则这一行台区又可以称为朔州行台区。

河阳道行台。《北齐书·王峻传》："废帝即位，除洛州刺史、河阳道行台左丞。"河阳为东魏、北齐防卫洛阳的军事重镇，是行台的驻治地。因此河阳道是以驻治地来命名的行台区。王峻又为洛州刺史，显然洛州为行台区的驻治州，所以这一行台区被称为洛州道。《北史·齐宗室诸王下·广宁王孝珩传》："后主自晋州败奔邺……独孤永业领洛州道兵趣潼关，扬声取长安。"即其事例。《北齐书·斛律金传附斛律光传》："（武平）三年七月，光诛，……遣领军大将军鲜于桃枝、洛州行台仆射独孤永业便发定州骑卒续进，仍以永业代羡。"可见河阳道行台又可以简称为洛州行台。

幽州道行台。《北史·潘乐传》："（潘子晃）武平末，为幽州道行台右仆射、幽州刺史。"显然，幽州道行台是以幽州为驻治州来命名的。因此又可将其称为幽州行台。《北齐书·高保宁传》："周师将至邺，幽州行台潘子晃征黄龙兵，宝宁率骁锐并契丹、靺鞨万余骑将赴救。"即其事例。不过，这一行台还有以方位来命名的。《北齐书·独孤永业传》："武平三年，遣永业取斛律丰洛，因以为北道行台仆射、幽州刺史。"北道行台以幽州为驻治州，当然与幽州道同为一行台区，只是名称不同而已。可是，《隋书·地理志中》却称："涿郡，旧置幽州，后齐置东北道行台。后周平齐，改置总管府。"说明幽州道行台又被称为东北道行台。这当是北齐后期改变的名称。由此可见，由于历史时期的不同以及疆域的变化，东北道可以分指两个不同的地方化的稳定行台区。

建州道行台区。《北齐书·傅伏传》："又有雷显和，晋州败后，为建州道行台左仆射。"可见，建州道行台是在北齐失去西道行台区后，才设置的。

综上可知，地方化的稳定行台区可以用所处方位与"道"结合来命名，也能够以行台的驻治州和驻治地与"道"结合来命名。在稳定的行台区名称中不含有"道"，只是采取一种简称的方式。这些情况表明，东魏北齐时期的地方化的稳定行台区的设置与"道"是密切结合的。

总之，东魏北齐时期，国家设置三种不同类别的行台。虽然行台类别存在区分，但是，除了并州大行台之外，都是以"道"来规定活动区域的。因此，行台的设置与"道"的设置是一致的。只是行台存在状况不同，使"道"的设置表现出不同的特征。

三、"道"与地方化稳定行台区的固定结合及其特征

东魏北齐国家用"道"作为大都督和行台活动区域的规定是承袭北魏后期的做法。但是，在东魏、北齐立国四十余年中，在"道"的规定上，固然有承袭北魏后期的内容，可是，由于行台，特别是地方化的稳定行台的设置在国家军政区域的构建上，所占的地位越来越重要，因此，国家使"道"的规定与地方化的稳定行台的设置的联系越来越密切。反之，以"道"作为区域规定的大都督、临时行台的设置却在变化。

在北齐天保三年（552年）之后，在文献中，不见有大都督设置的记载，也不见有以"道"作为大都督活动区域规定的记载。实际上，东魏北齐国家基本放弃了以"道"作为规定征讨将领活动区域的做法。一如前述，在行台的设置上，北齐国家在河清元年（562年）后，不再设置临时的征讨、驻戍行台；在侯景叛乱后，北齐国家更严格防止为地方军事集团控制的特殊行台区的出现，显然，随着这些行台的不再设置，"道"与他们结合的情况也就自然消失了。因此，至北齐后期，"道"与地方化稳定行台的设置成为固定的结合。也就是说，作为区域规定的"道"只是地方化稳定行台区的代称。

地方化稳定行台的设置，应该说在东魏北齐国家军、政事务中占有非常重要的地位。《北史·刘炫传》载刘炫曰："齐氏立州，不过数十，三府行台，递相统领，文书行下，不过十条。……"又《周书·武帝纪下》："齐诸行台州镇悉降，关东平。合州五十五，郡一百六十二，县三百八十五，户三百三十万二千五百二十八，口二千万六千八百八十六。"这就是说，地方化的稳定行台区不仅是军事活动区域，而且，成为北齐国家设置的处十州、郡、县之上的最高的地方行政区划。因为地方化稳定行台区所处的这种位置，自然就使代称稳定行台区的"道"也就具有新的特征。

首先，与地方化稳定行台区相联系的"道"，在区域范围上有比较明确的规定，并且，具有明确的驻治州和驻治地。现将九处地方化稳定行台区的

区域范围以及驻治州及驻治地的情况列表如下：

表3　九处地方化稳定行台区的区域范围及驻治州、驻治地情况

最早见于文献记载的设置年代	道和稳定行台区的名称	道和稳定行台区的驻治州	道和稳定行台区的驻治地	道和稳定行台区的范围	史料出处
元象元年	西道行台区	晋州	平阳	晋、南汾、东雍、陕州	《北齐书》卷二〇《薛修义传》
武定初年	豫州道行台	豫州	悬瓠	豫、扬、颍等八州	《北齐书》卷二五《张亮传》
武定五年	东南道行台	徐州	彭城	所统十余州（东徐州、睢州、安州、临清郡、盱眙、蕲城镇）	《北齐书》卷三八《辛术传》
天保初	定州北道行台	定州	中山	定、相、冀、殷州	《魏书》卷一〇《孝庄帝纪》
天保三年	扬州道行台	扬州	寿阳	扬州、合州等	《北齐书》卷四二《卢潜传》
天保年间	朔州道行台区	朔州	马邑	朔州	《北齐书》卷一四《上洛王思宗传》
乾明元年	河阳道行台区	洛州	河阳	洛、怀等九州	《周书》卷三〇《于翼传》
天统元年	幽州道行台区	幽州	蓟	幽、安、平、南、北营、东燕六州	《北齐书》卷一七《斛律光传附斛律羡传》
隆化元年	建州道行台区	建州	高平	建州	《北齐书》卷四一《傅伏传》

表3所示情况说明，东魏北齐时期，地方化稳定的行台区是逐渐形成的。尽管这些稳定行台区设置的时间不同，但这些行台区都是以"道"来命名的。地方化稳定的行台区都有明确的驻治州和驻治地，也具有大体稳定的管辖区域。从这方面来看，与稳定行台区相联系的"道"，实际上，就是国家规定行台实行管辖的固定区域。

其次，东魏北齐国家使管理"道"的行台长官前后相承，前任行台卸任与后任行台接替，密切相连。关于各"道"行台的接续情况，牟发松教授做了细致的考证。牟氏认为：1. 西道行台区的任职者依次为：薛修义、慕容绍宗、高岳、尉相贵、傅伏。2. 豫州道行台区行台任职者依次为：侯景、张

亮、王士良、娄睿、元景安、麹珍、高普。（笔者按：侯景为河南道大行台区的长官，侯景叛乱后，撤销原来的行台区，新设置豫州道行台区与原来行台区不同，故侯景当不为豫州道行台区的长官。）3. 东南道行台区的长官依次为：任祥、慕容绍宗、辛术、赵彦深、阳斐、段懿、苏琼、高孝珩、段深。4. 定州北道行台区长官依次为：段荣、高润、皮景和。5. 扬州道行台区长官依次为：司马恭、阳斐、慕容俨、卢潜、王贵显、卢潜。6. 朔州道行台区长官依次为：高思好、高劢。7. 河阳道行台区长官依次为：裴英起、王峻、独孤永业、乞伏贵和、高润、皮景和、独孤永业。8. 幽州道行台区长官依次为：斛律羡、独孤永业、潘子晃。[①]

建州道行台区是在西北道行台区为北周攻克之后设置的，已届北齐国家行将灭亡之时，所以只有雷显和一人任职。

由此可见，东魏北齐国家设置的这九处行台区，也就是九处不同的"道"，国家是将它们作为一级重要的区划来管理的，所以才使新、旧长官的接替表现出明显的连续性。各"道"行台区长官接替的连续性，正是行台区固定设置的一种体现。

最后，各"道"行台区的设置在军事和行政上发挥重要的作用。实际上，东魏、北齐国家设置的以"道"为名称的稳定行台区不是单一的军事区，而是军政合一的区域。《北齐书·辛术传》："齐天保元年，侯景征江西租税，术率诸军渡淮断之。烧其稻数百万石。还镇下邳，人随术北渡淮者三千余家。东徐州刺史郭志杀郡守。文宣闻之，敕术自今所统十余州地诸有犯法者，刺史先启听报，以下先断后表闻。齐代行台兼总人事，自术始也。安州刺史、临清太守、盱眙蕲城二镇将犯法，术皆案奏杀之。"一般认为地方化稳定行台区的设置具有行政职能，是从辛术任东南道行台开始的。其实，据严耕望先生考证，在北魏末年，国家所设的一些行台，开始行使一些行政权力。[②] 东魏时期，国家设置的一些临时行台，也能够处理行政事务。《北齐书·司马子如传》："（司马子如）兴和中，以为北道行台，巡检诸州，守令

[①] 牟发松：《东魏北齐的地方行台》，载《魏晋南北朝隋唐史资料》，1988年，第9、10期。

[②] 严耕望：《中国地方行政制度史（乙部下册）》，台湾"中央研究院"历史语言研究所专刊之四十五B，1990年，第806页。

已下,委其黜陟。子如至定州,斩深泽县令;至冀州,斩东光县令。皆稽留时漏,致之极刑。若言有进退,少不合意,便令武士顿曳,白刃临项。士庶惶惧,不知所为。"司马子如的做法固然严苛,但可以看出东魏国家授予他的行政权力是很大的。北齐天保年间,国家授予东南道行台辛术不但拥有军事权力,并且,还能够"兼总人事",正是国家使行台掌管民事的做法长期发展的结果。换言之,在地方化的稳定行台设置后,军政合一的特征更为明确了。正因为如此,地方官化的行台治理的"道"就是地方上的最高一级军政合一的区划。

地方化的稳定行台所领的"道",在国家的军事事务中发挥的作用明显。从东魏、北齐各"道"的分布情况来看,在国家的西部,陆续设置了西北道行台、河阳道行台。西北道行台区的设置主要是在汾水向晋州的路线上控制西魏、北周军队的进犯。北齐统治后期,西北道行台区为北周所占,国家先后设置东雍州道行台区和建州道行台区,其目的也是要防御北周军队的不断深入。

河阳道行台区拥有九州之地,它的设置是为了阻挡西魏、北周的军队出潼关向洛阳进攻。在河阳道有"河阳三关",是控卫洛阳的重镇。北齐与北周在洛阳一带争夺激烈,因此,北齐在河阳道集结大量的军队。《北齐书·独孤永业传》:"(武平三年)除永业河阳道行台仆射、洛州刺史……永业进位开府,封临川王,有甲士三万。"可见,北齐国家对河阳道的军事防卫十分重视。因为河阳道的守卫情况直接关系到北齐京畿的安全。

豫州道、东南道和扬州道的设置,主要是为了防范南朝的进攻。在北齐平定侯景之乱后,北齐和北周的疆界都向南移。豫州道与北周接壤,因此豫州道防范北周的责任加重。不过,豫州道主要还是防范南朝的进攻。东南道和扬州道成为阻挡南朝军队北进的屏障。例如,武定年间,"梁遣贞阳侯渊明等入寇彭城,大都督高岳,行台慕容绍宗率诸军讨之"①。又如天保六年,梁大都督萧轨率众至江,北齐军队抵御,"东南道行台赵彦深获秦郡等五城,户二万余,所在安辑之"②。由此可见,豫州道、东南道和扬州道是使东魏、

---

① 李百药:《北齐书》卷二四《杜弼传》,第349页。
② 李百药:《北齐书》卷四《文宣帝纪》,第61页。

北齐南部和东南部地区稳定的有力保证。

　　定州北道和幽州道的设置，在军事上，主要是为了防范突厥和契丹少数民族的进攻。《北齐书·斛律光传附斛律羡传》："天统元年夏五月，突厥木汗遣使请朝献，羡始以闻，自是朝贡岁时不绝，羡有力焉。诏加行台仆射。羡以北虏犯边，须备不虞，自库堆戍东拒于海，随山屈曲二千余里，其间二百里中凡有险要，或斩山筑城，或断谷起障，并置立戍逻五十余所。"斛律羡对幽州道的经营正反映出这些行台区在抵御少数民族进犯中的重要作用。

　　如前所述，地方化稳定行台所领的各"道"，已经成为北齐国家最高的行政区划。因此，各"道"的治理状况，直接关系到一个大的区域的稳定。当时，在各"道"确实出现治理地方事务政绩突出的行台。例如，卢潜任行台尚书，"潜在淮南十三年，任总军民，大树风绩，甚为陈人所惮"①。又如，武平三年，元景安"进授行台尚书令，刺史如故，封历阳郡王。景安之在边州，邻接他境，绥和边鄙，不相侵暴，人物安之"②。显然，地方化稳定行台对于民事的有效管理，对东魏北齐国家稳定地方社会秩序起到积极的作用。因此，与地方化稳定行台相联系的"道"的设置，不仅在军事上，就是在行政上，也成为东魏北齐国家有力地控制地方的保证。

四、结　语

　　东魏北齐国家承袭北魏后期的做法，使大都督以及行台与"道"密切结合。因此，"道"还具有为这些职官规定活动区域的特征。不过，在东魏北齐时期，国家设置的行台也在分化，实际上，可以分为临时征讨和驻戍行台、特殊设置的行台和地方化的稳定行台。在东魏时期，表现出三种行台同时设置的情况，但是，入齐后，国家所设置的行台基本上都是地方化的稳定行台。同时，北齐国家也不再专为军事征讨设置大都督。地方化的稳定行台区逐渐取代了都督区的设置。因此，"道"可以与多种职官的设置相联系的状况被改变。实际上，稳定行台的设置与"道"成为唯一的结合，所以

---

　　① 李百药：《北齐书》卷二四《卢潜传》，第555页。
　　② 李百药：《北齐书》卷四一《元景安传》，第543页。

"道"成为稳定行台区的代称。国家在为稳定行台区的命名时，都要明确加上"道"，以此表明稳定行台区与"道"的密切联系以及"道"具有的特殊意义。

地方化的稳定行台所领的"道"成为东魏北齐的最高一级的地方区划。"道"具有比较明确的区域范围；国家设置行台治理"道"，并且，各"道"的长官的接替是连续的。"道"的设置，在防卫西魏、北周、南朝以及周边少数民族的军事进犯上，起到了重要的作用。同时，"道"的设置，也是国家控制地方和稳定地方社会秩序重要区域。因此，应该说北齐尚书省和并州尚书省以及九处"道"的设置，是国家控制地方在行政制度上的保证。

北齐国家灭亡后，隋王朝以总管区取代了北齐设置的地方化的稳定行台区，也就是"道"。但是，"道"的设置并没有完全取消，在重要的区域仍然设置"道"，并为"道"还专设尚书省管理，在边州也仍然设置"道"。因此，可以说在隋的地方区划中，"道"仍然占有特殊的位置。显然，东魏北齐时期的"道"的设置对隋朝的地方政区仍有明显的影响。因此，对这一问题仍然有考察的必要，限于篇幅，对此问题，容另文详细讨论。

（原载《史学集刊》2008年第3期）

东魏北齐军队的设置及保障士兵来源的措施

东魏北齐时期，由于战争频繁发生，所以，国家必须要保证军队的合理设置以及使军队士兵来源有制度上的保障。因此，考察东魏北齐国家的兵制，也就不能忽视这一时期军队的设置特点以及使军队士兵获得补充的保障措施问题。应该说，前人对这些问题做了有意义的探讨。高敏先生对东魏北齐新的世袭兵户、"丁兵"制诸问题做了细致的考证。[1] 日本学者堀敏一则结合均田制的实行，对东魏北齐的"丁兵"制提出了值得注意的学术意见。[2] 然而，尽管前人对这些问题的研究提出了诸多有益的看法，但是，仍然存在不完善之处，因而，也就有继续深入开掘的必要。因此，本文拟对这些问题再做探讨，进而有益于深化对东魏北齐军队的设置以及军队士兵来源特点的认识。

一、京畿军的设置及保障军队士兵来源的措施

（一）东魏北齐京畿军的设置

东魏北齐建国，实行以邺为首都、晋阳为陪都的两京制，并以京畿的设置来拱卫京城。东魏北齐国家在京畿还设置了军队。在《北史》《北齐书》的记载中，将其称为"京畿军"[3]，也称为"京畿兵"[4]。从东魏北齐的京畿军设置来看，应该说已经有比较完备的统辖机构。《魏书·官氏志》："永安

---

[1] 高敏：《魏晋南北朝兵制研究》，大象出版社，1998年，第327-332页。
[2] 堀敏一：《均田制の研究》，岩波书店，1995年，第241-246页。
[3] 李百药：《北齐书》卷六《齐本纪·孝昭纪》，第81页。
[4] 李百药：《北齐书》卷一一《文襄六王·广宁王孝珩传》，第145页。

已后，远近多事，置京畿大都督，复立州都督，俱总军人。天平四年夏，罢六州都督，悉隶京畿，其京畿大都督仍不改焉。立府置佐。"很显然，东魏北齐国家延续北魏后期的做法，继续设置京畿大都督及其所属军府。可以说，京畿大都督是专门统领京畿军的职官；而京畿大都督所属军府则是京畿军的管辖机构。不过，至北齐后期，也就是武平二年，"罢京畿府入领军府"①。领军府就是领军将军府。这说明，武平二年，京畿大都督府被裁撤后，京畿军则改为由领军将军统领，而领军将军府则成为这支军队的管辖机构。

东魏北齐国家对京畿军士兵的组成，也有限定的措施。《北齐书·清河王岳传》："（高岳）除使侍节、六州大都督、冀州大中正。俄拜京畿大都督，其六州事悉诣京畿。"这一记载提到的"六州大都督"，涉及六州都督统领士兵的特点，而且，也与京畿军士兵的组成有很大关系。关于六州大都督，据周一良先生考证，即六州领民都督的省称。② 所谓六州，并不专指恒、云、燕、朔、显、蔚六州，而是"六州"两字成北人之代表。③ 也就是说，六州都督统率的军队，应该是北边之兵。可是，在京畿大都督设置后，对北边之兵的统率，则发生变化。因为"六州事悉诣京畿"，所以，统辖六州之兵的，已经不是六州都督，而是取代六州都督的京畿大都督。换言之，京畿大都督统辖的军队，正是北边之兵。

依据《北史》《北齐书》的记载，组成京畿军的北边士兵，只是一种泛指，实际这些士兵正是二十余万"北镇饥民"④。可以说，北魏国家平定六镇叛乱后，开始将这些镇民"分散于冀、定、瀛三州就食"⑤。此后，尔朱兆又"乃分三州六镇之人，令神武统领。神武既分兵别营，乃引兵南出"⑥。据此可知，这些六镇降兵还被称为"三州六镇之人"。而且，高欢被尔朱氏军事集团授予了对这些士兵的指挥权。可以说，高欢正是依靠这支武装力量，能够击败尔朱氏军事集团、控制北魏朝廷，并迁都至邺、建立东魏政权。《隋

---

① 李百药：《北齐书》卷八《后主纪》，第105页。
② 周一良：《魏晋南北朝史论丛》，第194页。
③ 周一良：《魏晋南北朝史论丛》，第194页。
④ 魏收：《魏书》卷五八《杨播传附杨昱传》，第1293页。
⑤ 魏收：《魏书》卷五八《杨播传附杨昱传》，第1293页。
⑥ 李延寿：《北史》卷四八《尔朱荣附尔朱兆传》，第1765-1766页。

书·食货志》称:"天平元年,迁都于邺,出粟一百三十万石,以振贫人。是时六坊之众,从武帝而西者,不能万人,余皆北徙。"这里提到的"六坊之众",周一良先生考证,自是北人,亦即所谓"六州"。① 实际就是三州六镇之兵。由此可见,北边六镇的二十余万降众,除了一万余人跟随魏武帝投奔宇文泰之外,其余的都成为由高欢控制的东魏武装,而且,他还进一步将这支人数众多的军队改编为国家的京畿军。

高欢亡故后,后继的东魏北齐的统治者,仍然继续加强对京畿军的建设。《北史·齐本纪·文宣帝纪》:

(文宣帝)及登极之后,神明转茂,外柔内刚,果于断割,人莫能窥。……至于军国机策,独决怀抱,规谋宏远,有人君大略。又以三方鼎峙,缮甲练兵,左右宿卫,置百保军士。每临行阵,亲当矢石,锋刃交接,唯恐前敌不多。

《隋书·食货志》:

及文宣受禅,多所创革。六坊之内徙者,更加简练,每一人必当百人,任其临阵必死,然后取之,谓之百保鲜卑。

这些记载说明,这些被整训的"六坊之众",就是京畿军的士兵,也被称为"百保军士""百保鲜卑"。由此可见,东魏北齐的京畿军,主要由鲜卑族士兵组成,并且,他们都是作战非常勇猛的军人。

东魏北齐国家主要将京畿军作为防卫京城和京畿的武装。《北齐书·孝昭帝纪》:"帝乃令归彦引侍卫之士向华林园,以京畿军入守门阁,斩娥永乐于园。"《北齐书·恩幸·和士开传》:"(库狄)伏连发京畿军士,帖神武、千秋门外,并私约束,不听士开入殿。"这些记载说明,京畿军能够有效地起到维护京城与京畿秩序稳定的作用。也就是说,京畿军是东魏北齐国家保证京城与京畿社会秩序稳定的主要军事力量。

---

① 周一良:《魏晋南北朝史论丛》,第195页。

魏晋南北朝史论稿

东魏北齐国家还使用京畿军参与重要的征讨作战。《北齐书·斛律金传》："大象中，周文帝复大举向河阳。高祖率众讨之。"《北齐书·文宣帝纪》："（天保五年）茹茹寇肆州。丁巳，帝自晋阳讨之，至恒州黄瓜堆，虏骑走。"这些皇帝亲征所统帅的军队，主要应该为京畿军。而且，东魏北齐国家还使京畿军能够与地方军协同作战。《北齐书·文襄六王·广宁王孝珩传》："后主自晋州败奔邺，诏王公议于含光殿。孝珩以大敌既深，事借机变。宜使任城王领幽州道兵入玉门，扬声趣并州；独孤永业领洛州兵趣潼关，扬声趣长安；臣请领京畿兵出滏口，鼓行逆战。"可见，东魏北齐的京畿兵与地方的道兵、州兵都能够一并出征作战。很显然，在东魏北齐国家进行的征讨作战中，京畿军是重要的军事力量。

（二）世袭职业兵制是京畿军士兵来源的主要保障

东魏北齐国家为保证京畿军的战斗力，必须使兵员能获得可靠的补充。也就是说，京畿军的士兵要有稳定的来源。而东魏北齐国家保证京畿军来源的做法，正是采取了世袭职业兵制。实际上，东魏北齐实行的这种措施，是北魏后期征集士兵做法的延续。

应该说，自魏晋以来，由于国家实行兵户制，所以，军队中的士兵都是职业兵。北方少数民族入主中原后，他们所建的国家，也同汉族政权一样，继续实行兵户制。但是，这些少数民族统治者实行的兵户制，却与汉族政权所实行的制度存在差异。高敏先生认为，十六国时期，兵户制下的士兵，并非兵民分离，而是合兵民为一体的户籍。[1] 十六国时期，各少数民族政权实行的这种适应他们统治方式的兵户制，对北魏国家的军事制度产生重要影响，促使北魏拓跋鲜卑统治者要仿效实行这种兵户制，并使兵户成为军队士兵的主要来源。

然而，至北魏后期，由于国内变乱频频发生，所以，也就造成了兵户制的变化。北魏孝昌元年，孝明帝诏曰："……其有失律亡军、兵戍逃叛、盗贼劫掠、伏窜山泽者，免其往咎，录其后效，别立募格，听其自新，广下州郡，令赴军所。"[2] 据此可见，北魏国家通过招募逃亡士兵，使他们重新成为

---

[1] 高敏：《魏晋南北朝兵制研究》，第 209 - 210 页。
[2] 魏收：《魏书》卷九《孝明帝纪》，第 242 页。

东魏北齐军队的设置及保障士兵来源的措施

军队的士兵。可是,这些士兵的归宿却为当时的形势所左右。由于战争不断发生,因此,这些士兵很难脱离军队,只能以当兵为业。由这种状况所决定,就使这些士兵逐渐开始职业化。诚如高敏先生所言,以招募方式组成的世袭职业兵正取代旧的世袭兵户。① 北魏后期,国家为了保证兵源,开始经常采取这种做法。因此《魏书》中,多有国家官员征召流民为兵的记载。例如,武泰元年,"诏直寝纪业持节募新免牧户"②。同年,"诏前试守东郡太守唐景宣为持节、都督,于东郡召募侨居流民二千人"③。因为这些流民都是脱离户籍的编户民,他们失去了生活的保障,所以,也只能选择长期以充当士兵为业,以便能保证仅有的生存机遇。可以说,北魏后期采取的这种做法,开始成为产生职业兵的新方式,并且,这种做法对东魏北齐国家军队士兵的特点,也产生重大的影响。也就是说,这种新的造就职业兵的做法,成为促使东魏北齐一些军队士兵向职业化方向发展的重要因素。当然,这种情况在东魏北齐的京畿军中,表现得尤为明显。因为京畿军是国家军队的重要组成,所以,最好的保障措施就是,使士兵能成为长期的以作战为业的职业兵。

然而,更需要看到的是,东魏北齐京畿军士兵能够成为职业兵,主要与这些士兵的民族构成与身份地位有很大关系。如前所述,东魏北齐京畿军的士兵,主要为三州六镇之兵,其中大多数军人为鲜卑人。除此之外,还有一些其他少数民族人和鲜卑化的汉族人。因此,在文献记载中,明确将这些士兵统称为"百保鲜卑"④。所以,这就使统领京畿军士兵的将领,要以鲜卑语来号令士兵。《北齐书·高乾传附高昂传》称:"高祖每申令三军,常鲜卑语。"而且,在任用的京畿军府属官中,凡精通鲜卑语者,则更受到重用。如孙搴"即署相府主簿,专典文笔。又能通鲜卑语,兼宣传号令,当烦剧之任,大见赏重"⑤。东魏北齐统治者如此重视在京畿军中使用鲜卑语,正是要有效地实现对这些鲜卑军人的统辖。

实际上,从北魏后期以来,这些边地的鲜卑人,不同于内地的编户民,

---

① 高敏:《魏晋南北朝兵制研究》,第321页。
② 魏收:《魏书》卷一〇《孝庄帝纪》,第259页。
③ 魏收:《魏书》卷一〇《孝庄帝纪》,第259页。
④ 魏征等:《隋书》卷二四《食货志》,第676页。
⑤ 李百药:《北齐书》卷二四《孙搴传》,第341页。

他们一直保留兵籍。《北齐书·魏兰根传》："正光末，尚书令李崇为本郡都督，率众讨茹茹，以兰根为长史。因说崇曰：'缘边诸镇，控摄长远。昔时初置，地广人稀，或征发中原强宗子弟，或国之肺腑，寄以爪牙。中年以来，有司乖实，号曰府户，役同厮养，官婚班齿，致失清流。'"魏兰根所说的"府户"，就是兵户。可见这些在北方军镇服役的士兵，都是来自当地的兵户。《魏书·地形志上》："恒州已下十州，永安已后，禁旅所出，户口之数，并不得知。"这说明，在军镇改州后，原来的镇民仍然是军户，与各州的编户民并不相同，所以，也就无法做出确切的统计。正因如此，这些长期保留兵户身份的北边镇民以当兵为业的传统，实际具有很强的牢固性，并不能轻易被改变。由这种情况所决定，在东魏建国后，不仅不能改变，而且，还需要继续延续北魏后期将三州六镇士兵作为职业兵的传统做法。

东魏北齐国家为有利于这种做法的推行，还保证京畿军的士兵具有特殊的身份。《通鉴·梁记》大同三年条："（高）欢每令军士，常令丞相属代郡张华原宣旨，其语鲜卑则曰："汉民是汝奴，夫为汝耕，妇为汝织，输汝粟帛，令汝温饱，汝何为陵之？"其语华人则曰："鲜卑是汝作客，得汝一斛粟、一匹绢，为汝击贼，令汝安宁，汝何为疾之？"很显然，高欢将鲜卑族士兵当兵作战，视为授予了他们应该具有的特权。而且，东魏北齐国家还采取一些优待京畿军士兵的做法。《隋书·食货志》称："是时六坊之众，……并给常廪，春秋二时赐帛，以供衣服之费。"[①]可见，东魏北齐京畿军的士兵，要由国家供给粮食和衣服，并不从事生产活动。东魏北齐国家采取使京畿军士兵具有特权的目的，自然是要保证这些士兵专门以当兵为业，并以参战为荣。这说明，东魏北齐京畿军的士兵，实际都是具有特殊社会地位并受到尊崇的鲜卑族职业兵。

东魏北齐国家使京畿军士兵职业化的同时，还注意到士兵的婚配。《北齐书·文宣帝纪》："（天保七年）是月，发山东寡妇二千六百人以配军士。"北齐国家采取的将京畿外山东地区的妇女嫁给京畿军士兵的措施，显然是要保证这些士兵有比较稳定的家庭。这种措施的实行，有利于为这些士兵家庭设立专门的籍簿，并实行特殊的管理，从而也就使他们成为一种新型的兵

---

① 魏征等：《隋书》卷二四《食货志》，第675页。

户。① 当然，这种兵户与传统的兵户并不完全相同，实际是通过鲜卑族以当兵为荣的传统来维系的。由于这种特殊兵户的存在，就使京畿军士兵的后代，依然还要当兵。也就是说，京畿军士兵的补充主要是依靠世袭来实现的。可见，京畿军的士兵，不仅是职业兵，而且，他们当兵的特权也是世袭的。因此，可以说，由于东魏北齐国家实行了特殊的世袭职业兵制，因而，京畿军队士兵的来源，也就获得有效的保障。

东魏北齐国家要保障京畿军士兵的来源，不只依靠世袭职业兵制，还采取向京畿内迁徙少数民族部落的做法。《北齐书·神武帝纪下》："神武进击之，又获南海王及其弟西海王、北海王、皇后公卿已下四百余人，胡、魏五万户。壬申，神武朝于邺。四月，神武请给迁人廪各有差。"《北齐书·神武帝纪下》："神武帅库狄干等万骑袭西魏夏州，……留都督张琼以镇守，迁其部落五千户以归。"这些被俘获的少数民族部落，大部分都被迁徙至京畿内。因为国家要将俘获的少数民族部落迁至京畿之外各州，是要特殊注明的。如武定二年"神武讨山胡，破平之，俘获一万余户口，分配诸州"②。可以说，这些迁徙至京畿的少数族部落，在国家需要时，也可以补充到京畿军中。

总之，东魏北齐建国后，在京畿内设置了京畿军。这些京畿军的士兵，主要是由三州六镇之兵组成。由于这些士兵大部分为鲜卑族人，因此，也被称为"百保鲜卑"。这些士兵具有特殊的社会地位，并由京畿大都督专门统辖，所以，京畿军是国家的主要军事力量。东魏北齐国家为了使京畿军士兵来源稳定，因而，使这些士兵职业化，并确定了特别的兵籍，从而使当兵的特权也实现了世袭化。由于京畿军可以通过世袭职业兵制保障士兵的补充，因而，也就在军事上，有了保证与西方的西魏北周、南方的梁陈进行对抗的实力。

二、地方军的设置及保障军队士兵来源的措施

（一）东魏北齐地方军的设置

从东魏北齐国家军队的构成来看，还包括地方军。所谓地方军是由地方

---

① 高敏：《魏晋南北朝兵制研究》，第324页。
② 李百药：《北齐书》卷二《神武帝纪下》，第19页。

长官能够统辖的军队。因此，要说明地方军设置情况，就要提及东魏北齐的地方行政组织。可以说，东魏建国之初，当时地方的军政组织为都督区、州、郡、县四级区划。可是，随着东魏北齐所设的稳定行台区的增多，以"道"为名称的行台区逐渐取代了都督区。太保十年，"齐代行台兼总人事"①。也就是说，行台区长官掌管的道，开始成为军政合一的地方组织，因而，东魏北齐的行政区划，就是道、州、郡、县四级组织。然而，就地方军的设置而言，东魏北齐国家并没有使四级地方行政组织都能够设有军队。在《北史》《北齐书》中，能够见到使用"道兵"记载。如高孝珩"以大敌既深，事借机变。宜使任城王领幽州道兵入玉门，扬声趣并州"②。东魏北齐国家在州中设兵的事例就更多了。如封子绘"起为大都督，领冀州兵起邺"③。而且，这些州军还能以所属州命名。《北齐书·文襄六王·广宁王孝珩传》："独孤永业领洛州兵趣潼关，扬声趣长安。"这种命名的做法说明，东魏北齐各行政州军队设置已经很普遍。然而，在《北齐书》《北史》中，却不见有郡、县设兵的记载。也就是说，东魏北齐国家只使地方军队可以在道和州设置，而在郡、县设兵却受到限制。

实际上，东魏北齐地方军的设置，是与地方军府的设置联系在一起的。从地方军府的设置来看，东魏北齐各州都有设置。特别是，北齐禅代东魏后，这种规定就更明确。北齐国家将行政州分为上上州、上中州、上下州、中上州、中中州、中下州、下上州、下中州、下下州。《隋书·百官志中》："上上州刺史，置府，属官有长史，司马，录事，功曹，仓曹，中兵等参军事及掾史，主簿及掾，记室掾史，外兵，骑兵，长流，城局，刑狱等参军事及掾史，参军事及法、墨、田、铠、集、士等曹行参军及掾史，右户掾史，行参军，长兼行参军，督护，统府录事，统府直兵，箱录事等员。"这一记载中提到的官员，都是上上州军府的属官。而且，随着州的等次的降低，军府属官的人员则依次减少。然而，北齐的州军府设置却不受影响，实际只有属官多少的差异。可是，地方郡、县却只有郡府、县府的设置，并不设置军

---

① 李百药：《北齐书》卷三八《辛术传》，第501页。
② 李百药：《北齐书》卷一一《文襄六王·广宁王孝珩传》，第145页。
③ 李百药：《北齐书》卷二一《封隆之传附封子绘传》，第145页。

府。也就是说，当时行政郡、县不存在统辖地方军的机构。

东魏北齐国家在州军府的管理上，沿袭北魏的规定。《北齐书·杜弼传》："（杜弼）迁中军将军、北豫州骠骑大将军府司马。"骠骑大将军号，实际为北豫州刺史所领。因为东魏北齐的州军府，能够以刺史所领将军号命名，由此就透露出，东魏北齐的州军府是由州刺史主要掌管的，因而，州刺史也就具有多方面的军事权力。《北齐书·封隆之传》："（封隆之）元象初，除冀州刺史，寻加开府。时初召募勇果。"① 冀州刺史封隆之能够招募"勇果"，正是他能够行使征召州军士兵权力的体现。当然，对州军的管理和训练，更是州刺史要负有的职责。

不过，需要提及的是，东魏北齐所设行台区长官，也就是"道"的长官，并没有编入国家职官品级序列，"行台，在令无文、其官置令，仆射、其尚书丞郎，皆随权制而置员焉"②。由于行台区长官的这种设置状况，所以，也就使其不能有固定军府的设置。然而，由于东魏北齐国家使行台区的长官多要兼任州刺史。例如，高思好"累迁尚书令、朔州道行台、朔州刺史、开府、南安王，甚得边朔人心"③。正因如此，这些兼任州刺史的行台区长官，也就能够掌管兼管州的军府，并能够将兼管州的军府作为行台区的军府。由此来看，行台区的军府，应该与行台区长官兼管州的军府是合一的，因而，行台区的长官也就可以掌控兼管州的州军。所以，一些行台区长官所领的军队也就被视为道兵。但从军队设置的实际情况来看，道兵仍然是以州军的设置为基础的。这说明，东魏北齐国家的地方军，实际只有州军是常设的。

东魏北齐所设置的地方军在参与军事活动上，其用途是多方面的。东魏北齐国家可以使行台区长官率领地方军组成征讨军参与作战。例如，潘子晃"武平末，为幽州行台右仆射、幽州刺史。周师将入邺，子晃率突骑数万赴援"④。东魏北齐国家也可以使州刺史指挥州军参与征讨作战。《北齐书·后主纪》："（武平四年）三月辛未，盗入信州杀刺史和士休，南充州刺史鲜于世荣讨平之。"《北齐书·段荣传附段韶传》："（段韶）大宁二年，除并州刺

---

① 李百药：《北齐书》卷二一《封隆之传》，第303页。
② 魏征等：《隋书》卷二七《百官志中》，第759页。
③ 李百药：《北齐书》卷一四《上洛王思宗传附高思好传》，第185页。
④ 李百药：《北齐书》卷一五《潘乐传》，第202页。

史，高归彦作乱冀州，诏与东安王娄睿率众讨平之。"由此可见，州刺史统领州兵参与征讨作战已经成为经常的军事活动，并在征讨军中还占有重要的地位。

东魏北齐国家更注意使用州军驻戍地方。前引《隋书·食货志》："及文宣受禅，多所创革。六坊之内徙者，更加简练，每一人必当百人，任其临阵必死，然后取之，谓之百保鲜卑。又简华人之勇力绝伦者，谓之勇夫，以备边要。"这说明，东魏北齐国家对鲜卑族士兵和汉族士兵，在使用上，是严格加以区分的。应该说，鲜卑族兵多为京畿军的士兵，而汉族兵则是京畿外的驻军，也就是各州的州军。《北齐书·清河王岳传》："（清河王高岳）武定元年，除晋州刺史、西南道大都督，得绥边之称。"《北齐书·斛律金传》："（斛律金）还为肆州刺史，仍率所部于宜阳筑杨志、百家、呼延三戍，置守备而还。"很显然，东魏北齐国家不仅以州军驻戍地方，而且，还使州刺史全面统辖这些驻军。

东魏北齐所设置的州军不仅能够参与征讨和镇戍，并且，这些士兵具有的战斗素质也是不能忽视的。从东魏北齐州军士兵的组成来看，其中有一些是特殊征召来的士兵。《北齐书·高宝宁传》："（高宝宁）武平末，为营州刺史，镇黄龙，夷夏重其威信。周师将至邺，幽州行台潘子晃征黄龙兵。"很明显，这些黄龙兵是由州中征召的。关于黄龙兵，《北史·尉迟迥传》："（尉迟）迥别统万人，皆绿巾锦袄，号曰黄龙兵。"显然，黄龙兵在服饰上，不同于一般州军士兵。但是，更重要的是，这些士兵的作战技能要高于普通士兵，所以，要对他们特别征召，而且，还要特殊命名，以此显示其作战实力。

当然，还要提到的是，北齐末年，由于战事频繁，士兵伤亡人数众多，因而，一些重要战役就不能不动员州军专门参战。例如，北齐后主就亲率"晋州军"与北周军作战。① 这些情况说明，由于东魏北齐的州军具有较强的作战实力，因而，就使国家统治者没有忽视使用地方州军参与军事行动。

（二）"丁兵"制是征集地方军士兵保障的措施

可以说，东魏北齐国家在保障地方军士兵来源的做法上，采取了"丁兵"制。这种"丁兵"制，是与征集京畿军士兵所实行的世袭职业兵制完全

---

① 李百药：《北齐书》卷五〇《恩幸·穆提婆传》，第690页。

不同的。所谓丁兵制，开始主要是将一些农民所服力役延伸，而使他们所服力役可以与兵役相互替代。实际上，这种"丁兵"制，不是东魏北齐时期才开始出现的，最早记载见于北魏孝文帝太和年间。《魏书·李彪传》载李彪上疏称："又别立农官，取州郡户十分之一以为屯人，相水陆之宜，料顷亩之数，以赃赎杂物余财市牛科给，令其肆力。一夫之田，岁责六十斛，蠲其正课并征戍杂役。"这说明，北魏国家要求受田的编户民有服兵役的义务。因此，这些编户民负担的正课，也就包括征戍和杂役。可以说，由于北魏孝文帝实行均田制，因而，又开始在一些地方出现兵徭逐渐合一的局面。正因如此，北魏后期，征召这类丁兵，便成为不能忽视的做法。《魏书·食货志》："（延昌三年）自徐扬内附之后，仍世经略江淮，于是转运中州，以实边镇，百姓疲于道路。乃令番戍之兵，营起屯田；又收内郡兵资与民和籴，积为边备。"这里提到的"番戍之兵"，正是按时间服兵役的丁兵。很显然，北魏宣武帝时，实行以丁兵番戍，已经成为经常的举措。《魏书·袁翻传》载袁翻上疏：

  自比缘边州郡，官至便登；疆场统戍，阶当即用。或值秽德凡人，或遇贪家恶子，不识字民温恤之方，唯知重役残忍之法。广开戍逻，多置帅领，或用其左右姻亲，或受人货财请属，皆无防寇御贼之心，唯有通商聚敛之意。其勇力之兵，驱令抄掠。若值强敌，即为奴虏；如有执获，夺为己富。

据袁翻所议，说明北魏后期国家已经使数量不少的丁兵戍边。这说明，北魏后期的国家军队中，丁兵开始成为士兵的来源之一。

  东魏北齐国家继续延续北魏做法，将"丁兵"的实行作为国家军队士兵来源的重要保证。关于东魏北齐国家实行"丁兵"的做法，文献中有明确记载。《北齐书·元孝友传》载元孝友奏表：

  令制：百家为党族，二十家为闾，五家为比邻。百家之内，有师二十五人，征发皆免，苦乐不均。羊少狼多，复有蚕食。此之为弊久矣。京邑诸坊，或七八百家唯一里正、二史，庶事无阙，而况外州乎？请依

>旧置三正之名不改，而百家为族，四闾，闾二比。计族少十二丁，得十二匹赀绢。略计见管之户应二万余族，一岁出赀绢二十四万匹。十五丁为一番兵，计得一万六千兵。此富国安人之道也。

据此上奏，可以明确，东魏北齐国家进一步完善了北魏后期的征发规定，并将征发丁兵的规定制度化。很明显，东魏北齐国家已经确定从十五个服役农民中，抽一人为丁兵的规定，从而有效地保证了服兵役农民的数量。而且，当时国家尽力防止征发丁兵出现随意性。《北齐书·唐邕传》："（唐）邕性识明敏，通解时事，齐氏一代，典执兵机。凡是九州军士、四方勇募，强弱多少，番代往还，及器械精粗、粮储虚实，精心勤事，莫不谙知。"可见，东魏北齐的丁兵是要"番代"的。这就是说，服兵役与服徭役一样，都有固定的时间。《北齐书·卢叔武传》："我兵士相代，年别一番，谷食丰饶，运送不绝。彼来求战，我不应之，彼若退军，即乘其弊。"显然，国家规定丁兵服兵役的时间，一般以一年为限。这一时间规定，受到东魏北齐国家的严格控制。《北史·房谟传》："（房谟）出为兖州刺史。……谟至，皆加检勒，不令烦扰，以休假番代洗沐，督察主司，亲自检见。"也就是说，一些地方刺史对掌管丁兵"番代"的官员，要进行检核。这样做的目的，正是要防止无限期地役使"丁兵"情况的发生。

应该说，东魏北齐国家实行的"丁兵"制，与北魏一样，也是以均田制为基础的。《隋书·食货志》："至河清三年定令，乃命人居十家为比邻，五十家为闾里，百家为族党。男子十八以上，六十五已下为丁；十六已上，十七已下为中；六十六已上为老；十五已下为小。率以十八受田，输租调，二十充兵，六十免力役，六十六退田，免租调。"据此可见，各州郡的受田编户民是需要服兵役的。《北齐书·赵郡王琛传附赵叡传》："（赵叡）出为定州刺史，……诏叡领山东兵数万监筑长城。于时盛夏六月，叡在途中，屏除盖扇，亲与军人同其劳苦。……先是，役徒罢作，任其自返。丁壮之辈，各自先归；羸弱之徒，弃在山北，加以饥病，多致僵殒。叡于是亲帅所部，与之俱还，配合州乡，部分营伍，督帅监领，强弱相持，遇善水草，即为停顿，分有余，赡不足，赖以全者十三四焉。"很明显，一些州刺史将服徭役与服兵役完全视为相同的活动，并在把控上，并无明显的区分。因此，可以明确,由于北齐均田制普遍的实行,各州兵徭合一已经是常见的情况。

不过,需要指出的是,这种以兵徭合一为特征的"丁兵"制的实行,无疑扩大了国家军队士兵的来源。然而,由于这些丁兵大部分是各个地方受田的汉族编户民,所以,也就使这些汉族兵的使用受到东魏北齐国家的限制。最明显的就是,这些被征发的汉族兵,不能被编入主要由鲜卑兵组成的京畿军,因而,他们也就只能用于地方的州军。因此,可以说,"丁兵"制的实行,实际使东魏北齐国家的地方州军的数量,有了固定的保证。

东魏北齐国家除了使受田编户民按规定时间服兵役之外,还可以采取特别征集的做法。《北齐书·孙搴传》:"世宗初欲之邺,总知朝政,高祖以其年少,未许。(孙)搴为致言,乃果行。……时又大括燕、恒、云、朔、显、蔚、二夏州、高平、平凉之民以为军士,逃隐者身及主人、三长、守令罪以大辟,没入其家。于是所获甚众,搴之计也。"孙搴建议实行以"大括"方式征集州军士兵的做法,实际是强制地方的编户民充兵,进而保证对士兵的大量需求,所以,这只是一种应急的临时措施。这种特别的做法,应该是在"番代"士兵不充足的情况下进行的,所以,只是对"丁兵"制的一种补充措施。

综上可见,东魏北齐国家设置的地方军,主要为州军。国家可以使这些州军参与征讨作战和镇戍地方,因而,也是国家的重要武装力量。地方州刺史统辖的军府,实际掌管州军的管理与征集。对州军士兵的征集,东魏北齐国家采取的措施是多样的。在这些措施中,最重要的就是"丁兵"制。可以说,这种"丁兵"制是以兵徭合一为主要特征的。也就是说,因为均田制的实行,受田的编户民都能以"番代"的方式服兵役。由于"番代"的士兵大部分都是汉族编户民,因此,就使州军士兵能够获得可靠的来源。应该说,由于东魏北齐国家采取"丁兵"制作为主要征集州军士兵的方式,所以,也就有效地保障了地方军队士兵能够获得源源不断的补充。

三、募兵与部曲的使用及对国家军队士兵来源上的补充

(一) 募兵的使用

在东魏北齐国家军队中,还有一些士兵不是来自征发,而是被招募的。

这些被招募的士兵正是募兵。可以说，东魏北齐募兵使用已经不是个别的情况。实际上，东魏北齐国家使用募兵，也是北魏后期做法的延续。《魏书·太武五王·广阳王建闾传》："（李崇）北征之日，启募八州之人，听用关西之格。"这说明，在北魏后期的征讨军中，使用了不少的募兵。这些募兵不同于职业兵，也不同于"丁兵"。他们是通过招募而充当士兵的，所以，这些士兵并不是被强迫的，而是自愿当兵参战。北魏后期大量使用募兵，主要是因为职业兵和丁兵的数量，不能满足国家军队对士兵的大量需求，所以，招募的做法也就成为保证军队士兵来源的一种措施。

北魏后期的这种招募士兵的做法，为东魏北齐国家所承袭，并且，还使募兵的使用措施得到完善。《北齐书·文襄帝纪》："（武定四年）又令朝臣牧宰各举贤良及骁武胆略堪守边城，务得其才，不拘职业。"由地方官员推举士兵，实际是一种特殊的招募。由此诏令可以看出，东魏北齐国家的募兵中，很多士兵具有特殊作战技能。由于一些募兵具有这种特点，国家自然使这些士兵不可能短期服役，所以，就使这些募兵逐渐成为特殊的职业兵。

从募兵服兵役的时间上来看，东魏北齐国家并没有明确规定。由于当时国家军队中的募兵大部分成为职业兵，因而，募兵充兵的年龄并不受限制，以致一些军人的年龄可以高达六十、七十余岁。东魏北齐国家要保证军队作战能力，当然要使募兵不能随意脱离军队。《北齐书·废帝纪》："武官年六十已上及癃病不堪驱使者，并皆放免。"很显然，一些募兵能够脱离军队，必须要有国家放免的特别命令。东魏北齐国家除了对募兵服役有强制规定之外，还采取鼓励延长服役时间的做法。《北齐书·废帝纪》："（天保十年）诏九州军人七十已上授以板职。"所谓板职，是板授的职官。也就是说，募兵成为职业兵，到高龄后，可以获得担任职官的优待。国家实行这种优待措施，当然，能够起到鼓励一些募兵长期服兵役的作用。

在东魏北齐国家在征讨作战中，使用募兵，已经是很常见的情况。《北齐书·高祖十一王·任城王湝传》："（任城王）湝与广宁王孝珩于冀州召募得四万余人，拒周军。"这说明，北齐后期，国家开始单独使用募兵参与征讨作战。《北齐书·幼主纪》："于是黄门侍郎颜之推、中书侍郎薛道衡、侍中陈德信等劝太上皇帝往河外募兵，更为经略。"很明显，由于北齐末年兵源的枯竭，就要更多地依赖募兵参与较大规模的作战。

东魏北齐国家，使用募兵镇戍地方，也不是特殊的情况。《北齐书·王琳传》："（王琳）分遣招募，淮南仓楚，皆愿勠力。"《北齐书·源彪传》："（源彪）淮南招募三四万人，风俗相通，能得死力，兼令旧将淮北捉兵，足堪固守。"很显然，在东魏北齐国家对一些重要州的防卫中，募兵所负的重要责任，已经受到很大的重视。

东魏北齐国家对募兵的征集，也实行了必要的措施。可是说，国家确定招募对象，能够"不拘职业"①，采取自愿应募的做法。但应募当兵，却不具有随意性。《北齐书·后主纪》："（武平七年）诏募兵，遣安德王延宗为左，广宁王孝珩为右。"显然，要征集募兵，必须要有皇帝的诏令。也就是说，只有在国家需要的号令之下，编户民才能应募为兵。由此可见，东魏北齐国家对募兵的征集，是受到严格控制的。也就是说，东魏北齐国家以招募的方式征召士兵，是以适应军事活动的需要为目的的，因此，这种做法，应该是对以世袭职业兵制和"丁兵"制征集士兵做法的补充措施。

（二）私人部曲的使用

如前所述，东魏北齐国家军队可以分为京畿军和州军，但这些都是国家的军队。可是，对中央和地方官员而言，一些人却拥有私人部曲。《北齐书·平秦王归彦传》："孝昭崩，归彦从晋阳迎武成于邺。及武成即位，进位太傅，领司徒，常听将私部曲三人带刀入仗。"这一记载提到的"私部曲"，正是属于个人的私兵。可以说，东魏北齐时期，一些国家官员可以拥有部曲兵的规定，受到了北魏末年私人部曲大量出现情况的影响。

从北魏末年的情况来看，国家不限制一些地方豪强拥有私人部曲。如高慎"太昌初，迁光州刺史，加骠骑大将军、仪同三司。时天下初定，听慎以本乡部曲数千人自随"②。而且，这些地方豪强还能够率领私人部曲充军作战。如高昂"以寇难尚繁，非一夫所济，乃请还本乡，诏集部曲。……又高祖讨尔朱兆于韩陵，昂自领乡人部曲王桃汤、东方老、呼延族等三千人"③。这些事例说明，北魏末年，具有实力的地方豪强领有部曲已经不是个别的，

---

① 李百药：《北齐书》卷三《文襄帝纪》，第37页。
② 李百药：《北齐书》卷二一《高乾传附高慎传》，第292-293页。
③ 李百药：《北齐书》卷一三《高乾传附高昂传》，第294页。

而是比较普遍的情况。

北魏末年,一些地方豪强,甚至官员可以拥有私人部曲的做法,对东魏北齐国家的军事规定有很大的影响。应该说,当时国家并没有完全改变这种情况,而是继续对一些国家官员拥有私人部曲的做法采取不限制的措施。《北齐书·清河王岳传》:

> 初,岳与高祖经纶天下,家有私兵,并畜戎器,储甲千余领。世宗之末,岳以四海无事,表求纳之。世宗敦至亲之重,推心相任,云:"叔属居肺腑,职在维城,所有之甲,本资国用,叔何疑而纳之。"

由此可以看出,东魏北齐国家对官员拥有私人部曲及军械,并不被视为不合法的做法。当时不仅对中央重臣,对一些地方官员也是如此。《北齐书·季式传》:"(季式)天平中,出为济州刺史。……又有群贼破南河郡,季式遣兵临之,应时斩戮。自兹以后,远近清晏。季式兄弟贵盛,并有勋于时,自领部曲千余人,马八百匹,戈甲器仗皆备,故凡追督贼盗,多致克捷。"这就是说,一些地方州刺史不仅可以指挥州军,也能够统领私人部曲参与作战。

东魏北齐国家所以不限制一些官员领有私人部曲,实际是要利用将领与部曲之间紧密联系的依附关系,也即主从关系,使之更好地服务于军事行动。《北齐书·卢潜传》:"先是梁将王琳为陈兵所败,拥其主萧庄归寿阳,朝廷以琳为扬州刺史,敕潜与琳为南讨经略。琳部曲故义多在扬州,与陈寇邻接。潜辑谐内外,甚得边俗之和。"这说明,一些地方刺史使用私人部曲防卫地方,对稳定地方的社会秩序还能够起到有益的作用。这就是说,东魏北齐国家使一些官员可以领有部曲,正是要发挥这些私兵的积极作用,并使之成为协助国家军队作战的武装力量。由此可见,因为东魏北齐时期,依附关系还具有支配作用,因而,私人部曲的存在,正是这种依附关系在军事上的体现,所以,就使东魏北齐国家需要尽量压低私人部曲存在的消极因素,更多地发挥其积极作用。应该说,这正是东魏北齐国家允许私人部曲存在并参与军事活动的重要原因之一。

东魏北齐国家一方面不限制一些官员领有部曲参与军事活动,但采取更多的举措是，使官员利用与部曲的主从关系，将其改变为国家军队。《北齐书·李元忠传》："（李愍）拥众数千人以赴高祖，高祖亲迎之。除使持节、征南将军、都督相州诸军事、相州刺史，兼尚书西南道行台、州都督。令愍率本众西还旧镇，高祖亲送之。愍至乡，据马鞍山，依险为垒，征粮集兵，以为声势。"可见，李愍所率军队开始是私人部曲。但是，他受高欢之命驻戍地方后，实际他的私人部曲已经被改编为国家军队。也就是说，随着东魏北齐国家控制力量的加强，一些官员将私人部曲改变为国家军队的做法逐渐增多，而且，这种做法还受到鼓励，并被积极推行。《北齐书·封隆之传附封子绘传》："高祖崩，秘未发丧，世宗以子绘为渤海太守，令驰驿赴任。世宗亲执手曰：……仍听收集部曲一千人。后进秩一等，加骠骑将军。"很显然，因为封子绘采取了以征集部曲的方式补充国家军队士兵做法，因而，受到皇帝提升职官秩级的奖励。这说明，东魏北齐国家为保障军队士兵的来源，实行了多方面的措施。其中包括国家并不放弃将私人部曲者改编为国家军队士兵的做法。应该说，随着这种做法不断地被推广，私人部曲被改编为国家军队士兵的数量也逐渐增多，因而，这种做法也就成为东魏北齐国家保障国家军队士兵来源不能忽视的措施。

四、结　语

东魏北齐国家军队的设置，主要有京畿军和地方州军。京畿军的组成主要是三州六镇的鲜卑族士兵，因此，它保留着英勇善战的传统。东魏北齐国家使这支军队参与京城与京畿的防卫以及较大规模的征讨作战，所以，是国家重要的军事力量。东魏北齐的地方军，主要是州军。州军的士兵，主要由征发来的"丁兵"组成。这些州军主要用于镇戍地方和参与征讨作战，因而，也是不能忽视的作战武装。

东魏北齐国家为京畿军与地方军规定了保障士兵来源的制度。因为京畿军与地方军士兵的组成有很大差异，所以，保障士兵来源的规定，也明显不同。保障京畿军士兵来源，实行的是特殊的世袭职业兵制。东魏北齐国家使这些鲜卑士兵完全脱离生产，并将能够当兵作战作为鲜卑士兵的特权，从而使京畿军士兵成为具有特殊地位的职业兵。由于新的世袭职业兵制的实行，也就有效地保证了京畿军士兵能够获得稳定的补充。

从保障地方军士兵来源的措施来看，则不同于京畿军，实行了"丁兵"制。东魏北齐的"丁兵"制，是源于北魏后期以兵役代替徭役的做法。实际上，东魏北齐的"丁兵"比北魏后期的做法，更为完善。当时国家以均田制为基础，使规定数量的受田编户民要服兵役，并确定"丁兵"的"番代"时间以一年为限。可以说，这种征集士兵方式的特征，表现为徭役与兵役的合一。然而，由于"丁兵"制是在受田编户民范围内实行，所以，服兵役者大多数应该是汉族农民，因而，他们只能补充到地方州军中。可以说，"丁兵"制的实行，对可靠地保证地方州军士兵的来源，所起到的作用是很重要的。

东魏北齐国家使用士兵，并不限于固定设置的京畿军和州军，还使募兵与部曲可以参战。东魏北齐的募兵，是由皇帝下诏，而由参战官员招募的士兵；而私人部曲，则是一些官员被国家允许能够率领的私兵。可以说，东魏北齐的募兵和部曲，在防卫地方和参与征讨作战中，都发挥了很重要的作用。就募兵而言，在作战士兵人数不充足的情况下，对保证士兵的来源，可以起到补充作用。而对私人部曲来说，由于东魏北齐国家积极采取鼓励拥有部曲的官员将这些私兵改编为国家士兵的做法，所以，这种做法也就不失为补充国家士兵来源的一种措施。

应该说，东魏北齐国家从京畿到地方，针对地区的不同以及民族的差别而分别设置了不同的国家军队，并且，还使募兵和部曲参加作战，因而，使这些参战军队在人数和战斗力上，都有了保证。加之，国家分别采取以世袭世兵制和"丁兵"制作为京畿军和地方军士兵来源的保障措施，所以，在东魏北齐立国五十余年的时间中，也就保持了能够与西魏北周、梁、陈朝进行军事抗衡的实力，进而为长期占据北方东部地区提供了保证。

（《古代文明》2021年第4期）

略论北朝佛教僧人与世俗信徒的素食风气

魏晋南北朝是佛教在中国广泛传播的时代。随着佛教的传播，在当时社会中翻译佛经、阐释佛经以及修建佛寺等活动都发展起来，并且由于佛教对中国传统文化的渗透，也对佛教信徒的生活产生重大的影响。其中表现很明显的就是，佛教僧人与世俗信徒的饮食发生很大的改变，素食的风气开始出现。因此，研究当时佛教僧人与世俗信徒的素食风气，是认识佛教传播对中国社会生活影响的不可忽视的问题。前人已经对南朝的佛教僧人及世俗信徒的素食状况做了细致的研究，[①] 但对北朝佛教僧人与世俗信徒素食风气的考察，却涉及较少，显得比较薄弱。所以，本文拟对北朝佛教僧人及世俗信徒素食风气的特点及其原因做一些探讨，以就教于方家。

一、佛教僧人素食风气的特点

北朝时期，由于佛教的传播，对社会产生重大的影响。明显的表现就是，社会中大量的世俗者出家成为僧人。北魏时，"总度僧尼二百余万"。[②] 北齐时，"度人与魏相接"[③]。北周武帝在禁佛时，"废僧尼三百万人"[④]。足

---

① 康乐：《素食与中国佛教》，载林富士《礼俗与宗教》，中国大百科全书出版社，2005年，第128－172页。

② 道宣：《释迦方志》卷下《教相篇第八》，载《大正新修大藏经：史传部三》，财团法人佛陀教育基金会出版部，1990年，第974页。

③ 道宣：《释迦方志》卷下《教相篇第八》，载《大正新修大藏经：史传部三》，第974页。

④ 道宣：《释迦方志》卷下《教相篇第八》，载《大正新修大藏经：史传部三》，第974页。

见当时僧人数量众多。因此，在北朝社会中，佛教僧人已经成为重要的社会群体。这个群体的生活，自然与世俗者不同，表现出浓厚的宗教色彩。他们的饮食生活也是如此。

从北朝佛教僧人的饮食来看，可以分为"斋食"与日常的饮食。随着素食风气的出现，北朝僧人的饮食也发生改变，表现出浓厚的素食化特点。这种情况，从当时佛教僧人的"斋食"与日常饮食都可以明显表现出来。

所谓僧人的"斋食"，最早起源于古印度佛教形成时期。这是佛教僧人的一种特殊的饮食活动。据文献记载："（阿育）王令国中人民悉行十善持五戒，月六斋年三长斋。"[1]"佛言，日中三世佛食，时食若午时。日影过一发一瞬，即是非时。若比丘非时食者，波逸提。斋者，以过中不食为体。"[2] 这就是说，佛教"斋食"即指"过午不食"，又可以称为"长斋"。

实际上，这是佛教的一种清规。当时将奉行这一清规的活动，又称之为"持斋"。佛教"长斋"一般在一年的固定时间举行。具体说来，一年要有三个月的"长斋"日，即"岁三斋者，正月一日至十五日，五月一日至十五日，九月一日至十五日"[3]。然而，古印度佛教僧侣"长斋"的饮食，却并不是一定要禁绝荤腥不吃肉食的。比如古印度广严城僧人，"忽设僧食。即往市肆多买净肉，于大镬内加以酥油作好美粥"[4]。这里所说的"净肉"，即是"三净肉"。可见释迦牟尼制定"长斋"清规的最终目的，只是减少僧侣的世俗之欲，进而在此基础上使僧侣得以潜心修行，并没有在饮食上倡导素食。因此，在佛教早期传入中国时，"人虽落发，事犹类俗。衣无条叶，食通荤

---

[1] 释法琳：《辨正论》卷以《三教治道篇第一上》，载《大正新修大藏经：史传部四》，第495页。

[2] 志磐：《佛祖统纪》卷三三《法门光显志第十六》"持斋"条，载《大正新修大藏经：史传部一》，第320页。

[3] 释僧祐：《弘明集》卷一三《奉法要》，载《大正新修大藏经：史传部四》，第86页。

[4] 义净译：《根本说一切有部毗奈耶》卷一〇《妄说自得上人法学处第四之二》，载《大正新修大藏经：律部二》，第679页。

略论北朝佛教僧人与世俗信徒的素食风气

哉"①。由此看来,当时佛教僧人"长斋"饮食,当然也是如此了。

然而,至北朝时期,佛教僧人的"长斋",就与佛教初传入中国时的情况完全不同了。史载,北魏僧侣释跋澄,"少出家,精神暗钝。而长斋蔬食……诵法华经……日诵一行"②。北齐寿门山顶寺僧人释道树,"蔬食长斋,诵法华一部。禅思通彻,远近钦敬"③。显然佛教僧人释跋澄、释道树的"长斋"都是与"蔬食"联系在一起。这里所说的"蔬食",实际就是禁绝酒肉的素食。由此可见,北朝佛教僧侣的"长斋",不仅要"过午不食",而且,必须要坚持素食。

北朝佛教僧人"长斋"吃素食的行为,当时已经不是个别的现象。文献中提到,北齐佛教僧人释道远"为性疏诞,不修细行。好随饮宴为任"。但是,当他感悟后,"反行易志,弊衣破履,一食长斋,遵奉律仪"④。这里提到释道远"长斋"要遵守的"律仪",实际就是一种佛教戒律。很明显,在这种戒律规定中,是严格禁止僧人"长斋"食肉的,而必须要选择素食。既然在戒律中,对"长斋"的饮食有明确的规定,表明北朝佛教僧人"长斋"素食已经基本固定化。

北朝时期,"长斋"是佛教僧人潜心修行必须遵行的活动,因而,"长斋"素食风气的形成,自然要对僧侣的日常饮食产生重大的影响。事实上,北朝佛教僧侣的日常饮食受到"长斋"素食风气的影响是极其明显的。可以说,在这种风气影响下,使一些僧人改变了他们日常的饮食构成,素食成为他们唯一的选择。在北朝社会中出现了数量众多的坚持常年素食的佛教僧人。诸如,北齐汝南僧人释僧玮"服以弊衣,资以菜食。致使口腹之累,渐

---

① 神清撰、慧宝注:《北山录》卷四《宗师议第七》,载《大正新修大藏经:史传部四》,第594页。

② 慧详:《弘赞法华传》卷六《诵持第六》,载《大正新修大藏经:史传部三》,第29页。

③ 慧详:《弘赞法华传》卷七《诵持第六之二》,载《大正新修大藏经:史传部三》,第31页。

④ 怀信:《释门自镜录》卷下《饮啖非法录九》,载《大正新修大藏经:史传部三》,第815页。

以石帆水松"①。博陵僧人释昙迁"蔬素覃思，委身以道"②。北周博陵僧人释道林，"入太白山，结宇深岩，路绝登陟。木食济形，惟法检心，更无营拯"③。这些事例说明，这些常年坚持素食的佛教僧人的目的是明确的，也就是说，他们选择常年素食是与潜心修行密切结合在一起的。因此，促使佛教僧人日常饮食的素食风气不断拓展。

在这种风气下，这些僧人坚持日常素食，需要不惜忍受任何艰难困苦来克制自我的饮食欲望。一些僧人为了表现对素食风气的顺应，甚至在饮食上，做出了很极端的事情。例如，北齐大统合水寺僧人释法上，"专诵维摩、法花……后值时俭，衣食俱乏。专意涅槃，无心饥冻。故一粒之米加之以菜，一衣为服兼之以草"④。北周雍州僧人释普济，"行不裹粮，依时啖草。咀嚼咽饮，都不为患"⑤。这些情况的出现，说明僧人日常饮食的素食化，是要表现他们对欲望的严格约束。由此来看，在当时社会，众多的世俗人出家为僧人，是要以对自身欲望的约束来表现对佛教信仰的虔诚，而在饮食上选择素食正是为了实现这一目的。在这种思想意识支配之下，僧人日常生活素食风气的发展也就是不可避免的了。

北朝佛教僧人素食风气的盛行，还表现在对道教素食构成的吸纳上。在北朝社会，不仅佛教很流行，实际上，道教也拥有众多的信奉者。在北方传播的道教，也是倡导素食的。道教的这种饮食风气，自然会影响到佛教僧人饮食。文献载，北齐邺城僧人释僧邕，"入白鹿山深林之下。避时削迹，饵

---

① 释道宣：《续高僧传》卷一六《习禅初》，载《大正新修大藏经：史传部二》，第558页。

② 释道宣：《续高僧传》卷一八《习禅三》，载《大正新修大藏经：史传部二》，第571页。

③ 释道宣：《续高僧传》卷一九《习禅四》，载《大正新修大藏经：史传部二》，第579页。

④ 释道宣：《续高僧传》卷八《义解篇四》，载《大正新修大藏经：史传部二》，第485页。

⑤ 释道宣：《续高僧传》卷二七《遗身篇第七》，载《大正新修大藏经：史传部二》，第680页。

略论北朝佛教僧人与世俗信徒的素食风气

饭松术"①。北齐僧人释僧达也是"饵苓断粒"②。这些佛教僧侣"饵饭松术""饵苓断粒"的素食构成,与道教在饮食上的最高追求,即"餐松饵柏,驾鹤乘龙"③几乎是相同的。所以,佛教僧人的日常饮食生活吸收道教在饮食上的最高追求,也就更助长了佛教素食风气的流行。

不过,需要指出的是,尽管北朝佛教僧侣日常饮食的素食风气,已经成为一种主流的发展趋势,可是,这种要求佛教僧侣将信仰与素食结合起来的做法,是对人的饮食欲望的一种限制和约束,这样,也就很难使全部僧人都能够严格奉行。所以,在当时社会中,就有一些佛教僧人不肯放弃他们在饮食上的享受欲望。例如,西魏僧人释檀特,"身虽剃染,率略无检制。饮酒啖肉,语默无常……居于武威,肆意狂逸"④。北齐时,文宣帝举行的佛、道二教辩难的法会,僧人释昙显"酒醉酗盛,扶举登座。因立而笑,众皆惮焉"⑤。北周绵州僧人释童进,"不居礼度,唯乐饮酒"⑥。甚至北齐名僧释道丰赴文宣帝宴时,"(文宣)帝曾命酒并蒸肫,敕置丰前,令遣食之。丰聊无辞让,极意饱啖"⑦。这些北朝佛教僧人不禁断酒肉的举动,表明他们并不限制在饮食上的享受,他们并没有顺应日常饮食素食化的风气。这些情况说明,由于佛教僧人日常饮食素食化是对僧人饮食欲望的限制,因而,只有较高情操的僧人才能奉行,并不是一般僧人能够做到的。况且,对当时佛教僧

---

① 释道宣:《续高僧传》卷一九《习禅四》,载《大正新修大藏经:史传部二》,第584页。

② 释道宣:《续高僧传》卷一六《习禅初》,载《大正新修大藏经:史传部二》,第553页。

③ 赞宁:《宋高僧传》卷一四《明律篇第四之一》,载《大正新修大藏经:史传部二》,第793页。

④ 赞宁:《宋高僧传》卷一八《感通篇第六之一》,载《大正新修大藏经:史传部二》,第820页。

⑤ 释道宣:《续高僧传》卷二三《护法上》,载《大正新修大藏经:史传部二》,第625页。

⑥ 释道宣:《续高僧传》卷三五《感通篇中》,载《大正新修大藏经:史传部二》,第659页。

⑦ 释道宣:《续高僧传》卷二五《感通上》,载《大正新修大藏经:史传部二》,第647页。

人来说，还有"长斋"素食可以作为他们减少世俗之欲的象征，因此，在当时社会中存在日常饮食上不禁断酒肉的僧人，也就不足为怪了。

然而，在当时社会，这些在日常饮食上不食素食而与素食化风气相悖的僧人，是经常要受到当时人的指责和非议的。史载，北齐时，邺都大庄严寺僧人释圆通在平日常饮酒，人们便指责"酒为不善诸恶之本"[1]，对他的饮酒食肉的行为非常鄙视。甚至当时有人斥责日常饮食不检点的僧人为"污染伽蓝，不愧尊像。如斯浑杂，奚如外道"[2]。表明在当时素食风气影响下，一些佛教僧人日常饮食违背素食习惯，已经被视为对佛教信仰的大不敬行为。由此可见，在北朝社会，当时人们已经将素食视为佛教僧人最合理的饮食。这种观念的出现，正是受北朝佛教僧侣日常食素风气的长期影响而必然产生的结果。

二、世俗佛教信徒素食风气的特点

在北朝，无论社会上层还是社会下层，信仰佛教的人数众多。这些人都是世俗崇信佛教者，他们与佛教僧人的身份是不同的。可是，由于这些世俗信徒对佛教的崇信，因而，在这些人之中也有素食者出现。不过，这些素食者奉行的素食方式，并不完全相同，表现出多样化的特点。

在当时崇信佛教的社会群体中，出现了一些"持斋"者。实际上，这些人是仿效佛教僧人的"长斋"，定期坚持"过午不食"。北魏城阳王元鸾，"爱乐佛道，修持五戒，不饮酒食肉，积岁长斋"[3]。济南王元文若，"口诵金言，心期敬。王持斋菜食，护法敬僧，无以加也"[4]。城阳王元鸾、济南王元文若的"长斋"是与佛教僧人完全相同的。他们在"三长斋月"，不饮酒食

---

[1] 怀信：《释门自镜录》卷下《饮啖非法录九》，载《大正新修大藏经：史传部三》，第815页。

[2] 释道世：《法苑珠林》卷九三《酒肉篇第九三·食肉部第三》，载《大正新修大藏经：事汇部上》，第976页。

[3] 魏收：《魏书》卷一九下《景穆十二王下·城阳王长寿传附元鸾传》，第510页。

[4] 释法琳：《辨正论》卷四《十代奉佛篇下》，载《大正新修大藏经：史传部四》，第514页。

略论北朝佛教僧人与世俗信徒的素食风气

肉,坚持素食。不过,一些世俗佛教信徒的"长斋",在具体做法上,也有与佛教僧人不同的方式。这些世俗佛教信徒,一般将中国传统丧礼的斋戒与对佛教信仰的"长斋"结合在一起。比如北齐赵郡王高琛子高叡,"居丧尽礼,持佛像长斋……午后辄不肯食"[1]。很明显,在北朝世俗佛教信徒中,奉行"长斋"的人数是不少的,并且,方式也是多样的。人数众多的世俗佛教信徒坚持"长斋",自然对整个社会的素食风气也有很大的推动。

北朝世俗佛教信徒定期地食素食,并不只限于"长斋",还有"六斋"。北魏淮阳王元尉、河东王元荀、东阳王元丕、淮南王元他,"四十年中,三长月六,守斋持戒无替。于时诵维摩经"[2]。这里提到的"三长"就是指"长斋";"月六"则是"六斋"。所谓"六斋"就是"月八日、十四日、十五日、二十三日、二十九日、三十日"[3]。当时在"六斋"日,"皆当鱼肉不御,迎中而食。既中之后,甘香美味一不得尝。洗心念道,归命三尊"[4]。这就是说,在"六斋"日,不仅要"过午不食",并且,还要禁绝肉食,必须素食。所以,"六斋",正是定期的素食日。在北朝世俗佛教信徒中,很多人都"每月六斋,终身靡废"[5]。例如,北魏太傅李寔,"奉法尊师,无废六斋,恒持五戒"[6]。甚至还有皇帝也奉行"六斋"。北周宣帝就"六斋不替,八戒靡渝。永夜清晨,经行诵念"[7]。世俗佛教信徒在"六斋"日吃素食,是对佛教信仰

---

[1] 李百药:《北齐书》卷一三《赵郡王琛传附高叡传》,第170页。

[2] 释法琳:《辨正论》卷四《十代奉佛篇下》,载《大正新修大藏经:史传部四》,第514页。

[3] 释僧祐:《弘明集》卷一三《奉法要》,载《大正新修大藏经:史传部四》,第86页。

[4] 释僧祐:《弘明集》卷一三《奉法要》,载《大正新修大藏经:史传部四》,第86页。

[5] 释法琳:《辨正论》卷四《十代奉佛篇下》,载《大正新修大藏经:史传部四》,第515页。

[6] 释法琳:《辨正论》卷四《十代奉佛篇下》,载《大正新修大藏经:史传部四》,第515页。

[7] 释法琳:《辨正论》卷三《十代奉佛上篇第三》,载《大正新修大藏经:史传部四》,第508页。

的一种宣示，也就是要充分表现实现"回心佛理，共遵圣化"① 的目的。

北朝世俗佛教信徒定期的素食日，还有"八斋"。"八斋"，也可称为"八关斋戒""八斋戒""八戒斋""八戒"。② 在北朝社会，"八斋"已经为世俗佛教信徒普遍接受。史载，"魏侍中大保司徒公广阳懿烈王、魏广阳忠武王、魏司徒广阳王、魏广阳文献王、魏相国高王、魏汝南王、魏宜都王……咸受八戒，俱持六斋"③。又北朝史雄家族"门崇三宝，人奉八斋"④。关于"八斋"，胡三省解释说："释氏之戒：一，不杀生；二，不偷盗；三，不邪淫；四，不妄语；五，不饮酒、食肉；六，不著花鬘璎珞，香油涂身、歌舞倡伎故往观听；七，不得坐高广大床；八，不得过斋后吃食。已上八戒，故为八关。《杂录名义》云：'八戒者，俗众所受一日一夜戒也'。"⑤ 据此，"八斋"就是"俗众所受一日一夜戒"。这个时间中，要使世俗佛教信徒禁绝八种生活中的欲望，其中也包括在饮食上不饮酒食肉，只能够吃素食。虽然"八斋"对世俗佛教信徒要求吃素食的时间不长，可是，这种短时间的素食，却是世俗信徒崇尚佛教理念的一种体现。

综上可见，北朝世俗佛教信徒对佛教虔诚的信仰，是与"长斋""六斋""八斋"的约束联系在一起的。在这些约束中，都有在饮食上吃素食的明确规定。世俗佛教信徒一般需要奉行这些规定，当然也就推动了佛教信仰与饮食上的素食的密切结合，进而使社会中佛教信徒定期素食风气不断扩展。

在北朝的世俗佛教信徒中，一些人为了表示他们对佛教信仰境界的更高追求，已经不满足定期的斋日的素食而开始奉行长年素食的做法。例如，北魏兰仓令孙府君，"是以童卯之年，信心三宝，厥龄十八，禁酒断肉"⑥。北

---

① 释法琳：《辨正论》卷四《十代奉佛篇下》，载《大正新修大藏经：史传部四》，第514页。
② 严耀中：《佛教戒律与中国社会》，上海古籍出版社，2007年，第469页。
③ 释法琳：《辨正论》卷四《十代奉佛篇下》，载《大正新修大藏经：史传部四》，第514页。
④ 释法琳：《辨正论》卷四《十代奉佛篇下》，载《大正新修大藏经：史传部四》，第518页。
⑤ 司马光：《资治通鉴》卷一三五《齐纪一》，中华书局，1956年，第4255页。
⑥ 赵超：《汉魏南北朝墓志汇编》，第147页。

齐扬州刺史卢潜，"戒断酒肉，笃信释氏"①。可见，在北朝社会上层的佛教信徒中，常年禁断酒肉、坚持素食的，已经不是个别人的行为。在社会下层，由于生活的艰难，日常饮食多为蔬菜谷物，很少能够食肉。可是，一些下层佛教信徒，却有意识地将生活中的素食与佛教信仰结合起来。例如，北魏渤海人皇氏，"幼而乐道，年十六欲出家，父母不许。因蔬食忏诵，晓夜不辍"②。青州民崔敬友，"精心佛道，昼夜诵经。免丧之后，遂菜食终世"③。隐居嵩山的冯亮"与僧徒礼诵为业，蔬食饮水，有终焉之志"④。显然，这些下层佛教信徒常年素食，并不是为了简单地维持果腹充饥，而是具有明确的目的性。也就是说，他们奉行长年素食的生活，是要表现对佛教信仰的一种不懈的追求。

上述情况表明，在北朝的世俗佛教信徒的上层和下层群体中，长年素食者已经为数不少。这正反映出了一种趋势，也就是说，一些世俗佛教信徒已经不满足定期的素食活动，他们更需要通过长年的素食体现出"佛道以酒肉为上诫"⑤的理念，进而使他们对佛教的信仰进入更高的境界。这样，随着对佛教信仰更高境界的追求，佛教世俗信徒的素食风气，当然也就愈加兴盛起来。

三、佛教僧人与世俗信徒素食风气兴盛的原因

北朝佛教僧人与世俗信徒素食风气的兴盛，具有多方面的社会原因。从这种风气的形成来看，并不是从北朝才开始的，而是经历了复杂的历史过程。实际上，这种风气的出现，是随着佛教在中国的传播与影响的不断扩大，并与中国实际饮食状况相结合才出现的结果。

---

① 李百药：《北齐书》卷四二《卢潜传》，第556页。
② 释慧皎：《高僧传》卷八《义解五》，载《大正新修大藏经：史传部二》，第377页。
③ 魏收：《魏书》卷六七《崔光传附崔敬友传》，第1501页。
④ 魏收：《魏书》卷九〇《逸士·冯亮传》，第1931页。
⑤ 释僧祐：《弘明集》卷一《牟子理惑正诬论》，载《大正新修大藏经：史传部二》，第6页。

魏晋南北朝史论稿

佛教最早传入中国，当在西汉后期。① 但佛教在中国初传的时期，佛教信徒在饮食上，并没有禁断酒肉，而是"人虽落发，事犹类俗。衣无条叶，食通肴胾"②。然而，随着佛教在中国的广泛传播，佛教倡导的不杀生的理念为信徒们广泛接受。可是，一些佛教信徒并没有只坚持不杀生的理念，而是将这种理念进一步发展。成书于东汉末年的《牟子理惑论》就开始提出"佛道以酒肉为上诫"。显然，牟子已经将不杀生的理念发展为对酒肉的禁绝，并且，还将这种行为与对佛教信仰的最高境界的追求结合在一起。这种观念的出现，当是在佛教信徒中兴起素食风气的根源。正是在这种观念的引导下，至西晋时，在一些佛教僧人中，开始出现了奉行素食者。例如，西晋北地僧人竺僧显，"贞苦善戒节，蔬食诵经，业禅为务"③。不仅如此，文献载，西晋周珰"家世奉法。珰年十六，便菜食持斋"④。可见，在当时的世俗信徒中，也出现"长斋"素食者。

西晋灭亡后，出现了南北方分裂的局面。尽管政治局面如此，可是，并没有影响佛教在南北方的传播，而是呈现逐渐扩大的趋势。在这种形势下，佛教僧人需要将佛教这种域外宗教的传播与中国传统的生活结合在一起，所以，一些佛教僧人在饮食上进一步倡导素食。在南方，东晋僧人释法显在翻译《大般泥洹经》时，就提出"食肉者断大慈种"⑤ 的观念。在北方，北凉僧人昙无谶又申明"不食肉者有大功德"⑥。这些佛教僧人在传播佛教时，提出的这些理念，在佛教信徒中产生了很大的影响。南方的情况姑且不论，从少数民族统治北方的情况来看，佛教僧人奉行素食者的人数开始日益增多。

---

① 汤用彤：《汉魏两晋南北朝佛教史》，中华书局，1983年，第33-36页。
② 神清撰、慧宝注：《北山录》卷四《宗师议第七》，载《大正新修大藏经：史传部四》，第594页。
③ 释慧皎：《高僧传》卷一一《习禅》，载《大正新修大藏经：史传部二》，第395页。
④ 释道世：《法苑珠林》卷一八《感应缘》，载《大正新修大藏经：事汇部上》，第417页。
⑤ 法显译：《佛说大般泥洹经》卷三《四法品第八》，载《大正新修大藏经：宝积部下》，第868页。
⑥ 昙无谶译：《大般涅槃经》卷四《如来性品第四之一》，载《大正新修大藏经：宝积部下》，第386页。

史载，前秦僧人竺僧朗，"蔬食布衣，志耽人外"①。南凉僧人释昙霍，"蔬食苦行"②。后赵僧人竺佛调隐居山中修行时，"一年半岁，赍干饭数升"③。这些情况说明，在十六国时期，北方佛教僧人的素食风气已经开始形成。这种情况的出现，正是北朝佛教僧人与世俗信徒素食风气得以发展的前提条件。

当然，应该看到，佛教僧人与世俗信徒素食风气能够在北朝进一步兴盛，是与当时社会的条件以及社会的诸种因素的影响联系在一起的。在这些因素中，很重要的一点就是，北朝国家最高统治者对佛教僧人与世俗信徒的素食风气，采取不排斥的态度。例如，北魏孝文帝要求"六宫侍女，皆持年三月六斋"④。甚至有些皇帝不仅不排斥，还身体力行之。如，北周宣帝，"六斋八戒，常弘不绝"⑤，竟然率先带头奉行"六斋""八斋"，在固定的时间食素。不仅如此，文献载，北齐文宣帝不仅"以肉为断慈，遂不复食"⑥，并且，还要凭借国家政权的力量来推广素食，"断肉禁酒，放鹰除网。又断天下屠。年三月六，劝民斋戒。公私荤辛亦除灭之"⑦。这里提到的"年三月六"，就是指每年的三长斋月和每月的六斋日。这就是说，北齐文宣帝极力要求他统治下的民众都要奉行"长斋""六斋"，并且，在斋日，要求官员和平民都不许吃肉，只能够食素。虽然北齐文宣帝凭借国家政权的力量推行素食的力度不如南朝梁武帝，可是，他的做法对促进佛教信徒素食风气扩大的影响，显然是不能够低估的。应该说，北朝国家最高统治者对佛教信徒素食风气的这种放纵的态度，是促使佛教信徒中的素食群体人数增加的重要

---

① 释慧皎：《高僧传》卷五《义解二》，载《大正新修大藏经：史传部二》，第354页。
② 释慧皎：《高僧传》卷一〇《神异下》，载《大正新修大藏经：史传部二》，第389页。
③ 释慧皎：《高僧传》卷九《神异上》，载《大正新修大藏经：史传部二》，第387页。
④ 释道宣：《释迦方志》卷下《教相篇第八》，载《大正新修大藏经：史传部三》，第974页。
⑤ 释道宣：《释迦方志》卷下《教相篇第八》，载《大正新修大藏经：史传部三》，第974页。
⑥ 李百药：《北齐书》卷四《文宣帝纪》，第61页。
⑦ 释道宣：《释迦方志》卷下《教相篇第八》，载《大正新修大藏经：史传部三》，第974页。

因素。

　　北朝佛教信徒素食风气能够进一步扩大，无疑也受到南朝政权倡导素食的影响。如前所述，自东晋、十六国以来，虽然南、北分裂，可是，佛教仍然都在南方、北方传播，并且，南方、北方佛教信徒的素食风气都在扩大。不过，由于地区的差异，南朝佛教信徒素食风气更胜于北朝。其中重要的原因，就是梁武帝对素食的倡导达到了登峰造极的程度。梁武帝在天监年间（502—519）颁布《断酒肉文诏》。他把"食肉"与善恶、杀生等同起来，并把"戒酒断肉"及在此基础之上的谨遵善恶、因果、积累福德、静心修行作为佛教信仰的最高要求。梁武帝通过政权的力量，强力推行素食，产生的社会效果极为明显。自梁武帝禁断僧伽酒肉后，素食逐渐成为中国僧团的一个传统。[①] 由于南朝僧人与北朝僧人在当时的频繁交往，就使梁武帝的这些理念和行为都很快流传到北方。史载，北周僧人释道林就积极倡导"好膳嗜美，廉士所恶。割情从道，前贤所叹。抑欲崇德，往哲同嗟。况肉由杀命，酒能乱神。不食是理，宁可为非"[②]。释道林的这种将禁绝酒肉与对佛教信仰的最高追求结合在一起的看法，是在梁武帝《断酒肉文诏》之后提出的，他难免不会受到梁武帝理念的影响。

　　释道林不仅倡导这种理念，并且还积极劝说周武帝，希望他能够通过行使国家政权的力量，全面禁止食肉喝酒。当然，释道林的这种过激的要求，是很难为北周统治者接受的。与释道林做法不同的是，更多的北朝僧人将禁绝酒肉理念的实现，并没有寄托在国家最高统治者身上，而是在传播佛道时，同时宣传禁绝酒肉。例如，北齐邺城僧人那连提梨耶阇，"好起慈惠，乐兴福业……往突厥客馆，劝持六斋。羊料放生，受行素食"[③]。僧人释道纪

[①] 康乐：《素食与中国佛教》，载林富士《礼俗与宗教》，中国大百科全书出版社，2005年，第142页。

[②] 释道宣：《广弘明集》卷一○《辩惑篇第二之六》，载《大正新修大藏经：史传部四》，第155页。

[③] 释道宣：《续高僧传》卷二《译经篇二》，载《大正新修大藏经：史传部二》，第432页。

略论北朝佛教僧人与世俗信徒的素食风气

"复劝人奉持八戒，行法社斋，不许屠杀"①。由此可见，在南朝梁武帝倡导素食的影响下，北朝僧人传播佛道，也增加了倡导素食的内容。这种情况的出现，无疑也推动北朝佛教信徒素食风气的扩大。

北朝佛教信徒的素食风气能够扩大，还与北朝的社会生活状况具有很大的关系。应该说，在北朝社会中，民族的构成是复杂的。在众多的民族中，汉民族人口众多，因此，他们的生活习俗对社会的影响是重大的。从汉民族的饮食情况来看，是以粮食和蔬菜为主的。这正是由中原地区传统的农耕生产状况决定的。对于汉族下层来说，就更是如此。《孟子·梁惠王章句上》："五亩之宅，树之以桑，五十者可以衣帛矣；鸡豚狗彘之畜，无失其时，七十者可以食肉矣。……七十者衣帛食肉，黎民不饥不寒，然而不王者，未之有也。"孟子的看法反映儒家治国的理想。但由此可以看出，下层平民的日常饮食是很少有肉食的，只是到了七十的高龄才能够获得食肉的机会。

其实，这种情况不仅在战国，就是到了北朝时期，下层汉族平民的饮食结构与战国时期并没有多大的差别。可是，自西晋灭亡后，大批少数民族入主中原，使中原地区的民族构成复杂起来。这些少数民族贵族不仅建立国家政权，统治汉民族，而且，还将他们落后的生活习俗带进中原，自然也有他们的饮食习惯。由于汉族与少数民族的生产和生活状况的差别，这些少数民族的饮食结构与汉民族是明显不同的。一般说来，在他们的日常生活中，是不能够缺少酒肉的。在北方建立北魏王朝的拓跋鲜卑族也同样如此。显然这种饮食习惯与佛教僧人倡导的素食是截然不同的。

不过，从十六国后期直到北朝时期，民族融合不断深化。北魏孝文帝的改革措施，加快了民族融合的进程。北周宇文泰倡导的汉化改革，也将民族融合推进到一个新的阶段。在这个历史过程中，汉民族的生活习俗对少数民族产生了很大的影响。随着进入中原的大多数少数民族下层由游牧经济转变为农耕经济以及民族融合的加深，他们也就很难不接受汉民族的饮食习惯。这样，原来游牧民族食肉的习俗，也就逐渐发生改变。比如北魏时期，尚书

---

① 释道宣：《续高僧传》卷三〇《杂科声德篇第十》，载《大正新修大藏经·史传部二》，第701页。

穆伏真等人，巡行州郡观风俗，进入各州郡后，"耆老饭蔬食，少壮无衣褐"①。在这些人中，当然包括一些少数民族的下层居民。

由于进入中原的少数民族饮食习惯的变化，不仅使广大的汉族平民，也使一些汉化的少数民族在信仰佛教后，对素食也就不能够采取消极的抵制态度了。因此，可以说，北朝佛教信徒素食风气的扩大，与一些少数民族饮食习惯的改变，也是有很密切的联系的。

总而言之，北朝佛教僧人与世俗信徒素食风气的兴盛，主要取决于他们对佛教的虔诚信仰和对佛教最高境界的追求。而在佛教的传播中，已经将这种虔诚的信仰和最高的追求与饮食上的素食密切结合在一起。这正是素食风气在北朝社会能够盛行的内在因素。十六国时期，一些佛教僧人已经开始在北方坚持奉行素食原则，就为北朝佛教僧人与世俗信徒树立了表率。北朝国家最高统治者对佛教僧人与世俗信徒素食风气的放纵态度以及因民族融合的加深而使一些少数民族生活习惯的改变，都使奉行素食的人数不断增多。当然，南朝梁武帝借助政权的力量大力推行素食的做法，对北朝也产生了重大的影响，促使北朝僧人传播佛道与推广素食相互结合起来。在这些因素的影响下，北朝佛教僧人与世俗信徒素食风气的发展，自然也就难以遏制了。

（原载《吉林大学社会科学报》2011年第5期，与王萌合写）

---

① 魏收：《魏书》卷五《文成帝纪》，第114页。

北朝儒生传授"三礼"考略

"三礼"是北朝三部重要礼学典籍。可以说，这些典籍在北朝社会中产生很大的影响。由于北朝的学风不同于南朝，学人对于玄学并不热心，可是，"三礼"却是涉及名物制度的实学，所以北朝儒生很重视这些礼学典籍的传授。因此，考察"三礼"在北朝的传授情况，对认识当时文化发展的特点是很必要的。有鉴于此，本文拟对北朝儒生对"三礼"传授的状况做一些考察，以期有益于对北朝礼学典籍推广特点的认识。

一、北朝儒生传授"三礼"风气的形成

北朝的礼学典籍包括《仪礼》《礼记》和《周礼》。在文献中将它们统称为"三礼"。在北朝将"三礼"视为重要的学问，很多儒生都致力于"三礼"的研习。可以说，他们是将《周礼》《礼记》和《仪礼》作为礼学整体来看待的。也就说要通晓礼学就必须"三礼"兼通。因此，在当时社会中出现了很多精通"三礼"的儒生。在文献记载中，北魏时期，精通"三礼"的儒生很多。诸如：张普惠"随父之县，受业齐土，专心坟典，克厉不息。及还乡里，就程玄讲习，精于'三礼'，兼善《春秋》，百家之说，多所窥览，诸儒称之"[1]。游肇"外宽柔，内刚直，耽好经传，手不释书。治《周易》《毛诗》，尤精'三礼'"[2]。刘祎"好学，善'三礼'，吉凶仪制，尤所留心。魏孝昌中，释巾太学博士"[3]。

---

[1] 魏收：《魏书》卷七八《张普惠传》，第1727页。
[2] 魏收：《魏书》卷五五《游明根传附游肇传》，第1218页。
[3] 李百药：《北齐书》卷三五《刘祎传》，第471页。

北齐时期，也有很多精通"三礼"的儒生。例如，邢峙"少好学，耽玩坟典，游学燕、赵之间，通'三礼'《左氏春秋》"①。刘昼"少孤贫，爱学，负笈从师，伏膺无倦。与儒者李宝鼎同乡里，甚相亲爱，受其'三礼'。又就马敬德习《服氏春秋》，俱通大义"②。

在北周，精通"三礼"的儒生就更多了。例如，斛斯征"幼聪颖，五岁诵《孝经》《周易》、识者异之。及长，博涉群书，尤精'三礼'，兼解音律"③。令狐熙"性方雅，有度量，虽在私室，容止俨然。非一时贤俊，未尝与之游处。善骑射，解音律，涉群书，尤明'三礼'"④。卢光"范阳公辩之弟也。性温谨，博览群书，精于'三礼'"⑤。可以说，在北朝社会中存在一大批精通"三礼"的儒生。这正是"三礼"传授，能够形成风气的重要条件。

当然，这种风气的形成，还有其他重要因素的影响。从一些儒生传授经学的特点来看，他们试图努力做到数经兼通。《魏书·李顺传》："（李同轨）学综诸经，多所治诵，兼读释氏，又好医术。年二十二，举秀才，射策，除奉朝请，领国子助教。"《魏书·封懿传附封伟伯传》："（封伟伯）博学有才思，弱冠除太学博士，每朝廷大议，伟伯皆预焉。雅为太保崔光、仆射游肇所知赏。太尉清河王怿辟参军事，怿亲为《孝经解诂》，命伟伯为《难例》九条，皆发起隐漏。伟伯又讨论《礼》《传》《诗》《易》疑事数十条，儒者咸称之。"《魏书·儒林·张吾贵传》："（张吾贵）本郡举为太学博士。吾贵先未多学，乃从丽诠受《礼》，牛天佑受《易》。"很显然，当时儒生能够兼通数经，就被视为具有很高的学识，而且，也是经明行修的一种体现。由这种研习经学的倾向影响，就促使一些北朝儒生要努力兼通"三礼"，以此来实现他们对礼学认识达到很高水平的目的。

北朝传授"三礼"形成风气，还与当时国家对于礼学的倡导有关。《魏书·宣武帝纪》载正始元年诏："古之哲王，创业垂统，安民立化，莫不崇

---

① 李百药：《北齐书》卷四四《儒林·邢峙传》，第589页。
② 李百药：《北齐书》卷四四《儒林·刘昼传》，第589页。
③ 令狐德棻等：《周书》卷二六《斛斯征传》，第432页。
④ 令狐德棻等：《周书》卷三六《令狐整传附令狐熙传》，第644页。
⑤ 令狐德棻等：《周书》卷四五《儒林·卢光传》，第807页。

建胶序，开训国胄，昭宣'三礼'，崇明四术，使道畅群邦，风流万宇。自皇基徙构，光宅中区，军国务殷，未遑经建，靖言思之，有惭古烈。可敕有司，依汉、魏旧章，营缮国学。"据此诏令可见，北魏国家明确将"三礼"作为研习礼学的必须典籍，并积极倡导臣民来研读。对北周国家来说，虽然以《周礼》作为改革的理论指导，可是，在对礼学的研习倡导上，也要求"三礼"兼通。《北史·于栗䃅传附于仲文传》："（于仲文）尝于云阳宫见周文帝。问曰：'闻儿好读书，书有何事？'对曰：'资父事君，忠孝而已。'周文甚嗟叹之。后就博士李详受《周易》、'三礼'，略通大义。"很明显，宇文泰对于仲文的礼学教育，并不是只鼓励他研习《周礼》，而是要"三礼"并重。

实际上，正是在多重因素的影响之下，使北朝儒生研习和传授"三礼"蔚然成风。诸如，邢虬"少为'三礼'郑氏学，明经有文思"①。郎茂"十五师事国子博士河间权会，受《诗》《易》、'三礼'及玄象、刑名之学"②。房晖"幼有志行，治'三礼'、《春秋三传》《诗》《书》《周易》，兼善图谶，恒以教授为务"③。

不仅如此，由于不论在官学，还是在私学中，一般都传授"三礼"，因而，也为推广"三礼"，营造了良好的氛围。不过，北朝官、私学对礼学的传授，并不局限于对"三礼"兼通，也鼓励对礼学一种典籍的钻研，因而，就使一些儒生将他们最擅长的礼经传授给生徒。《魏书·儒林·孙惠蔚传》："（孙惠蔚）师程玄读《礼经》。"显然，孙惠蔚师从的程玄就不传授"三礼"，而是传授他擅长的《仪礼》。《北史·儒林上·李铉传》："（李铉）从浮阳李周仁受《毛诗》《尚书》，章武刘于猛受《礼记》，常山房虬受《周官》《仪礼》，渔阳鲜于灵馥受《左氏春秋》。"这说明，刘子猛是以专门传授《礼记》而著名的，而房虬则以传授《周礼》《仪礼》二经为时人所称道。《魏书·儒林·徐遵明传》："（徐遵明）随乡人毛灵和等诣山东求学。至上党，乃师屯留王聪，受《毛诗》《尚书》《礼记》。"可见，徐遵明师从屯留王聪，虽然不

---

① 李延寿：《北史》卷四三《邢峦传附邢虬传》，第1586页。
② 魏征等：《隋书》卷六六《郎茂传》，第1554页。
③ 魏征等：《隋书》卷七五《儒林·房晖远传》，第1716页。

是专门传授《礼记》，但他并不是将《周礼》和《仪礼》兼传，而是兼传《毛诗》《尚书》。也就是说，在一些官、私学中，并不是明确要求儒生将"三礼"一并传授，而是以擅长的礼经传授。可是，他们的这种传授做法，却使传授的内容就更为精深，因而，也就会有益于推动"三礼"兼传的风气。因此，可以说，由于北朝的儒生传授"三礼"采取多样化的做法，也就更有效地保证"三礼"的研习与推广。

总之，北朝儒生是将《仪礼》《礼记》与《周礼》作为礼学整体来加以传授。可以说，这种传授表现了这些儒生对兼通礼学典籍的追求，体现他们在礼学上的多方面的造诣，所以，也就适应北朝国家对儒生通晓礼学的要求。而且，由于儒生采取多样的传授礼学的做法，也为"三礼"的推广创造了有利的条件。很明显，北朝传授"三礼"能够形成风气，实际正是多重社会因素影响的结果。

二、北朝官学和私学传授"三礼"的特点

考察"三礼"在北朝官学中的传授情况，首先涉及《周礼》。《周礼》在汉代属于古文经。这部经典只在王莽的新朝被立为官学，在官学中传授，可是，在西汉和东汉的官学中是将它排斥在外的，从来没有在官学传授过。至东晋时期，晋元帝修学校，所立博士就有《周官》《礼记》郑氏学博士。《晋书·荀崧传》："时方修学校，简省博士，置《周易》王氏、《尚书》郑氏、《古文尚书》孔氏、《毛诗》郑氏、《周官礼记》郑氏、《春秋左传》杜氏服氏、《论语》《孝经》郑氏博士各一人，凡九人，其《仪礼》《公羊》《谷梁》及郑《易》皆省不置。"据此可见，在晋元帝时，《周礼》《礼记》郑氏学立有博士，成为国家官学传授的重要内容。这也是"三礼"郑氏学在官学中传授的开始。

东晋这种传授经学的做法，对北朝社会也有很大影响。其实，早在北魏建国之初，道武帝拓跋珪还在进行统一北方的战争时，就开始在首都平城设置官学。《魏书·儒林传序》："太祖初定中原，虽日不暇给，始建都邑，便以经术为先，立太学，置五经博士生员千有余人。天兴二年春，增国子、太学生员至三千。岂以天下可马上取之，不可以马上治之，为国之道，文武

兼用，毓才成务，意在兹乎？圣达经猷，盖为远矣。四年春，命乐师入学习舞，释菜于先圣、先师。太宗世，改国子为中书学，立教授博士。世祖始光三年春，别起太学于城东，后征卢玄、高允等，而令州郡各举才学。于是人多砥尚，儒林转兴。"这就是说，在道武帝时，在平城设置了国子学。在明元帝时，国子又改称中书学。至太武帝时，又改置太学。北魏在首都设置的官学，大体完备。《魏书·儒林传序》："太和中，改中书学为国子学，建明堂辟雍，尊三老五更，又开皇子之学。及迁都洛邑，诏立国子、太学、四门小学。"可见，至孝文帝时，北魏设在首都的学校主要有国子学、太学和四门小学。北魏不仅在首都设置官学，在郡也有官学的设置。《魏书·儒林传序》："显祖天安初，诏立乡学，郡置博士二人，助教二人，学生六十人。后诏：大郡立博士二人，助教四人，学生一百人；次郡立博士二人，助教二人，学生八十人；中郡立博士一人，助教二人，学生六十人；下郡立博士一人，助教一人，学生四十人。"可以说，北魏在首都和地方所设的官学成为经学传授的重要场所。其中，礼学是重要的传授内容。《魏书·道武帝纪》："（天兴二年）三月己未，车驾至自北伐。甲子，初令《五经》群书各置博士，增国子太学生员三千人。"道武帝拓跋珪所设的《五经》博士，与汉制不同，也与晋制不同。他们只是能够教授五经的儒生。当然，在传授的五经中，是包括礼学的。此后，北魏博士制度逐渐健全。在国子学、太学和四门学中都有教授博士的设置。国子学博士，在中书学没有改称国子学时，称为中书博士。在太学任教的，则称为太学博士。北魏国家为四门学也设置了博士。

在北魏国家所设的国子博士（中书博士）、太学博士和四门博士中，有专门传授一经的博士。这些博士中就有传授礼经的。如梁越"国初，为《礼经》博士。太祖以其谨厚，举动可则，拜上大夫，命授诸皇子经书"[1]。可是，这些博士大多数是数经兼传。例如，李郁"好学沉静，博通经史。……自国学之建，诸博士率不讲说，朝夕教授，惟郁而已。谦虚雅宽，甚有儒者之风"[2]。封伟伯"又讨论《礼》《传》《诗》《易》疑事数十条，儒者咸称

---

[1] 魏收：《魏书》卷八四《儒林·梁越传》，第1843页。
[2] 魏收：《魏书》卷五三《李孝伯传附李郁传》，第1178—1179页。

之"①。权会"探赜索隐,妙尽幽微,《诗》《书》'三礼',文义该洽,兼明风角,妙识玄象。魏定初,本郡贡孝廉,策居上第,解褐四门博士"②。由此可见,北魏国家所设的这三类博士,没有规定专经博士,实际上,这些博士是将他们熟悉的经学典籍传授给官学中的弟子的。这种情况说明,在北魏的国子学、太学和四门学中,国家选拔教授博士不注重专经,而注意对多种经学典籍的兼通。因此,国子学、太学和四门学的教授博士,自然也就要数经兼传。当然,在国子学、太学、四门学中的传授,是不存在师法和家法的。应该说,北魏国家官学这种设置博士的做法,自然也就影响到"三礼"的传授。

当然,北魏国家官学是将数经兼传的,但是,由于国子学博士、太学博士和四门博士精通经学经典的情况不同,因而,出现一些以传授"三礼"为主的博士。《魏书·游明根传附游肇传》:"(游肇)耽好经传,手不释书。治《周易》《毛诗》,尤精'三礼'。"《魏书·邢峦传附邢虬传》:"(邢虬)少为'三礼'郑氏学,明经有文思。"《隋书·郎茂传》:"(郎茂)十五师事国子博士河间权会,受《诗》《易》'三礼'及玄象、刑名之学。"显然,这些儒生在北魏官学中,是很擅长"三礼"的。

北齐国家设置的官学大体沿袭北魏的制度。在官学的教授中,也设置国子博士、太学博士和四门博士。在北齐官学传授礼学上,主要依靠这些博士讲诵。《北齐书·儒林·邢峙传》:"(邢峙)少好学,耽玩坟典,游学燕、赵之间,通'三礼'、《左氏春秋》。天保初,郡举孝廉,授四门博士,迁国子助教,以经入授皇太子。"邢峙游学的燕、赵一带是北朝河北学的主要传授地区。在河北学中,"三礼"郑玄注,最为时人所推重。因此,在邢峙被选为北齐国家四门博士后,无疑"三礼"是他教授的主要内容。《北齐书·儒林·孙灵晖传》:"(孙灵晖)唯寻讨惠蔚手录章疏,不求师友。'三礼'及'三传'皆通宗旨,然始就鲍季详、熊安生质问疑滞,其所发明,熊、鲍无以异也。举冀州刺史秀才,射策高第,授员外将军。后以儒术甄明,擢授太学博士。"孙灵晖师从的熊安生是北齐时期精通"三礼"的大儒。由此可以看出,孙灵晖的"三礼"的造诣,当然是很高的。他被选为太学博士,自然

---

① 魏收:《魏书》卷三二《封懿传附封伟伯传》,第766页。
② 李百药:《北齐书》卷四四《儒林·权会传》,第592页。

有益于北齐太学生对"三礼"的研习。由于在国子学、太学和四门学博士中,通晓"三礼"者逐渐增多,这就在北齐官学传授的经学典籍中,"三礼"的地位也重要起来。不过,需要看到,虽然北齐官学有一些精通"三礼"的博士,可是,从传授情况看,仍然保持北魏时期数经兼传的特点。

北周国家也设置了各类的官学。当时在首都长安设置了太学。北周国家为太学设置了博士和助教。同时还设置了特殊的学校,诸如麟趾学、露门学等。在地方则在州县设置总管学、县学。从首都长安,到地方的各类官学都是传授经学的重要场所。但是,北周不同于北齐的是,国家根据《周礼》中的规定,改革官制,也对施政的措施进行改革,因此,《周书·儒林·熊安生传》称:"时朝廷既行《周礼》,公卿以下多习其业。"可是,北周统治者为了提高国家官学对《周礼》的研习,也注重《仪礼》和《礼记》的教授水平。

北周统治者为提高"三礼"的传授水平,不仅将其统治区内的通晓"三礼"的儒生吸收到各类官学担任博士或助教,并且还将境外有声望的精通"三礼"的大儒,也吸纳到太学中。《周书·儒林传序》:"及太祖受命,雅好经术。求阙文于三古,得至理于千载,黜魏、晋之制度,复姬旦之茂典。……洎高祖保定三年,乃下诏尊太傅燕公为三老。帝于是服衮冕,乘碧辂,陈文物,备礼容,清跸而临太学。袒割以食之,奉觞以酳之。斯固一世之盛事也。其后命轺轩而致玉帛,征沈重于南荆。及定山东,降至尊而劳万乘,待熊生以殊礼。是以天下慕响,文教远覃。衣儒者之服,挟先王之道,开黉舍延学徒者比肩;励从师之志,守专门之业,辞亲戚甘勤苦者成市。虽遗风盛业,不逮魏、晋之辰,而风移俗变,抑亦近代之美也。"这一记载说明了北周经学发展的特点。可见,北周统治者对来自北齐的大儒熊安生与来自南朝的大儒沈重,都非常重视。

北周统治者对这些精通"三礼"大儒的聘用,明显提高了国学传授"三礼"的水平,也培养出一大批精通"三礼"的儒生。例如,张衡"年十五,诣太学受业,研精覃思,为同辈所推。……衡又就沈重受'三礼',略究大旨"[①]。杨汪"长更折节勤学,专精《左氏传》,通'三礼'。……其后问

---

① 魏征等:《隋书》卷五六《张衡传》,第1391页。

《礼》于沈重，受《汉书》于刘臻，二人推许之曰：'吾弗如也。'由是知名"①。由此来看，北周国学对《周礼》《仪礼》和《礼记》的传授，达到了很高的水平。

《周礼》《仪礼》和《礼记》不仅在北朝官学中讲授，也在私学中也传授。就北朝私学的情况来看，应该说，在北魏初年私人讲学就开始出现。应该看到，在北魏初年，由于当时割据政权之间的战争，不仅影响了经济的发展，也使文化的发展受到影响。《魏书·儒林传序》："自晋永嘉之后，运钟丧乱，宇内分崩，群凶肆祸，生民不见俎豆之容，黔首唯睹戎马之迹，礼乐文章，扫地将尽。而契之所感，斯道犹存。高才有德之流，自强蓬荜；鸿生硕儒之辈，抱器晦已。"尽管北魏初年文化发展受到影响，但是，在社会中，还有相当数量的儒生存在。实际上，这些儒生的存在，使研习经学的传统得以保留下来。北魏初年，一些儒生就开始办私学传授经学。《魏书·李孝伯传》："（李曾）少治《郑氏礼》《左氏春秋》，以教授为业。郡三辟功曹，不就。"显然，在北魏初年，李曾就是一位主要以传授经学为业的儒生。

当时到私学受业的儒生也很多。例如，高允"性好文学，担笈负书，千里就业，博通经史、天文、术数，尤好《春秋公羊》"②。刘兰"家人觉其聪敏，遂令从师，受《春秋》《诗》《礼》于中山王保安。家贫无以自资，且耕且学。……兰读《左氏》，五日一遍，兼通'五经'"③。至北齐、北周时，私人传授经学更为普遍。经学在私学中的传授，可以分为以下几种情况：

1. 数经兼传。《魏书·冯元兴传》："（冯元兴）少有操尚，随僧集在平原，因就中山张吾贵、常山房虬学，通《礼》《传》，颇有文才。年二十三，还乡教授，常数百人。"显然，儒生张吾贵、房虬是将《礼》的教授与《传》的教授结合在一起的。

2. 专门传授一经。《魏书·儒林·董征传》："（董征）就河内高望崇受《周官》，后于博陵刘献之遍受诸经。数年之中，大义精练，讲授生徒。"可见，河内高望崇不仅传授一经，而且，专门传授《周礼》学。这说明，对

---

① 魏征等：《隋书》卷五六《杨汪传》，第1393页。
② 魏收：《魏书》卷四八《高允传》，第1067页。
③ 魏收：《魏书》卷八四《儒林·刘兰传》，第1851页。

《周礼》的专门传授，是在私学首先开始的。

在北齐的私学中，专门传授"三礼"中的一经，或者二经的情况，就更多见了。《北齐书·儒林·李铉传》："（李铉）年十六，从浮阳李周仁受《毛诗》《尚书》，章武刘子猛受《礼记》，常山房虬受《周官》《仪礼》，渔阳鲜于灵馥受《左氏春秋》。"很显然，刘子猛是讲授《礼记》的专家，而房虬则擅长传授《周官》《仪礼》。尽管北朝私学中出现了专门传授"三礼"中一经的情况，但这并不是主流的趋势。实际上，在北朝私学中，主要还是将《周礼》《仪礼》和《礼记》结合在一起传授。《北史·儒林上·孙惠蔚传附孙晖传》："（孙晖）得惠蔚手录章疏，研精寻问，更求师友，'三礼'、'三传'，皆通宗旨。然始就鲍季详、熊安生质问疑滞，其所发明，熊、鲍无以异也。"《北齐书·儒林·刘昼传》："（刘昼）少孤贫，爱学，负笈从师，伏膺无倦。与儒者李宝鼎同乡里，甚相亲爱，受其'三礼'。"《北史·马光传》："（马光）少好学，从师数十年，昼夜不息，图书谶纬，莫不毕览。尤明'三礼'，为儒者所宗。"这些事例说明，在北朝私学中，将"三礼"结合在一起教授诸生，是主要授业的做法。以致一些大儒采取这种传授"三礼"做法，使授业"弟子自远方至者千余人"①。

私学的这种传授做法不仅在东部地区如此，就是在以《周礼》作为施政依据的北周的私学中，也是这种情况。例如，杨汪"长更折节勤学，专精《左氏传》，通'三礼'"②。

当然，还需要指出的是，在北朝后期，一些私学在对"三礼"的传授上，开始形成了师承的关系。《北齐书·儒林传序》："凡是经学诸生，多出自魏末大儒徐遵明门下。……其《诗》《礼》《春秋》尤为当时所尚，诸生多兼通之。'三礼'并出遵明之门。徐传业于李铉、沮俊、田元凤、冯伟、纪显敬、吕黄龙、夏怀敬。李铉又传授刁柔、张买奴、鲍季详、邢峙、刘昼、熊安生。安生又传孙灵晖、郭仲坚、丁恃德。其后生能通《礼经》者，多是安生门人。诸生尽通《小戴礼》，于《周》《仪礼》兼通者十二三焉。"可见，从北魏末年至北齐，对"三礼"的传授，徐遵明占有重要的地位。在"三

---

① 李延寿：《北史》卷八二《儒林下·熊安生传》，第2744页。
② 魏征等：《隋书》卷五六《杨汪传》，第1393页。

礼"的研习上,有造诣的儒生大多数为他的弟子。其中李铉在"三礼"的传授上,是师承的中间环节。他"二十三,便自潜居,讨论是非,撰定《孝经》《论语》《毛诗》《三礼义疏》及《三传异同》《周易义例》合三十余卷。……年二十七。归养二亲,因教授乡里,生徒恒至数百。燕、赵间能言经者,多出其门"①。

在李铉之后,就是大礼学家熊安生的出现。熊安生"又传孙灵晖、郭仲坚、丁恃德。其后生能通《礼经》者,多是安生门人。诸生尽通《小戴礼》,于《周》《仪礼》兼通者十二三焉"②。"当时受其业擅名于后者,有马荣伯、张黑奴、窦士荣、孔龙、刘焯、刘炫等,皆其门人焉。"③ 北齐灭亡后,因为熊安生是著名的礼学家,被周武帝召入长安,"待以殊礼"。熊安生的弟子刘焯、刘炫等,在隋朝的经学传授中也具有重大的影响。因此,由于在"三礼"传授过程中,师承关系的形成,一方面可以提高"三礼"的教授水平。另一方面,也造就了著名的"三礼"学家。

综上可见,北朝官学和民间的私学都将《周礼》《仪礼》和《礼记》作为重要的传授内容。在官学中,一般将"三礼"中的一经单独传授。而在民间私学中,开始出现了专门传授《周礼》《仪礼》和《礼记》的情况。实际上,这成为北朝传授礼学的主流趋势。大部分儒生以通晓"三礼"作为努力的目标。北朝后期,私学在"三礼"传授上,逐渐形成了前后相续的师承关系。这种师承关系的形成,不仅推动了"三礼"的传授,并且,也造就了一些礼学大师。

三、北朝儒生遵循郑玄注传授"三礼"及对"三礼"阐释的贡献

北朝经学的传授所本师说,与南朝是存在差别的。《北史·儒林传序》:"大抵南北所为章句,好尚互有不同。江左,《周易》则王辅嗣,《尚书》则孔安国,《左传》则杜元凯。河洛,《左传》则服子慎,《尚书》《周易》则郑

---

① 李百药:《北齐书》卷四四《儒林·李铉传》,第 584-585 页。
② 李百药:《北齐书》卷四四《儒林传序》,第 583 页。
③ 令狐德棻等:《周书》卷四五《儒林·熊安生传》,第 813 页。

康成。《诗》则并主于毛公,《礼》则同遵于郑氏。南人约简,得其英华;北学深芜,穷其枝叶。考其终始,要其会归,其立身成名,殊方同致矣。"这就是说,北朝与南朝一样,对《周礼》《仪礼》和《礼记》的传授,是本于郑玄注。东汉末年,郑玄为"三礼"作注,对后世影响很大。《后汉书·郑玄传论》:"郑玄括囊大典,网罗众家,删裁繁诬,刊改漏失,自是学者略知所归。"范晔所论,指出了郑玄注的特点。经学家皮锡瑞说:"郑君兼通今古文,沟合为一,于是经生皆从郑氏,不必更求各家。郑氏之学之盛在此,汉学之衰亦在此。"[①] 范晔和皮锡瑞指出郑玄注的优点,无疑是正确的。就"三礼"郑玄注来看,今人杨天宇教授认为:郑玄注"三礼"之前,并无"三礼"之名,自郑玄兼注《周礼》《仪礼》《礼记》,始"通为'三礼'焉"。而此后始有"三礼"之学。按礼学渊源虽甚久远,然通"三礼"而为学者,则始于郑玄。自郑玄对"三礼"整理、校注后,皆不可舍其书。[②] 杨天宇所论,指出"三礼"学实际就是郑学,是很精到的看法。由此来看,"三礼"郑玄注,在"三礼"的传授中,具有很高的地位。

北朝时期,儒生对《周礼》《仪礼》和《礼记》的研习,全部采用郑玄注。当时儒生以"三礼"郑玄注作为传授礼学的基础,在文献记载中多见。《魏书·儒林传序》:"汉世郑玄并为众经注解,服虔、何休各有所说。玄《易》《书》《诗》《礼》《论语》《孝经》,虔《左氏春秋》,休《公羊传》,大行于河北。"这就是说,在北魏时期,河北地区不仅"三礼"采用郑玄注,并且,《易》《书》《诗》《论语》《孝经》也都依据郑玄注来传授这些经典。可以说,以郑玄注解经,实际成为河北学的主要特征。而河北学实际是北学的主流。正因为如此,"三礼"郑玄注受到了当时人的高度的重视。

北朝儒生对"三礼"郑玄注有不同的称谓。《魏书·李孝伯传》:"(李曾)少治《郑氏礼》《左氏春秋》,以教授为业。"可见,郑玄注"三礼",时人也称为《郑氏礼》。也就说"三礼"学就是郑氏学。在北朝,"三礼"郑玄注也被称为"'三礼'郑氏学"。[③] 这都表明,"三礼"郑玄注是当时儒生研习

---

① 皮锡瑞:《经学历史》,中华书局,1959年,第124页。
② 杨天宇:《经学探研录》,上海古籍出版社,2004年,第285页。
③ 魏收:《魏书》卷六五《邢峦传附邢虬传》,第1450页。

礼学的依据。《魏书·袁翻传》："是时修明堂辟雍，（袁）翻议曰：……且郑玄之训诂'三礼'，及释《五经异义》，并尽思穷神，故得之远矣。"正道破了郑玄注不可动摇的地位。

北朝儒生在对《周礼》《仪礼》和《礼记》的传授上，固然遵循郑玄注。但是在"三礼"的研习上，并没有限制有很高学术造诣的大儒的出现。这些儒生大都撰写了很有见地的著述。《魏书·刘芳传》载，北魏大儒刘芳"撰郑玄所注《周官·仪礼音》、干宝所注《周官音》……《礼记义证》十卷，《周官、仪礼义证》各五卷。"可见，刘芳在礼学上的著述，一类为对《周礼》《仪礼》音读的训释；另一类则是对《礼记》《仪礼》和《礼记》意义的阐释。由于刘芳对礼学的阐释，有很高学术造诣，所以，备受推崇，"（刘）芳音义明辨，疑者皆往询访，故时人号为刘石经"①。时人王肃称"吾少来留意'三礼'，在南诸儒，亟共讨论，皆谓此义如吾向言，今闻往释，顿祛平生之惑"②。

除了刘芳之外，还有一些儒生在礼学方面撰写了有价值的著述：

1. 游肇"为《易集解》，撰《冠婚仪》《白圭论》，诗赋表启凡七十五篇，皆传于世"③。

2. 刘献之"六艺之文，虽不悉注，然所标宗旨，颇异旧义，撰《三礼大义》四卷，《三传略例》三卷，《注毛诗序义》一卷，今行于世，并《章句疏》三卷。注《涅盘经》未就而卒"④。

3. 常爽"因教授之暇，述《六经略注》，以广制作，甚有条贯。……其《略注》行于世"⑤。

4. 索敞"以丧服散在众篇，遂撰比为《丧服要记》，其《名字论》文多不载。"⑥

5. 李铉"撰定《孝经》《论语》《毛诗》《三礼义疏》及《三传异同》、

---

① 魏收：《魏书》卷五五《刘芳传》，第1220页。
② 魏收：《魏书》卷五五《刘芳传》，第1220页。
③ 魏收：《魏书》卷五五《游明根传附游肇传》，第1218页。
④ 魏收：《魏书》卷八四《儒林·刘献之传》，第1850页。
⑤ 魏收：《魏书》卷八四《儒林·常爽传》，第1848页。
⑥ 魏收：《魏书》卷五二《索敞传》，第1162-1163页。

《周易义例》合三十余卷"①。

6. 沈重"又多所撰述,咸得其指要。其行于世者,《周礼义》三十一卷、《仪礼义》三十五卷、《礼记义》三十卷、《毛诗义》二十八卷、《丧服经义》五卷、《周礼音》一卷、《仪礼音》一卷、《礼记音》二卷、《毛诗音》二卷"②。

7. 熊安生"所撰《周礼义疏》二十卷、《礼记义疏》四十卷、《孝经义疏》一卷,并行于世"③。

在这七位著述礼学的儒生中,可以称为"儒宗"的就有刘献之、沈重、熊安生。其他诸如游肇、常爽、索敞、李铉也在礼学上有很深的造诣。他们礼学的著述可以分为四类:一是对"三礼"中一经的阐释。如沈重:《周礼义》三十一卷、《仪礼义》三十五卷、《礼记义》三十卷;熊安生:《周礼义疏》二十卷、《礼记义疏》四十卷。二是对"三礼"整体的解说。如刘献之:《三礼大义》四卷、李铉:《三礼义疏》。三是对"三礼"经典中,一些重要问题的阐释。如游肇:《冠婚仪》、索敞:《丧服要记》。四是在对诸经的综论中涉及礼学的著述。如,常爽:《六经略注》。

北朝儒生的这些涉及"三礼"的著述,应该说是具有很高学术水平的。刘芳《礼记义证》十卷,见之于《新唐书·艺文志一》。这就是说,刘芳的著述在唐代还在流传,显然很有影响。《隋书·经籍志一》著录《三礼大义》四卷,但《经籍志》未注明作者,似应为刘献之所做,无疑这一著作至隋还在流传。刘献之称他做《三礼大义》的目的,"六艺之文,虽不悉注,然所标宗旨,颇异旧义"④。这就是说,刘献之的《三礼大义》,应该是,在解说郑玄注的基础上,又有所发明。因此,这正是此书流传到隋代的重要原因。

沈重、熊安生是北朝后期的大儒,他们的著述大多数都流传到隋、唐。沈重:《周礼义疏》四十卷,见之于《旧唐书·经籍志上》;沈重:《礼记义疏》四十卷,见之于《隋书·经籍志》。熊安生:《礼记义疏》四十卷,见之

---

① 李延寿:《北史》卷八一《儒林上·李铉传》,第2726页。
② 令狐德棻等:《周书》卷四五《儒林·沈重传》,第810-811页。
③ 令狐德棻等:《周书》卷四五《儒林·熊安生传》,第813页。
④ 魏收:《魏书》卷八四《儒林·刘献之传》,第1850页。

于《旧唐书·经籍志上》、亦见之于《新唐书·艺文志一》。特别是唐人孔颖达编纂《三礼正义》时，熊安生关于"三礼"的著作，是重要的参考书。《四库全书总目提要·经部二一·礼类三》："然研思古义之士，好之者终不绝也。为之疏义者，唐初尚存皇侃、熊安生二家，贞观中，敕孔颖达等修《正义》，乃以皇氏为本。以熊氏补所未备。"孔颖达主持修纂《三礼正义》以南朝皇侃的著述为本，以熊安生的著作为补充，并不是熊安生的著述学术水平低于皇侃，而是唐人重南学，轻北学的学术偏见造成的。

从贾公彦编《周礼注疏》《仪礼注疏》和孔颖达编《礼记正义》来看，唐人的发明并不多，其实只是汇集了六朝人的解说。由此来看，熊安生关于"三礼"的著述，不仅在北朝后期，就是在唐代也有很大的影响。

除了刘芳、刘献之、沈重和熊安生之外，北朝其他儒生关于"三礼"的著述也多有发明。李铉著述《三礼义疏》和阐释其他的经学典籍，"用心精苦，三秋冬不畜枕，每睡，假寐而已"①。常爽撰《六经略注》，在序言中说明《礼》的撰述，要表现出"恭俭庄敬而不烦者，教深于《礼》也；广博易良而不奢者"②。说明常爽对于礼的认识，还是有他自己的见解的。虽然他们的著述与"儒宗"的阐释，存在着一些差距。但还是有一些著述，仍然流传到隋、唐。《旧唐书·经籍志上》《新唐书·艺文志二》都著录《冠婚仪》四卷，为佚名之作，但似可推断当为游肇所撰《冠婚仪》。

北朝儒生关于对《周礼》《仪礼》和《礼记》的阐释，并不是只为了著述，而是与"三礼"的传授相联系的。固然，北朝儒生传授"三礼"，是以遵循郑玄注为宗旨的。可是，在传授的过程中，有很多具体问题出现。《魏书·儒林·刘献之传》："魏承丧乱之后，《五经》大义虽有师说，而海内诸生多有疑滞，咸决于献之。"又《魏书·索敞传》："（索）敞遂讲授十余年。敞以丧服散在众篇，遂撰比为《丧服要记》"。从这些记载来看，一些儒生著述的目的，是要更好地解决在传授礼学中遇到的问题。另一方面，是在遵循郑玄注的基础上，将有所发明的内容撰述出来，进一步提高"三礼"的传授水平。

---

① 李延寿：《北史》卷八一《儒林上·李铉传》，第 2726 页。
② 魏收：《魏书》卷八四《儒林·常爽传》，第 1849 页。

概而言之，北朝的儒生能够以郑玄注为本，并对郑玄注做深入的阐发，不仅加深了对"三礼"郑氏学的认识，而且还以此为基础传授"三礼"，因而，培养了众多的通晓"三礼"的诸生。因此，可以说，精通"三礼"的儒生在北朝后期大量涌现，是与这种有效传授方式有很密切关系的。很明显，北朝经学大儒将著述与传授的结合，为"三礼"学的发展做出的贡献是不能够低估的。

（原载《社会科学战线》2009年第7期，收入论文集，略有修改）

后 记

　　这部论文集是我近些年来关于探讨魏晋南北朝史诸问题的结集。在对魏晋南北朝史的考察上，我主要集中在都督制和封爵制问题上，但也对感兴趣的一些问题做了研究。这些问题主要有：这一时期的国家赏赐、军事职官、礼制和文化习俗、区域"道"的形成等。

　　考证这些问题，我力求提出言之成理的、有启迪性的学术意见。可是，对问题的阐发，由于受到个人学力的限制，因而，难免有不尽如人意之处。所以，我只希望对继续研究这些问题的学人能够有所启发，也就甚感欣慰了。

　　论文集能够出版，得到长春师范大学历史文化学院姜维公院长的支持，另外，彭超、刘伟坤、姜瑞玉帮助编辑论文集，做了很多工作。所以，在此一并致以诚挚的谢意。

张鹤泉
二〇二一年六月五日